U1074428

"十三五"国家重点出版物出版规划项目

中国石油企业协会
中国石油大学中国油气产业发展研究中心

中国油气产业发展分析与展望报告蓝皮书

(2016–2017)

彭元正　董秀成　主编

中国石化出版社
HTTP://WWW.SINOPEC-PRESS.COM

图书在版编目(CIP)数据

中国油气产业发展分析与展望报告蓝皮书 . 2016—2017 / 彭元正，董秀成主编 . —北京：中国石化出版社，2017. 3
ISBN 978-7-5114-3622-1

Ⅰ. ①中… Ⅱ. ①彭… ②董… Ⅲ. ①石油工业-经济发展-研究报告-中国-2016-2017 ②天然气工业-经济发展-研究报告-中国-2016-2017 Ⅳ. ①F426. 22

中国版本图书馆 CIP 数据核字(2017)第 032319 号

未经本社书面授权,本书任何部分不得被复制、抄袭,或者以任何形式或任何方式传播。版权所有,侵权必究。

中国石化出版社出版发行

地址:北京市朝阳区吉市口路 9 号
邮编:100020 电话:(010)59964500
发行部电话:(010)59964526
http://www. sinopec-press. com
E-mail:press@ sinopec. com
北京科信印刷有限公司印刷
全国各地新华书店经销
*
710×1000 毫米 16 开本 22 印张 380 千字
2017 年 3 月第 1 版 2017 年 3 月第 1 次印刷
定价:198. 80 元

《中国油气产业发展分析与展望报告蓝皮书》
（2016-2017）
编 委 会

（按姓氏笔画为序）

马郑玮　王　琳　王子康　王守春　刘毅军

孙　梅　孙仁金　连建家　严绪朝　李君臣

张　琼　张海霞　赵　旭　徐　乎　高　建

彭元正　董秀成　曾叶丽

前 言

人类社会进入工业文明以来，油气产业在全球范围内得到迅速发展，油气成为世界经济和社会发展的主体能源，成为支撑人类社会工业文明的重要基础和全球经济发展的血液，在国际经济、政治和军事领域发挥着越来越重要的作用。在当今世界，世界各国，无论是发达国家还是发展中国家，都无一例外地高度重视本国油气产业发展，都在根据世界能源发展形势和本国国情制定油气产业发展战略和政策，都在迎接国际政治和经济环境变化对油气产业发展带来的机会和挑战。

对于任何一个国家来说，油气产业发展有其自身的现实特征与理论逻辑，在日益复杂变幻的油气产业发展环境中，各个国家都需要围绕本国的油气产业发展历史阶段、现状、问题、趋势、理念和价值观等进行系统分析和整体审视。一方面，油气产业正在面临人类历史上前所未有的外部环境变化，无论从经济、社会、生态、环境、政治、外交、军事、文化、交通和家庭等各个层面，都可以感受到油气产业正在承受着各种压力、影响和冲击；另一方面，油气产业发展并非孤立，而是存在着诸多利益攸关者，关系到许多相关产业乃至整体经济和社会的发展，正在日益引起国际组织、政府部门、相关产业、相关企业、广大消费者、社会公众、非政府组织、媒体和学术界等高度关注。目前，油气产业发展已经成为中国国民经济发展和社会进步的重大议题，与中国全面建设和谐社会目标和实施全面协调可持续发展战略息息相关。

《中国油气产业发展分析与展望报告蓝皮书》是目前中国公开出版的唯一一部全面分析和研究中国油气产业发展现状和趋势展望的蓝皮书，它由中国石油企业协会和中国石油大学中国油气产业发展研究中心合作共同完成，按年度向全社会公开出版发行。蓝皮书共分五大部分：国际篇、国内篇、合作篇、专题篇和附件。国际篇，主要分析国外宏观外部环境对中国油气产业发展的影响，包括国际政治环境对中国油气产业发展的影响、国际经济环境对中国油气产业发展的影响、全球油气产业发展分析与展望等；国内篇，从产业整体发展角度重点分析中国油气产业发展现状和趋势展望，包括中国宏观经济环境对中国油气产业发展的影响、中国油气市场发展分析与展望、中国油气勘探产业发展分析与展望、中国油气开发产业发展分析与展望、中国油气炼制与化工产业发展分析与展望、中国油气管道产业发展分析与展望；合作篇，主要包括中国油气产业国际合作分析与展望、中国油气产业对外贸易分析与展望等；专题篇，与国际篇、国内篇和合作篇等部分形成补充关系，主要从专题角度分析油气产业发展的相关问题，每个专题形成一篇独立成篇的文章；附件，主要包括按时间顺序编写的全年油气产业发展大事记和一些国内外油气产业发展的数据信息。

蓝皮书不是一般意义上的年鉴，更不以大块文字和数据图表堆积为主，而是以年度分析和来年展望为基本特征。综合篇、产业篇和专题篇具有很强的相关性和互补性，但各部分在编写上独立成篇成文，因此读者可以根据需要和兴趣分别阅读。附件篇，主要是大事记和辅助数据资料，供读者在阅读时参考。蓝皮书以文字分析为主，辅以必要数据和图表，文字描述力求言简意赅，分析和展望力求强调逻辑性、高度性、概括性和权威性，分析结论力求对相关部门和油气企业实际工作具有指导性。蓝皮书作者主要来自中国石油企业协会、中国石油大学中国油气产业发展研究中心、中国石油化工集团公司经济技术研究院、中国石油化工集团公司勘探开发研究院、中国海洋石油总公司经济研究院等单位，作者团队长期从事油气产业发展研究，具有国内一流专业水准和专业基础。作者团队本着促进中国油气产业发展的良好愿望，除从产业发展整体上分析外，还对有关产业热点问题坦率提出看法和观点，希望引起社会关注和讨论。作者团队努力进行全面、系统和深入研究，试图得出有助于读者全面了解中国油气产业发展的正确结论，这正是作者团队追求的目标，也是其义务和责任。蓝皮书具有较强的可信度、一定的权威性和较好的时效性，对于理论研究者和实际工作者都具有一定的参考价值。

蓝皮书编写分工如下：国际篇，国际政治环境对中国油气产业发展的影响（曾叶丽、徐晓涵），国际经济环境对中国油气产业发展的影响（曾叶丽、赵航），世界油气产业发展分析与展望（高建、庞元君、赵天娇、刘贵贤、皮光林）；国内篇，中国宏观经济及油气产业政策分析与展望（杨鑫磊、皮光林、马郑玮、庞元君），中国油气市场发展分析与展望（张海霞、刘娜、张金瑞、郭田园），中国油气勘探产业发展分析与展望（赵天娇、刘贵贤、孔朝阳、马郑玮），中国油气开发产业分析与展望（宁莉雯、刘贵贤、孔朝阳），中国油气工程技术服务产业分析与展望（孙梅、史戈、段晓雯、刘熙雯、马树敏、任晓彤），中国炼化产业分析与展望（孙梅、覃丹、储祥路、张赢赢、张思琦、王嫣然），中国油气管道产业发展分析与展望(张琦、孔朝阳、刘贵贤);合作篇,中国油气国际合作分析与展望(张琼、董聪),中国对外油气贸易发展分析与展望(曾叶丽、宋奕萱);专题篇,能源地缘政治视角下中国与“一带一路”国家的能源合作模式探讨(吴超、马郑玮),低油价对天然气产业链的影响(刘毅军、马莉),石油金融化背景下的中国石油经济安全性研究(梁赟玲、刘力),“互联网+”环境下石油行业的供给侧改革(刘贝、李明),互联网时代的中国石油企业战略探讨(宋岑),“十三五”时期中国成品油出口分析与展望(张金瑞、张海霞),完善天然气定价机制须兼顾多方利益(殷建平),低油价下中国石油商业储备的分析与建议(刘娜、张海霞),中国战略性商品储备释放问题研究(李慧、孙仁金、董康银、郭瑞),天然气中游业务价值评估模型及应用(董康银、孙仁金、郝鸿毅、董思学),基于K-means聚类方法的炼油企业战略群组划分(牛亚群、吴金、王琳旋、孙仁金),基于投入产出的中国页岩气开发投资的经济和劳动效应分析(王雪成、张宝生、唐旭、王文欢),中国页岩气开发大气成本分析(庞元君、赵天娇、马郑玮),中国油气管理体制和市场机制改革探讨(董聪、孔朝阳),中国综合性油气技术服务公司研发管理优化研究(刘鹏鸽、孙仁金),中国天然气管网运营管理对策探讨(郭田园、张海霞),油气舆情话题识别与分析(陆秀芝、李明、陈李生),中国民营资本海外油气投资的战略思考(朱祎、袁宏、万波、孙仁金);附件部分的收集和整理工作(郭杰、董聪、杨鑫磊)。

彭元正、董秀成统领了蓝皮书架构设计并负责组织全书编撰;董秀成负责蓝皮书最终统撰与核定;严绪朝、王子康、连建家、徐孚、王琳、孙仁金、刘毅军等参与书稿修改和审定工作。

编委会

2017 年 3 月 10 日

目　录

国　际　篇

国　内　篇

合　作　篇

专　题　篇

附　　件

国　际　篇

2016 年全球 GDP 增长 3.4%，与 2015 年相比提高了 0.3%。其中发展中国家 GDP 增长率约为 4.3%，较 2015 年的 4.0%有所上升；发达国家 GDP 增长率为 2.1%，较 2015 年的 1.9%也有所提高。世界石油消费相对 2015 年小幅增长 124 万桶/日，达到 9440 万桶/日。其中，美国、欧洲、亚太地区有所增长，中东和拉美地区需求量下降。

供应方面，2016 年全球液态烃类生产产出达到 96.84 亿桶/日，增加了 0.53 百万桶/日。该增长主要由非石油输出国贡献所至，增长主要来源于一些非石油输出国重新进行油砂生产，石油输出国组织(以下简称 OPEC)国家贡献了增长份额的 15%。

油价处于低位运行，将会影响未来数年的全球油气勘探开发投资。2016 年全球石油探明储量呈下降态势，全球原油和凝析油储量达到 1.645 万亿桶，低于 2015 年的 1.655 万亿桶。其中，西半球国家储量的减少是全球原油储量下滑的主要原因。

展望 2017 年，全球经济增长前景转好有助于石油需求增长。与此同时，世界原油供应充满不确定性，OPEC 限产协议将助推油价缓慢上涨。此外，全球炼油产业收缩将倒逼油品升级。

国际政治环境对中国油气产业发展的影响

一、2016年国际政治环境分析

(一) 中国—东盟关系取得新进展

2016年是中国同东盟建立对话关系25周年。在过去25年里，通过中国—东盟自由贸易区、“一带一路”和澜湄合作等倡议和机制，中国同东盟实现了地区经济加速融合发展。当前，中国已经成为东盟最大贸易伙伴和主要外资来源地。9月7日，李克强在老挝万象国家会议中心出席第十九次中国—东盟(10+1)领导人会议暨中国与东盟建立对话关系25周年纪念峰会，表示中国—东盟关系经受住国际风云变幻的考验，树立了大小国家平等相待、共谋发展的典范。双方坚持以“信”为本，以“义”为重，以“利”为绳，以“和”为贵。10月13日，国家主席习近平对柬埔寨王国进行国事访问，习近平强调柬埔寨是东盟重要成员，中国和柬埔寨是肝胆相照的好邻居、真朋友。两国全面战略合作伙伴关系深入发展，不仅为两国和两国人民带来实实在在的利益，也为促进地区和世界和平、稳定、繁荣作出积极贡献。10月14日，国家主席习近平对孟加拉人民共和国进行国事访问。习近平指出，中孟两国传统友谊源远流长。建交41年来，中孟关系持续向前发展。中孟友好和互利合作符合两国和两国人民利益，也为促进本地区和平、稳定、发展作出了积极贡献。10月27日，为期4天的首届中国—东盟卫生合作论坛在南宁开幕。卫生作为中国—东盟合作中的重要领域，从2003年至今，双方合作从无到有，稳步发展。东盟已成为中国在公共卫生领域的重要合作伙伴。对进一步深化医疗卫生领域的合作交流、推动国家“一带一路”战略发展具有重要意义。

2016年，中国与东盟在政治、安全、经贸、人文各领域合作不断取得新进展，符合双方的共同利益，有利于促进区域和平、稳定与发展，有力推动了东盟共同体建设，促进了区域一体化进程，同时提升中国和东盟国家在全球产业布局中的地位。

(二) 英国脱欧或重组欧洲格局

6月24日，脱欧派以52%的得票率在英国是否脱离欧盟的公投中胜出。此次公投的投票率为 71.8%，是自 1992 年以来投票者最多的一次英国选举。但英国要完成脱欧程序，仍至少需要两年时间。随后，英国首相卡梅伦宣布将辞职，他表示将留任至保守党在 10 月选出新党魁。英国与德国、法国一起作为欧盟中的三大强国，英国在政治、经济、军事以及外交资源方面都有着举足轻重的作用。英国脱欧成功后英镑急跌，英镑兑美元在盘中一度下跌了 11%，这是自 1985 年以来的最大跌幅。欧洲一体化进程受挫，地缘政治与经济格局发生改变，这不仅对欧洲，对世界的影响也是深远的。

由于历史与地理原因，19 世纪晚期以来，英国一直奉行对欧洲大陆事务不干预政策，被称为"光荣的孤立"。英国并非欧元区国家，可以发行自己独立的货币，有利保持其出口竞争力，拥有自主的财政政策，但这使英国很难真正加入欧洲大陆的事务处理，尤其是欧债危机的关键时期，由于各种利益分歧明显，这一传统强国正在逐步丧失其在欧盟中的地位与参与权。

英国脱欧意味失去与欧盟国之间自由贸易的协定，令其全球经济能力逐步减弱，故面临降级危机。公投后英国评级由最高级别的 AAA 降两级至 AA，未来展望负面。失去欧盟成员国的资格，英国难以依托欧盟在欧洲和世界事务中发挥重要作用，其国际地位和影响将大打折扣。在贸易方面，英国与欧洲向来唇齿相依，有一半贸易额都来自欧洲其他国家。若脱离欧盟恐令英国与欧洲贸易关系受到影响，影响到伦敦国际金融中心及资金避风港的地位，如果大量投资从英国撤出，经济前景或进一步转差。另外，失去在布鲁塞尔、柏林和巴黎的影响力，英国将更加被华盛顿冷落，并且在诸如环境、安全和贸易等众多跨国事务中被边缘化。美国和其他盟友想要英国留在欧盟内部，一旦离开欧盟，英国将有可能成为一个孤立的国家。

（三）中东地区动荡冲突不断

沙特阿拉伯外交大臣朱拜尔于 2016 年 1 月 3 日宣布，沙特与伊朗断绝外交关系，并责令伊朗外交人员 48 小时内离境。沙特内政部 1 月 2 日宣布处决了 47 名犯有恐怖主义罪行的囚犯。2 日晚，伊朗示威者冲击沙特驻伊朗大使馆，打砸使馆门窗并纵火焚烧使馆部分楼体。伊朗总统鲁哈尼 3 日谴责伊朗抗议者焚烧沙特大使馆的行为，表示伊朗当局将保障外国使领馆安全。6 月 28 日晚，土耳其最大城市伊斯坦布尔的阿塔图尔克国际机场发生连环自杀式爆炸袭击，导致 41 人死亡，另有 239 人受伤。死者中有 37 人身份已确认，其中包括土耳其、沙特阿拉伯、伊朗和乌克兰等国公民，伤者中有 109 人已出院，另外 130 人在医院接受治疗和观察。7 月 15 日土耳其晚突发军事政变，目前已造成 190 多人死亡。但政变者很快就遭遇有力反击，土政府方面宣布已“基本控制局势”，并逮捕了1500多名涉嫌参与政变人员。这次未遂政变是土耳其国内世俗势力与宗教势力之间斗争的结果。此次事件过后，土总统埃尔多安的地位可能进一步巩固，该国宗教势力或将进一步增强，而土耳其与美国之间的关系短期可能会受到冲击。

中东地区由于特殊的地理位置、宗教纷争、局外势力不断插手等原因，一直处于动荡不安的状态，中东动乱使得国际环境长期处在不稳定之中，不利于世界各国经济平稳健康地运行。同时，“伊斯兰国”等恐怖组织的出现，使得各国在中东地区的投资遭到了巨大破坏，影响了多个国家的海外利益。在国际安全上，出现了“恐怖主义回潮”的趋势，对世界各国的安全形成了巨大威胁。由于战争的频繁发生，造成各国政治局势动荡不安，前进方向迷茫；经济发展受到了严重的阻碍，两极化程度加深；社会冲突尖锐，各种矛盾集中爆发；民族主义、教派主义、宗教极端主义和恐怖主义重新抬头；地区格局变得多极化。

（四）朝鲜核试验加剧半岛局势紧张

2016年1月6日，朝鲜在咸镜北道吉州郡丰溪里核设施基地丰溪里核试验场进行了第四次核试验，这是朝鲜首次完成氢弹试验。国际社会对朝鲜当天再次进行核试验表示坚决反对，强烈敦促朝方信守无核化承诺，停止采取任何恶化局势的行动，并强调坚定推进半岛无核化目标，维护半岛及东北亚和平稳定。联合国安理会3月2日一致通过决议，决定实施一系列制裁措施遏制朝鲜的核、导开发计划，并呼吁恢复六方会谈。为遏制朝鲜的核、导开发计划，决议出台一系列措施，包括要求各国禁止向朝鲜运送可能用于核、导计划的物品，收紧对朝鲜的武器禁运措施，冻结可能与核、导计划有关的金融资产等。决议强调，有关措施无意对朝鲜平民造成不利的人道主义后果或对在朝鲜开展援助活动的工作产生不利影响。外交部副部长张业遂9月10日约见朝鲜驻华大使池在龙，就朝鲜再次进行核试验表明中方立场。中方表示，实现朝鲜半岛无核化，维护半岛和地区和平稳定，通过对话协商解决问题，是中方在半岛问题上坚定和一贯的立场。朝鲜坚持核武开发、不断进行核试，与国际社会期待背道而驰，加剧半岛紧张局势，不利于半岛和平与稳定。中方敦促朝方不再采取可能加剧紧张的行动，尽快回到无核化的正确方向上来。

（五）南海危机加剧

2016年1月30日，美军“柯蒂斯·威尔伯号”导弹驱逐舰驶入西沙群岛中建岛领海。与既往不同的是，美国这次采取了在媒体上高调渲染的做法，美军官员还扬言今后的行动范围将更广泛，性质将更复杂，并保持每季度约两次的频率。

2016 年 4 月 15 日，美国国防部长卡特在访菲期间登上“斯坦尼斯”号航母巡航南海。美军舰机还时常在中国领海领空发生“误闯”事件。美国有意识地强化在南海周边的盟友体系和军事网络。“亚太再平衡”战略实施以来，美国已在澳大利亚达尔文、新加坡樟宜基地、菲律宾、马来西亚等环南海地区增加了力量部署。美国也正在加强与南海周边的马来西亚、印度尼西亚、越南等国有关海域态势感知的情报及侦察合作，加大对其他南沙争端国的军事援助，重点是提高菲、越等国的侦察预警、巡逻管制以及反介入能力。2016 年 3 月，美菲在第六次年度双边安全对话上宣布，美国将被允许使用菲律宾的六个基地。2016 年 4 月，美菲“肩并肩”联合演习再度举行，演习科目十分具有针对性，包括失岛夺回、油井防护等，设定的背景即是当下的南海争议。中国国家主席习近平 2016 年 4 月 28 日在亚信部长会议上强调指出：中国一贯致力于维护南海地区和平稳定，坚定维护自身在南海的主权和相关权利，坚持通过同直接当事国友好协商谈判和平解决争议。

2016 年 7 月 12 日，海牙国际仲裁法庭对南海仲裁案做出“最终裁决”，判菲律宾“胜诉”，并否定了“九段线”，还宣称中国对南海海域没有“历史性所有权”。对此，中国政府发表声明，不接受、不承认非法裁决。非法裁决改变不了中国对南海诸岛及其附近海域拥有主权的历史和事实、维护国家领土和海洋权益的信心和力量。

（六）美国大选尘埃落定

2016 年 11 月 9 日凌晨，美国总统选举初步结果揭晓，共和党总统候选人唐纳德·特朗普获得超过 270 张选举人票，战胜民主党总统候选人、前国务卿希拉里·克林顿，当选美国第五十八届总统。特朗普和希拉里组成了“历来最不受欢迎”的总统候选人阵容。他们执着于挖掘对方的黑历史，将大选辩论变成了互撕秀。从性丑闻到腐败指控，从“维基解密”爆料到联邦调查局（FBI）侦查，这场选举被众多媒体用“一团糟”和“肮脏”来形容。

特朗普在美国大选前并不被看好，也不是公众所愿，甚至其当选也被当作是“黑天鹅”，这主要是因为特朗普在竞选中的主张倾向于极端，会增加其当选总统后采取极端措施的可能性，与当前美国主流价值观不相符合，同时其言论透露出较强的民粹主义，这与英国退欧、欧洲右翼政党的崛起一脉相承，这可能会对美国以及全球经济有较大的负面影响。在对外贸易方面，特朗普偏向贸易保护政策，认为正是由于自由贸易导致美国失业问题的严峻，在竞选中提出对所有进口货物施加 20%的关税，而对中国和墨西哥等国施加更为严峻的 45%的关税，并主张从奥巴马强力推进的 TPP 中撤出，甚至扬言退出 WTO。更为明显的体现是特朗普对移民政策的看法：限制移民、遣返非法移民以保护底层民众利益。例如，他主张对难民和移民采取严格的被禁审查、取消奥巴马针对移民问题颁布的行政命令、在墨西哥边境筑墙限制非法移民成为美国公民、主张对美国国内部分清真寺加强戒备、对遣返的非法移民再度入境将判罚两年监禁等。

整体来看，特朗普的当选可能使得金融市场的风险整体加大，尤其是由于其政策的模糊性和跳跃性，整个市场的不确定性也会相应增加，波动性会增强。而在经济方面，其所提倡的基建、降低企业所得税等可能对美国经济形成利好，而贸易保护的提倡以及移民严管的提议可能会增加贸易之间和国家之间的纷争，延缓全球经济复苏的节奏。

（七）“亲信干政”加剧韩国政坛危机

2016 年 10 月 24 日，在崔顺实委托物业处置的电脑中发现 200 份文件，其中 44 份是朴槿惠演讲稿，文件打开时间在总统演讲前。总统的演讲稿在发布前属重要机密，只有总统本人和极少数高官能接触到，这种违反国家机密法的行为已发展成朴槿惠的最大丑闻。

10 月 25 日，韩国总统朴槿惠就亲信崔顺实审阅总统演讲稿一事，向全体国民发表致歉讲话。朴槿惠表示崔顺实曾在 2012 年她参选总统时就竞选事务提出个人建议，主要是演讲和公关活动方面。在 2013 年发表就职演说后，她继续就一些材料向崔顺实征询建议；在青瓦台的秘书班子形成后，她停止向崔顺实求助。

10 月 28 日晚间，青瓦台发言人表示，朴槿惠当天下令 10 名青瓦台高级秘书官集体辞职，准备改组青瓦台参谋班底。其中包括青瓦台民政首席秘书官禹柄宇以及经济高级秘书官安钟范，前者涉嫌在岳丈家房产交易以及儿子服兵役问题上享有特殊待遇，并被指无力阻止崔顺实干政；后者则涉嫌协助崔顺实向韩国企业施压，要求韩企向崔顺实成立的两个基金会捐出巨额款项。另一方面，韩国民众接连在首尔举行大规模示威集会，要求朴槿惠下台。

11 月 2 日，韩国检方以“滥用职权、妨碍行使权利（共犯）”及“诈骗未遂”两项嫌疑向韩国法院申请正式逮捕令。逮捕事件核心当事人，朴槿惠的亲信——崔顺实。韩国法院于 3 日晚对崔顺实颁布正式逮捕令。

11 月 12 日，韩国首尔爆发自 2008 年以来最大规模的示威游行。1500 多个市民社会团体在首尔市中心举行集会，谴责“亲信干政”事件，要求总统朴槿惠辞职并对此事负责。截至当日 20 时，主办方估计有 100 万名民众参加集会，警方称实际规模已达26万人，超过2008年因反对进口存在疯牛病隐患的美国牛肉而举行示威的人数。12日集会活动是“亲信干政”事件被爆出后韩国民众自发举行的第三次大规模集会，也是参加人数最多、持续时间最长的一次集会，有关活动持续至13日凌晨。

“干政门”事件已经导致韩国政局陷入混乱，朴瑾惠面临被迫辞职的压力。受“干政门”事件影响，朴槿惠支持率不断下滑。韩国一家民调机构公布的最新调查结果显示，韩国民众对朴槿惠的支持率已降至17%，创下其就任以来的最低纪录。而在其发表语焉不详的道歉声明之后，民意支持率更降至14%。执政党内部质疑声不断，民众大规模集会示威，舆论争议难以平息，朴槿惠政府面临巨大压力。

二、2016年国际政治环境对全球油气产业的影响

（一）OPEC冻产协议达成或提振油价

2016年4月17日石油冻产大会举行，根据OPEC的统计，OPEC国家3月每日向市场投放3230万桶石油，其中三分之一来自沙特。全球第二大产油国则是俄罗斯，与去年同期相比，3月俄罗斯原油产量达到每日1088.5万桶，增长了2%，出口量则增长了3.9%。在这样的背景下，伊朗的产量仅为每日350万桶，其中大约出口180万桶，这实际上对于国际油价的影响要比沙特和俄罗斯小得多。但伊朗的这种立场给沙特拒绝签署“冻产”协议制造了理由。4月17日举行的谈判先是被推迟了6个小时，之后进行的谈判最终也未能达成协议，最主要的障碍是沙特等一些国家临时改变立场。一方面，沙特等国要求包括伊朗在内的所有OPEC国家都必须签署协议；另一方面，协议文本内容也被修改，将此前规定的1月的产量水平改为“可接受的水平”，而且调整了协议有效期限，导致其内容非常松散，以至于不能称之为“冻产”协议。最终，会议宣布不签署协议。

9月26~28日，OPEC在阿尔及利亚国际能源论坛期间举行场边会议，讨论限产协议。经过两天的协商后，沙特阿拉伯与伊朗等国意外达成减产协议，这是2008年金融海啸以来首次达成有关协议。按照OPEC对外发布的消息：产油国同意把石油日产量限制在3250万~3300万桶之间，比8月份平均日产量每天减少75万桶。各成员国的实际冻产量，则留待11月在维也纳举行的OPEC大会上决定，届时，非成员国俄罗斯也可能会同时参与冻产。消息公布后，原油市场大受提振。美国WTI原油期货价格盘中最高触及每桶47.43美元，布伦特原油期货价格盘中最高触及每桶49.49美元。石油输出国本次初步达成的联合减产协议具有

历史性意义，将给全球能源产业带来重大影响。

这次协议的达成显然有助于在短期内提振油价，然而，要从根本上稳定原油市场，推动市场实现供求平衡，还有很长的路要走。

（二）英国脱欧或将遭遇“能源荒”

2016年6月23日，英国举行了脱欧全民公投。根据6月24日公布的投票结果，英国已选择退出欧盟。在未来为期两年的退欧谈判中，将面临大量的“不确定性”，意味着货币、石油天然气价格和股票市场会出现更大的波动性，以及英国吸引投资的减少。一方面，英国可再生能源投资将受到限制，改变政府多年来一直大幅补贴可再生能源的现状。英国甚至很可能失去大部分可再生能源融资，特别是海上风电，因为很多资金都来自欧洲的银行。另一方面，脱欧肯定会影响电网建设，包括在建的和规划建设的。由于国内环境不利以及监管政策不确定，英国对于新增电力的投资已陷入停滞，而随着部分老化电站将要关闭，英国未来几年将面临电力供应短缺。更严重的是，英国脱欧后，苏格兰可能会再次发起的独立公投或将使英国失去北海油田。在6月23日的英国脱欧公投中，苏格兰所有地区的投票结果都是留欧，苏格兰最终有62%的选民支持留欧。苏格兰“极有可能”把第二次独立公投提上日程，且将开始为二次公投做立法准备。

在欧洲，英国的国民经济居于上游，对欧盟的整体经济实力有很强的补充。英国的存在可以使欧盟在对外贸易的谈判中拥有更多的话语权。欧盟和俄罗斯的能源贸易可谓是双赢，欧洲缺少能源，而俄罗斯主要依靠出口能源来拉动国民经济的增长。近些年，欧盟国家经济不景气，再加之英国的退出，必将严重削弱欧洲对外能源贸易的议价能力。不利于欧盟的能源供给、经济发展以及能源安全。英国的脱欧，也会给德国和法国带来更大的经济压力。短期内会使欧盟的整体经济下滑，也有可能引起欧盟内部的经济危机，整体上削弱欧盟的实力，欧盟在国际能源市场上也将会更加被动。

（三）《巴黎协定》的达成带来全球油气产业新发展

10月4日，《联合国气候变化框架公约》第21次缔约方会议（COP21）达成《巴黎协定》。该协定是一个全面平衡、持久有效、具有法律约束力的气候变化国际协议，为2020年后全球合作应对气候变化指明了方向和目标。

对于油气产业界较有影响的是，《巴黎协定》首次将“1.5℃”作为全球应对气候变化的目标。要“把全球平均气温升幅控制在工业化前水平以上低于2℃之内，并努力将气温升幅限制在工业化前水平以上1.5℃之内”。要实现2℃温控目标，首先是限制化石类燃料的使用。在COP21上，结束世界各地油田常规天然气燃除(Routine Gas Flaring)的全球倡议目前已获得45家石油公司、政府及其他机构的支持，这意味着每年可减少二氧化碳排放1亿吨。可再生能源、核能、使用碳捕获和封存技术(CCS)的化石能源等低碳能源供给占一次能源供给的比重达到2010年水平(约17%)的3~4倍。对传统油气公司而言，更重要的因素是技术的迅速发展。如果像CCS这样的技术能够迅猛发展，各方都将受益。2050年前，除非CCS技术能够被广泛应用，否则全球超过1/3已探明储量的化石燃料可能会被拒绝开采以保证气候安全。此外，石油天然气开采行业，将推广采油系统优化配置技术、放空天然气和伴生石油气回收利用技术，推广可燃气代替燃料油等，降低油田自用油率。

《巴黎协定》首次以国际条约的形式，确认了所有缔约方"自下而上"提出国家自主贡献的减缓合作模式，改变了减排路径，影响了油气行业的政策路径与目标。油气企业社会责任问题正成为气候变化时代的热点，其中，企业的环境责任越来越成为各国企业发展必须关注的问题。气候变化会给油气行业带来的开发机遇也伴随着巨大的风险。如北极地区未探明的石油储量达到900亿桶，占世界石油储量的13%；然而在北极海域钻探油气，石油公司会因为环境保护和设备可靠性要求的提高产生新的成本。

(四)俄欧天然气博弈推动其远东能源战略

8月9日，土耳其总统埃尔多安访俄并同俄罗斯总统普京举行会谈，双方决定重启土耳其流管道项目。土耳其流管道计划从俄克拉斯诺达尔边疆区的阿纳帕经黑海海底至土耳其，向土国内及南欧供气，是已夭折的南流天然气管道的替代选择，也是近年来俄罗斯绕过乌克兰向欧洲输气的重要尝试。

欧洲一直是俄罗斯天然气最重要的出口市场。2015年，俄罗斯天然气工业股份公司向欧洲出口天然气1594亿立方米，比2014年增长8%，占欧洲天然气市场份额31%。2016年，计划将对欧供气量提升至1650亿立方米。然而目前看来，欧洲天然气需求和俄对欧供气价格是影响俄罗斯天然气在欧洲市场前景的主要因素，同时，俄天然气还面临着来自欧盟主导的"南部天然气走廊"项目和美国液化天然气(LNG)的竞争。在俄的反制裁措施中，减少或停止向欧洲国家供应天然气是俄罗斯的一个杀手锏。对此，西方不得不小心谨慎地谋划对策。9月4日，俄总统普京到西伯利亚考察并访问蒙古国。普京此行的主要目的是洽谈俄天然气东输问题。普京已经发出了明确的信号：如果西方强化对俄制裁，那么俄将毫不留情地对西方"断气"。

在俄罗斯和乌克兰纷争不断、"斗气"频繁的背景下，俄罗斯和欧洲都力求摆脱过境乌克兰输气的过度依赖，俄罗斯主导建设的土耳其流、北流-2 天然气管道项目和欧盟主导的“南部天然气走廊”项目，既反映了双方寻找替代性通道的努力，也证明俄罗斯在欧洲天然气市场将面对更多竞争对手。

（五）特普朗能源政策加剧全球能源市场的不确定性

2016 年 11 月 10 日，美国共和党总统候选人唐纳德·特朗普赢得 2016 年美国总统选举，成为美国第 45 任总统。特朗普是实用主义的代表，能源上奉行美国优先的政策，支持传统能源，对气候变化和新能源不屑一顾。在胜选的次日，特朗普在其政权交接网站上公布了治国理政框架，其中便包括其在竞选期间多次提到的“能源独立”，重构美国能源政策：①在维持美国空气清洁的前提下，让美国获得全面的“能源独立”。撤销奥巴马政府破坏美国就业的政策措施，消除美国能源开发生产的各种限制，创造数百万新的就业岗位，增加工人收入，降低能源价格，振兴美国经济。②将美国能源主导地位作为执政期间的战略性经济和外交政策目标之一。彻底摆脱从 OPEC 或敌视美国利益的任何国家进口能源。③将减少对价值 50 万亿美元的美国化石能源生产活动的限制，大规模勘探开发美国蕴藏的页岩油、页岩气、常规天然气、清洁煤炭等化石能源。开放外大陆架允许油气开发，允许在联邦政府所属国土上对外租赁能源资源开发权，重新开启煤矿开采租赁，修订煤炭法规。重启美加 Keystone XL 输油管线项目。④退出巴黎气候协定，停止使用美国纳税人的钱向联合国气候变化部门捐款。

美国是世界上能源生产量和消费量最大的国家之一，同时还是石油产量和消费量最大的国家，该国能源形势变化对全球能源行业的影响举足轻重。因此，新总统特朗普带来的能源新政策势必对美国及全球能源格局产生深刻影响。

三、2016 年国际政治环境对中国油气产业发展的影响

（一）南海仲裁威胁中国能源安全

7 月 12 日，南海仲裁结果在海牙公布，菲律宾南海仲裁案仲裁庭作出非法无效的所谓“最终裁决”。对此，中国政府发表声明，菲律宾共和国阿基诺三世政府单方面提起仲裁违背国际法，仲裁庭没有管辖权，中国不接受、不承认。

南海是中国四大海域中最大、最深、自然资源最为丰富的海区，含有丰富的石油和天然气资源。美国能源信息署估计中国南海有 110 亿桶的石油和 5.38 兆立方米的天然气探明和可能储量。尤其是在 2006 年发现的荔湾 3-1 气田，是中国第一个真正意义上的深水油气田，位于南海东部，香港东南 300 公里处。荔湾

3-1 深水气田探明储量为1000亿~1500亿立方米，年产量可望达到50亿~80亿立方米。

对于中国来讲，能源，尤其是石油安全关系到中国在经济持续增长、进而实现从能源大国向能源强国转变的重大战略问题。中国石油战略安全的主要目的是避免供油中断和油价大幅波动带来的危害。南海对中国油气战略安全的意义主要体现在两个方面，一是油气资源开发潜力，二是海上油气运输安全。但随着中国石油消耗量逐年提升，对外依存度不断加大，石油保障安全战略问题已经严峻地摆在中国面前。

中东和非洲地区是中国进口原油的主要来源地区，从这两个地区进口的原油占中国原油进口总量超过60%。产油国局势动荡造成的供油不稳和中国周边海域武装冲突导致油路受阻，是中国石油进口的最大隐患。而国家石油安全战略主要有赖于石油战略储备体系的完善和国内产能建设的恢复。在持续2年之久的低油价背景下，原油消费更依赖海外，国内产能已经形成缺口，能源安全问题在“南海仲裁”事件下显得尤为突出。因此国内产量保持稳定，以及具备一定规模的石油战略储备，才能保障国家能源安全。

(二)“一带一路”战略推动区域能源体系建设

2016年1月10日，在距离巴基斯坦首都伊斯兰堡50多千米处的吉拉姆河畔，三峡集团承建的卡洛特水电站主体工程开工。这是丝路基金首个对外投资项目。2016年1月21日，印尼雅万高铁开工奠基仪式举行。这将是印尼乃至东南亚地区的首条高铁。2016年2月6日，伊朗总统鲁哈尼出席了德黑兰—马什哈德铁路电气化改造项目的开工仪式，项目预计将在42个月后竣工，随后还有5年的维护期。该项目将由伊朗基础设施工程集团MAPNA和中国机械进出口(集团)有限公司及陕西苏电电气有限公司承建。项目全部竣工后，将有70辆中国机车以250公里的时速在该段铁路上行驶。“2016年世界自由贸易大会暨博览会”于2016年11月8~10日在澳门召开，本届大会的主题是：中国自由贸易区战略下的“一带一路”合作机会。世界自由贸易大会暨博览会是全球自由贸易领域的最高级别大会，是世界级的投资、贸易、金融、旅游、文化、人才交流合作平台。本次世界自由贸易大会暨博览会将聚焦于中国自由贸易区战略下的“一带一路”合作机会，为各国政府和经济开发区提供一个招商引资、贸易促进和旅游推广的高层对话和专业交流平台。9月14日，中华人民共和国科学技术部(以下简称科技部)、中华人民共和国国家发展和改革委员会(以下简称国家发展改革委)、中华人民共和国外交部(以下简称外交部)、中华人民共和国商务部(以下简称商务部）联合发布关于印发《推进“一带一路”建设科技创新合作专项规划》的通知，能源合作被列入“一带一路”科技创新合作的重点领域。要加强适合沿线国家实际的太阳能、生物质能、风能、海洋能、水能等可再生能源，煤油气等传统能源清洁高效利用技术的研发和示范推广与合作，加强重点行业节能减排先进适用技术的推广应用。积极推广三代、四代核电技术。加强节能技术、能源装备与重要部件的联合研发与生产。加强对海外油气资源投资、风险勘探和开发合作。合作构建因地制宜的多能互补、冷热电联产的分布式和区域新型能源系统。开展能效标准标识合作，研究多种形式的能源互联互通，构建安全高效智慧的未来能源体系。

科技创新合作是共建“一带一路”的重要内容，是提升中国与沿线国家合作水平的重点领域。与沿线国家相比，中国科技创新资源丰富，在装备制造、减灾防灾、能源环境和气候变化等领域形成的技术优势，有利于提升国际合作层次。深化科技合作，有利于发挥科技创新优势，推动由过去传统产业“优势产能”合作向科技“新产能”合作转变。

（三）G20峰会推动中国在全球能源治理中发挥重要作用

二十国集团（G20）第十一次领导人峰会于2016年9月在中国杭州召开，峰会主题为构建创新、活动、联动、包容的世界经济。

目前，既有机制已无法满足国际社会日益高涨的统一全球能源治理机构的需求。G20本身既包括俄罗斯、沙特等能源生产大国，又包括中国、美国、欧盟等能源消费大国，同时也能在国际能源署（IEA）、OPEC、世界银行等国际机构之间发挥协调作用。自成立以来，G20逐步将能源治理纳入其全球对话体系，推出一系列措施完善全年能源治理机制，使G20逐渐走上了全球能源治理的中心舞台。G20在全球能源治理领域的数年努力逐渐显现出了成效，全球能源治理秩序正在G20的参与下发生着重大的变化。G20凭借其巨大影响力，已发展成为可以统筹协调全球各大国际性能源机构的综合性领导中心，在G20框架下促进全球能源治理各方力量的整合。

全球化的发展和中国综合国力的上升，推动了中国参与全球治理包括能源治理的脚步。中国作为新兴能源需求大国已成为全球能源治理构架中不可或缺的角色，这体现在几乎所有的国际能源机构和各类多边机制都积极邀请或与中国保持密切联系这一发展现状上。G20是中国首次以创始国成员和核心国成员的重要身份参与的全球经济治理机制，为中国提升全球能源治理领导力提供了世界瞩目的中心舞台。布里斯班峰会上，习近平主席就能源议题发表主题发言，并代表中国与美国、澳大利亚牵头发布《G20能源合作原则》。

在中国成为G20轮值主席国期间，中国有望支持推动两项重要的国际能源行动，全球能源治理的“中国方案”受到各方高度期待。一是达成“跨国能源投资协议”，以推动在能源欠发达地区的能源项目投资。这项协议一旦达成，将在很大程度上与中国全力推动的“一带一路”战略和亚投行（AIIB）的创建相呼应，最终扫清中国对外能源投资领域的法律、融资、投资对象等各方面的障碍。此类针对能源基础设施的行动计划与G20的核心议题“推动全球发展”目标是一致的，因此可以尝试整合成为G20平台全球治理框架的一部分。二是建立“可再生能源合作与对话平台”，推动可再生能源补贴、技术转让、设备贸易的发展。中国作为当前全球领先的可再生能源设备生产国，创建国际性的可再生能源对话平台有利于解决中国可再生能源产品在国际市场上所面临的补贴、非关税壁垒等问题，符合中国与其他国家可再生能源产业发展的重大利益。

这两项动议的提出与《G20能源合作原则》部分内容相吻合，应充分借助G20平台予以推动。

（四）金砖国家间深化合作，保障中国能源安全

2016年10月16日，金砖国家领导人第八次会晤在印度果阿举行。五国领导人围绕“打造有效、包容、共同的解决方案”主题，就金砖国家合作及其他共同关心的国际和地区问题深入交换看法，达成广泛共识。

金砖五国包括中国、俄罗斯、巴西、印度和南非，分处世界四大洲，地跨南北半球，具有独特的地理优势，其国土面积之和占世界各国领土总面积的29.6%，人口占世界总人口的42.6%。就总体而言，金砖国家集团人口众多、经济规模大、能源资源丰富；但是更为细致地来看，五国当中又有所区分，其中俄罗斯与巴西属于能源极大富余的国家，能源出口是本国重要的经济支柱；中国、印度与南非则为制造业大国，人口众多，能源供需缺口较大，属于严重依赖能源进口的国家。对俄罗斯与巴西而言，其能源安全挑战主要来自出产冗余、油价暴跌与缺乏技术等方面。对中国、印度与南非三国而言，由于制造出口行业是国内重要的经济支柱产业，同时加上人口众多，工业化与城镇化增速明显，因此也是新兴经济体中对能源需求最大的国家。然而，与此同时，由于国内能源资源、特别是石油与天然气资源有限，本国产量根本无法满足国民经济发展与社会运转所需，三国对进口油气资源的依赖程度非常高。

因此在当前这个大环境之下，金砖国家集团内部完全存在相互合作、互利共赢的可能性。俄罗斯与巴西可以向中、印、南非三国适度提供更大的降价幅度和更优惠的政策，后者则可以加大采购量，即使一时难以直接用于消费，也可以用于扩充国家油气能源战略储备，提升本国应对突发能源中断事件的能力。

在具体合作内容上，五国之间也有许多可资推进的项目，譬如以中俄能源合作为例，俄罗斯最终同意与中国签署了搁置达数年之久的天然气供应协议，并且希望取代沙特对中国出口原油最大国的地位。中俄两国应该充分认识到当前时期加强能源领域合作的必要性与共赢本质，进一步巩固成果：其一，不能简单满足于一些短期的降价合同项目，而是要基于当前的市场价格友好协商，尽力签订长期的战略性合同；其二，要进一步巩固东北天然气管道项目的合作成果，彻底落实这条战略性能源输入管道的建设工作。上述举措，都将会极大改变当前以中东出口为核心的国际油气市场供需格局，进一步促进国际油气市场的公平竞争与健康发展，这也会间接促进全球经济发展格局的公平化，是金砖国家对积极推动全球治理结构改革做出的巨大的事实性的贡献。

国际经济环境对中国油气产业发展的影响

2016 年世界经济仍呈现复苏乏力态势。发达经济体总需求不足和长期增长率不高现象并存，新兴经济体总体增长率下滑趋势难以得到有效遏制。主要经济体宏观政策方向不一致，大规模跨境资本流动，外汇与金融市场动荡，地缘政治变化和自然灾变等，都对世界经济运行带来了负面干扰。全球物价形势也持续低迷。大宗商品价格下跌和总需求不足，是 2015 年主要国家物价水平持续下降的原因。大宗商品价格在 2016 年仍将低位震荡，总体来看可能只有小幅度上行，难以推动全球物价水平上涨。美联储加息不仅抑制本国需求扩张，而且将降低欧元区、日本和其他经济体宽松货币政策的效果。新兴市场和发展中经济体增长放缓局面仍将持续，经济金融风险加大还将进一步抑制新兴市场和发展中经济体的需求扩张。美国、欧元区、日本等主要经济体还有陷入通货紧缩的风险。各个国家目前的经济复苏形势相对于 2015 年依然不容乐观。表 1 是 2015～2017 年世界经济增长态势。

表 1　2015～2017 年世界经济增长态势　　%

	2015	2016	2017(P)
世界经济	3.1	3.4	3.6
发达国家	1.9	2.1	2.1
美国	2.5	2.6	2.6
欧元区	1.5	1.7	1.7
日本	0.6	1.0	0.3
新兴市场和发展中国家	4.0	4.3	4.6

数据来源：IMF，World Economic Outlook。

一、2016 年国际宏观经济环境分析

总体上看，2016 年世界经济相对于 2015 年来说形势有所好转，整体的世界经济增长率相对于 2015 年的 3.1%上升了 3 个百分点，同时根据世界银行的相关报告指出 2016 年的经济形势虽然有好转的迹象，但是全球经济前景面临的风险依然偏于下行，这与全球经济当前的调整有关，新兴市场经济体的增长普遍减

缓，中国经济正处于再平衡调整之中，大宗商品价格下跌，美国逐步退出异常宽松的货币状况。如果不能成功管理这些重大挑战，全球经济增长可能受阻。三个重要的转变也将对未来的国际宏观经济产生影响：①中国的经济活动逐渐放缓并在进行再平衡调整，从投资和制造业转向消费和服务业；②能源和其他大宗商品价格下跌；③美国在经济强劲复苏的背景下逐步收紧货币政策，其他几个主要发达经济体的中央银行继续放松货币政策。

（一）亚洲各国经济体依然处于缓慢复苏阶段

中国当前的经济形势虽然在亚洲各个经济体的复苏形势中处于较好的地位，并且中国的总体增长基本符合预期，但进口和出口的放缓速度比预期更快，这在一定程度上是由于投资和制造业活动减弱。这种状况，加上市场对中国未来经济表现的担心，正通过贸易渠道和大宗商品价格的下跌以及信心的减弱和金融市场波动的加剧对其他经济体产生溢出效应。制造业活动和贸易在全球范围内依然疲软，不仅反映了中国的经济走势，还反映了更广泛的全球需求和投资低迷，特别是采掘业投资下降。此外，一些处于经济困境中的新兴市场和发展中经济体的进口急剧下降，也对全球贸易产生了严重的不利影响。同时人民币加入 SDR（Special Drawing Right，特别提款权）对中国经济也有着重要的意义，一方面其有助于进一步推动中国对外直接投资和金融企业走出去；通过降低非居民持有人民币的成本，增强外界使用人民币的信心和热情；密切中国与全球经济金融体系的关系，有利于改善我国经济发展外部环境，更好地维护我国自身利益。另一方面人民币加入 SDR 可以让中国成为很多国际商品定价国，中国可以在国际资本市场以更低的成本借贷，人民币可以被更多的国家需求等等。同时中国企业对外投资的融资成本一样会降低，国际资本也自然会大量流入中国。这些对中国尽快恢复经济增长提供了巨大的帮助。

2016 年，受外部需求急剧放缓的影响，日本的出口和工业生产总量有所收缩，尽管日本实际工资增长的预期出现好转，但是国内私人消费依旧低迷。而且市场普遍担忧日本减少财政赤字的能力，其国债已上升至 GDP 的 240%，预算赤字还在不断地扩大，2016 年的最红财政赤字可能会达到 GDP 的 50%。当前，“安倍经济学”的财政刺激计划已经遭到质疑，经济数据和舆论都认为，这些政策并未刺激消费者多花钱，结束多年通货紧缩的状况。因此，经合组织下调了日本经济的增长前景，从原来的 1.2%调整到 1.0%，比其他发达经济体更加疲软，比如美国。

对于韩国经济形势而言，由于中美两国以及世界经济形势整体不确定性的升高，韩国经济环境的不确定性也随之升高。同时韩国国内的经济形势本身就一直处于艰难的复苏阶段，在韩国国内经济增长低迷的大环境下，低生育率、老龄化、家庭负债、青年失业和劳资纠纷等阻碍经济发展的社会问题依然众多。1200万亿韩元(约合人民币6.7万亿元)的家庭负债总规模将给当前韩国扩大内需的形势带来压力。同时，有15%的边际企业面临重组。而大企业和中小企业、正式员工和临时工、首都圈地方富裕阶级和贫困阶级等多重两极化问题严重阻碍韩国发展。

(二)欧盟经济复苏前景总体向好

根据欧盟委员会发布的秋季展望报告，欧元区未来两年经济复苏步伐将在“逆风”中保持前行。由于油价继续处于相对低位，欧洲央行实施的货币宽松政策提振了消费和出口，这些因素的正面影响在未来将不断减退，新兴市场需求下降和难民危机等影响将令欧洲经济面临新的挑战。未来两年欧元区和欧盟的经济增长将得益于就业形势改善、私人消费加速和投资反弹。

目前，欧盟经济虽然复苏乏力，但欧盟经济增长潜质依然存在。较强的竞争和创新能力、欧盟大国经济的强劲复苏、容克计划出台、量化宽松货币政策的实行、欧盟积极发展与新兴经济国家的经贸关系都是有利于欧盟经济复苏与增长的利好因素。具体来说，这些利好因素主要包括以下两个方面：①欧盟仍是具有很强竞争力的地区。欧盟经济体位居全球产业链分工上游，社会总体稳定，市场成熟透明，劳动力整体素质高，创新能力强，尤其是德国、英国、法国、荷兰等欧盟核心国家，在先进技术、管理经验、知名品牌等方面具有领先优势。②欧盟与新兴经济体特别是中国经贸关系日益密切。欧债危机爆发后，欧盟国家经济受到严重冲击，居民需求下降、投资信心不足。而新兴经济体特别是中国国内市场需求旺盛，经济增长稳定，资本充足，成为拉动世界经济增长的主要动力。欧盟出口大国纷纷开拓中国市场，吸引中国投资，积极发展与中国的经贸关系。中欧金融合作不断加深，欧盟国家金融中心争做人民币离岸业务中心、纷纷加入亚洲基础设施投资银行等新的合作亮点。欧盟与中国等新兴经济体经贸关系的加强和升级将有利于欧洲分享新兴国家的经济增长红利，有利于欧洲经济的复苏与增长。当前欧盟经济复苏疲软主要是因为欧债危机的影响还没有完全消退，结构改革推进缓慢，财政紧缩和通货紧缩仍在延续，地缘政治危机引发俄欧相互制裁，希腊债务问题依然威胁欧元区稳定，这些消极因素使得欧洲经济的复苏之路仍不平坦。

(三)北美地区主要经济体经济复苏形势稳定

发达经济体2016年的增长率将上升0.2个百分点，升至2.1%，2017年将稳定在这一水平。美国的总体经济活动保持了稳定的复苏势头，这主要得益于以下几个因素：①美国经济内生增长动力稳定且强劲。②美国消费形势良好。美国经济是典型的消费型经济，1947 年至今，美国经济季均增长 3.25%，其中，消费提供了平均 2.08 个百分点的贡献，构成了增长三分之二的动力来源。③美国全要素生产率持续提升。经济发展理论和实践表明，资本、劳动力和全要素生产率是长期增长的三大动力。在全球人口老龄化和流动性充裕的大背景下，全要素生产率是决定全球增长质量和前景排序的核心指标。2009 年下半年复苏启动以来，美国全要素生产率处于一个缓慢提升的通道中，根据美国官方数据，2010 年，美国所有经济部门的潜在劳动力生产率增长率为 0，2011～2014 年分别为 0.71%、0.96%、1.03% 和 1.12%，2015 年和 2016 年分别上升为 1.17% 和 1.42%。

加拿大的经济相对比较简单，支撑加拿大的经济主要支柱是对外贸易，商品出口占国内生产总量的 41%，同时经济上深受美国影响。2016 年由于美国经济开始长期向好，加拿大经济从 2 季度也开始了长期复苏的趋势。加拿大统计局 4 月 8 日公布的数据显示，加拿大 3 月就业人数增长了 4.1 万人，同时全职和兼职就业人数均有上升，失业率也摆脱了近三年的高点，这表明该国劳动力市场正在稳步复苏，同时根据加拿大统计局 6 月 22 日发布的数据显示，4 月零售销售月率增长 0.9%，而零售数据对于判定经济现状和前景具有重要的指导作用，零售销售的提升代表该国消费支出的增加，经济情况好转。

（四）拉美地区经济复苏不容乐观

根据拉美 2017 年经济前景展望报告显示，2017 年拉美地区经济持续下滑，经济复苏形势不容乐观。2016 年拉美和加勒比地区国内生产总值（GDP）的降幅为 0.9%～1%，连续第二年出现经济负增长。2017 年，拉美和加勒比地区经济将缓慢复苏，GDP 增幅 1.5%～2%。而其国内生产总值再次出现负增长的原因，主要是受到巴西、委内瑞拉等国经济强烈收缩的影响。

2017 年拉美地区经济复苏形势不容乐观。拉美地区高度依赖大宗产品和发达经济体，委内瑞拉依赖石油，智利依赖铜矿，墨西哥经济则与美国经济密切相关。2017 年阿根廷将出现新面孔，阿金融和经济信任重建任务艰巨。委内瑞拉发生必要的变革还很遥远，相当长时间其仍是物资缺乏和衰退的国家。巴西明年经济将会有多年来最差表现，不仅由于经济衰退，同时也受到政治矛盾和复杂的社会环境影响。智利在传统的经济实力和原材料低价格之间徘徊。乌拉圭经济形势整体较好，但邻国和贸易伙伴经济表现太弱。总体上讲，开始进行经济结构改革的国家表现要好于实施财政和货币刺激政策的国家。原材料产品价格低迷影响了拉美地区各国。墨西哥由于其财政对石油收入的过度依赖也导致了其目前的困境，但由于邻近美国及贸易上依赖美国，墨因此受益。鉴于目前情况，美联储加息成为影响拉美地区经济的下一个因素，对拉美及其他新兴经济体，金融成本提高将不利于他们的发展。

（五）撒哈拉以南非洲多数国家的经济增长将逐渐回升

由于大宗商品价格下跌，这些国家的增长率将低于过去 10 年的水平。这主要反映了对大宗商品价格下跌以及借款成本上升的持续调整，这些因素对该地区的最大型经济体(安哥拉、尼日利亚和南非)以及一些规模较小的大宗商品出口国造成了严重影响。根据世界银行对撒哈拉以南非洲的经济形势的评估，认为 2016 年撒哈拉以南非洲的经济复苏形势总体向好。根据世界银行的报告，撒南非洲过去 15 年来经济保持持续增长，大部分国家平均增长率达 6%。2015 年，由于大宗商品价格暴跌等原因，经济增长一度受挫，但仍增长了 4%。

2016 年虽然撒南非洲两个最大经济体尼日利亚和南非经济复苏低迷，但包括肯尼亚、坦桑尼亚、莫桑比克、科特迪瓦等在内的小型经济体仍增长强劲。南非两大经济体之一的尼日利亚由于受到油价持续低迷的影响，其经济复苏形势一直不太理想，2016 年，肯尼亚将成为撒南非洲经济增长的亮点，因得到中国政府帮助进行一系列大规模基础设施建设投资，其增长方式将由生产率提高来驱动，而非短期内的产品拉动。坦桑尼亚、乌干达也将迎来基础设施建设高潮，特别是乌干达将成为非洲国家未来几年经济增长最快的国家。坦桑尼亚的桑给巴尔因近海地区发现丰富的天然气资源，将促进其经济在中长期较快增长，同时资本投资也将迅速增加。莫桑比克有望成为世界第五大液化天然气出口国，根据世界银行的相关预测，莫桑比克到 2020 年可能会出现安哥拉式的经济繁荣。

二、2016 年国际宏观经济对全球油气产业的影响分析

2015 年全球油气产业步入了低谷期，油价持续低迷，2016 年全球油气行业困境依旧。油价一如既往的低迷，随着各国经济复苏形势不同，全球油气产业的供需基本面依然是供大于求，一方面是由于 OPEC 仍然未采取减产保价措施。另一方面是由于美国等新兴石油输出国的崛起，进一步加大了石油的供给量。但 2016 年相对于 2015 年来说已经保持了一个相对稳定的局面，这种稳定是全球油气市场运行在维持低油价基础上保持的稳定。全球石油需求及供应在经历了一年多时间的适应期之后趋于稳定，是石油行业在经历了行业主体降薪裁员与大幅削

减投资等相对激进的手段影响之后逐渐趋于稳定，是旧的发展均衡体系被打破以及新的均衡逐步建立起来的稳定。

（一）当前全球油气市场依然低迷的原因

1. 全球经济疲软，石油需求动力不足

美国经济形势继续强劲复苏，但石油需求将缓慢增长。当前，能源价格相对较低，同时政府减少财政拖累、强化资产负债表以及改善房地产市场等措施弥补了由美元走强导致的净出口恶化，使得美国经济持续复苏。然而，持续下降的国际油价和快速复苏的经济走势并未带动石油需求的快速增长，美国汽车发动机和燃料经济性改进加上燃料替代使得美国汽油和柴油需求不断下降。同时美国自身的产油量由于页岩油等非常规能源的开采得到提升，进一步缩减了其在国际油气市场上对能源的需求量。

中国经济增长放缓将影响石油需求。根据 IMF 相关数据，中国 2016 年的经济增长率仅为 6.3%，中国政府一直致力于减少迅速发展的信贷规模以及投资增长产生的隐患，其持续的改革措施以及较低的原油及商品价格，刺激了消费，这在一定程度上缓冲了经济的放缓局面，但中国对新能源产业的大力扶持以及为实现减排目标的一系列举措都将减缓国内石油需求的增长。

2. 原油供给过剩局面难以缓解

供应增长的主要来源是利比亚原油产量恢复，伊拉克原油产量快速增长，美国放开原油出口后国内产量仍将较快增长。持续低油价将严重打击页岩油、油砂等高成本非常规资源勘探开发，但对石油产量的影响可能存在较长时间的滞后期。总体上看，世界石油供需达到新的平衡尚需时日，在此之前，供需宽松态势难以改变。

（二）美元指数、美元汇率上升对油价形成压力

原油价格历来就是和美元紧密挂钩的，其交割和计价都是用美元来结算的，所以美元指数的变化也会对石油价格产生影响。

2016 年随着经济的持续快速复苏，美国已经退出量化宽松的货币政策，同时美国的货币政策也进入了利率正常化阶段，在这一过程中美元汇率大幅度升值，一方面源于美国经济的快速反弹和货币政策的正常化，另一个方面则由于人民币贬值和欧元陷入下跌周期。2016 年市场对美联储加息的预期变得十分清晰，这进一步推动了美元汇率的升值，而这将进一步打压以美元计价的国际原油等大宗商品价格。

（三）低油价导致未来短时期内新能源的发展可能放缓

油气价格回落并低位运行，将使可再生能源更加缺乏市场竞争力。根据 IEA

的预测，到2020年，全球可再生能源发电年度平均投资将超过2300亿美元，但低于2013年2500亿美元的投资额，可再生能源发电装机容量增长将放缓和持稳。水电虽然被认为是最为清洁的能源之一，但政府和民众越来越关注水电站工程的环境影响，远期来看增长前景并不乐观。风电将迎来快速增长期，除中国和美国的大力推动之外，加拿大、巴西以及南非的风电市场也将较快增长。太阳能发电市场格局逐渐趋于稳定，中国光伏市场扩张速度或将放缓，但依然有望成为全球最大的终端市场；欧洲光伏市场会比较稳定，每年新增装机容量在1000万千瓦左右。

（四）持续低迷的油价迫使国际大石油公司进入战略调整期

在低价格、低回报的不景气周期内，国际大石油公司将更加关注盈利能力和效益，从而进入一个降低投资强度、加强成本控制的阶段。首先是消减成本尤其是运营费用，道达尔表示，希望到2017年公司的运营费用消减额每年达到20亿美元，其次是坚决执行投资控制，国际大石油公司公布的2017~2018年的投资预算大多低于2015~2016年的水平，包括油砂、深水和北极在内的一些重大项目被暂停、重审或者推迟。2016年二季度以来，英国石油公司(以下简称BP)表示未来几年投资将维持在预算的低端，雪弗龙、壳牌、道达尔和挪威国家石油公司表示2017年可能进一步消减支出、推迟一些业务，可能出现调整的领域包括勘探、下游炼化、巨型项目、北美非常规、LNG等。最后是加强重大项目管理，重大项目开发进度迟缓、超预算是国际大石油公司产量增长目标难以实现、投资回报率下降的重要原因。并且未来国际大石油公司之间的兼并重组活动可能增加，其目的是整合业务、控制成本、提升效益。20世纪末的低油价催生了一系列的大规模的并购活动，未来几年如果国际油价依然处于低位运行的话，并不排除油气行业出现大重组、大整合的可能性。

（五）俄罗斯经济形势依然严峻

由于俄罗斯是一个出口导向型国家，特别是能源出口，所以俄罗斯经济发展走势在很大程度上将取决于国际能源价格的走势，而随着2016年国家油价的持续低迷，俄罗斯目前难以扭转经济衰退的局势。

国际能源署的分析报告指出，2014年至今，国际市场上的石油产品一直处于供大于求的失衡状态，其程度是自1998年以来最为严重的，这是油价持续不断下跌的根本原因。该机构曾预测，2016年石油供需失衡还将进一步加剧，直至2016年年底才有望恢复平衡。经济增长速度在全球范围内普遍放缓，能源需求增长显著弱化是导致石油价格下滑的另一个重要因素，这一状况在未来一年还将得到强化。美国和欧盟解除对伊朗的经济制裁促使该国大规模增加石油出口，意图夺回制裁期间失去的利益和国际市场份额。面对大幅下降的油价，伊朗也曾表示愿意以任何价格出售石油。再加上石油投机商的搅局(他们只在市场上收购低于15美元/桶的石油合同)，国际油价重上高位的希望极其渺茫。在上述背景下，严重依赖石油经济的国家之间的恶性竞争将难以避免，因为除了继续增加产量来巩固自身的市场地位和争夺新的市场份额之外很难有其他选择，而这又将导致油价的进一步下跌。以上几点共同形成了俄罗斯经济复苏艰难的外部环境。

三、2016年国际经济环境对中国油气行业的影响分析

总体来说，2016年全球经济复苏的形势依然不够明朗，上半年全球经济局势动荡，主要经济体的经济增长并无亮点，风险事件频发，美联储加息预期扰动市场情绪，而加息路径牵动各方市场神经；英国退欧对欧盟乃至世界经济造成了众多的影响。下半年，全球货币氛围进一步宽松，经济复苏步伐继续放缓，货币政策以及政治风险催生更多的不确定性。中国作为全球经济一体化的成员，这些经济复苏的不稳定性和不确定性也对中国的油气行业造成了一定的影响。

(一) 中国石油需求增速放缓

中国石油需求增速放缓主要由以下两个方面的因素造成。①由于当前中国政府采取的一系列去产能措施和产业结构的调整以及新能源行业的发展，中国对传统能源特别是石油这一能源需求的增速相比较2015年进一步降低，而近期中国石油与化工联合会发布的一份报告也指出了当前中国石油需求增速放缓的相关观点，该报告称中国的石油需求在2016~2020年期间可能每年平均增长2.6%，而2011~2015年期间平均增长了3.3%。中国的燃料需求在2016~2020年期间可能每年平均增长3.1%，而之前5年平均每年增长了5.4%。以上数据均表明中国对石油的需求增速正在放缓。②全球贸易环境的持续低迷，全球金融危机以来，世界货物出口增长率曾于2010~2011年间恢复到20%左右。2012年开始，世界货物出口增长率急剧下跌，2012~2014年间，基本保持在3%左右。2015年全球贸易低迷状况进一步恶化，全球货物出口出现较大幅度的负增长。全球贸易低迷主要因为全球需求不旺、世界经济增长从主要依靠制造业转向主要依靠服务业，全球价值链扩张趋势放慢，国际贸易谈判进展缓慢。这几个因素在2016年也继续抑制国际贸易增长，石油作为全球贸易中重要的大宗商品，低迷的全球贸易环境

也对中国石油贸易以及需求有着一定的影响。

（二）人民币加入 SDR 对中国油气行业的影响

（1）消除能源企业自身汇率风险

在人民币已经成为最常用支付货币之一的背景下，人民币加入 SDR，让中国企业在价格和融资上与贸易对象采用人民币结算拥有了主动权，利于消除自身汇率风险。人民币加入 SDR，也有助于改变中国"大经济、小金融"的局面，密切中国与全球经济金融体系的关系，利于改善经济发展外部环境，让中国拥有为更多国际商品定价的资格，更好地维护自身利益。作为能源企业，自然也能与其他行业一样同享这个利好。有助于能源行业减少进口的冲击、增加出口，尤其利好煤炭企业；减少国内市场供求失衡的压力。

人民币加入 SDR 货币篮子，政府从政治和对外政策上考虑，可能在一段时间内干预人民币贬值，甚至可能让人民币升值。在人民币加入 SDR 后，各国要增配人民币为储备资产，也可以对冲一部分贬值压力。但从趋势看，人民币会在宽松的政策下贬值。人民币贬值不利于进口，而利于出口，这对石油、天然气、煤炭等能源行业，尤其是产能严重过剩的煤炭企业是一大利好，可以减少进口的冲击，同时增加出口，减少国内市场供求失衡的压力。

（2）利好对外投资，有助于中国能源企业走出去

人民币贬值，意味着人民币在国外比国内更值钱，企业对外投资的融资成本会降低。加上人民币加入 SDR 货币篮子，将加快人民币在资本和金融项目下自由兑换的步伐，这也可以促进中国对外直接投资。中国能源业本来在技术上拥有一定优势，再加上人民币贬值带来的对外投资利好，无疑可促使国内企业走出去，向海外发展，寻求更广阔的发展机会。

（3）减少能源企业贷款成本，利于煤炭、油气等行业转型升级

在人民币加入 SDR 的背景下，如果国家后续采取继续宽松的货币政策，央行也会采取降息之类的动作，非居民持有人民币的成本将降低，这可增强外界使用人民币的信心和热情，也利于减少能源企业贷款成本，增加投资积极性，从而对投资产生积极影响，利于包括煤炭和油气等能源业转型升级，走出市场低迷的困境。

（三）低油价倒逼中国油气市场加速改革

低油价给中国石油行业改革创造了一定机会，对于地方炼厂来说，原油进口权及原油进口使用权的放开就是一个典型的例子。

据商务部发布的公告显示，2016 年原油非国营贸易进口允许量为 8760 万吨，

较 2015 年 3760 万吨暴涨 5000 万吨，增长了 133%。自 2015 年下半年开始，地方炼厂开始陆续获得进口原油使用权、非国营贸易进口资质，截至目前，已有东明石化、盘锦北沥、宝塔石化、亚通石化、垦利石化、利津石化六家获得非国营贸易进口资质，目前累计获批原油进口额度达 3474 万吨，如包含正在公示尚未获批的额度，累计已达 4918. 88 万吨。随着地方炼厂原油使用量的增加，炼厂原料不断优化，加工成本相应降低，高标准产品出率增加，在成品油升级方面起到积极的推进作用。另外低油价降低了中国进口成本，加快建设和完善原油期货市场，提高了中国能源市场的话语权。

（四）低油价有利于中国原油进口以及原油战略储备

中国从 2003 年开始筹建国家石油储备基地，计划分 3 期用 15 年时间完成油库等硬件设施的建设。2014 年 11 月，国家石油储备一期工程已经建成。根据国务院批准的《国家石油储备中长期规划》，到 2020 年之前，中国将陆续完成国家石油储备的第二期、第三期项目建设，形成相当于 100 天石油净进口量的石油战略储备规模，进而增强应对国际石油中断风险的能力。国际油价的持续下跌，既有助于进口石油成本的节约，又为补充国家战略石油储备提供了较好的契机。因此，当前从中国整体能源安全角度分析，一方面，应把握好增加战略石油储备的好时机，加快国家石油战略储备和原油进口速度，增加进口规模，适当扩大石油储备，对冲之前高油价阶段的成本，不断提高石油战略储备能力，完善国家能源储备体系；另一方面，制定一些补贴政策鼓励石油企业做好商业战略储备。此外，发挥石油战略买家的作用，缓解对外原油依赖度不断增加的趋势。

世界油气产业发展分析与展望

2016年，世界油气市场继续低迷，油气储量小幅下降，油气勘探开发投资减少，油气供需过剩局面没有发生根本性改变。世界石油价格维持低位区间振荡格局，受OPEC成员国“冻产”协议签署影响，2016年12月石油价格呈现小幅上涨趋势。世界石油炼制产业的竞争格局进一步深化。展望2017年，全球经济增长前景转好有助于石油需求增长，世界原油供应仍充满不确定性，石油生产国限产协议将助推油价缓慢上涨，油气勘探支出可能进一步下降，全球炼油产业收缩继续倒逼油品升级。

一、世界油气储量小幅下降

(一) 世界石油探明储量有所下降

受国际油价持续低迷影响，全球勘探开发投资下降，在用钻机数量和钻井总量下滑明显，世界石油探明储量呈下降态势。《油气杂志》发布的数据显示，截至2016年底，全球原油和凝析油储量达到1.645万亿桶，低于2015年的1.655万亿桶。其中，西半球国家储量的减少是全球原油储量下滑的主要原因。

分区域来看，《BP能源统计年鉴2016》公布的数据显示，截至2015年底，北美洲和亚太地区石油探明储量保持不变，分别为2380亿桶和426亿桶；中南美洲区域和非洲区域的探明储量有所下降，下调幅度分别为25亿桶和2亿桶；欧洲及欧亚大陆区域、中东国家的石油探明储量有所上升，上涨幅度分别为6亿桶和3亿桶。从区域组织的角度看，经合组织、OPEC国家的石油探明储量分别增加到2553亿桶和12116亿桶；非经合组织、非OPEC国家的石油探明储量分别下降到14423亿桶和4860亿桶。

(二) 世界天然气探明储量小幅下调

世界天然气探明储量跟石油储量一样，也呈现出小幅下调趋势。《油气杂志》发布的数据显示，截至2016年底，全球天然气探明储量为6890万亿立方英尺(1立方英尺=0.0283168立方米)，与2015年的6940万亿立方英尺相比，下降50万亿立方英尺。

分区域来看，《BP 能源统计年鉴 2016》公布的数据显示，截至 2015 年底，欧洲及欧亚大陆区域和中东国家区域的天然气探明储量出现了小幅下调，下调幅度分别为 2000 亿立方米和 1000 亿立方米；北美洲区域、中南美洲区域和非洲区域的天然气探明储量基本维持不变；而亚太地区的天然气探明储量出现了小幅上调，上调幅度为 2000 亿立方米。从区域组织的角度看，经合组织的天然气探明储量下降到 19.6 万亿立方米；非经合组织和欧盟的天然气探明储量分别保持 167.3 万亿立方米、1.3 万亿立方米不变；独联体国家的天然气探明储量下降到 53.6 万亿立方米。

（三）重点勘探地区均有新的油气发现

2016 年 1 月，非洲塞内加尔发现特大气田，储量预计为 4500 亿立方米。2016 年 6 月，南美洲国家圭亚那附近海域发现大储量油田，圭亚那附近斯塔布鲁克区块 2 号钻井勘探结果显示，该区域有可供开采的石油储量 8 亿~14 亿桶。2016 年 10 月，美国能源勘探公司 Caelus Energy 在美国阿拉斯加州发现了一片大油田，该油田位于史密斯湾的浅水区，北极圈北部约 300 英里（1 英里 = 1.609344 千米）处，储量高达 60 亿桶；美国地质调查局在 2016 年 11 月宣布，在美国得克萨斯州的二叠纪盆地内发现了美国迄今为止最大的连续型油藏，技术可采储量高达 200 亿桶。

二、世界油气勘探开发投资减少

（一）世界油气勘探开发投资全面下降

国际油价戏剧性的下跌对油气上游开发投资影响巨大，据伍得麦肯兹公司对全球 400 多个上游项目相关数据的最新分析结果，与 2014 年四季度相比，全球 2016~2017 年油气资本支出将减少 3700 亿美元，减幅达 30%，到 2020 年，该数字达到 6200 亿美元，减幅为 22%。资本支出减幅最大的是美国本土 48 州，中东则受影响较少，沙特阿拉伯 2016~2017 年的投资基本没有变化。对经营者而言，相对利好的条件即成本通缩也不足以拯救水深火热的油气上游项目。短期看，2016 年全球产量降低 3%（500 万桶当量/日），2017 年降低 4%（600 万桶当量/日）。其中尤以美国所受影响最大。

国际油价下跌对美国的非常规石油的影响最大，导致其投资全面下降，而该国的独立公司和小公司首当其冲。与 2014 年四季度相比，美国油气上游资本投资在 2016~2017 年度将下降 1250 亿美元，幅度达 54%，至 2020 年将减少 2000 亿美元，降幅达 36%。美国非常规油气投资的灵活性使公司可以快速撤资，但由此导致钻井作业量低迷。2015～2016 年，美国的钻机数减少了 53%（734 台减至 389 台），表明资本支出从钻井作业转向完井作业的趋势。

深水油气投资大降近 40%。短期投入深水和超深水项目的资金减少了 670 亿美元，降幅达 39%。新油田受影响最大，国家中以安哥拉为最为严重，Maersk 公司经营的 16 号区块和雪佛龙经营的 Lucapa 项目均受挫。巴西未来十年最大的盐下开发项目 Libra 的开发推迟了一年左右，且其招标程序更加严苛、本地化要求加大，对融资的锁定也更重视，预计该项目到 2021 年方能启动。其他受影响的项目还包括尼日利亚和墨西哥湾的深水项目。壳牌的 Bonga SW 项目的投产已被推迟 3 年至 2023 年；尼日利亚的经营者忙于减少成本，目前在寻求再次招标；雪佛龙因经济性问题叫停了其墨西哥湾的 Moccasin 项目。

俄罗斯为所有国家中减幅最大。俄罗斯投资减幅在所有国家中堪称最重，未来两年投资将减少 40%，而这主要源自卢布相对美元的贬值。由于俄罗斯大部分成本都是以卢布计价，故其资本投资实际上基本持平。俄罗斯有意保持其产量稳定，而要做到这点就需要不停钻井。2016 年 3 月，俄罗斯的液态烃产量再次超越前苏联，达到 1009 万桶/日。但国际油价的压力在一些项目上依然有表现。预计鲁克石油未来两年在其西西伯利亚成熟油田上的资本投资减少 7 亿美元，主因包括钻井量下降和卢布贬值。还有一些项目将被推迟，俄罗斯国家石油公司的 Yurubcheno-Tokhomskoye 项目因其寻求战略合作伙伴未果而将推迟一年左右。

中东和北非表现强于预期。中东一些国家的资本支出表现挽救了全球油气业界的颓势，国家石油公司支出占比高的国家，如沙特在 2016～2017 年间投资仍将保持强劲，为了保住市场份额，投资中约有 60%用于钻井。科威特的情况也类似，伊朗的投资也在恢复之中。伊拉克是中东地区的不和谐音符，短期支出将降 30%，减少 90 亿美元。由于在当前油价下，政府达不到成本回收标准，大多数投资都将延后两到三年。

（二）低油价持续冲击促进新勘探模式形成

鉴于油气资源的不可再生，面对低油价的持续冲击，石油行业采取了一系列行动，对勘探模式进行调整。首先勘探理念转变，由过去重视规模发现转向重视经济效益；高油价时期，高成本等问题很大程度上被掩盖，追求发现规模，而低油价下石油公司需要以经济效益为核心。其次勘探领域转移，表现在勘探重点由钻探新井转向评价老井，由新区转向老区，由前沿区转向成熟区，由高风险区转向低风险区，由深水区转至陆上，由天然气转向石油，由非常规油气转向常规油气，由长周期项目转向短周期项目等。再次是投资地区转移，本轮低油价持续周期较长，对那些依靠油气资源支撑社会经济发展的资源国冲击较大。在低油价的持续过程中，资源国的政策有不同程度调整。石油投资者的投资策略普遍谨慎，他们的投资决策会倾向于财税政策宽松，能够确保自身利益最大化的投资项目。

（三）海上勘探开发装备商运营困难

低油价时代，石油公司持续削减资本支出，海上油气开发活动受到很大冲击，装备需求不振，运营市场装备供应过剩情况极为严重。钻井平台(船型船厂买卖)方面，受新租不足、已有租约被提前终止等因素的综合作用，钻井平台在租数量持续减少。海工支持船方面，受钻井平台租约到期或提前终止带来的运移需求以及季节性因素影响，海工支持船现租市场表现活跃，带动了租用总量的增长。船队供给方面，由于拆解价值较低，海工支持船拆解量不足，同时随着新造船舶的陆续交付，船队规模持续扩大，AHTS 和 PSV 船队规模总计达到 5522 艘，较 2016 年初增加近 100 艘。

持续低迷的市场环境下，装备运营商疲于奔命，部分装备运营商已经难以支撑，面临较大的债务违约压力，而部分装备运营商破产重组。继美国 Hercules Offshore 等大型装备运营商申请破产重组之后，新加坡大型海工船运营商 Swiber 于 2016 年 7 月末申请破产，并要求临时托管，之后转而为公司申请司法管理，面临近 2 亿美元的债务，也导致多家关联公司股价下跌。Swiber 成为油价下滑以来，新加坡首家申请破产清算的海工装备运营商企业，作为新加坡海工运营企业的代表，Swiber 的破产反映出新加坡海工企业普遍面临的经营困境。此外，新加坡作为全球最为主要的海工融资市场，Swiber 的破产清算也将导致更多的资金趋避和远离海工市场，对海工市场来说无疑是雪上加霜。

三、世界油气产量持续增长

2016 年，世界石油产量持续增长。根据 OPEC 12 月发布的报告，2016 年全球液态烃类生产产出达到 96.84 亿桶/日，增加了 0.53 百万桶/日。该增长主要由非石油输出国贡献所至，增长主要来源于一些非石油输出国重新进行油砂生产。尽管世界油价仍然处于低迷状态，OPEC 国家仍坚持生产，贡献了增长份额的 15%。

（一）中东地区石油产量缓慢增加

根据数据显示，2016 年，中东地区石油产量有望缓慢增加。2016 年，中东地区天然气产量预计增加 0.16 百万桶/日。11 月 OPEC 国家原油产出量达到 33.87 百万桶/日，比 10 月增加 0.15 百万桶/日。原油增加产量主要来源于伊拉克、尼日利亚和利比亚，其中伊拉克原油增量达到 0.11 百万桶/日；沙特阿拉伯的原油产出下降量最大。整体上，中东地区石油产量平缓增加，天然气和非常规能源不断发展。

（二）俄罗斯石油产量持续增长

2016 年，俄罗斯石油产业发展情况较好，近年来石油产量总体上不断增加。根据 OPEC 报告数据显示，2016 年俄罗斯石油产出量有望达到 11.05 百万桶/日，增长 0.2 百万桶/日，增长速度约为 1.6%。而在 8 月，俄罗斯石油产量达到 13 个月以来最低，前 8 个月累计实现产量增长 0.11 百万桶/日。油气产出与能源投资市场共同发展。在能源投资市场方面，2016 年俄罗斯能源市场投资额增加 15%，实现投资额至 5550 亿美元。

预计俄罗斯的原油产量将会持续增长，这主要是由于石油开采规模不断扩大。Messoyakh 东部地区、俄罗斯北部沿海地区都有可开采的石油。

（三）美国石油产量仍继续下降

根据数据显示，美国的总石油产出量呈持续下降趋势。2016 年下降 0.42 百万桶/日，达到 13.62 百万桶/日，其中，液态烃类产出量下降幅度变缓，7 月降至 13.56 百万桶/日；原油产出量下降至 8.68 百万桶/日。此外，通过将美国一段时期内石油钻井平台的数量与原油产量向比较，可以发现当原油产量持续下降时，相应的石油钻井平台数量也逐渐减少。而水平钻井技术的应用比例越高，石油钻井平台的数量则越低。

2016 年，得克萨斯州的原油产出下降至 3.16 百万桶/日，墨西哥湾的原油产量增加至 1.56 百万桶/日，阿拉斯加的原油产出量也下降至 0.44 百万桶/日。其中，2016 年 7 月，得克萨斯州的 Permian 盆地原油产量下降至 1.97 百万桶/日，同一时期，Eagle Ford 区块的原油产出量降至 1.14 百万桶/日，Bakken 区块的原油产出减少 21000 桶/日；三个区块的钻井平台数量都有微弱的增加，生产效率不断提高，反应出石油开采技术的不断发展，而伴随着产量的减少，新钻井活动难以快速发展。在 2016 年 5 月，钻将平台数量增加 35%，当月原油开采量的下降率变缓。可以看出，钻井数量的增加可以在一定时期内减缓原油产量的下降速度。

四、世界石油消费略有增长

OPEC 2016 年公布的石油市场报告显示，世界石油需求量在 2016 年略有增长，增长的消费量为 1.24 百万桶/日，达到 94.4 百万桶/日。需求量的增长主要来源于美国、欧洲、亚太地区，而需求量的下降主要受中东和拉丁美洲地区的影响。

（一）美国石油消费量稳定增长

2016 年，美国石油需求量在 1~6 月呈上升趋势，而从 7 月开始有小幅下跌，下跌 0.2 百万桶/日，而 9~11 月整体呈上扬趋势，需求持续强劲。整体来看，美国石油需求量增加 0.2 百万桶/日，需求量正缓慢增长。

其中，受到经济增长、燃料油价格较低的影响，动力汽油的需求量增加 0.1 百万桶/日。由于 7 月是美国传统的旅行假期的开始，对于交通需求量的增加导致航空煤油的需求量不断增长。残余燃料油的需求量也在增长，这主要是受到较低的历史需求基线水平以及可代替燃料发展的双重影响导致。然而与去年同期相比，馏分油的需求量大幅下降。美国的石油需求量主要受到交通状况、经济形势、燃料油价格的影响，影响需求量的积极风险因素主要是经济增长和交通运输业的不断发展，消极因素主要是汽车燃油效率的提高、燃料替代品的发展。

（二）欧洲石油消费量增速变缓

2016 年，根据最新公布数据，欧洲石油消费量增速变缓。尽管自 7 月以来，欧洲石油消费量开始下滑，且这一地区主要国家的石油消费水平都呈现疲软态势；但由于 2016 年前两个季度及第四季度欧洲石油消费量强劲增长，整体来看，前 8 个月欧洲石油消费量增加大约 0.2 百万桶/日。

就石油类别来看，2016 年，由于交通的不断发展，柴油、石脑油、航空煤油和燃料油的需求量不断增加；与同年同期相比，汽油和液化石油气的需求量有所下降。此外，2016 年，欧洲汽车销量增加 10%，市场范围不断扩大，这导致了交通燃料需求量的不断增长。欧洲四架马车，即德法英意四国，8 月的石油需求量相比去年环比降低 1.1%，7 月、8 月石油需求量明显降低，除了汽油的消费量有所增长，其余种类的燃料均出现下行趋势。

根据上述欧洲油气需求量状况，考虑到较高的历史基线水平以及地区特色石油需求结构，例如高税收政策以及燃料替代政策，OPEC 对于欧洲地区下半年的石油消费量估计较为保守，全年预计增加 0.11 百万桶/日。

（三）中国石油消费不断增长

中国石油消费量持续增长。随着国家经济结构的转型，石油消费也呈现出相应变化，但仍保持消费总量的不断增长。其中，液化石油气、汽油、飞机煤油的消费量不断增加；而柴油、燃料油的需求量不断下降。基于对中国经济增长速度放缓、能源替代产业不断发展、交通运输业不断发展等因素的影响，2016 年，

OPEC 预测中国石油消费量将增加 0.28 百万桶/日。

其中，汽油需求量不断增长，10 月汽油需求量增加 0.43 百万桶/日。这主要是由于中国北方冬季供暖需求以及 SUV 型汽车的销售。数据显示，受益于税收政策的优惠，2016 年 8 月中国汽车销售量增加 26%，SUV 型汽车销售量持续增长，与去年同期相比，环比增长 44%。液化石油气的需求量也在不断增长，消费量达到 1.52 百万桶/日。虽然 G20 峰会期间杭州禁止工业活动可能会影响发展速度，但基于国家对液化石油气发展的大力支持，其增势一直持续至年底。

（四）日本石油需求继续萎缩

2016 年，日本地区石油需求量继续维持下降态势。数据显示，8 月其石油需求量下降 0.2 百万桶/日，比 2015 年同期下降 4.6%，并在前半年保持持续下降态势。基本所有种类的石油消费量都在下降，其中石脑油和燃料油下降的份额最大。直接用于燃烧和发电的原油消费与去年同期消费相比，减幅达到 77000 桶/日。

日本石油需求量不断萎缩由多种因素造成。直接用于燃烧和发电的原油消费量下降主要是由于相关替代能源的发展。根据 OPEC 报告的预测，考虑到日本经济的疲软态势，交通部门运输效率的不断提高，替代能源的快速发展以及核电机组的重新启用，未来日本石油的需求量将继续呈现下行趋势。

五、世界石油价格大幅震荡后逐渐稳步“回暖”

（一）石油价格大幅震荡后回暖

2016 年，受经济、金融、地缘政治等因素影响，WTI 价格和布伦特价格经历了大幅震荡后稳步“回暖”的过程。2016 年第一季度，WTI 均价为 33.55 美元/桶，较 2015 年第一季度 WTI 均价下降 15.08 美元/桶，下降幅度 31.01%；2016 年第一季度布伦特均价为 35.21 美元/桶，较 2015 年第一季度布伦特均价下降 19.92 美元/桶，下降降幅 36.13%。2016 年一季度油价总体呈现“W”型波动走势，在 1 月下旬和 2 月上旬，国际油价接连出现两次触底。油价波动幅度大，WTI 油价波动区间为 25～43 美元/桶，布伦特油价波动区间为 27～45 美元/桶。第二季度，受需求量增大供应中断影响，特别是加拿大山火和尼日利亚石油设施遭袭、产油国石油工人罢工等影响，上游供应的“黑天鹅”事件接连出现，国际油价上涨 37%，WTI 均价为 45.64 美元/桶，布伦特均价为 47.03 美元/桶。5 月 26 日布伦特原油期货价格上涨至 50.26 美元/桶，突破 50 美元/桶。6 月初，国际油价较 2 月份出现的低点反弹逾 90%。受英国脱欧事件影响，6 月下旬国际油价由涨转跌；受供应过剩忧虑影响，7月份原油价格大跌近15%；受多重利好因素影响，8月初国际油价上涨25.7%，之后再次承压下行。受冻产协议等因素影响，世界原油价格在50美元上下不断波动。11月30日，OPEC成员国和非成员国达成冻产协议，国际原油价格上涨超过15%。12月5日，布伦特油价收于每桶54.94美元。

（二）原油供应过剩和全球经济复苏缓慢仍是油价处于低价的主要原因

2016年原油库存水平高，世界主要经济体石油储备已接近饱和，但产油国仍增加产量以争取更大的市场份额，市场供应过剩仍然存在。伊朗石油重返市场，石油出口量从70万桶/日增到了200万桶/日，4月产量达到了356万桶/日，伊朗原油产量回到了2011年严格制裁前的水平。2015年，伊拉克是OPEC成员中石油供应增长最快的国家，2016年伊拉克石油出口仍在增长。伊拉克南部港口7月石油日均出口量增至320万桶，致使OPEC 7月的原油产出达到近年来最高点。俄罗斯9月原油产量达到1111万桶/日，达到苏联解体后的新高。美国石油钻井活动活跃，原油库存增加。美国商业原油总库存及WTI原油交割地库欣地区的原油库存均创下历史新高。且美国原油出口解禁，对世界原油市场产生影响。

2016年全球经济复苏缓慢，下行压力仍大。国际货币基金组织(IMF)等多家权威机构多次下调经济增长预期。4月IMF下调全球经济增长预期，从3.6%下调至3.2%；7月IMF再次将全球经济增长预期下调0.1%~3.1%。宏观经济疲软对石油需求的抑制作用逐渐显现，全球经济增长动能不足，难以带动油价上升。

（三）冻产协议造成油价短期波动

2016年OPEC成员国积极推动“冻产”协议谈判，影响市场预期，引起油价波动。2月16日，俄罗斯、沙特阿拉伯、委内瑞拉和卡塔尔就冻结石油产量达成共识，同意将原油产量冻结在2016年1月的水平，对投资者市场预期造成影响，引起油价波动。OPEC在9月28日会议上达成了8年来首个限产协议，目标将原油产量限制在3250万~3300万桶/日，引起油价上涨。然而限产协议仍存在不确定性，OPEC内部分歧严重。沙特和伊朗矛盾激化，沙特威胁称，如果伊朗不限产，沙特将增产至1100甚至1200万桶/日以打压油价，并退出OPEC会议，致使原油价格大跌。OPEC成员国之间内部分歧严重难以达成一致，同时影响与非OPEC成员国的减产合作，主要产油国原油产量居高不下，导致油价下行。11月30日OPEC成员国达成冻产协议，承诺减产120万桶/日；12月10日，OPEC成员国和非成员国达成减产协议，非OPEC产油国于2017年1月1日开始减产，包括俄罗斯在内的多个非 OPEC 国家承诺原油日产量合计将削减 55.8 万桶，油价大幅上涨。

“冻产”协议难以促使油价长期稳定增长。一方面，“冻产”协议减产力度不够，实际减产情况仍有待考量。产油国“冻产”而非减产，“冻产”协议对改善市场形势作用有限。尽管“冻产”协议达成，但协议履行仍困难重重，如果国家预算增加，产油国很有可能不遵守减产配额。另一方面，从世界整体来看，国际原油供应增长、需求疲软，油价上行难度大。美国原油库存增加，美国页岩气生产能力强劲将推迟全球石油市场实现再平衡。

六、世界石油炼制产业的竞争格局进一步深化

2016 年，全球炼油能力净增 3630 万吨/年，达到 48.7 亿吨/年。其中新增能力 7060 万吨/年，主要来自中国、伊朗和印度等国家；削减能力 3430 万吨/年，主要是由于中国和欧洲淘汰和关停部分炼油装置。

（一）亚洲炼油能力不断提高

亚洲炼油产能增加而需求放缓，成品油供应过剩，影响炼油利润。为维持盈利能力该地区部分炼油商削减装置开工率。但部分国家能源需求量大，仍计划进一步提高炼油能力。

中国炼油产能不断增长，成为成品油净出口国，2016 年 6 月，中国原油加工量达到 1100 万桶/日，创历史最高纪录。印度已成为全球新的能源需求中心，印度炼油产能不断增加，2016 年增至 460 万桶/日，较 1998 年的 120 万桶/日增加近三倍。印度最大的炼油商——印度石油公司将与巴拉特石油公司、印度斯坦石油公司和工程师印度有限公司在马哈拉施特拉邦建设一家产能 6000 万吨/年（约合 120 万桶/日）的炼油厂。未来印度炼油产能仍将进一步增加，印度国有炼油商和私营炼油商正规划或已经实施炼油扩能、升级改造和新建炼厂项目，计划到 2020 年初，炼油产能将达到 3.66 亿吨。越南出台炼油扩能计划，实施 6 个大型项目，将新增炼油产能 136 万吨。然而全球石油市场的不确定性迫使越南取消了河内炼油和石化工厂项目，并推迟宜山炼油和石化工厂项目完成时间，越南 2017 年底仍将依赖成品油进口。中国和其他国家新增燃料涌入亚洲市场，迫使韩国炼油商削减炼油装置开工率，但韩国仍在投资石化和炼油扩能项目。为满足成品油需求增长，印尼、马来西亚、泰国等计划实施升级改造项目，提高炼油能力。

（二）欧洲炼油市场困难重重

2016 年初，欧洲炼油产能利用率在 90%左右，呈下滑趋势；5 月，炼油产能

利用率大幅下滑；下半年炼油利润率回升，产能利用率稳步增加，8 月，平均产能利用率为 90%，平均每日产量 10.7 百万桶，比上月增加 13 万桶/日，与 2015 年同期产量相近。

欧洲炼油市场面临困难时期。欧洲柴油、汽油、取暖油等成品油库存仍然很高，成品油市场供应过剩以及天然气液体产量大幅增加严重侵蚀炼油厂利润，欧洲炼油厂受到冲击。欧盟碳排放体系改革进一步提高炼油企业碳排放成本，导致欧洲炼油公司竞争力下降。BP、道达尔公司等石油巨头，通过削减成本来弥补利润的下滑。其中道达尔公司在法国的 9 个储油库中有两个被封锁；日产 15.3 万桶的 Lamede 炼油厂面临封锁；Grandpuits 炼油厂将完全停工；Donges 炼油厂和 Normandy 炼油厂开始关闭部分单位。欧洲炼油市场前景仍然暗淡，预计 2017 年欧洲部分炼油厂将被迫关闭，炼油产能利用率水平将降低。

（三）美国炼油能力保持平稳

2016 年美国可运作炼油厂 141 座，较 2015 年增加 1 座。其中闲置炼油厂 2 座，运作中炼油厂 139 座，较 2015 年增加两座。全年炼油厂产能利用率在 90% 上下波动，在 7、8 月达到峰值。销售高峰期过后，9 月平均产能利用率为 93%，平均每日产量 16.5 百万桶，较上月减少 16 万桶/日，同比 2015 年减少 32 万桶/日。

2016 年美国炼油厂利润增长陷入停滞。2015 年国内低原油价格促使炼油商扩大产能导致成品油库存增加。2016 年原油价格优势消失，成品油市场饱和，高存货量导致炼油厂盈利减少。炼油公司盈利不景气也受到国家原油折扣减少、可再生能源管理成本增加等宏观经济政策影响。利润率下跌导致炼油厂陷入危机，失业人员激增、投资项目停滞不前。美国东海岸最大炼油商费城能源面临倒闭风险，可能威胁国家安全利益。预计美国炼油厂将降低产能平衡油价。

（四）中东炼油能力有所增长

伊朗计划推出 16 个炼油项目，价值 330 亿欧元，其中包括建造 12 个中型和大型的原油和凝析油炼油单位；下调阿巴斯港和阿巴丹岛炼油厂产量；修缮伊斯法罕和阿巴丹岛炼油厂。这些项目正式投产预计将使伊朗日均炼油量从 185 万桶提升至 310 万桶。科威特预计将在 2017 年 4 月关闭日产量 20 万桶的科威特 Shuaiba 炼油厂。沙特国有石油巨头沙特阿拉伯石油公司宣布计划全资控股阿瑟港炼油厂。阿瑟港炼油厂是美国最大炼油厂，日均炼油 60 万桶。

七、2017 年世界油气产业发展展望

2016 年是世界油气市场急剧变动的一年，世界油气储量继续下降。因遭受

全球成品油供应过剩的冲击，2017 年部分炼油厂将被迫关闭。世界经济及石油需求受多方面影响有望在 2017 年有所复苏，世界石油市场整体供需趋于平衡，国际油价可能出现缓慢上涨的态势。

（一）全球经济增长前景转好有助于石油需求增长

2016 年，许多大型发展中国家以及英国和法国都呈现增长加速的迹象。总体来看，这些迹象表明，2017 年全球经济增长前景转好，有望改变 2016 年增长乏力的态势。根据 OPEC 发布的《世界石油展望》，2017 年全球 GDP 增长预测为 3.1%；美国经济增长将保持在 2.1%；日本经济增长预计保持为 0.9%；欧元区 2017 年经济增长的预测依然保持不变，增长率为 1.2%。

受全球经济回暖影响，2017 年世界石油需求将缓慢增长。根据 OPEC 发布的《世界石油展望》，2017 年的相对预测总量为 95.56 百万桶/日，相比于 2016 年的 94.4 百万桶/日，增加 1.16 百万桶/日，增长率为 1.22%。从季度上来看，根据 OPEC 发布的《世界石油展望》，预测 2017 年第一季度世界原油需求为 94.60 百万桶/日，第二、三、四季度世界原油需求分别为 94.75 百万桶/日、96.39 百万桶/日、96.46 百万桶/日。

（二）世界原油供应充满不确定性

2017 年，世界原油市场充满多重不确定因素，原油供应过剩局面将得到一定程度缓解。OPEC 国家于 2016 年 11 月底达成为期六个月的减产协议；12 月 10 日，OPEC 与非 OPEC 国家 15 年来又首度达成全球减产协议。这两份协议的执行将降低 2017 年上半年全球原油产量，抑制全球原油供应过剩局面。2017 年下半年，原油市场仍将充满不确定性。一方面，油价的上涨更将有助于页岩油投资回暖，增加页岩油的供应。另一方面，特朗普上台后可能兑现其能源主张，放宽石油开采限制，大量美国原油可能再度涌入市场。此外，利比亚、伊朗等国原油产量的增长也会进一步增加原油供应市场的不确定性。

（三）石油生产国限产协议将助推油价缓慢上涨

2016 年 11 月 30 日，OPEC 宣布，自 2017 年 1 月 1 日起，将 OPEC 产量控制在 3250 万桶/日，较 2016 年 10 月减产约 120 万桶/日；同时，俄罗斯等非 OPEC 国家将减产 60 万桶/日，并将加强与非 OPEC 产油国的合作。此外，2017 年世界经济增速或较 2016 年有所提高，世界石油需求总体上将出现回暖迹象。世界石油供需可能进一步趋于平衡，将助推 2017 年油价缓慢回升。

油价在 2017 年有望回暖，但大幅上涨的可能性不大，将在 55 美元/桶左右徘徊。首先，美联储在 2017 年预计还将数次加息，这将促进美元回流美国，美元升值的预期将高于贬值，这不利于油价持续上涨。其次，油价的回升将会刺激美国页岩油气商的生产积极性，刺激页岩油的生产，尽管短期内页岩油产量不会出现较大幅度上涨，但仍会给国际油价带来负面影响。最后，沙特力推的经济改革计划“愿景2030”旨在通过改革，减少国内经济对石油的依赖，创建一个更多元化的经济体系，力求在低油价的环境下生存，这也会影响国际市场对油价的预期。

（四）油气勘探支出可能进一步下降

2016年国际油价整体保持低迷态势，石油行业正在进入适应期。2017年，受油价低迷影响，石油公司可能继续削减投资，勘探由强调规模转向强调效益，勘探重点转向评价，勘探投资由高风险地区流向低风险地区，石油勘探较天然气勘探更受青睐，陆上勘探较深水勘探有成本优势。据Wood Mackenzie在2016年12月公布的全球油气勘探研究报告，2017年全球油气勘探支出很可能低于2016年的400亿美元投资支出，勘探在总体油气生产投资中所占比例也将降至8%左右，但成本下降将提高利润率；全球主要石油公司最近几年一直在努力通过勘探来代替下降的生产，未来将更多的依赖收购油田和小型企业；全球主要石油公司在2017年将继续削减勘探支出预算，勘探将继续向规模较小、更有效方向转变。

（五）全球炼油产业收缩倒逼油品升级

据美银美林报告，因遭受全球成品油供应过剩的冲击，2017年部分炼油厂将被迫关闭。成品油市场供应过剩且天然气产量大增损及炼厂利润，尤其是欧洲的炼厂将首当其冲，预计炼油厂产能利用率将下滑。此外，其他区域炼油行业也受到不同程度的冲击。日本的第一炼油商[商吉坤控股(JX)]和第三炼油商(东燃通用石油公司)，在2016年已经就合并事宜达成基本协议，并对外公布于2017年合并。日本汽油和煤油等成品油的销量持续下滑，炼油商面临的经营环境越来越严峻，炼油商通过合并巩固经营基础。据科威特新闻社称，科威特日产量为20万桶的Shuaiba炼油厂将在2017年4月关闭。

全球正向低硫化方向发展，炼油企业将继续投入大量资金新建装置和升级改造现有装置，以满足新的含硫和排放规定。许多国家已颁布法律，强制减少污染物排放，作为回应，炼油商正努力减少燃料中的硫含量。沙特和科威特等中东国家正投巨资生产高质量油品，以供应国内和国际市场。

中国和印度正加快推出各自的燃料标准。为减少空气污染，中国计划2017年全面实施国5燃料质量标准。中国正制定国6标准，国6相当于欧6标准。不过国 6 标准的实施目前还没有具体时间表，2020 年前可能不会在全国全面实施。2015 年 1 月，印度政府宣布，将跳过 BS-5 燃料标准，直接进入 BS-6 燃料标准阶段，相当于欧 6 标准。印度全国范围内强制实施 BS-3 燃料标准，在新德里和孟买等一些主要城市实施 BS-4 燃料标准。印度 2017 年二季度将在全国范围内强制实施 BS-4 燃料标准，而 BS-6 燃料标准预计 2020 年二季度全面实施，比原计划提前 4 年，该标准的实施将使印度的氮氧化物排放量减少 68%。

国 内 篇

2016 年中国 GDP 增幅为 6.7%，CPI 涨幅为 2.0%。中国宏观经济进一步放缓，油气市场需求有限，2016 年全年原油表观消费量为 5.56 亿吨，同比增长 2.8%，但全年天然气表观消费量 2240 亿立方米，同比增长 9.3%。同时，中国原油和天然产量增速也有所放缓，全年生产原油共 1.98 亿吨，同比下降 7.3%，天然气产量约 1378 亿立方米，同比增长约 1.7%。中国油气供应形势依然紧张，油气生产企业着眼资源可持续性，加大油气勘探力度。下游方面，2016 年底中国炼油总能力达到 7.5 亿吨/年；2016 年中国成品油产量达 3.2372 亿吨，同比增长 7.8%。

展望 2017 年，中国经济下行压力仍然很大，油气体制改革将全面深化，其中，天然气管网运输和销售分离、推进天然气基础设施向第三方市场主体开放，这些措施有望进一步推进油气改革。预计原油进口量稳定增长，原油价格或有小幅回升；中国炼油能力再度增长，炼厂开始新一轮油品质量升级工程；成品油供需趋于稳定增长，成品油价格有望全面放开，终端销售环节的市场竞争将更加激烈；新能源不断发展，传统汽柴油市场份额继续被挤占；天然气产量增速继续放缓，天然气需求稳中趋升，按照“管住中间、放开两头”的总体思路，国家将尽快全面理顺天然气价格，建立主要由市场决定天然气价格的机制。

中国宏观经济及油气产业政策分析与展望

中国宏观经济已经进入新常态，特点表现为：经济增速从高速增长转为中高速增长；经济结构不断优化升级，第三产业、消费需求逐步成为主体；城乡区域差距逐步缩小，居民收入占比上升；经济增长从要素驱动、投资驱动转向创新驱动。在“十三五”开局的2016年，中国经济增速已连续八年处于下行调整中，中国宏观经济总体呈现需求萎缩、供给有限扩张的局面。

一、2016年中国宏观经济运行概要

根据国家统计局发布的数据，2016年中国全年国内生产总值(GDP)为74.4万亿元，按可比价格计算，同比增长6.7%。

(一) 国内生产总值增速进一步放缓

2016中国宏观经济增速进一步放缓，GDP增速为6.7%，比2015年降低0.2个百分点，分季度来看，前三季度国内生产总值529971亿元，按可比价格计算，同比增长6.7%。一季度同比增长6.7%，二季度增长6.7%，三季度增长6.7%，第四季度增长6.8%。分产业看，第一产业增加值63671亿元，同比增长3.3%；第二产业增加值296236亿元，增长6.1%；第三产业增加值384221亿元，增长7.8%。

(二) 物价总水平温和上涨

2016年CPI增长2.0%，PPI增长-1.4%，分别较2015年上涨0.6和3.8个百分点。物价上涨的原因，一是低基数效应，二是食品价格上涨，三是国际大宗商品价格反弹，四是去产能推动煤炭等能源价格上涨。进入经济新常态以来，我国经济增速放缓，消费价格涨幅缓中趋稳，2015年1.4%的涨幅为近5年最低，2016年价格涨幅略有扩大，但涨势温和。分月看，2016年各月CPI同比涨幅在1.3%~2.3%之间波动；核心CPI(扣除食品和能源CPI)基本稳定，月度同比涨幅在1.6%左右。多数食品价格保持平稳，2016年食品价格上涨4.6%，影响CPI上涨0.90个百分点。其中，猪肉、鲜菜价格上涨影响CPI上涨0.71个百分点，而其他大多数食品市场供需稳定，价格运行平稳。服务性消费活跃，带动服务价

格平稳上升。2016年我国服务价格上涨2.2%，影响CPI上涨0.81个百分点。随着我国居民消费结构不断升级，服务性消费需求不断扩大，2016年家政服务、课外教育、养老服务、健身活动、旅游等服务价格分别上涨5.7%、3.7%、2.5%、2.1%和2.0%。2016年医疗服务、停车费和市内公共交通价格分别上涨3.5%、2.2%和1.9%。工业消费品价格走势温和，2016年工业消费品价格上涨0.2%，影响CPI上涨0.08个百分点。

2016年以来，在供给侧结构性改革、适度扩大总需求等政策作用下，生产和市场需求稳定增长，供需关系逐步改善，工业品价格降幅明显收窄。2016年PPI下降1.4%，比上年收窄3.8个百分点，是2012年以来降幅最小的一年。PPI月度环比、同比相继转正。2016年以来，PPI月度环比、同比结束历史最长时间下降后，相继转正。PPI环比连续26个月下降，于2016年3月由负转正；PPI同比连续54个月下降，于2016年9月由负转正，而后涨幅逐月扩大，12月上涨5.5%，创2011年11月以来月度同比涨幅新高。目前，工业品价格总体上已回升至2015年1月的水平上。重点行业价格带动作用突出，2016年7~10月，黑色金属冶炼和压延加工、有色金属冶炼和压延加工、煤炭开采和洗选、石油加工、化学原料和化学制品制造、非金属矿物制品业等行业价格同比先后由负转正，对PPI的带动作用突出。2016年四季度，黑色金属冶炼和压延加工业出厂价格同比上涨23.3%，涨幅比三季度扩大17.1个百分点；有色金属冶炼和压延加工业价格同比由三季度的持平转为上涨11.0%；煤炭开采和洗选、石油加工、化学原料和化学制品制造、非金属矿物制品业价格同比由三季度的分别下降1.2%、4.9%、3.1%和1.0%转为分别上涨25.9%、9.6%、3.3%和2.5%。据测算，上述6个行业对四季度PPI上涨的贡献率合计达到94%左右。

（三）居民收入稳定增长，城乡差距继续缩小

国家统计局发布的数据显示，2016年居民收入继续增加。全国居民人均可支配收入23821元，比上年名义增长8.4%，扣除价格因素，实际增长6.3%；全国居民人均消费支出17111元，名义增长8.9%，扣除价格因素，实际增长6.8%。

2016年以来，我国居民消费价格同比涨幅略有扩大，总体保持温和上涨态势。近年来，中国的基尼系数总体上呈下降趋势，2012~2015年，中国居民收入的基尼系数分别为0.474、0.473、0.469、0.462。2016年是0.465，比2015年稍微提高了0.003。2016年城乡居民收入差距进一步缩小，农村居民收入增长继续快于城镇居民。按常住地分，城镇居民人均可支配收入33616元，比上年名义

增长 7.8%，实际增长 5.6%；农村居民人均可支配收入 12363 元，名义增长 8.2%，实际增长 6.2%。农村居民人均收入名义增速和实际增速分别高于城镇居民 0.4 和 0.6 个百分点。城乡居民收入比由上年同期的 2.73 下降为 2.72，城乡居民的收入差距继续缩小。

（四）全国固定资产投资增速有所回落

2016 年，全国固定资产投资（不含农户）596501 亿元，比上年名义增长 8.1%（扣除价格因素实际增长 8.8%），增速分产业看，第一产业投资 18838 亿元，比上年增长 21.1%，增速比 1~11 月回落 0.8 个百分点；第二产业投资 231826 亿元，增长 3.5%，增速提高 0.2 个百分点；第三产业投资 345837 亿元，增长 10.9%，增速回落 0.4 个百分点。第二产业中，工业投资 227892 亿元，比上年增长 3.6%，增速比 1~11 月提高 0.2 个百分点。第三产业中，基础设施投资（不含电力、热力、燃气及水生产和供应业）118878 亿元，比上年增长 17.4%，增速比 1~11 月回落 1.5 个百分点。从到位资金情况看，固定资产投资到位资金 606969 亿元，比上年增长 5.8%，增速比 1~11 月提高 0.4 个百分点。其中，国家预算资金增长 17.1%，增速提高 0.6 个百分点；国内贷款增长 9.9%，增速提高 1 个百分点；自筹资金下降 0.1%，降幅收窄 0.3 个百分点；利用外资下降 20.5%，降幅扩大 0.1 个百分点；其他资金增长 30.6%，增速回落 0.9 个百分点。

（五）出口降幅收窄，进口由负转正

全年进出口总额 243344 亿元，比上年下降 0.9%，降幅比上年收窄 6.1 个百分点。其中，出口 138409 亿元，下降 2.0%；进口 104936 亿元，增长 0.6%。一般贸易进出口占进出口总值的比重为 55%，比上年提高 1 个百分点。进出口相抵，顺差 33473 亿元。分季度看，一、二、三季度出口分别同比下降 7.9%、0.8%和 0.3%，四季度增长 0.3%。12 月，进出口总额 25871 亿元，同比增长 4.9%，其中，出口 14313 亿元，增长 0.6%；进口 11559 亿元，增长 10.8%。

（六）供给侧结构性改革取得积极进展，经济结构继续优化

2016 年“三去一降一补”有了实质性推进，并且初见成效。在去产能方面，2016 年钢铁去产能目标 4500 万吨、煤炭去产能目标 2.5 亿吨，均提前超额完成任务；对于去产能所涉及到的钢铁行业 18 万名职工、煤炭行业 62 万名职工，重新安置接近 70 万人；企业效益出现明显改善，2016 年钢铁行业利润总额扭亏为盈，黑色金属冶炼和压延加工业利润总额增长 2.3 倍，煤炭开采和洗选业的利润总额增长 2.2 倍。在去库存方面，2016 年商品房待售面积比 2015 年下降 3.2%，尤其是住宅待售面积比 2015 年下降 11%，库存水平已经低于 2014 年。在去杠杆方面，市场化债转股和企业兼并重组有序推进，2016 年企业资产负债率为 55.8%，比 2015 年下降 0.4 个百分点。在降成本方面，实体经济的成本持续下降，2016 年工业企业每百元主营业务收入中的成本为 85.52 元，比 2015 年下降 0.16 元。在补短板方面，精准扶贫、自主创新等重点领域的补短板工作也取得了积极成效。

经济持续转型升级。产业结构优化转型，全年第三产业增加值占国内生产总值的比重为 51.6%，比上年提高 1.4 个百分点，高于第二产业 11.8 个百分点。需求结构继续改善，全年最终消费支出对国内生产总值增长的贡献率为 64.6%。创新驱动发展战略深入实施，航天空间站、飞船火箭、量子通信、高速计算、对天观测、大飞机等领域一批科技成果不断涌现。新动能快速成长，战略性新兴产业增加值比上年增长 10.5%，增速比规模以上工业高 4.5 个百分点。大众创业万众创新扎实推进，全国新登记企业 553 万户，比上年增长 24.5%，平均每天新登记企业 1.5 万户。工业小微企业景气回升，一至四季度景气指数分别为 87.2、90.6、92.0、93.3。节能降耗成效突出，全年单位国内生产总值能耗比上年下降 5.0%，水电、风电、核电、天然气等清洁能源消费比重比上年提高 1.6 个百分点。

二、2016 年中国主要油气产业政策

根据《石化和化学工业“十三五”发展规划》的既定目标，要以提质增效为中心，以供给侧结构性改革为主线，深入实施创新驱动发展战略和绿色可持续发展战略，结合中国当前油气产业改革的具体情况，2016 年国家相关部门出台了一系列的油气产业政策。2016 年中国针对油气产业而出台的政策主要着力在以下四个方面：一是油气产业转型政策，二是能源价格市场化改革政策，三是非常规油气资源开发政策，四是油气产业节能环保政策。这些政策的出台，将加快中国油气产业市场化进程，指导油气行业持续科学健康发展。

（一）油气产业转型政策

1. 实施创新驱动油气行业战略

2016 年 5 月，中共中央、国务院发布了《国家创新驱动发展战略纲要》，强调科技创新是提高社会生产力和综合国力的战略支撑，必须摆在国家发展全局的核心位置。在油气产业方面，则强调应发展安全清洁高效的现代能源技术，推动能源生产和消费革命；以优化能源结构、提升能源利用效率为重点，推动能源应用向清洁、低碳转型。用创新的方式，为油气产业带来新的产业增长点。

2. 促进传统油气行业转型升级

2016年，《中国制造2025》《关于积极推进“互联网+”行动的指导意见》等战略实施，政策红利将在2016年进一步释放，互联网与制造业融合将深入推进，新产品、新业态、新模式加速产生，为产业结构优化升级提供了动力，经济增长新动力也快速形成。

2016年8月，国务院办公厅发布《关于石化产业调结构促转型增效益的指导意见》(以下简称《指导意见》)，部署石化产业结构调整和转型升级工作。《指导意见》指出，要推进供给侧结构性改革，积极开拓市场，着力去产能、降消耗、减排放，补短板、调布局、促安全，推动石化产业提质增效、转型升级和健康发展。同时，明确了七个方面的重点任务。一是努力化解过剩产能。对符合政策要求的先进工艺改造提升项目实行等量或减量置换。二是统筹优化产业布局。综合考虑资源、环境、安全等因素，有序推进沿海七大石化产业基地建设。三是改造提升传统产业。利用清洁生产、智能控制等先进技术改造提升现有生产装置，提高产品质量，提高综合竞争能力。四是促进安全绿色发展。强化安全生产责任制，实施危险化学品生产企业安全环保搬迁改造。五是健全完善创新体系。健全以企业为主体的产学研用协同创新体系，加大人才培养和引进力度，加快科技研发及成果转化。六是推动企业兼并重组。落实财税、金融、土地、职工安置等支持政策，破除跨地区、跨所有制兼并重组的体制机制障碍，为企业兼并重组营造公平的市场环境。七是加强国际产能合作。充分发挥中国传统石化产业比较优势，结合“一带一路”战略，积极推动优势产业开展国际产能合作，建设海外石化产业园区，推动链条式转移、集约式发展，带动相关技术装备与工程服务“走出去”。

3. 发展油气产业化工新材料

2016年8月，国务院办公厅发布《关于石化产业调结构促转型增效益的指导意见》，要求在改造提升传统产业，推动企业兼并重组，巩固现有竞争优势的同时，大力发展化工新材料，发展专用装备制造和相关生产性服务业，培育新的经济增长点。《指导意见》明确提出：①大力发展化工新材料，推动战略性新兴产业发展和传统产业升级，重点发展高性能树脂、特种合成橡胶、高性能纤维、功能性膜材料、电子化学品等化工新材料，提出“化工新材料等高端产品的自给率明显提高”的发展目标，明确了行业发展的方向。②优化创新石油化工发展模式，提升基础石化原料保障能力，烯烃和芳烃的生产有多种原料路线，不同原料路线的竞争力受油价影响较大，实现增强烯烃、芳烃等基础原料的保障能力的目标。

2016 年 11 月 29 日，国务院印发《“十三五”国家战略性新兴产业发展规划》，多个内容涉及石化化工行业，在新材料产业突破发展方面，要开展石化化工等流程制造领域的智能工厂集成创新与应用示范，提升企业生产管理的智能化水平；加强新型绿色建材标准与公共建筑节能标准的衔接，完善节能环保用功能性膜材料、海洋防腐材料配套标准，做好增材制造材料、稀土功能材料、石墨烯材料标准布局；加强新材料产业上下游协作配套，在航空铝材、碳纤维复合材料等领域开展协同应用试点示范。

4. 促进油气产业两化深度融合

为贯彻落实《中国制造 2025》，加快推进《工业和信息化部关于贯彻落实〈国务院关于积极推进“互联网+”行动的指导意见〉的行动计划（2015—2018 年）》，提升信息化与工业化融合发展水平，推动制造强国和网络强国建设。工业和信息化部 2016 年 4 月发布《两化深度融合创新推进 2016 专项行动实施方案》，实施两化深度融合创新推进 2016 专项行动，结合当前制造业转型升级面临的新形势，深入推进两化融合，培育经济转型升级新动能，全面支撑制造强国建设。

提出关于油气产业两化深度融合的五点要求：一是加快改造传统生产制造供应链模式，提高石化产业数字化智能化水平。推进行业两化融合的根本目的是要实现企业发展模式的转变，提高效益，降低成本。石化企业要在各环节进行信息化改造，要做好整个供应链的协同。二是依靠信息技术创新手段，实现高端产品国产化。三是着力推动信息技术与安全生产和节能减排的深度融合，促进安全绿色低碳发展。四是促进石化工业与现代服务业的深度融合，由“制造”向“制造+”服务转变。五是大力发展“互联网+”，形成行业创新发展新动力。

2016 年 11 月，工业和信息化部编制发布了《石化和化学工业发展规划（2016—2020 年）》（工信部规〔2016〕318 号，以下简称《规划》）。《规划》提出，要以提质增效为中心，以供给侧结构性改革为主线，深入实施创新驱动发展战略和绿色可持续发展战略，着力改造提升传统产业，加快培育化工新材料，突破一批具有自主知识产权的关键核心技术，打造一批具有较强国际影响力的知名品牌，建设一批具有国际竞争力的大型企业、高水平化工园区和以石化化工为主导产业的新型工业化产业示范基地。《规划》明确了八项主要任务，即实施创新驱动战略、促进传统行业转型升级、发展化工新材料、促进两化深度融合、强化危化品安全管理、规范化工园区建设、推进重大项目建设、扩大国际合作，并以十项重大工程（重点领域）作为规划实施的抓手。《规划》作为“十三五”时期指导石化和化学工业发展的专项规划，将推动石化和化学工业由大变强，指导行业持续科学健康发展。

（二）能源价格市场化改革政策

1. 完善成品油价格形成机制

2016 年 1 月 13 日，国家发展改革委颁布《完善成品油价格形成机制有关问题的通知》（以下简称《通知》）。《通知》旨在解决 2014 年以来成品油价格机制运行中出现的问题，进一步推进成品油价格市场化。该通知主要在以下三个方面进行改善，即完善价格机制、制定《石油价格管理办法》、做好相关配套工作。

其中，在成品油价格形成机制方面，《通知》规定：第一，将国内成品油价格调控下限设为每桶 40 美元，不再完全随挂靠的国际市场原油价格向下波动；第二，设立关于油价调控的风险准备金，将低于 40 美元的未调整金额计入风险准备金，设置相关专项账户；第三，供需双方共同协商决定液化石油气的出厂价格；第四，成品油调价信息发布由文件改为信息稿形式。在《石油价格管理办法》中，规定了成品油及原油的定价方式、信息发布方式以及价格监督检查方式。配套工作体系中，则重点强调了三大石油企业应加强内部调运机制，保证市场供应；价格主管部门及生产经营企业共同维护市场秩序；通过价格监测和市场动态，加强市场监测；加强宣传与舆论引导。

2. 制定天然气管道运输价格管理办法

2016 年 8 月 16 日，国家发展改革委公布《天然气管道运输价格管理办法（试行）》和《天然气管道运输定价成本监审办法（试行）》征求意见稿，提出建立新的公开、公平的管输定价办法；同时出台成本监审制度。

2016 年 8 月 31 日，国家发展改革委又发布关于《加强地方天然气输配价格监管降低企业用气成本的通知》，意在对地方输配气环节的价格形成机制进行规范，敦促企业加强信息公开。在此次通知中，国家能源局进一步明确要求“三桶油”等相关企业从管输设施基本信息、油气管网设施接入标准、提供输送（储存、气化等）服务、上下游用户申请接入本企业油气管网设施的条件等各角度全面公开管网信息。

2016 年 10 月 9 日，国家发展改革委为加强天然气管道运输价格的管理，规范成本监审行为，印发《天然气管道运输价格管理办法（试行）》《天然气管道运输定价成本监审办法（试行）》。关于管道运输价格，明确由政府按照“准许成本加合理收益”的原则定价，国务院相关部门进行调整；规定准许成本、准许收益、税费组成为管道运输总收入的组成部分；对于新成立企业，其管道运输价格的制定参考可行性研究报告的成本参数，经营期30年以及税后全投资收益率8%；对于经营管道运输的企业，核算时，要求其原则上应将管道运输业务与其他业务分离，目前暂不能实现业务分离的，则应实现管道运输业务财务独立。关于定价成本监审，则在定价成本的构成与归集、定价成本的核定等会计核算方法上进行了详细的规定。

3. 明确储气设施相关价格

2016年10月15日，国家发展改革委制定《国家发展改革委关于明确储气设施相关价格政策的通知》(以下简称《通知》)，《通知》旨在解决天然气消费量增大与储气设施建设较慢、调峰能力较弱的矛盾，保障天然气的供应能力，明确储气服务价格、储气设施天然气购销价格、加强用气高峰时期需求侧管理。

根据《通知》，首先储气服务价格由储气设施(不含城镇区域内燃气企业自建自用的储气设施)经营企业根据储气成本、市场供求情况等与委托企业确定；其次储气设施天然气购进及销售价格主要由市场竞争形成，根据市场供求确定；最后对城镇区域内燃气企业自建自用的储气设施，统筹考虑投资和运行成本；对于季节性峰谷差大的地方，实行削峰填谷。

(三) 非常规油气资源开发政策

1. 完善煤层气产业政策

2016年4月14日，为推进煤层气产业的进一步发展，加强能源形势监测分析和预测预警，及时了解全国煤层气(煤矿瓦斯)抽采利用情况，国家能源局制定《煤层气统计报表制度》。报表制度中，其调查对象为全国所有井工开采的煤矿和煤层气勘探开发区块；主要指标有不同瓦斯等级的井工煤矿数量、煤层气开发井数和产能、煤层气产量和利用量、煤矿瓦斯抽采和利用量；根据报表内容分为月报、季报及年报；统计报表服务于能源行业管理需要，为企业制定经营与生产管理计划提供必要的数据支持，但仅限内部使用，不对外公布。

2016年11月24日，国家能源局发布了《煤层气(煤矿瓦斯)开发利用“十三五”规划》。明确提出“十三五”期间，新增煤层气探明地质储量4200亿立方米，建成2~3个煤层气产业化基地。为此从勘探、开发、输送与利用、科技创新等4个方面提出了主要任务。具体包括：推进产业化基地增储，推动新区储量实现突破，强化两大产业化基地快速上产，新建产业化基地和开发试验区，推进煤矿区煤层气地面开发，实施煤矿瓦斯抽采示范工程，统筹布局煤层气管道，提升资源综合利用效果，设煤矿瓦斯利用示范工程，开展工程技术示范等。

2. 推进页岩气产业的发展

2016年9月30日，国家能源局公布了《页岩气发展规划(2016—2020年)》

（以下简称《规划》）。《规划》提出了中国页岩气产业发展的指导思想、发展目标、重点任务以及保障措施。其中，提出页岩气发展的基本原则为：加强资源勘探、坚持体制机制创新、强化市场竞争、加强政策扶持、注重生态保护；提出具体的发展目标，即：2020 年，页岩气产量上实现 300 亿立方米，技术上完善成熟 3500 米以浅海相页岩气勘探开发技术，突破 3500 米以深海相页岩气、陆相和海陆过渡相页岩气勘探开发技术。

此外，《规划》部署了大力推进页岩气科技攻关、分层次布局勘探开发、加强国家级页岩气示范区建设、完善基础设施及市场四大重点任务。为加快中国页岩气产业发展步伐，实现页岩气在产量和技术上的迅速发展，《规划》提出相应的五点保障措施：加强资源调查评价，强化关键技术攻关，推动体制机制创新，加大政策扶持力度以及建立滚动调整机制。

（四）油气产业节能环保政策

1. 推进油品质量升级

2016 年 2 月 17 日，国家发展改革委等 11 个部委联合发出《关于进一步推进成品油质量升级及加强市场管理的通知》（以下简称《通知》）。为解决目前存在的“低品油退市难”的问题，继续推进油品升级减排成效，维护市场秩序，确保柴油等油品销售畅通，《通知》从四个方面对市场进行规范：一是严格按时限停售低标准油品；二是规范成品油流通管理；三是加强炼厂质量升级和生产监管；四是落实相关管理责任。

其中，具体提出以下几条改进措施：首先，自 2016 年 1 月 1 日起，东部地区 11 省市全面供应国Ⅴ标准车用汽油（含 E10 乙醇汽油）、车用柴油（含 B5 生物柴油），停止区域内加油站（点）销售低于国Ⅴ标准车用汽、柴油，全国全面供应自 2017 年 1 月 1 日起；其次，在炼厂方面，各炼油企业应按季度向相关派出机构报送升级改造、成品油生产情况等信息。

2. 继续推进节能环保

2015 年 12 月 17 日，国务院办公厅印发《国务院办公厅关于印发国家标准化体系建设发展规划（2016—2020 年）》。关于能源方面，提出以下两个关键点：①是关于行业整体，施行能源的生产、环保标准化，经济提质增效升级，支撑转型升级。②是关于产业标准化：页岩气方面，研制工厂化作业、水平井钻井、水力压裂和环保方面标准；海上勘探开发方面，制定油气关键设备等关键技术标准；天然气方面，优化天然气产品标准，开展天然气能量计量、上游领域取样、分析测试、湿气计量的标准研究，研制石油高效与清洁转化、天然气与煤层气加工技术等标准；设备建设方面，研制油气长输管道建设及站场关键设备、大型天然气液化处理储运及设备、超低硫成品油储运等标准。

2016年11月4日，国务院印发了《“十三五”控制温室气体排放工作方案》(以下简称《方案》)，明确到2020年，我国单位国内生产总值二氧化碳排放比2015年下降18%，碳排放总量得到有效控制。而为达到二氧化碳控排及承诺峰值的目标，《方案》也明确我国要力争在2020年能源体系、产业体系和消费领域低碳转型取得积极成效。《方案》从八个方面提出了“十三五”控制温室气体排放的重点任务。一是低碳引领能源革命。加强能源碳排放指标控制，大力推进能源节约，加快发展非化石能源，优化利用化石能源。二是打造低碳产业体系。加快产业结构调整，控制工业领域排放，大力发展低碳农业，增加生态系统碳汇。三是推动城镇化低碳发展。加强城乡低碳化建设和管理，建设低碳交通运输体系，加强废弃物资源化利用和低碳化处置，倡导低碳生活方式。四是加快区域低碳发展。实施分类指导的碳排放强度控制，推动部分区域率先达峰，创新区域低碳发展试点示范，支持贫困地区低碳发展。五是建设和运行全国碳排放权交易市场。建立全国碳排放权交易制度，启动运行全国碳排放权交易市场，强化全国碳排放权交易基础支撑能力。六是加强低碳科技创新。加强气候变化基础研究，加快低碳技术研发与示范，加大低碳技术推广应用力度。七是强化基础能力支撑。完善应对气候变化法律法规和标准体系，加强温室气体排放统计与核算，建立温室气体排放信息披露制度，完善低碳发展政策体系，加强机构和人才队伍建设。八是广泛开展国际合作。深度参与全球气候治理，推动务实合作，加强履约工作。

3. 加强海上溢油应急能力建设

2016年2月3日，交通部及国家发展改革委联合印发了《国家重大海上溢油应急能力建设规划(2015—2020年)》(以下简称《规划》)。为解决目前中国海上溢油应急处置能力建设中统筹考虑与沟通协作相对匮乏的问题，《规划》提出未来中国溢油应急能力建设方向，即从单一部门建设转变为多部门统筹协调和开放共享、从单一的装备设施建设转变为装备设施和人力资源共同发展。

此外，《规划》还明确提出，通过5年时间，中国将初步建成重点覆盖、科学决策、快速反应、与风险相应的应急体系，并做到距离50海里(1海里=1.852千米)内任意水域海上溢油清除能力达到1000吨，距岸50海里内的高风险水域海上溢油清除能力达到1万吨，沿海各省(自治区、直辖市)岸线溢油清除能力和回收物陆上接收处理能力达到1万吨；同时新建25座海上溢油应急设备库，达到 191 座，新建 11 艘专业溢油应急船舶，达到 25 座。通过硬实力与软实力(人员意识，演练培训)相结合的方式，提升海上应急能力。

三、2017 年中国宏观经济及油气产业政策展望

(一) 2017 年中国宏观经济展望

1. 中国经济增长形势将持续向好

2017 年是中国实施“十三五”规划细则落地的重要一年，也是供给侧结构性改革的深化之年。随着积极财政政策发力、改革攻坚力度的加大、新的制度红利不断释放，中国经济增长形势将持续向好。预期 2017 年中国经济总体格局稳中求进，经济形势稳中向好，GDP 增速为 6.5%~7%，CPI 涨幅为 2.1%~3%。

2. 中国 CPI 通胀温和回升

2017 年 CPI、PPI 不会出现明显回落。PPI 上扬程度取决于去库存、去产能的进展，也取决于国际大宗商品价格，预计呈现“前高后缓”的态势。CPI 也会有所提升，但不会太高，大致 3%左右。因此，过去几年一直困扰中国经济的“债务—通缩”恶性循环的压力将有所减轻。同时，也不必过于担心通胀，中国总体产能过剩、需求不足的状态还会延续，全球价格水平也处于相对较低的位置。2017 年货币政策不会出现较大幅度调整，总体定位是中性，既不刺激也不收缩，保证流动性相对稳定。

3. 投资增速有所回升

中国经济的韧性使国内外投资者信心大增。根据国际货币基金组织(IMF) 2017 年 1 月发布的最新一期《世界经济展望》报告，2016 年中国经济增速重回世界第一，对全球增长的贡献达到 30%，超过发达国家之和，让全球投资者看到了中国经济的韧性。同时，IMF 将中国 2017 年经济增速预期也大幅上调了 0.3 个百分点至 6.5%，并称中国是世界经济发展的主要驱动力。

一系列中长期规划的出台有助于稳定投资者预期和信心。国务院 2017 年 1 月先后印发《国家人口发展规划(2016—2030 年)》和《全国国土规划纲要(2016—2030 年)》，明确了今后相当长一段时期内，中国人口发展和土地资源开发利用的方向性、总体性的统筹部署。这些中长期发展规划的出台，不仅对未来经济建设起到基础性引导作用，同时当前也有利于稳定投资者预期和投资信心，打破自 2016 年初以来民间投资增速持续下滑的局面。

4. 仍将坚持积极的财政政策和稳健的货币政策

受国内外复杂动荡经济金融形势的影响，当前及未来一段时间内经济运行压

力依然较大。营造稳健融资环境，保持货币供给平稳运行以及进一步降低融资成本，显得尤为重要。加大积极财政政策落地力度，减税降费与财政支出并举，减轻民营企业和小微企业负担。预计 2017 年全年银行信贷供给较为稳健，非信贷资产配置将更为灵活，各类直接融资占比也将有所提升。不断优化信贷结构，支持实体经济发展。防范和化解经济金融风险，维护金融稳定，坚决守住不发生系统性和区域性金融风险的底线。

5. 大力推行供给侧结构性改革

中国经济的发展在制造业去产能化、金融去杠杆化、房地产去泡沫化的同时，经济结构悄然发生着变化，经济结构趋向优化。产业结构向高级化演进，第三产业逐步成为产业的主体。需求结构继续改善，消费拉动作用进一步增强。网络零售等新型消费模式实现迅猛增长，旅游、信息、文化、健康等服务消费持续升温。供给侧结构性改革作为经济工作主线优化资源配置，加快要素流转，矫正供需结构错配，着力强化供给对需求变动的适应性和灵活性，促进产业转型升级和产品创新提质，全面落实“三去一降一补”重点任务。要以培育新动能的加法，带动出清过剩产能的减法，以过剩产能的化解，换取结构调整优化的空间，促进要素向高生产率方向流动，充分释放制度和政策红利。

6. 深化改革，发挥市场在资源配置中的作用

加快国有企业改革步伐，国有企业改革的重点是构建更加完善的现代管理制度；加快构建多种所有制和多层次的金融体系；以市场化方向深入推进新股发行体制改革。加快落实税制改革政策，加快房地产税立法，建立综合与分类相结合的个人所得税制度。进一步推进金融改革，放松对银行业的准入管制，加快完善股票市场的制度建设。推进水、电、油、气、运等资源和基础产品价格改革，通过价格杠杆鼓励民间资本进入基础设施领域。

（二）2017 中国油气产业政策展望

1. 加快转变政府职能

必须要转变政府职能，政府要从管理的角色向服务的角色转变，努力打造服务与责任的阳光政府，加大公共服务的投入，投资建立相应的科研项目，加强科研及技术的基础性研究，促进能源方面的技术创新和科技进步，为能源供给侧改革提供完善的技术平台，真正地把能源供给侧结构性改革落到实处。根据 2016 年油气行业标准化体系的建设，非常规能源的发展规划，2017 年有望突破煤炭石油天然气等化石能源的清洁高效利用技术瓶颈，开发深海深地等复杂条件下的油气矿；同时开展页岩气等非常规油气勘探开发综合技术示范；针对新能源方

向，将加快核能、太阳能、风能、生物质能等清洁能源和新能源技术开发、装备研制及大规模应用，攻克大规模供需互动、储能和并网关键技术。攻克关键技术，有利于整体油气行业阶梯式发展，加快油气行业整体节能技术改造，推动油气产业持续、健康、高质量的发展。

2. 推动能源体制机制改革

“十三五”时期，中国油气行业仍处于重要发展机遇期，也面临着诸多矛盾叠加的严峻挑战。油气市场需求放缓、资源环境约束、传统产能过剩、油价波动等因素，决定油气行业将面临经济增速换挡、产业结构调整、发展方式转型的关键时期。2017 年，油气行业进一步推动能源体制机制改革，加快产业整体优化升级，努力走出一条以结构调整为主攻方向、以创新驱动为新动力、以绿色循环低碳为重要途径的新型工业化道路。

3. 发展油气行业化工新材料的政策进一步出台

由于石化产业严重依赖进口的产品主要为化工新材料和基础化石材料，因此，优先发展油气行业化工新材料有利于增强中国油气产业发展的自主性，实现提高化工新材料等高端产品自给率的发展目标。化工新材料的发展需要一定的发展周期，政府相关支持政策也需进一步出台，新材料发展所带来的影响也需要进一步体现。2017 年，中国有望进一步发展油气行业化工新材料。

4. 推动油气行业与互联网融合发展的政策进一步出台

2016 年，由于“互联网+”行动计划、国家大数据战略提供重要契机，油气领域也在逐步深化互联网应用，培育新的经济增长点，积极构建油气行业与互联网融合发展新模式，构建面向石化生产全过程、全业务链的智能协同体系。目前，关于互联网应用于油气产业的相关政策规范较为匮乏，而促进油气行业企业提供基于互联网的智能监控、远程服务、全产业链追溯等高增值应用服务已成为行业发展趋势，因此，未来互联网将在油气产业进一步应用。

5. 定价机制将进一步完善

随着能源价格市场市场化改革不断深入，能源定价机制市场化开放已逐步从下游向中上游发展，继出台居民阶梯气价机制后，又对天然气运输管道及储气设施价格进行了明确的规定。能源价格市场改革将不断深入，定价机制将逐步延伸至开采、勘探、开发、运输等各个阶段，产业改革趋势趋于实行真正意义上油气产业市场化定价。2017 年，配套定价政策有望取得新进展。

6. 油气管网改革将进一步深化

一直以来，我国油气管网主要集中在中国石油、中国石化、中国海油等少数大企业手中，管输资源垄断、定价机制不透明，是导致下游企业用户管输费用成本居高不下的根本原因。2016 年国家相关部委相继出台了四个规范油气管输环节的重头文件。四个文件相互衔接，规范覆盖目标从长输管线到终端用户、从“三桶油”到地方城市燃气公司，直指管网垄断、信息不透明等油气体制宿疾，无疑将为管网公平放开扫清障碍。由此可见，在即将出台的油气改革方案中，油气管网独立放开将是大概率事件。

中国油气市场分析与展望

2016 年国内外宏观经济运行不景气，原油进口量和加工量继续增加，同时原油价格持续低位震荡；成品油市场供大于求并且过剩加剧，国内成品油价震荡上涨，波动频繁，国家进一步放开成品油出口份额，成品油的出口呈现爆发式增长，成品油进出口贸易由净进口转变为净出口；天然气供需保持宽松，市场化改革取得进一步突破。展望 2017 年，受国际市场、政治环境的影响，中国原油产量将保持相对稳定也可能继续下降，进口量和加工量有望保持稳定增长，进口来源将更加多元化，原油价格将保持稳定可能小幅上升；成品油质量升级将加快，产业结构进一步优化；天然气消费增长有望提升，非常规油气发展前景广阔。

一、2016 年中国原油市场发展分析及 2017 年展望

2016 年全年国内原油产量 19968 万吨，较 2015 年同期下跌 6. 39%，产量持续减少；全年原油进口量 38101 万吨，较 2015 年同期上涨 13. 56%，进口原油依存度继续攀升，达到 65. 61%，较去年提高 5. 01%；全年原油加工量 54101 万吨，较 2015 年同期上涨 3. 64%(图 1)。预计 2017 年随着中国经济转型和结构调整的进一步深化、新能源发展和节能降耗力度的提高，中国原油产量将保持相对稳定

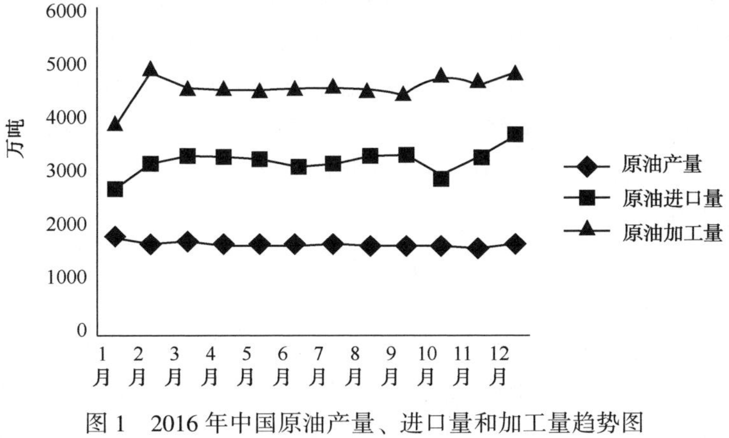

图 1　2016 年中国原油产量、进口量和加工量趋势图

数据来源：国家统计局

或有所下降，进口量和加工量有望继续稳定增长，原油消费量增速将放缓，原油价格将保持稳定，可能小幅上升。

(一) 2016 年中国原油市场发展分析

1. 国内原油产量持续下降

受国际油价持续低位窄幅震荡的影响，中国原油生产行业的投资依旧萎靡不振，中国原油生产企业主动性减产的情况很明显。前三季度，中国石油生产原油 6.966 亿桶，同比下降 3.6%，其中国内原油产量 5.752 亿桶，同比下降 5.1%；中国石化实现油气当量产量 322.29 百万桶，同比下降 8.13%，其中原油产量同比下降 12.58%；中国海油第三季度实现净产量 117.7 百万桶油当量，同比下降 7.7%。

中国原油产量自 2015 年 6 月开始持续下降。国内原油产量，自 1994 年开始保持平稳增长，至 2015 年 6 月产量达到峰值 483 万桶/日，随即产量开始下降，从峰值 483 万桶减少至 2016 年 9 月的 390 万桶/日(这也是自 2011 年 2 月以来的最低月度产量水平，创近六年新低)，下降了 93 万桶/日，减少 19.3%。

根据国家统计局数据，中国 2016 年原油产量 19968 万吨，较 2015 年同期下跌 6.39%。在 2016 年，中国每月原油产量相对稳定，但不论是月度产量还是累计产量相比同期均有较大下降。

2. 原油进口量快速增长

国家海关总署数据显示，2016 年全年累计原油进口量达 38101 万吨，同比上升 13.56%；全年累计原油出口量达 294 万吨，原油净进口 37807 万吨。

2016 年，共有 10 个月中国的月度原油进口量突破了 3000 万吨的水平(尤其是 9 月，原油进口量达到 3306 万吨，创下记录高位并且一举超越美国，成为全球最大的原油进口国)，而去年全年仅有 3 个月进口量超过了 3000 万吨。另外，从上图可以看出，2016 年中国月度原油进口量基本表现出不断增长的态势，其中 10 月进口量略有回落主要是因为炼厂一般都会在国庆长假前的 9 月大量进口以提高油品产量，而 10 月中国原油进口量同比上涨 9.3%，表明中国的需求依然保持良好的状态。

2016 年中国原油进口保持稳定增长主要得益于：①尽管近年来中国经济增速放缓，国内经济结构转型使得原油需求量增速下滑，但中国的经济体量在不断扩大，2016 年中国原油需求保持正向增长。②国内原油产量下降，国际油价持续低位窄幅震荡。③国家战略原油储备的需要。建于 2012 年的中国东部沿海鳌山岛新建 1900 万桶战略原油储备设施于 2016 年 8 月完工。2016 年 9 月 2 日，国家统计局发文表示，中国的国家石油储备建设取得重要进展，中国已建成舟山、镇海、大连、黄岛、独山子、兰州、天津和黄岛国家石油储备洞库总共 8 个国家石油储备基地，总储备库容达到 2860 万立方米。利用上述储备库及部分社会企业库容，中国实现储备原油 3197 万吨，比 2015 年发布的储备原油 2610 万吨高出 587 万吨。④民营炼油企业获进口原油配额。2015 年 7 月以来，中国向十几家独立的中小型民营炼油厂发放了原油进口许可，国内的独立炼油厂由此成为中国原油进口激增的主要推动力量。其中最早获得原油进口权和原油进口使用权的山东地炼企业表现尤为突出。海关数据显示，2016 年上半年山东省民营炼厂进口原油 1561 万吨，与上半年全国进口原油 18653 万吨总量相比，山东地炼的原油进口占全国的 8. 36%。

3. 最大原油进口来源地出现变化

中国原油进口国的前三位一直为沙特阿拉伯、安哥拉、俄罗斯，这一状态在 2015 年 5 月被打破，俄罗斯首次取代沙特阿拉伯成为中国最大原油进口国。2016 年，俄罗斯最大原油进口国的地位进一步得到巩固，共有 6 个月成为月度最大进口原油来源国，沙特有 4 个月，安哥拉有 2 个月。中国对俄原油进口不断增长，一方面是因为俄罗斯接受人民币作为中俄两国石油贸易的结算货币，另一方面是因为俄罗斯还率先抢占地方独立炼油厂市场，俄罗斯对中国出口量有近一半依靠地方炼厂带动。

4. 国内原油需求旺盛

国家统计局数据显示，2016 年中国原油加工量 54101 万吨，较 2015 年同期增长 3. 64%。2016 年全年累计原油表观消费量呈现持续增长的态势，高达 57775 万吨，同比增长 5. 83%。原油加工量的增长主要源于原油进口，由于国内原油供应低于实际需求，原油对外依存度继续走高，在 2016 年达 65. 61%。

5. 原油价格持续低位窄幅震荡

在 2015 年上游大宗产品持续低迷的背景下，行业整体收入规模萎缩严重。2016 年一季度，国际原油库存持续攀升，供需基本面呈现供大于求的状态并没有改善，国际原油价格一季度暴跌。但是过剩的原油并未将全球罐容装满，并给浮仓收储提供了很好的无风险套利机会，一季度全球浮仓库存继续增长，化解了油价跌至逼迫上游减产的油田作业成本的危机。自二季度开始，在供给减少的推波助澜下，如科威特罢工、加拿大森林大火、尼日利亚油田设施遭遇袭击等，原油库存呈现“触顶”状态，原油价格呈现出一定的企稳态势，并逐步进入低位窄幅震荡区间。

在供给方面，在全球原油供应过剩的压力下，2016 年 9 月，OPEC 在阿尔及利亚非正式石油会议上达成限制石油产出协议，将 OPEC 总的石油产出目标限制在3250万桶/日，且承诺将设立委员会决定各国减产规模。这对原油价格起到了有效的支撑作用。同时2016年上半年，美国原油产量不断减少，且库存储备需求量极大，这也有利于原油价格的小幅上升。

但实际上2016年OPEC原油产量屡创新高。由于OPEC内部减产分歧较大，包括伊拉克在内的5个成员国在会议后提出了限产豁免，2016年10月OPEC原油产量较9月增加13万桶/日，至3382万桶/日，创纪录新高，除了沙特产量小幅下降，尼日利亚、利比亚和伊拉克的产量均有大幅上升。同时2016年俄罗斯的原油产量也在增加，全年总产量升至5.47亿吨，较2015年增加1072万吨，9~12月其产量始终维持纪录高位。8月美国原油产量为874.4万桶/日，实现2016年首次增长，随后美国原油和页岩油产量也一直保持在较高的水平。

2016年11月15日，国际原油价格大幅上涨，向上偏离基本走势。主要原因在于：一是前期持续下行，需要时间消化；二是OPEC及非OPEC主要产油国“冻产”活动密集启动，市场重燃“冻产”保价预期。在2016年11月30日，OPEC成员国和非OPEC产油国达成15年来首次联合减产协定，OPEC同意削减石油产量120万桶/日，协定的达成推动国际油价小幅反弹。

综上，2016年原油生产仍不断增长，原油市场供大于求的状况尽管有所缓解但仍然处于供应过剩局面，这是导致原油价格持续低位震荡，难以恢复的主要原因。OPEC组织与非OPEC主要产油国以“冻产”为主题密集行动，对国际原油价格起到有效支撑。但目前减产协议的实施情况尚不确定，且即使“冻产”，其影响效果主要在短期，并不能改变中期价格低迷的基本走势。2016全年原油价格走势详见图2。

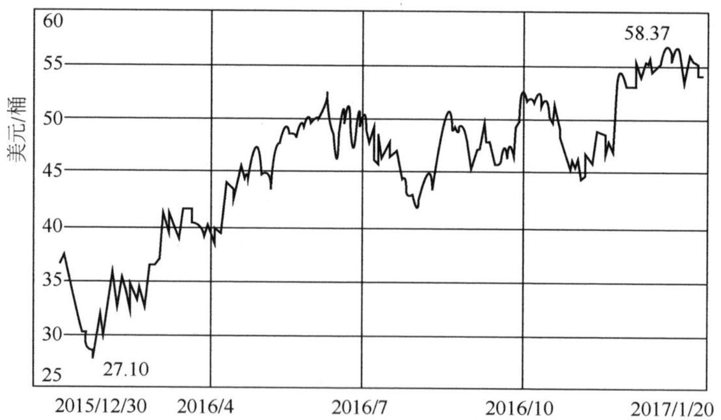

图2 2016年原油价格走势图

数据来源：国家统计局

6. 国内原油市场主体业绩

在上半年国际油价一度跌破十余年低点的背景下，“三桶油”出现了几乎近年最差的半年业绩。按照国际财务报告准则，上半年中国石油净利润为5.31亿元，同比下跌近98%；中国海油净亏损77.4亿元；中国石化净利润为199亿元，同比下滑21.6%。2017年1月，中国海油发布业绩预亏公告称，经公司财务部门初步测算，预计2016年度归属于上市公司股东的净利润亏损为117亿元左右。

在这三大国有石油企业中，中国石油和中国海油专注于油气上游勘探开发，因此国际油价大幅走低对这两大石油公司打击最为严重，中国石油迎来A股上市以来同期最差业绩，中国海油则出现上市以来首次净亏损。而中国石化的业务板块较偏重于炼化和销售等中下游业务，这也使得中国石化面对低油价有着相对较强的抗风险能力。面对不断下跌的国际油价，2016年1月13日，国家发展改革委宣布为成品油价格调整设置“地板价”，即当国际市场油价低于每桶40美元时，汽柴油最高零售价格不降低。“地板价”对石油公司的炼油业务无疑是利好，上半年中国石化炼油板块实现经营收益326亿元，同比增长113%，成为公司利润的主要支撑。

（二）2017年中国原油市场展望

1. 原油产量相对稳定

由于国际油价持续的低位运行，国内石油企业在未来恢复产量的可能性不大。预计中国原油产量将在未来一段时期内保持在现有水平，甚至可能略有下降。

2. 原油进口量稳定增长

中国经济的不断发展，特别是汽车和民航业的不断发展，对原油的需求仍会不断扩大。同时，石油储备的需求仍然巨大，在国家储备方面，中国石油国家储备总共规划了三期，据2016年3月披露的最新五年计划，第二阶段将在2020年前完工，第二阶段的储量安排大致是2800万吨；在商业储备方面，2016年5月31日，国家能源局在《国家石油储备条例(征求意见稿)》中指出，中国鼓励社会资本参与石油储备设施建设运营，并强调政府在储备石油的收储、轮换原则上应当通过交易市场公开进行；除此之外“能够从事原油加工、成品油批发和原油进出口的企业应当承担企业义务储备”。这可能促使中小民营企业的原油进口量进一步提升。

不过，国家发展改革委在2016年8月发布通知，将严厉打击新增用油企业存在的偷逃税等违规违法行为，甚至可能采取暂停或者取消原油进口及使用资质的惩罚措施。这一举措可能会给未来中国原油进口量的增长带来不利影响。

3. 国内原油需求增速放缓

中国经济的增速近年来显著回落，从2010年开始呈现不断下滑的趋势，2016年中国GDP增速放缓至6.7%左右，预计2017年将继续下滑至6.4%左右。在经济增速放缓的背景下，中国原油需求的增速也将继续放缓。同时，中国原油需求主要由LPG(液化石油气)需求量及交通运输需要的汽油和煤油增长拉动，而由于工业产出有所放缓，柴油需求持续下降，2016年上半年中国原油需求量仅增长2.32%，汽油消费量增长13.7%，柴油下降3.1%。预计未来随着中国经济结构调整的不断深化，中国城镇化和工业化进程的不断推进，中国经济进入“新常态”，重化工业的发展放缓，原油需求量增速下滑已成必然趋势。

但是，中国对于原油需求的总量仍然巨大，将继续增长。国家发展改革委能源研究所在《中国2050年低碳情景和低碳发展之路》中预测，在基准情景下中国中长期一次能源需求将快速增加。到2050年，中国一次能源需求量将增加到66.57亿吨标准煤。其中，煤炭占44%，石油占28%，天然气占10 %，核电占9%，水力发电占6%，风电、生物质能发电等新能源和可再生能源占3.4%。这意味着，至21世纪中叶前，中国一次能源消费仍以化石能源为主。

4. 原油价格将保持平稳有望小幅回升

OPEC在2016年11月30日达成的减产协议从2017年1月1日开始实施，尽管2016年12月OPEC实现了原油产量的下降，在一定程度上反映了各成员国遵循减产协议的决心，但减产计划遵循情况与具体结果将在2月以后才能更加清晰。短期内，减产协议增加了市场信心，有效推动了原油价格上涨(图2)，但从中长期来看，国际原油市场已经进入从供大于求的持续库存增长向供需平衡转变的“再平衡”，国际原油供给侧增量已经趋缓，值得关注的两点在于：①OPEC的原油产量已经接近产能上限，可以说全球原油的剩余产能降至低位；②厄尔尼诺转拉尼娜后的极端天气仍然可能给诸如墨西哥湾地区的石油、炼油生产造成影响；③油价抬升将会刺激美国页岩油增产，进而抵消减产协议对油市的提振效果。这样看来，未来油价继续下行的空间有限，未来一段时间原油价格仍可能继续在低位震荡有望小幅回升。

二、2016年中国成品油市场发展分析及2017年展望

2016年成品油全年累计产量34833.5万吨，较2015年同期上涨3.14%，为

近5年来增幅最小的一年；前10个月进口总量2328万吨，较2015年同期下降16.05%，下降幅度较大，成品油出口量3830万吨，呈现爆发式增长，较2015年同期上涨48.45%。国际原油供求矛盾、美国原油库存接近创记录水平、OPEC决定不减产等利空因素的影响延续到2016年一季度，奠定了成品油市场先跌后平的走势。第二、三季度，油价震荡上行；第四季度，油价呈明显走高趋势。11月，受原油产量和库存大幅增加、OPEC落实限产计划不明朗和美国总统选举影响，国际市场原油价格震荡下降，布伦特、WTI原油期货平均价格比上轮下降9.36%。国内油价也迎来年内第5次下调，也是年内最大降幅。展望2017年，虽然中国存在着产能过剩严重的问题，但中国成品油出口量增长较快，尤其是汽油和柴油的出口出现爆发式增长，对缓解国内成品油资源过剩产生了重要的影响。自11月1日起，财政部和国税总局联合发文，将机电、成品油等产品出口退税率提至17%，可以预测，未来成品油出口会呈稳定增长的趋势。另外，油品质量升级改造，炼油行业供给侧结构性改革将促进成品油市场的优化升级，国内成品油的发展将会逐渐趋于更加合理的水平。

（一）2016年中国成品油市场特点

1. 成品油生产供给充足，增速放缓

从图3中可以看出，2016年中国成品油产量比较充足，供给平稳增长。第一季度相比2015年，成品油产量呈现负增长，回落近3个百分点。二、三季度成品油产量基本保持稳定，较2015年同期变化1.03%和-0.11%；第四季度呈明显

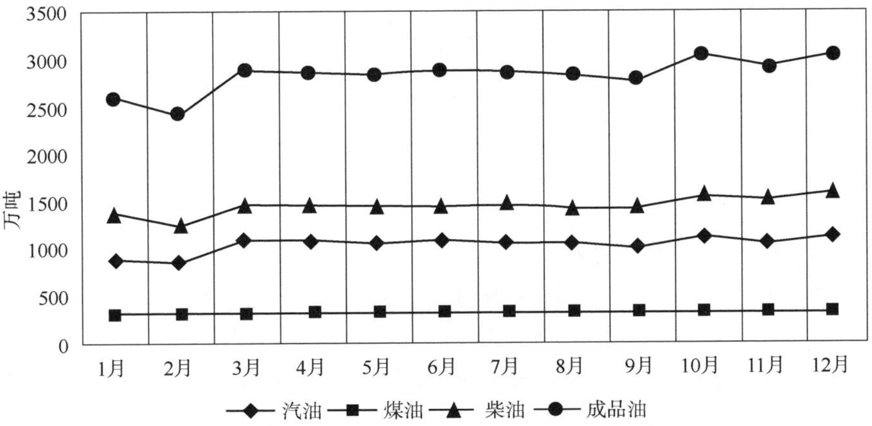

图3　2016年成品油产量趋势图

数据来源：国家统计局

上涨趋势。同时，新能源对成品油的影响进一步加大。成品油的增速放缓将是一个长期趋势。

2. 成品油进口减少，出口爆发式增长

2016 年，成品油进口量 2787 万吨，同比下降 22.90%，出口总量 4850 万吨，同比上涨 34.16%。出口的暴涨得益于国家放宽出口成品油配额。从图 4 中可以看出，2016 年成品油的出口量呈现明显上升趋势，进口量 5 月以后逐月下滑。2016 年 1~10 月，中国成品油出口量已超过去年全年产量，中国的成品油进出口贸易已经从净进口转变为进出口。国内炼油产能在不断增加，而成品油整体需求增速放缓，出口成为平衡国内市场的重要途径。中国成品油主要向东南亚出口，也有部分资源流向澳大利亚和南美市场。11 月 1 日起，成品油出口退税提至 17%，可以预测，第四季度成品油出口仍然会保持增长态势。

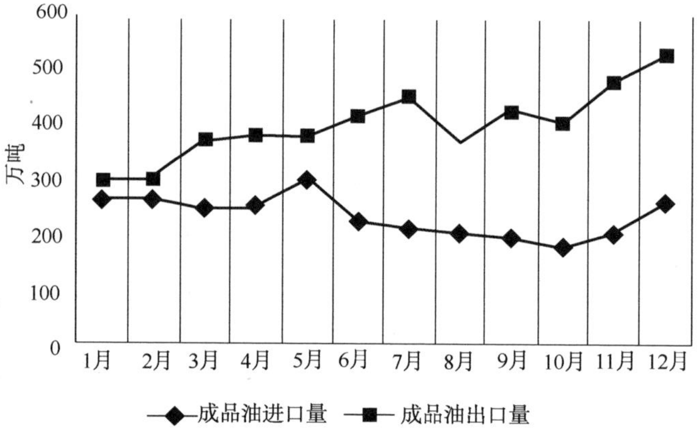

图 4　2016 年成品油进出口量趋势图

数据来源：中国海关总署

3. 成品油供大于求，过剩加剧

中国炼油能力不断提升，目前中国炼油能力超过 7 亿吨，产能过剩严重，而且“十三五”期间炼油产能仍将进一步扩大。炼油能力的过快增长是导致成品油供大于求的主要原因。据国家发展改革委公布的统计数据，2016 年成品油全年产量 34833.5 万吨，增长 3.14%；成品油消费量 21520 万吨，增长 4.1%，其中汽油增长 11.2%，柴油下降 1.9%。成品油的消费和涨幅相比成品油的生产都有较大的差距。同时，成品油的消费也受到各方面的影响，无法平衡过剩的产能。

首先，成品油消费与经济增长有着紧密的关联。随着中国经济步入新常态，经济增长从高速转为中高速，成品油需求增长也随之放缓。其次，新能源对成品油的影响也在逐渐加大，国务院印发的《大气污染防治行动计划》，提出要大力推广新能源汽车，并采取直接上牌、财政补贴等措施鼓励个人购买，对成品油的消费也造成较大的冲击。

4. 地炼企业原油进口配额大增，成品油出口增加

截至 2016 年 9 月，共有 16 家地炼获得进口原油使用权，获批配额总计 6453 万吨。2016 年地炼进口原油共计 4260 万吨。2016 年全年共有 21 家获得进口原油使用权，获批配额总计 7983 万吨。当进口原油使用与非国营贸易进口的闸口打开，且低油价导致各类轻、中、重质油品的价差缩小时，为实现更高的产品附加值，地炼开始对常减压装置进行改造，使其更适合炼制轻质及中质原油。

5. 油价震荡上涨，波动频繁

2016 年汽油、柴油价格已经历 24 轮调价周期(见表 2)，其中 4 次下调，10 次上调，4 次因调价金额每吨不足 50 元“搁浅”，6 次因国际油价低于每桶 40 美元的“地板价”不调整。2016 年以来汽油价格每吨累计上调 670 元，柴油价格每吨累计上调 645 元。

相比 2015 年，成品油价格调整表现为以下特点：“地板价”发威，调价搁浅次数明显增多，24 次调价中有 10 次搁浅；上半年调价幅度较小，下半年尤其是第四季度调价幅度明显增大；11 月大涨后又大幅回落。国内油价的频繁波动主要是由国际和国内两个方面决定的。国际油价是影响中国成品油价格变动的主要因素。首先，据国家发展改革委价格监测中心监测报告显示，受 OPEC 落实限产计划不明朗、原油产量和美国原油库存大幅增加和美国总统选举的影响，国际油价在 2016 年 11 月完成了一波六连跌。国际油价的下跌也对中国成品油价格造成了巨大冲击，11 月 16 日的下跌成为年内最大跌幅，调价后，国内大多数地区汽油价格将重新回归“五元时代”。值得注意的是，此前 10 月 19 日，汽、柴油零售价格刚刚经历了年内最大幅度上调，汽、柴油每吨分别上调了 355 元、340 元，本次下调冲抵了之前的涨幅。其次，2016 年，美国的页岩油改革发力，并且效果拔群。根据普氏能源分析，美国东北部重要页岩气产区——马克鲁斯和由提卡的页岩气产量 8 月为 226.3 亿立方英尺/日，环比升 2%，接近 2 月的最高水平，迫使中东产油大国不得不压低石油价格。

表 2　2016 年汽柴油价格调整情况表

时间	详　情
2016 年 1 月 13 日	汽油下调 140 元/吨，柴油下调 135 元/吨
2016 年 1 月 27 日	汽柴油价调价搁浅
2016 年 2 月 15 日	汽柴油价调价搁浅
2016 年 2 月 29 日	汽柴油价调价搁浅
2016 年 3 月 14 日	汽柴油价调价搁浅
2016 年 3 月 28 日	汽柴油价调价搁浅
2016 年 4 月 12 日	汽柴油价调价搁浅
2016 年 4 月 26 日	汽油上调 165 元/吨，柴油上调 160 元/吨
2016 年 5 月 11 日	汽油上调 120 元/吨，柴油上调 115 元/吨
2016 年 5 月 25 日	汽油上调 210 元/吨，柴油上调 200 元/吨
2016 年 6 月 8 日	汽油上调 100 元/吨，柴油上调 100 元/吨
2016 年 6 月 23 日	汽柴油价调价搁浅
2016 年 7 月 7 日	汽柴油价调价搁浅
2016 年 7 月 21 日	汽油下调 155 元/吨，柴油下调 150 元/吨
2016 年 8 月 4 日	汽油下调 220 元/吨，柴油下调 215 元/吨
2016 年 8 月 24 日	汽油上调 175 元/吨，柴油上调 170 元/吨
2016 年 9 月 1 日	汽油上调 205 元/吨，柴油上调 200 元/吨
2016 年 9 月 30 日	汽柴油价调价搁浅
2016 年 10 月 19 日	汽油上调 355 元/吨，柴油上调 340 元/吨
2016 年 11 月 2 日	汽柴油价调价搁浅
2016 年 11 月 16 日	汽油下调 365 元/吨，柴油下调 355 元/吨
2016 年 11 月 30 日	汽油上调 175 元/吨，柴油上调 170 元/吨
2016 年 12 月 14 日	汽油上调 435 元/吨，柴油上调 420 元/吨
2016 年 12 月 28 日	汽油上调 100 元/吨，柴油上调 95 元/吨

数据来源：中华人民共和国国家发展改革委。

从国内方面来看，首先，2013 年出台的成品油价格机制方案使得中国油价调整频繁的状态变为常态，成品油的定价将更多由油气企业根据市场供需变化及国际油价波动进行调整，政府对油价的控制作用减弱。其次，政策调整、技术发展，替代品明显加快。近年来，多个城市的汽车限购、现行政策制约了成品油消费的增长。替代燃料进入发展期，产业支持、技术进步、节能环保要求支撑替代燃料迅速发展。对气价的行政补贴使得用气成本显著低于用油，2015 年 1～10

月，以电动车为主的节能与新能源汽车增长了 265%，且 2015 年 11 月 20 日起，中国进一步降低了非居民用天然气门站价格。2016 年底，国家出台了新的新能源补贴政策。再次，2016 年地炼产进口配额大增，成品油产量也随之增加。国家进一步放开了地炼企业的出口配额，随着出口闸门放开，地炼销售渠道进一步拓宽，这在一定程度上缓解了产能过剩的局面，对油价也有一定的支撑作用。此外，中国经济发展速度放缓，中国进入成品油过剩时代，供过于求，价格下降。2016 年成品油价格调整的情况如图 5 所示。

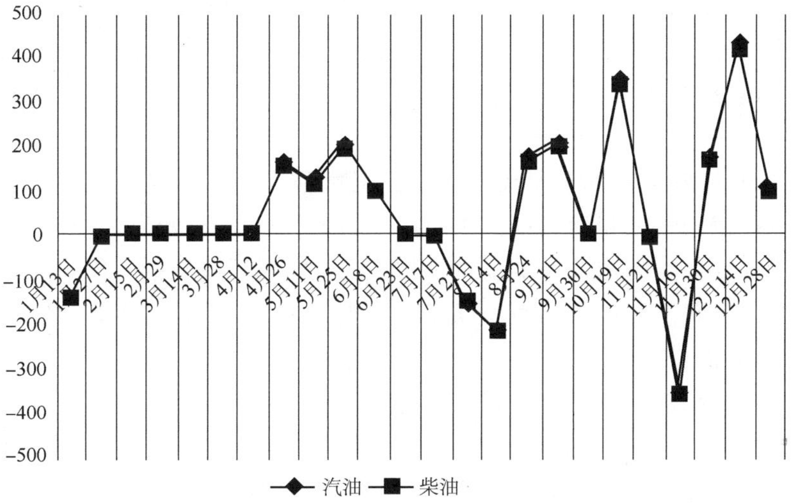

图 5　2016 年成品油价格调整趋势图

数据来源：中华人民共和国国家发展改革委

（二）2017 年中国成品油市场发展展望

1. 成品油供需预测

目前，原油进口权尚未实现全部放开，仅有个别地方炼厂获得进口及使用原油资质，但将来会有越来越多的地炼获得优质原油资源，开工负荷也将进一步提高。而像中国石油、中国石化这样的大型石油企业同样也在规划各项扩能项目。根据 2014 年 9 月国家发展改革委下发的《石化产业规划布局方案》，2016～2020 年规划新增炼油能力约 1.45 亿吨/年，如果规划产能全部投产，到 2020 年中国炼油能力将达到 8.55 亿吨/年。考虑到炼厂的加工负荷及产品收率，届时中国成品油供需富余量将达到 4000 万吨左右。大量富余资源无法在国内消化，只能通过出口缓解产销矛盾。不过这也存在一些问题，一是全球炼油能力整体过剩，预计 2020 年将突破 47 亿吨/年，而需求却总体减少，成品油出口面临挑战；二是由于中国成品油出口受到国家的管控，每年给予企业的配额有严格的要求，无法将全部富余产能转化掉；三是出口目的国以成品油标准较低的东南亚为主，存在质量过剩的现象，同时非来料加工贸易部分的成品油出口国家不给予退税政策，使得出口效益普遍不理想，企业更愿意将生产的成品油留在国内销售，加剧了国内的资源平衡矛盾。

2. 成品油质量升级进程加速，产业结构进一步优化

2016 年 4 月，财政部、国家能源局发布通知，中央财政从节能减排补助资金专项中安排资金，对符合条件的成品油质量升级项目贷款给予贴息补助，11 月，中国能源网发布了关于印发《加快成品油质量升级工作方案》的通知，通知表示，加快推进成品油质量升级是一项重要的国家专项行动，既有利于改善环境、治理雾霾、促进绿色发展，也有利于扩大投资和消费、促进产业结构调整与升级。另一方面，自从 2014 年消费税改革以来，国家明确了具备成品油生产资质企业资格的企业可以依法抵扣消费税，从而将调油企业和没有成品油生产许可证明的地炼企业排除在外，国家进一步以税收政策调控对落后的炼油产能进行淘汰，调整产业结构，改善产能过剩局面，保证正规成品油生产企业的生存空间和利润。

3. 成品油出口已成为化解炼油产能过剩的重要手段

在中国成品油消费增速放缓、市场供大于求的情况下，炼油企业积极开辟国际市场，加大成品油出口，带动炼厂开工负荷提升，化解产能过剩的作用积极明显。按照全行业成品油实际收率测算，2016 年出口成品油 4850 万吨对应原油加工量 54101 万吨，提升全行业加工负荷 3. 7 个百分点，相当于 68 个千万吨级炼厂按全行业平均负荷运行，对化解产能过剩、促进炼厂就业发挥了重要作用。

三、2016 年中国天然气市场发展分析及 2017 年展望

2016 年中国天然气消费量 2058 亿立方米，同比增长 6. 6%，增幅较 2015 年有所上升。国内天然气产量增速趋缓，同比增长 1. 5%，达到 1371 亿立方米。天然气进口量增速加快，同比增长 17. 4%，达到 721 亿立方米。对外依存度约为 35%。

目前中国天然气消费占一次能源消费的比重为 6%左右，世界平均水平约为 24%。根据《天然气发展“十三五”规划》的要求，2020 年天然气消费量在一次能源消费中比重为 8. 3%~10%，消费量达 3600 亿立方米以上，可见未来天然气市场发展潜力巨大。天然气作为一种清洁、高效、低碳的化石能源，在能源消费结构中的比例将得到提升。2016 年，中国天然气市场化改革加速推进。在价格改

革方面：进一步理顺天然气管道运输价格机制和成本监审办法；储气设施天然气购进价格和对外销售价格，由市场竞争形成；全面放开化肥用气价格，由供需双方协商确定；在福建省开展天然气门站价格市场化改革试点，西气东输供福建省天然气门站价格由供需双方协商确定；经过一年多试运行的上海石油天然气交易中心正式投入运行。在上游勘探开发方面：页岩气、煤层气等的“十三五”规划出台，指明了发展目标和任务，旨在增加天然气资源有效供应。基于节能减排压力及价改刺激需求预期，预计 2017 年天然气消费增速有望提升，供气来源多元化且供应量平稳，非常规天然气发展前景广阔，天然气替代煤炭市场空间巨大，天然气市场化改革将取得进一步突破。

（一）2016 年中国天然气市场发展分析

1. 产量增速放缓，进口量增速加快

2016 年天然气总产量达 1371 亿立方米，比 2015 年同期增加 1.5%，增速有所下降。第一季度，天然气产量 367 亿立方米，同比增长 4.0%；上半年，天然气产量 675 亿立方米，同比增长 2.9%。月度产量总体保持平稳，一、四季度供应相对较高，季节性供气特点明显(图 6)。

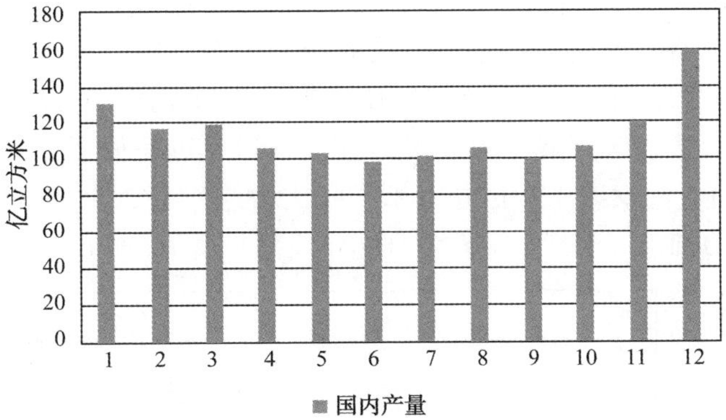

图 6　2016 年国内月度天然气产量

数据来源：中华人民共和国国家发展改革委

与 2015 年相比，进口量增长 17.4%，对外依存度上升至 35%左右，对外依存度(进口量)季节变化明显。第一季度，天然气进口量 198 亿立方米，增加 23.0%；上半年，天然气进口量 356 亿立方米，增加 21.2%；全年天然气进口量 721 亿立方米，增长 17.4%，2016 年国内月度天然气进口量与对外依存度见图 7。根据国家海关总署的统计，2016 年中国累计进口液化天然气 2606 万吨，同比增长 32.8%；累计进口气态天然气 2797 万吨，同比增长 13.3%。液化天然气主要来源国包括澳大利亚、卡塔尔、马来西亚、印度尼西亚等。管道气主要来源国包括土库曼斯坦、缅甸、乌兹别克斯坦、哈萨克斯坦等。

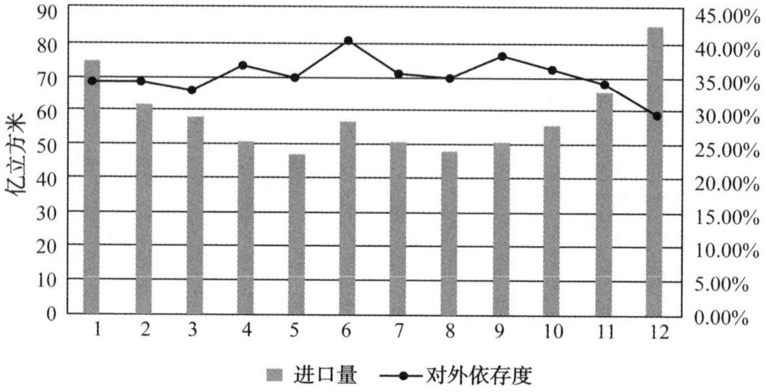

图 7　2016 年国内月度天然气进口量与对外依存度

数据来源：中华人民共和国国家发展改革委

2. 市场供需总体宽松

全年累计天然气消费量 2058 亿立方米，同比增长 6.6%。全年供应量为 2092 亿立方米。从供给端来看：天然气国内生产略显疲弱，进口端受国际气价下滑影响，2016 年以来保持旺盛增长态势。从消费端来看：2016 年一季度，中国天然气消费呈现开门红，其中 1 月、2 月同比增长率分别高达 17.6%和 18.5%。进入二季度之后，随着取暖高峰结束，天然气消费增速迅速放缓，累计增速持续下滑。4 月当月消费量仅为 139 亿立方米，同比增速降至 3.5%。第四季度，随着冬季取暖高峰的到来，天然气消费量到达年度内最高值（图 8）。受宏观经济增速

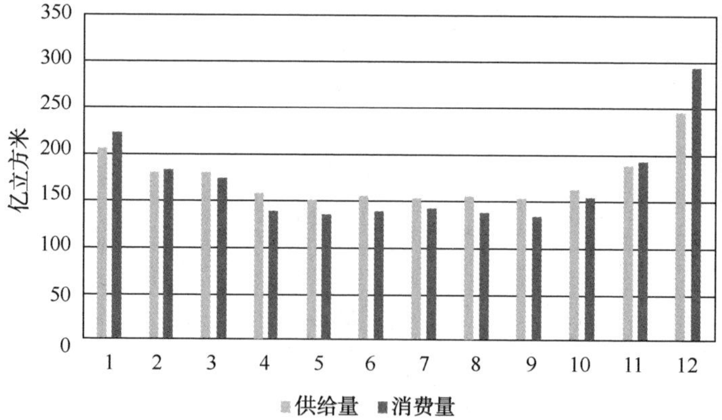

图 8　2016 年国内月度天然气供给量与表观消费量

数据来源：中华人民共和国国家发展改革委

放缓、国际原油价格大幅下跌、煤价持续低位运行、产业结构升级、气价机制尚未理顺等因素的影响，中国的天然气消费依旧低迷，中国的天然气市场总体仍呈现供应过剩的局面。

3. 混合所有制经营模式日益明显

混合所有制经营模式正在向天然气行业扩展。继中国石化首先启动在油气销售领域引入民资的混合所有制改革之后，中国石油也正在积极推进油气开发的改革步伐。2016 年 12 月 12 日，中国石化发布《关于中石化川气东送天然气管道有限公司增资引进投资者的公告》，公告显示：本次增资拟由中国人寿及国投交通以现金共计 228 亿元认购管道有限公司 50%的股权。2016 年 12 月 20 日，中国石油通过《集团公司混合所有制改革指导意见》，提出分类推进、引入各类资本、完善公司治理等多项改革举措。更多的资本参股使所有权更加多元化，预计未来石油公司会放开更多的天然气相关项目来引入资本。

4. 天然气市场化改革进程加速

2016 年有关天然气市场化改革政策密集出台，为具体的改革实施工作提供政策制度指导，极大地推动天然气改革进程。在天然气运输和储备环节，2016 年 10 月 12 日，国家发展改革委印发《天然气管道运输价格管理办法（试行）》和《天然气管道运输定价成本监审办法（试行）》，对天然气管道运输价格机制进行重大改革。2016 年 10 月 15 日，国家发展改革委发布了《关于明确储气设施相关价格政策的通知》，鼓励投资建设储气设施，增强天然气供应保障能力。在天然气下游销售环节，2016 年 11 月 5 日，国家发展改革委发布了《关于推进化肥用气价格市场化改革的通知》。通知指出，自 2016 年 11 月 10 日起全面放开化肥用气价格，由供需双方协商确定。化肥用气价格全面放开，意味着除少量涉及民生的居民用气外，占消费总量 80%以上的非居民用气门站价格主要由企业自主协商决定，中国天然气价格市场化改革迈出关键一步。在地方天然气改革试点方面，2016 年 11 月 15 日，国家发展改革委发布《关于福建省天然气门站价格政策有关事项的通知》，这是天然气第一个市场化改革试点。在天然气交易方面，2016 年 11 月 26 日，上海石油天然气交易中心正式运行，标志着天然气市场化改革迈向纵深，将对衔接供需两方，形成合理市场价格发挥重要作用。表 3 列示了 2011～2016 年中国主要天然气改革政策。

表 3　2011~2016 年天然气改革政策

时间	政　策
2016 年	《天然气管道运输价格管理办法（试行）》，《天然气管道运输定价成本监审办法（试行）》：对天然气管道运输价格机制进行重大改革
	《关于明确储气设施相关价格政策的通知》：储气设施天然气购销价格由市场竞争形成
	《关于推进化肥用气价格市场化改革的通知》：全面放开化肥用气价格，由供需双方协商确定
	《关于福建省天然气门站价格政策有关事项的通知》：西气东输供福建省天然气门站价格由供需双方协商确定，不再执行政府指导定价
	上海石油天然气交易中心正式运行
2015 年	新疆气田勘查公开招标启动
	上海石油天然气交易中心试运行
	《关于理顺非居民用天然气价格的通知》：存量气增量气并轨、试点放开直供用户用气门站价格
2014 年	《油气管网设施公平开放监管办法（试行）》，《天然气基础设施建设与运营管理办法》：要求基础设施拥有者向第三方开放
	《关于调整非居民用天然气价格的通知》：根据油气价格调整非居民天然气门站价格
	筹建上海石油天然气交易中心
2013 年	《关于调整天然气价格的通知》：全国范围推行“净回值法”制定天然气门站价格
2012 年	《天然气利用政策》
2011 年	《关于在广东省、广西自治区开展天然气价格形成机制改革试点的通知》：在广东、广西试点“净回值法”

（二）2017 年中国天然气发展展望

2017 年是实施“十三五”规划的第二年，能源结构优化和环境污染治理将成为天然气消费最主要的推动力。2017 年 1 月 19 日，国家发展改革委发布《天然气发展“十三五”规划》，提出全面深化油气体制改革，扩大天然气利用规模，建立完善上中下游天然气价格联动机制，依据市场化原则允许符合条件的企业参与天然气进口，推动天然气管网运输与销售分离，大力推进天然气基础设施向第三方市场主体开放。到 2020 年，国内天然气综合供应能力达到 3600 亿立方米以上。在基础设施方面，“十三五”期间，新建天然气主干及配套管道 4 万千米，

2020 年总里程达到 10.4 万千米，干线输气能力超过 4000 亿立方米/年；地下储气库累计形成工作气量 148 亿立方米。

1. 天然气消费增速有望上升

基于节能减排压力及价改刺激需求预期，预计天然气在“十三五”期间将实现较快发展，消费增速有望提升。从环境保护层面来看，全国范围内的雾霾严重状况下，天然气作为清洁能源的环保属性日趋重要，在能源结构优化改革中担负重要使命。在天然气利用方面，电价改革的发展将在一定程度上优化天然气发电的经济性，推动天然气消费的增长。从消费结构来看，城市燃气需求保持快速增长，发电用气稳步增加，工业燃料用气有望回暖，化工用气低迷。此外，由于宏观经济趋缓、替代能源经济比较优势存在、储气调峰能力不足等原因，总体供需仍然过剩，季节性供需矛盾仍存，夏季限产、冬季限供的问题仍可能发生。

2. 供气来源多元化且供应量平稳

国家发展改革委《关于建立保障天然气稳定供应长效机制的若干意见》中提出，到 2020 年中国天然气供应能力达到 4000 亿立方米，力争达到 4200 亿立方米。《能源发展战略行动计划(2014—2020 年)》进一步提出，到 2020 年国产常规气达到 1850 亿立方米，页岩气产量力争超过 300 亿立方米，煤层气产量力争达到 300 亿立方米。进口方面，目前我国天然气四大进口通道战略格局已初步形成，包括西北中亚管道气进口通道、东北中俄管道气进口通道、西南中缅管道气进口通道和海上 LNG 进口通道。据国家发展改革委预计，2017 年天然气进口将在 800 亿立方米以上。“十三五”期间中国将形成国产常规气、非常规气、煤制气、进口 LNG、进口管道气等多元化的供气来源和“西气东输、北气南下、海气登陆、就近供应”的供气格局，预计实现总规模在 3750 亿~4300 亿立方米。

3. 非常规天然气发展前景广阔

我国非常规气在增加天然气供应方面发挥着越来越关键的作用。页岩气和煤层气作为我国非常规气的重要组成部分，对于改善能源结构和保证国家能源安全具有重要意义。国家能源局于 2016 年 9 月 30 日和 12 月 2 日分别颁布了《页岩气发展规划(2016—2020 年)》和《煤层气(煤矿瓦斯)开发利用“十三五”规划的通知》两个能源政策指导性文件。明确了“十三五”末我国页岩气产量，2020 年实现页岩气产量 300 亿立方米，2030 年实现页岩气产量 800 亿~1000 亿立方米。明确提出“十三五”末我国煤层气产量，2020 年煤层气(煤矿瓦斯)抽采量达到 240 亿立方米，其中地面煤层气产量 100 亿立方米，利用率 90%以上。我国经济发展的新常态将推动能源结构不断优化调整，天然气需求将持续增大，这为非常规气大规模开发提供了宝贵战略机遇。但由于我国非常规天然气发展处于起步阶段，仍然面对来自资源、技术、资金和环境等方面的发展障碍。预计 2017 年，我国非常规天然气将在有关政策法律的引导下攻坚克难，实现进一步的发展。

4. 天然气替代煤炭市场空间巨大

中国能源结构以煤炭为主，具有分散利用比重过高的特点，导致了大气污染等一系列严重的环境问题。在新能源和可再生能源技术取得巨大突破之前，天然气将是中国实现能源结构从高碳向低碳转型升级最现实的过渡能源。预计“十三五”期间气代煤需求量为 1126 亿立方米。其中工业替代需求最大，占 47%；发电替代需求占 37%；供热替代需求占 16%。目前国内外天然气市场供应宽松，与中亚资源国的天然气合作顺利推进等，为中国大力发展以气代煤提供了有利时机和资源保障。“十三五”期间，天然气将要成为中国的主力能源之一，高效清洁的天然气是中国优化能源结构、实现能源革命的必然选择。

5. 天然气产业改革取得进一步突破

“十三五”期间，天然气产业上中下游全产业链改革进程将取得进一步突破，按照《天然气发展“十三五”规划》的部署，对油气勘探开采，实行勘查区块竞争出让制度和更严格的区块退出机制，放开投资和市场准入，鼓励多种资本参与石油储备、储气等基础设施建设和投资运营。加大页岩气矿业权出让，鼓励多元投资主体进入，在资源开发和基础设施建设运营领域积极有序发展混合所有制经济。在管网环节，加强互联互通，推动管网运输和销售分离，基础设施向第三方市场主体开放。天然气价格方面，“十三五”期间，市场在天然气价格形成中的作用将进一步增强。按照国家“监管中间，放开两头”的价格管理思路，包括各省门站价在内的各种气源价格的管制将逐步取消，产业链两端的价格将完全由市场供需决定；完全放开非居民用气价格，完善居民用气定价机制；加强管输价格和成本监审，有效降低输配气成本；建立完善上中下游天然气价格联动机制。在此背景下，政府在天然气价格中的干预力度将越来越弱，供求关系将成为影响天然气价格的决定性因素。

中国油气勘探产业发展分析与展望

2016年中国油气勘探成果显著，高效益勘探目标得以实现，同时勘探技术的发展为提高勘探效率提供技术保障，极大促进了我国油气产业的发展。2016年我国各油气公司进一步扩大了油气勘探规模，在油气勘探方面取得了多项新突破，提高了我国油气储量，为油气业务稳健发展奠定扎实的基础。

一、2016年中国油气勘探产业勘探成果

2016年中国油气勘探产业取得一系列勘探成果，涉及常规油气资源、非常规油气资源、陆上油气资源、海上油气资源等各领域，进一步增加了我国油气探明储量，促进了我国油气产业发展，为进一步开发与生产奠定基础。

（一）陆上常规油气资源勘探成果

1. 中东部地区油气资源勘探取得重要进展

（1）中国石油

吉林油田在德惠、长岭、王府、梨树、英台等松南深层天然气重点断陷，获得常规气和致密气勘探新突破，多口探井获得工业油气流。其中德惠断陷上的德深36、农47、农49、农53、德深20井均获得工业油流，被列为下一步油气评价重点区块。长岭断陷上的岭深1井试气获得5.6万立方米工业气流。

大港油田港北潜山勘探研究获得两大突破。3月30日，港北潜山二叠系港古1505井山西组获高产油气流，最高日产液17.6立方米，日产天然气2.13万立方米。9月24日，太17×1井奥陶系峰峰组试油成功，日产油28.8立方米，产气1.046万立方米，合计油当量超百吨。同时大港油田公司老区精细化勘探取得成效，其中枣1508-10井、板43-32井和板深1512井等连续获得日百吨以上高产，东关潜山中生界、港北潜山、港北中浅层岩性油气藏勘探获重要突破和新发现。

华北油气田2016年油气勘探成果显著。杭锦旗地区十里加汗区带古隆起周缘上古生界超覆尖灭带大型岩性气藏持续获得商业发现和油气发现：锦110井区盒1段气藏扩大含气面积250平方千米；锦108井区盒3段评价出有利勘探面积

261 平方千米；锦 78 井区评价出有利勘探面积 357 平方千米。大牛地气田奥陶系风化壳勘探培育了储产量接替新层系，马五 5 段估算气藏储量规模 335 亿立方米，初步落实控制储量 100 亿立方米。南华北盆地通许新区古生界天然气勘探钻遇有效储层：马家沟组风化壳含气层 5 段，累计厚度 12.3 米；山西组山 1 段含气层 3.6 米。

渤海湾滩海地区发现储量规模达 10 亿吨的大油田——冀东南堡油田。南堡油田发现的消息公布后，国际油价当日一度下跌 1 美元左右。冀东南堡油田是一个整装，优质，高效油田。储量规模大，油层厚度大，平均单井钻遇油层厚度达 80~100 米；单井产量高，储量丰度高，已试油的直井单井日产 80~100 吨，水平井单井日产 200~500 吨，油田储量丰度达每平方千米 507 万吨；油层物性好，油品质量好，试采效果好，主要目的层理深为 1800~2800 米。

（2）中国石化

中原油田内蒙古探区加快效益勘探步伐。中原油田在银额盆地拐子湖凹陷部署的“拐参 1 井”压裂试油 3 毫米油嘴放喷求产获得日产原油 51.67 立方米、天然气 7290 立方米的高产油气流，以 2 毫米油嘴放喷求产，日产原油 20 立方米以上，日产天然气 2000~3000 立方米。“拐参 1 井”钻探成功，将有效地推动绿色经济结构的调整。

胜利油田在地质构造复杂的储量空白区取得勘探新突破。胜利油田位于青坨子凸起西翼的永 123 井沙三下亚段油层试油成功，获日产 10 余立方米工业油流，且基本不含水。永 123 井钻探成功，打破了青坨子凸起西翼 30 余年停滞不前的局面，东营凹陷再次开辟出一片勘探新阵地。

河南油田多口评价井试采成功获工业油流。古城油田滚动评价井泌 124-7 井，自喷日产原油最高 15.6 吨，全井共见油气显示 233 米/27 层，预计储量 50 万吨。古城地区勘探评价井古 9 井 H3V5 层抽汲见油，日产液量 2.3 吨，日产油 1.8 吨，全井共见油气显示 85 米/18 层，预计新增石油地质储量 20 万吨。古城地区勘探评价井泌 421 井 II10 层试采见工业油流，日产油 13 吨，无游离水，全井共见油气显示 102 米/37 层，电测解释油层 9.9 米/3 层，预计新增石油地质储量 38 万吨。2016 年上半年，河南油田春光探区沙湾组精细勘探取得新发现，新增控制和预测储量 1000 万吨；泌阳凹陷北部斜坡带复杂油藏精细勘探取得新进展，古城—毕店地区新增控制储量 300 万吨。

江苏油田油气勘探获得多项成果。高邮北斜坡花 X42 井，在阜三段 2763.3~2771.3 米水层(含油)试油，前期常规抽汲油水同出累计产油 2.82 立方米，压裂后4月11日累计产油14.02立方米，获得高产工业油流。高邮凹陷刘五舍次凹戴南组隐蔽圈闭预探井周X64A井，在目的层E2d12试油，抽汲初期(6月30日)自溢，至7月1日二开抽汲14小时，阶段原油19.3立方米，含乳化水3%，折算日产油20立方米以上，试获中高产油流。金湖凹陷石港断裂带桥X18井在目的层戴一段经岩屑录井获油斑显示1层2.75米，气测升高25倍，钻井取心见油浸显示1层1.95米，合计4.7米。永X48井在三垛组、戴南组见不同级别油气显示共计33层108.48米，测井解释油层10层43.7米，油水同层2层9.8米。

中国石化华北工程录井分公司南阳项目取得进展。由该公司HN005队承担录井施工任务的南137-2井发现良好油气显示，共见91米/30层显示，其中油迹19米/7层，荧光72米/23层，电测后解释油层11.6米/7层，差油层6.4米/3层。南137-2井位于张店油田马店地区南137断块高部位，该断块的南137、南137-1和南66三口井均获高产工业油流。南137-2井的重大油气发现和成功钻探，进一步验证了南137断块的储量规模，为该区储量动用和潜力分析指明了方向。

中国石化勘探开发研究院发现回龙地区常规气建产潜力。油气评价所部署在该区JS21层系的第一口产能建设井江沙206-1HF完钻，完钻水平段长714.67米，砂体钻遇率达80%；录井显示气层及含气层475米；测井解释一类储层286.7米，二类储层142.3米，三类储层15.7米，优质储层钻遇率达60%，测录井显示该井有望获高产。

2. 西部地区油气勘探进一步加快、深化

（1）中国石油

中国石油新疆油田公司准噶尔盆地预探、油藏评价与滚动勘探接连获得重要成果。17口井获得工业油气流，其中有5口预探井获高产工业油气流，12口油藏评价与滚动勘探井有12层获工业油气流。常规气方面，新疆油田公司玛湖凹陷西斜坡勘探玛26井侏罗系三工河组试油获高产工业气流。经自喷试产，玛26井获稳定日产凝析油0.46立方米，日产气5.769万立方米，标志着玛湖凹陷西斜坡侏罗系三工河组首次获得较大突破，同时也是斜坡区发现的首个浅层高效气藏，进一步证实了斜坡区侏罗系浅层勘探的潜力。

中国石油西部钻探吐哈钻井公司50562队承钻的预探井马69井二叠系条湖组，获日产18.63立方米工业油流。马69井部署在马朗凹陷马中构造带上。这口井P2t地层获工业油流，进一步扩展了马朗凹陷条湖组致密砂岩油藏规模，尤其是直井压裂获得较高产能，对下一步致密砂岩油藏的扩展勘探有着重要借鉴意义。

青海油田英西深层勘探用一年多时间连续成功钻探5口油气当量近千吨的高产井，这预示着又一个亿吨级储量规模的油气田即将诞生。英西深层属柴达木盆地英雄岭构造带，勘探面积达2600平方千米，此间平均井深在4600米左右。英西探区平均海拔3200多米，地质构造异常复杂，勘探难度和勘探风险巨大，被誉为世界级勘探难题。30年来，英西深层勘探始终没有见到大的成效。5口高产井的成功试采，使英西成为继昆北、英东、东坪、扎哈泉之后，又一个亿吨级储量规模的油气田。11月28日，五口井中的狮205井143天累计生产原油达6.2万吨，产气1200万立方米，一举成为青海油田在英雄岭区块狮子沟深层30年来“擒获”的单井产量最高、稳产时间最长、投资回报最快、效益最好的生产油井。

长庆油田在常规油和常规气勘探两方面均获得新发现。石油勘探方面，8月10日，长庆油田位于吴起地区的一口井在浅油层获日产107吨以上高产油流。至此，长庆油田油藏评价已落实探明储量1.74亿吨，完试84口井，获工业油流70口，有25口获日产20吨以上高产。天然气勘探方面，7月1日，长庆苏里格天然气勘探项目组在位于鄂尔多斯盆地中央古隆起东侧的一口气井获25.1万立方米/日（无阻）高产气流；8月24日，长庆油田天然气及区域勘探项目组在位于盆地东部麒麟地区的一口井获109万立方米/日的高产气流。11月底，长庆油田2016年度新增的3.68亿吨石油探明储量已顺利通过国土资源部审查，新增石油探明储量占中国石油年度新增储量的1/2以上，占全国年度新增储量的1/3以上。至此，长庆油田累计探明石油地质储量已达45.2亿吨，连续6年年度新增石油探明储量超3亿吨。2016年天然气探明加基本探明的6414.77亿立方米储量，在中国石油也已“过磅入仓”。

克拉玛依油田在中浅层勘探接连获得突破。在玛湖东、西斜坡百口泉组规模增储和浅层多层系效益勘探获得三项重要成果：一是玛东斜坡达13井百口泉组首获重大突破，亿吨级规模新场面已基本形成，玛东新百里油区逐步展现；二是玛西斜坡百里新油区进一步巩固，北段评价开发稳步推进，有效动用与规模增储获重大进展，玛18、玛131、风南4井区开发试验成效显著，玛18井区建产有序推进，风南4、艾湖2井区水平井提产见成效。南段构建了“一砂一藏”成藏新模式，拓展勘探顺利；三是浅层多层系高效勘探接连获新发现，中浅层4个层系获工业油流15井16层，玛湖多层系勘探态势逐步形成，大型砾岩油区轮廓逐步展现，形成了规模与效益并重、中深层与浅层并举、上产与增储并行的良性循环，为克拉玛依油田稳健发展提供了充足资源保障。

（2）中国石化

胜利油田西部油区勘探获得重要进展，表现出该区地层油藏良好的勘探前景。中国石化胜利油田西部勘探人员在准噶尔盆地车排子凸起东翼主力勘探层系沙湾组发现一个整装稠油油藏，有望新增控制储量近1000万吨。该地区已经完钻6口井，且均有发现，其中排691井、排604-1井完钻试油获得高产商业油流，同时还在该区域发现了新的增储层系和区带。

中国石化宣布在塔里木盆地顺北地区勘探获重大商业发现，油气储量预计达到17亿吨，其中石油12亿吨、天然气5000亿立方米。顺北1-1H井获得突破后，中国石化部署6口滚动评价井，均获日产超百吨高产油流，有利区带面积扩大到300平方千米。10月18日，西北油田部署在顺北区块次级断裂带上的顺北2井获得良好油气成果，这是顺北油田继顺北1主断裂带油气取得重大商业发现后，在次级断裂带上取得的新突破。顺北油田的资源量在世界范围内也是举足轻重的，顺北油田此次的重大发现对我国石油行业上游发展有着重要的战略意义。

西南油气分公司中江气田勘探评价井中江113D井钻遇良好油气显示。在目的层遂宁组三段岩性为褐灰色细粒岩屑砂岩，取心钻进过程中全烃气测值最高达55%，油气显示非常活跃。中江113D井在遂宁组的油气新发现，有望实现老区新层系勘探的突破，为中江气田产能建设发现新的阵地。由西南油气分公司勘探开发研究院油气藏评价所研究部署在东斜坡JS33-3层系的评价井JS319HF顺利完钻，水平段长度937.03米，砂体钻遇率达到100%，油气显示良好，有望获高产。

（二）陆上非常规油气资源勘探情况进展

1. 非常规气勘探情况进展

（1）页岩气勘探情况进展

中国地质调查局在贵州省遵义市正安县实施的安页1井获得4个地质层系页岩气、油气重大突破性成果。龙马溪组获得高含气量页岩气重要发现，有望成为工业气田。数据显示，龙马溪组钻遇含气页岩累计厚19.50米，全烃最高7.56%。现场解析气量0.99~2.36立方米/吨，总含气量最高达6.49立方米/吨。奥陶系宝塔组首次钻遇15米厚高压气层，发生井涌，火焰高约20米，是我国南方首次发现。安页1井开辟了南方油气勘查新区新层系，扩大了南方龙马溪组页岩气商业勘探范围，初步形成了古生界海相页岩气高产富集理论。

中国石化西南油气分公司在荣昌—永川页岩气勘探工作取得重要突破。预探水平井永页1HF井试气成功，点火焰高1~4米。永页1HF井各项评价参数显示良好，基本具备获得高产页岩气流的条件。永页 1HF 井勘探成功对进一步勘探开发荣昌—永川页岩气区块具有推动作用。

（2）煤层气勘探情况进展

华北油田内蒙古二连盆地吉尔嘎朗图凹陷煤层气吉煤 4 井日产气量连续超过 2400 立方米，达到这口井效益产量的 3 倍，同区块吉煤 3 井日产气量也超过 800 立方米。此次重大突破验证了华北油田创造性的勘探思路和开发技术具有广泛的适用性，为提升我国煤层气开发综合效益，制定符合国情的煤层气开发技术策略探索出新路。

中国煤层气集团公布，于 2016 年 9 月 30 日，集团已完成了 274 口煤层气井的地面施工及打井，其中，投产井数目为 224 口，比 2015 年底多 1 口。现有的可出气井之平均单井出气量约为每天 800 立方米。集团预计于 2016 年底打井 280 口，投产 248 口，总出气量将超过每天 20 万立方米。

2. 非常规油勘探情况进展

2016 年辽河油田承担的“辽河坳陷曙光—雷家地区致密油测井攻关项目”顺利通过审查。辽河油田在曙光—雷家致密油地区部署完钻探井 12 口，获工业油井 11 口。其中雷 88 井日产油 41. 6 立方米，雷 99 井日产油 19. 2 立方米，初步落实有利含油面积 135 平方千米。该项目将使辽河致密油储层勘探开发取得新突破。

中国石油开展的致密油开发试验取得进展。三大主力区块之一的长庆油田庄 183 区油藏内部发育多套叠合油层，且整体分布稳定、含油性较好。科研人员在庄 183 区前期部署了 4 口水平井试验。其中第一口水平井成功完钻，水平段油气显示良好，各项生产指标达到设计要求。

由胜利石油工程技术研究院负责设计并实施的首口致密砂岩体积压裂措施井花古 102 井压后获高产油流。该井压裂后一直自喷生产，日产液 21. 6 立方米，日产油 19. 2 吨，已自喷生产近 1 个月，油压一直稳定在 3. 1 兆帕。该井的成功为花古 101 区块下步滚动开发奠定了坚实的基础。

安徽宣城市宁国市“港地 1 井”发现 5 亿吨页岩油储量，价值约 1575 亿美元。这一重大发现，开辟了我国海陆交互相页岩油气的勘查新区，为安徽皖江地区页岩油气勘探提供了有力支撑。

（三）海上油气资源勘探成果

中国物探船完成首次北极海域地震勘探作业。中海油田服务股份有限公司（以下简称中海油服）的 12 缆物探船“海洋石油 720”完成北极巴伦支海两个区块作业，填补了我国对北极海域实施三维地震勘探的空白，同时创造该船三维地震采集作业月产 1820.58 平方千米的新纪录，这是我国三维地震采集月产最高纪录。此次作业成功，标志着我国具备了在全球海域实施三维地震勘探作业的能力，为我国技术装备“走出去”，参与国家“一带一路”油气领域合作提供强有力的支持。

中国石化在北部湾海域的“涠四井”完成两层含油层测试，试获高产油气流，日产油气超过千吨。其中对目的层段第一层测试，获得日产自喷高品质原油约 1458 立方米（1264 吨）、天然气 7.18 万立方米，第二层试获日产自喷高品质原油约 1349 立方米（1184 吨）、天然气 7.6 万立方米，是近十年来国内罕见的高产测试探井。此举有望使北部湾海域未来勘探带来新的突破，对加快建设我国海上能源基地具有重大战略意义。

中国海油在南海东部海域发现中型油气田。发现井“陆丰 14-1-1”共钻遇约 150 米厚的油层，完钻井深 4098 米。经测试，这口井平均日产油约 1320 桶。这一重大突破进一步揭示了珠江口盆地古近系地层巨大的勘探潜力。

二、2016 年中国油气勘探技术发展分析

2016 年，国际油价低迷，中国油气勘探产业以高效益勘探为目标开展油气勘探活动。我国油气勘探技术的发展为提高油气勘探效率提供了支撑。2016 年，我国在地质勘探、钻探、测井等方面均取得技术突破，并在应用过程中取得了成果，进一步提高勘探成功率，降低勘探成本，推动油气勘探产业发展。

2016 年 9 月，由中国石油集团东方地球物理勘探有限责任公司（以下简称东方物探）承担的国家油气开发重大专项“高精度地球物理勘探技术研究与应用（二期）》项目”顺利通过验收，该项目获多项成果：国内油气勘探重要发现物探技术贡献率达 90%以上；采集效率提高 3 倍以上；钻遇层位精度提高 50%。这一项目在多个技术领域获得突破性进展：深海地震资料采集系统填补国内空白并形成规模化生产能力，达到国内领先水平，形成 1 万平方千米/年的规模化作业能力；推出 G3i 地震仪、Hawk 节点地震仪等地球物理核心装备，填补了国内空白，提升了我国地球物理核心装备自主研发能力；研发形成了 GeoEast 3.0、KLSeis Ⅱ、GeoGME 3.0 等 3 套核心软件产品，整体达到国际先进水平，部分技术达到国际领先水平；形成了复杂构造、高密度宽方位、油藏、多波、重磁电 5 项重要综合配套技术。

（一）陆上油气勘探技术发展分析

1. 地质勘探技术发展分析

（1）“无桩采集”技术的应用发展

东方物探国内陆上第一个“无桩采集”地震勘探项目——2016 年度银—额盆地延长探区哈日凹陷三维地震采集项目高效完成。“无桩采集”技术是指在地震资料采集施工过程中，全部或部分物理点采用无测量标志，利用导航定位技术进行施工的方法，这项技术应用到可控震源高效采集项目中，能够提高震源到点精度，缩短震源搬点时间，提高施工效率，大幅降低勘探成本。

（2）大庆长垣特高含水期开发地震技术研究及应用

大庆长垣特高含水期开发地震技术研究及应用项目创效显著。通过应用这项技术，大庆长垣油田累计产油比规划多 980 万吨，水驱多增阶段可采储量 1200 万吨，三次采油多增阶段可采储量 1600 万吨，直接经济效益达 8.33 亿元。

该技术实现了表层 Q 补偿、深层黏弹介质叠前时间偏移理论方法突破，形成自主知识产权软件，建立基于密井网沉积模式认知的保幅处理方法和技术流程，地震频宽由常规 8~63 赫兹拓展到 8~95 赫兹（部分 110 赫兹），薄层动力学特征清晰。

（3）重磁电勘探技术的应用发展

东方物探大力实施地震与非地震一体化攻关，运用重磁电震技术先后在塔里木、准噶尔、柴达木等盆地及青藏高原、辽北地区承担油气勘探项目，并取得突破性进展。同时，东方物探成功研发世界首个重磁电震一体化处理解释系统重磁电处理解释软件。软件在塔里木、吐哈、准噶尔、柴达木、祁连山前、四川和东部等探区，以及尼日尔、乍得、委内瑞拉等重磁电勘探区块，助力油气勘探项目获得突破性勘探成果。

东方物探已经形成陆上复杂区三维重磁电震联合勘探实用技术，重磁电勘探联合地震勘探，目标平面位置吻合率达 90%，山前带砾石区地震层速度精度提高 5%。尤其是三维重磁电反演技术在复杂区油气勘探中发挥了重要作用，其研究成果为复杂山前带地震勘探提供了构造建模和速度建模的重要参考信息，为库车坳陷山前带示范工程提供了技术支撑。地震与非地震一体化攻关提供的新速度场模型大大提高了层位预测精度，盐顶实钻与预测误差明显减小，大幅提高了砾石层精细研究盐顶设计精度。

2. 钻探技术发展分析

（1）深部钻探技术发展

安徽省地质矿产勘查局 313 地质队主持承担，与中国地质装备集团有限公司、中国地质大学、中国科学院武汉岩土力学研究所、无锡钻探工具厂有限公司和唐山市金石超硬材料有限公司协作完成的安徽省重点科技攻关项目，历经 7 年的探索、研究与生产试验，完成了 3000 米孔深小口径岩心钻探关键技术装备、集成化钻孔三维设计与轨迹监控技术、孔壁地层图像反演及定向取心技术、低转速长寿命高效率金刚石钻头研发等课题研究。解决了我国地下 3000 米深度地质找矿钻探技术难题，全面系统地总结了一套适用性强的小口径深部岩心钻探钻进工艺技术体系。项目成果在安徽省及全国 35 个大型矿(床)区深部地质找矿以及国家深部探测科学钻探中进行了推广应用，产生了巨大的经济和社会效益及找矿突破。为我国深部钻探技术发展起到了重要的引领和推动作用。

(2) 大直径组合式加重管绳索密闭取心钻具研制及应用

安徽省地质矿产勘查局 313 地质队研制的大直径组合式加重管绳索密闭取心钻具在实际应用中取得成功。该钻具是将 ϕ114 毫米普通绳索取心钻杆连接 ϕ150 毫米加重管及钻具和 ϕ152 毫米特殊钻头的组合方式，同时将绳索取心内管总成设计为密闭取心结构，解决了大直径绳索取心孔底加压和页岩气不提钻密闭取心保气、防污染技术难题。该组合钻具不仅具有孔底加压、绳索密闭取心功能，而且具有钻具工作稳定、保直防斜、钻孔环空间隙大、冲洗液上返阻力小等特点，完全满足页岩气勘探钻探技术要求。

在安徽省页岩气开发有限公司所属的浙江省临安页岩气勘探区块 LC01 井中使用该钻具进行试验，终孔深度 2328.18 米，首创 ϕ152 毫米口径绳索密闭取心最深纪录。应用过程中采用北京探矿工程研究所研制的 TDQ-3000 型变频永磁电动直驱式顶驱钻机施工，在页岩地层中钻进最高时效达 3.2 米/小时，平均时效 1.0 米/小时,绳索密闭取心成功率达 100%，密闭取心成本与石油钻井相比仅为 10%，钻孔孔斜率与同一区块钻孔相比由 1.1°/100 米降低至 0.2°/100 米，取得了良好的技术经济效果，为大直径深孔绳索密闭取心钻探(井)技术的拓展起到了很好的指导和启示作用。

3. 测井技术发展分析

(1) 成像测井技术实现重大跨越

中国石油测井有限公司牵头承担的国家重大专项油气测井重大技术与装备，在北京通过国家科技部等三部委组织的验收。这标志着我国已实现了常规测井向成像测井的重大跨越，技术装备整体水平达到国际先进水平。作为新一代技术，成像测井可以将沿井壁或井周的地层信息以三维电子图像的方式直观显示出来，比以往的曲线表达方式更精准、更直观、更方便，是当今国际测井技术发展的最高水平。该成就既满足了国内油气勘探开发的需要，又打破了国外公司对测井高端市场的垄断，与世界先进水平的差距大大缩小，提高了我国测井行业在国际市场的竞争力。

（2）碳酸盐岩测井技术日趋成熟

塔里木科研人员自主研发出 7000 米级国产成像测井装备及全部配套工艺与工具，打破国外技术垄断，使得电成像等新技术测井成本下降 30%。在此基础上，科研人员进一步取得"成像测井电阻率逐点刻度计算视地层水电阻率谱识别油气层"等多项专利技术，并研发出完整的超深缝洞型碳酸盐岩储层测井评价技术及处理解释软件系统，使古老缝洞型碳酸盐岩有效储层测井解释准确率提高到 94.7%，流体性质识别准确率提高到 87.1%。

（3）FEM 地层元素测井仪完善与应用

由中国石油测井有限公司研制的 FEM 地层元素测井仪喜获 2016 年陕西省科学技术三等奖。该产品已在青海、华北、浙江等油田正式投入应用，其稳定性、耐温耐压、元素含量测量精度等主要技术指标均达到国际先进水平。地层元素测井技术通过测量、获取地层岩石骨架主要元素的种类和含量，对复杂矿物地层进行快速精确评价，在页岩气、致密气等非常规储层的勘探开发中拥有其他测井方法无可比拟的优势。这种高端测井利器的一次下井成功率达到 100%，可以准确测量 12 种元素产额和 10 种元素含量，在矿物组分和岩性识别等方面显现出良好的应用效果和应用前景，对进一步提升国产装备的测井评价能力具有重要意义。

（二）海上油气勘探技术发展分析

"863 计划"海洋技术领域"深水高精度地震勘探系统成套化研制"课题通过验收。课题在大容量地震数据采集、固体拖缆、高精度坐标实时解算、拖缆横向控制等关键技术研究方面获得突破，研制了具有自主知识产权、成套化的深水地震勘探系统，包括高精度拖缆地震采集设备、拖缆定位与控制设备、地震综合导航系统、震源控制设备及高精度地震数据处理解释系统；建立了一整套的拖缆及水鸟的制造、维修、检测的工艺流程、标准体系及配套设施，已具备产业化条件。该课题的成功标志着我国已经全面掌握了具有自主知识产权的海上高精度地震勘探系统成套装备核心技术，为我国海洋石油勘探开发提供强有力的技术支撑。

中海油服自主研制成功拖缆采集记录系统"海亮"、拖缆控制与定位系统"海燕"、综合导航系统"海途"三大海上地震勘探系统，并在实际应用中获得成功。8 月 31 日，装备有成套地震勘探装备的深水二维物探船"海洋石油 760"在南海正式作业。船队 20 个有效工作日完成 2470 千米的二维地震勘探资料采集，验证了装备性能的优越性。“海亮”首次实现斜缆宽频采集作业，拖缆深度 50 米，道间距 3. 125 米，打破进口拖缆技术限制；“海燕”替代进口水鸟，运行平稳；“海途”导航精确，作业获高精度地震资料。该系统打破国外海上地震勘探装备垄断，对于促进我国海上油气勘探发现，打开国外地震勘探服务市场意义重大。

三、2017 年中国油气勘探产业展望

（一）总体思路

2017 年油气勘探，总体战略布局为“深化东部、发展西部、拓展海上、油气并重、立足常规、加强非常规”。在国内，勘探坚持油气并重、常非并举，努力发现规模效益储量；在海外，加强海外自主勘探，实现储量稳步增长。对于国内非常规油气，开展资源分级评价，持续攻关水平井、体积压裂等适应性技术，推广应用工厂化作业。对于海外非常规，要将掌控资源与有效发展相结合，运用滚动评价，实现优化发展。

（二）油气勘探面临的新挑战

1. 面临外部环境的严峻挑战

国际油价断崖式下跌且没有复苏的迹象，低油价可能成为未来的“新常态”，对公司上游业务带来巨大冲击。国际上，在美国原油出口解禁、全球经济疲软和伊朗解禁等多重不利因素共同作用下，油价在短期内不会快速的反弹回升。同时，在国内，国家出台了更加严格的环境保护和节能减排方面的政策，对企业工程技术和成本的控制提出了更高的要求。国家出台的新矿权管理法对区块管理提出了更高的要求，企业众多区块面临着投入与矿权权益之间的矛盾。

2. 油气勘探对象更趋复杂

从油气勘探领域来看，仍以海相碳酸盐岩、碎屑岩岩性地层、前陆冲断带、致密油气等四大领域为主，但由于油气勘探深度增大、剩余资源品质降低，有利目标优选、油气层识别等研究难度增大，地震、钻井、测试等施工难度增大，对勘探带来更大挑战；从油气勘探深度看，呈持续增加态势；从储量品质发现趋势来看，呈总体变差态势：新增储量物性变差，表现为渗透率显著下降，探明储量采收率总体呈下降态势。

3. 中深层油气勘探技术急需突破

中深层地震资料品质尚不能完全满足勘探需要，如何提高中深层地震资料品质成为亟待解决的问题。深水大中型油气藏勘探技术有待进一步发展。深水区油气探明率仍然较低，仍需通过技术攻关拓展大中型油气田勘探领域。由于深水区

的钻探费用极其昂贵，深水勘探仍然处于起步阶段。古潜山油气藏勘探技术有待提高。针对潜山油气地质的基础研究工作还相对较为薄弱，地震资料采集、处理的针对性不强，还没有形成潜山勘探组合技术，潜山油气成藏规律还处于摸索之中。与陆地成熟区相比，隐蔽油气藏勘探仍有巨大潜力可以挖，需要具备更高品质的资料、并针对不同地区特点、不同类型隐蔽圈闭发展专门的技术。

（三）油气勘探潜力

1. 总体处于中期阶段

中国油气勘探总体上处于中期阶段，未来仍具有较大资源潜力。中国石油探区内累计探明石油地质储量 225 亿吨，探明率为 35.7%，处于勘探中—高阶段，仍处于增长高峰期；中国石油探区累计探明天然气地质储量 7.95 万亿立方米，探明率为 26.3%，处于勘探早期与中期过渡阶段，未来将持续高峰增长。中国石化探区石油保有控制地质储量为 14.62 亿吨，预测地质储量为 17.27 亿吨，潜在资源量为 43.8 亿吨，剩余资源量为 203.79 亿吨，具备效益稳定发展的资源基础；天然气累计探明地质储量为 2.18 万亿立方米，保有控制地质储量为 2.0 万亿立方米，预测地质储量为 2.1 万亿立方米，潜在资源量为 8.62 万亿立方米，剩余资源量为 19.91 万亿立方米，探明率为 9.86%。

2. 存在发现优质储量的潜力

未来油气勘探对象总体更趋复杂，但由于中国大型叠合盆地经历多期构造沉积演化，发育多套不同类型烃源岩、多类型储层和多变的生储盖组合，油气分布具有多层系富集的特点，油气储量发现也呈“多峰、多阶段”增长。因此，虽然油气勘探程度较高，但在勘探实践中仍能发现优质规模储量。

（四）政策展望

1. 总体目标

认真贯彻国家能源战略行动计划和中国石化转变发展方式、提高发展质量的总体要求，全面实施创新引领和资源发展战略，以油气发现和商业发现为中心，油气并举，常规和非常规并重，大打勘探进攻战，努力实现油气勘探战略性突破新发现和规模增储，为上游可持续发展提供资源基础，为保障国家能源安全作出新贡献。

2. 突出资源战略

突出资源战略，不断夯实资源储量发展基础。勇于探索，以规模油气发现促进发展。资源的获取在于勘探，勘探的精髓在于发现。要进一步解放思想，加强勘探工作，深化地质认识，重点加强大盆地与富油气凹陷的综合地质研究，努力寻找效益规模储量；加大风险勘探力度，加强新领域探索，努力开辟战略接替领域；达到发展老区、开辟新区、突破禁区的目的，确保资源战略的稳步推进。稳步推进致密油气等非常规油气领域勘探，加强后备接替领域的准备。

资源战略应着重于解决当期中国油气勘探所面临的挑战。准确认识，在东部老油区，特别是长期勘探的远景区中，新发现的油气田和油气聚集规模降低，如新发现的油田绝大多数属于特低渗、低产、低丰度、高黏度等边际油田，并对之进行科学的资源评价；以及认识到，尚未勘探或工业性开采的远景盆地数目越来越少，陆上仅存青藏高原和内蒙中部地区的盆地等盆地。所以，中国油气资源战略选区的方向和重点主要是海域勘查程度较低的地区和领域、北方上古生界、青藏高原主要含油气盆地、非常规油气资源等。

3. 加强科技创新

加强科技创新，以创新引领发展，不断提高技术支撑和保障能力。以科技创新推动勘探工作，全面深化盆地结构、构造演化、沉积充填、油气成藏条件与分布规律的认识。在此基础上，切实抓好区带、圈闭、油气藏评价研究，以认识的深化指导勘探部署工作。以寻找和落实有利圈闭为目标，强化“两宽一高”、低频采集、高分辨率等关键地震技术攻关，加强老资料反复处理、精细处理、目标处理；以发现和保护油气层为目标，强化深井、超深井、复杂井、水平井等钻探技术攻关，在提高钻井速度与质量的同时，努力降低工程成本；以提高单井产量为目标，强化水平井体积压裂技术攻关，实现具有自主知识产权的配套技术和装备工具的升级换代。

国务院印发《“十三五”国家科技创新规划》，描绘了我国未来五年科技创新发展蓝图。《规划》提出，“十三五”期间要重点研究我国深地资源勘探理论和技术装备，实现深部油气资源万米勘探能力。《规划》提出，要从构造背景、深部过程、成矿规律、勘探技术和成矿信息提取等方面开展全链条研究，深化对成矿过程的全面理解，提高深部资源探测能力，构建深地资源保障供应的资源可持续发展模式。其具体目标是：揭示成矿系统的三维结构与时空展布规律，构建深部矿产预测评价体系，拓展深地矿产开采理论与技术，开发矿产资源勘探关键技术与装备，实现深部油气资源 8000～10000 米、矿产资源 1000～3000 米的勘探能力，建立 3000 米深度矿产资源勘查实践平台、深层油气和铀矿资源勘查实践平台。

《规划》同时提出，要大力发展矿产资源的高效开发和节约利用技术。在水土资源综合利用、国土空间优化开发、煤炭资源绿色开发、天然气水合物探采、油气与非常规油气资源开发、金属资源清洁开发、盐湖与非金属资源综合利用等方面，集中突破一批基础性理论与核心关键技术，重点研发一批重大关键装备，构建资源勘探、开发与综合利用理论及技术体系，解决我国资源可持续发展保障、产业转型升级面临的突出问题。

4. 加强管理创新

加强管理创新，不断提高工作实效和盈利能力。持续推进高效勘探，进一步建立与完善勘探部署优化决策机制和两级管理新机制；强化责任主体，全面加强重点勘探项目管理；完善勘探考核管理，激发勘探工作的积极性。加强风险识别与掌控。加强地质研究与勘探生产、勘探与开发、地质与工程、技术与经济等方面的高度融合，实现油气勘探有效益可持续发展。持续推进重大开发试验，抓好成熟技术工业化推广，探索战略性接替技术，努力提高储量动用程度与采收率；持续推进勘探开发一体化，抓好勘探开发一体化复合人才的培养和专业队伍的建设，加强勘探与开发、地质与工程、技术与经济、生产与环保等方面高度融合，促进上游业务持续科学发展。

要实现效益勘探，制度体制创新是关键。以美国页岩气成功开发为例，除了科技之外，其更大的启示莫过于美国能源企业体制机制的创新。在页岩气革命过程中，中小企业的作用较大。中小企业有着更灵活的机制，更强烈的意愿，推动了美国页岩气革命。我国致密气开发也有成功先例，苏里格气田“五加一”模式就是引进了市场机制，实行开放合作的成功典范。因此，一方面要不断创新体制机制，整合内部优势资源，激发内部各企业的活力和创造力，同时在另一方面，要以开放心态，与社会资本、国际公司等扩大开放合作，互利共赢。

5. 完善油气矿权管理体制

(1) 完善矿权管理法律法规

加快修订《矿产资源法》及相关配套制度，制定《石油和天然气法》《油气监管条例》，制定我国对内油气勘探开发合作管理规定，形成符合我国国情的油气矿权管理法规体系，做到矿权管理有法可依。

(2) 逐步放宽对油气勘探开采资质的条件限制

从业绩经历、资金实力、技术水平等方面设定油气勘探开采资质条件，通过招投标竞争方式取得油气探矿权，通过风险勘探获得商业性发现后按程序获得采矿权。修订“必须经国务院批准”的前提条件，改变“申请在先”的行政审批方式，实行“宽进严出”。逐步建立具备资质企业名录，定期组织资质审核，切实保障矿权市场秩序，形成以国有大型石油公司为主导，多种经济成分共同组成的多元化矿权结构。

（3）建立油气矿权流转和储量转让制度

完善油气矿权流转机制，建立矿权交易市场，允许油气企业之间以市场化方式进行矿权转让和储量交易，以盘活现有矿权资源。研究制定符合国际惯例、公平合理的储量有偿使用规定、价值评估方法等规则，培育具有国际水平的储量评估机构，为促进矿权流转和储量交易创造条件。支持国有石油企业与具备资质的国有、地方、民营等企业，在矿权、资源、储量所有权不变前提下，按照产品分成合同模式，从油气勘探起步开展合作，发现经济可采储量后共同开发。

（4）完善油气探矿权退出机制

根据矿权的地质条件和地理环境，进一步完善矿权使用费和最低勘查投入标准，加强矿权年检制度的实施，推进矿权有序退出。对退出的矿权和尚未勘查的含油气盆地，通过公开招标投标，优选符合资质的企业进行勘查开采，确保各类资本公平进入油气勘探开发市场。从有利于探矿权人整体勘探、有利于矿权区块招标出让考虑，部分探矿权最低投入考核周期可适当延长。考虑页岩气勘探开发难度大于常规油气，以及各区块地质条件、评价难度和勘探周期的差异，可对页岩气勘查区块投入工作量进行整体考核，并合理确立其投入考核标准。

（5）健全矿权监管体系

建立与油气资源国家一级管理相适应的专业监管机构，制定统一的监管规程，监管机构或中央和省市监管部门要统一规程、统一标准、统一技术操作、统一信息平台、统一考核评价。要加强专业监管队伍培训和建设，把监管的重点放在涉及公众利益、国家利益的关键环节，同时坚决制止侵权行为、维护矿权人合法权益，促进实现油气资源的最大发现、最优开发、最佳利用，杜绝某些行业曾出现的开发秩序混乱、破坏生态环境、安全事故频发等问题。

中国油气开发产业发展分析与展望

2016年中国国内油气投资开发减缓，全国石油天然气总产量3.31亿吨，同比下降3.0%。其中，原油总产量21458.6万吨，比上年下降6.9%，天然气产量1368.3亿立方米，同上一年相比增长2.2%，液化天然气产量695.3万吨，增幅29.9%。2016年，在中国三大油气集团公司中，中国石油油气产量最大，生产原油16045万吨，生产天然气1039亿立方米；中石化生产原油4785万吨，生产天然气208亿立方米；中海油生产原油5820万吨，生产天然气141亿立方米。

一、2016年中国油气开发产业发展分析

（一）常规油气产能建设情况

1. 陆上原油产能建设情况

2016年，中国石油开发仍旧实行“稳定东部、发展西部”的战略，陆上原油生产整体呈现上升趋势，其中东部老油区产量保持平稳，中西部产量持续增长。

（1）西部地区

以中国石油的长庆油田、新疆油田、塔里木油田、吐哈油田、青海油田和中国石化的西北石油分公司为代表的西部油气田开发公司，在2016年大力推广技术创新，加紧老油田再开发，同时加强新区产能建设，实现了以提效为基础的稳产、增产。

长庆油田，2016年实现油气当量5300.57万吨，原油产量2392.01万吨，同比下降3.58%。其中二季度油气当量达到2651.7万吨，营收591亿元人民币，盈利23.72亿元，实现扭亏为盈。除了油价反弹的因素，技术升级保证产量实现突破的主要原因，长庆油田通过全面应用先进成熟的工厂化高效钻井、压裂技术和自主研发的特低渗透油田开采技术，使水平井钻试周期缩短至35天以内、定向井10天以内。面对油田维护费用大、低产低效井治理难度大、油气开采难度大等问题，长庆油田一方面降本增效，通过实施地质、地面一体化工程和试行井区自主承包管理有效控制建设和运行投资；另一方面以深化油藏认识为基础，突出抓好以精细注水为核心的原油稳产。在井位部署中，长庆油田突出层系、区

块、井型“三个优化”(从深层向浅层、从低产向高产、从低效向高效区)；在气田产能建设部署中，长庆油田积极推行多层系、大井组开发，进一步优化井型组合，形成3种大丛式井组(大井场、子母井场、阶梯井场)部署模式。长庆油田坚持勘探开发一体化、加强地质研究、优化储层改造工艺，突出部署优化和跟踪调整，规模推进定向井，有效实施水平井，所投新井单产均达到良好预期。

新疆油田，2016年累计生产原油1113万吨，全额完成原油生产年计划。新疆油田以现实潜力为切入点，技术集成与示范应用相结合，新技术攻关与现场试验相结合，近期稳产与长远增储相结合，加强技术攻关与配套，重点做好示范工程、重大试验和基础研究三个方面的工作，创新开发理论技术，大力开展老油田稳产战略、低成本精细水驱、稠油增产提效关键技术、稠油油藏多介质复合驱油体系、大幅度提高采收率和提高单井产量等八个方面的研究。各生产单位围绕提质增效目标，通过优化间开井生产制度、压缩装置检修期等措施，加快长停井复产，提高油田开发效益。上半年实施工作量442井次，增油4.68万吨，平均单井增油105吨，措施阶段有效率提高了1.5个百分点。

塔里木油田，2016年长停井复产工作完成51口，恢复原油日产能298吨。截至2016年9月18日，塔里木油田开发井完毕，开发井钻井成功率超过95%，创下历年同期最高水平。其中玉东1区块2口水平井均获高产，吐孜103平台4口大斜度井钻井成功率达100%，产能完成率达129%，预计可新建天然气产能1.78亿立方米。面对老区开发成本加大、投资锐减等多重困境，塔里木油田围绕“把握效益原则，坚持稳健发展”主题，围绕“稳油增气”目标，加强油藏地质研究，优化井位部署，不断完善油气开发方案。针对碎屑岩油藏可采储量采出程度高、剩余油高度分散、层内层间矛盾突出的难题，实施精细研究，强化储层预测，随钻密切跟踪，逐步准确把握剩余油分布规律，优化“一层一策”的个性化开发方案，提高钻井的“中靶”率。玉东1区块2口水平井均获高产，超长水平井实现薄、差储层开发进入快车道。吐孜103平台4口大斜度井钻井成功率达100%，产能完成率达129%，新建天然气产能1.78亿立方米。

吐哈油田，2016年投产油井140余口，初期平均单井日产油8.3吨，完成油井常规增产措施540井次，平均单井日增油2吨。面对老井产量递减和国际油价持续波动带来的经营困境，吐哈油田坚持把效益上产作为工作重心，积极推进技术升级，攻关应用压裂新工艺新技术，推广老井重复暂堵转向压裂技术。在老区通过深化各区块油藏地质认识，深入分析剩余油分布规律，精心选井选层，精心优化设计，精细组织施工，扩大老区油气产量。在新建产能中实施标准化设计、模块化施工，大幅缩短了设计工期和建设工期，节约了投资成本，满足了油田高效、快速建产的需要。

青海油田，2016年完成计划油气增储任务，全年油气当量超700万吨。青海油田在开发上以油田“治水”为核心，以老井稳产为龙头，以新井增产为抓手，推动油田开发增效。老区强化停躺井治理与老井综合治理、完善井网、产能建设、生产经营相结合，推进“一井一策”、“一井一法”的实际应用，确保老井综合治理有效果、见成效；新区注重方案优化、效益建产，夯实了原油稳产和上产基础，原油日产量突破6700吨的历史最高点。青海油田依靠科技创新，利用新型压裂工艺技术提高油气藏措施改造的有效性，着力解决措施改造量与效的矛盾，降低油气开采成本。通过新型压裂技术，昆北油田切12H8喜获高产油流，日产原油42.2吨，油田日均产油突破1000吨，较去年同期日均增油100吨。

西北油田分公司，2016年累计油气当量突破1亿吨，其中生产原油8482万吨。随着油田勘探开发程度的提高，综合含水逐年上升，产量递减。面对石油产量下降的现状和低油价极寒期，西北油田分公司继续推进“夯实老井产量、精细措施挖潜，加快新井投产”思路，加强精细化管理，在充分分析地质情况的基础上优化措施方案，保障原油产量的稳定。西北油田分公司部署在托甫台区块的TP342H井作为2016年托甫台区块建产的第一口高产新井，日产油达62.4吨。

(2)东部地区

大庆油田，2016年全年生产原油3656万吨，油气生产平稳有序。大庆油田通过部署落实做优、潜力夯实做准、措施靠实做细，全力推进增油提效。立足老井，优化方案设计，完善配套技术，精细开发生产管理，提高运行效率和采收率。针对扶余油层低孔特低渗透、有效动用难、开发效益差等问题，大庆油田开展扶余油层有效开发试验，探索出扶余油层经济有效开发新途径，实现了“一套井网、两套层系、分时开发”，提高了试验区开发经济效益。大庆萨北油区向水驱精细挖潜要潜力，分区块、分层系、有针对性地调整847井次，综合含水率下降0.19%，完善层系重组后配套调整技术、断层区综合挖潜技术和难采储层挖潜技术，实施压裂、大位移定向井等措施61井次，平均单井日产油5.2吨。大庆萨南油区优化井层选择界限，优化工艺和参数设计，优化对应改造方式，强化全过程效益评价和跟踪调整，实现了措施增产；通过注水结构调整、优化产量结构、控制产量递减，确保水驱位措施产量超产1.3万吨；系统推进6个重点区块调整治理，确保吨聚增油达45吨以上；强化注水质量与高产油井责任管理，油水井开井时率提高到95%以上。

辽河油田，2016年生产原油976.4万吨，超额完成挖潜增效指标7.46亿元。辽河油田针对低油价的严峻形势，提出“有序调整产量、推动能力稳产、增加效益产量”的三步走原则，持续推进开源节流、降本增效。老区综合治理方面稳步推进精细注水和多元化注水。2016年上半年共完成各类注水工作量1146井次，投转注、复注、新增分注134井次，超过全年计划的50%。在开发方式转换上提出“成熟项目深入推广、试验项目谨慎实施、研究项目持续储备”的工作思路，通过经济评价与地质研究相结合，动态调减了31个对总体产量规模影响不大、效益较低的试验井组，优先推进包括SAGD、火驱、化学驱等具有高投入产出比的开发方式转换。上半年，辽河油田各类开发方式转换井组14个，依靠开发方式转换项目日均产油7775吨。

胜利油田，2016年生产原油2390万吨，较2015年减少320万吨。胜利油田围绕“产量减效益不减”的工作目标，大打低成本开发进攻战，全面落实“三线四区”“五位一体”模式，通过优化调控产量、工作量和成本，精准实施控本增效系列措施，油田开发水平稳步提高。面对效益达标产能阵地少、新井同台比例高、工农关系复杂、雨季影响等制约新井运行的矛盾，强化新井项目组工作，运行钻机由43台增加到71台，尽最大能力保证新井实施。2016年前三季度投产新井436口，单井日产油能力同比提高0.7吨，新建产能34.9万吨。存量管理方面，更加突出分类施策，按照“关停优化一批、巩固加强一批、调整恢复一批”的思路，抓实抓细老井开发生产。对小营、乔庄等4个亏损油田实施暂关，累计减亏1944万元。积极推进长停井治理增油增注增效，完成油水井工作量306口，恢复日产油能力2.1吨/口。华北油田持续开展老井的再复查和再评价，采油四厂泉241断块通过采取调驱防砂、水井重配、统筹调水、合理调参四项举措，使得老井日产油、采油速度“两升”，含水率、自然递减率和综合递减率“三降”，截至2016年7月中旬累计增油2830吨。

2. 陆上天然气产能建设情况

2016年，中国境内天然气产量稳定增长。其中西部天然气产量增长明显，为全国天然气产量持续增长做出了重要的贡献。

长庆油田，2016年生产天然气365.02亿立方米，比2015年减少约10亿立方米。其中，榆林油田按照“分级分类、一井一策、科学精细化监控气田开发”技术指导思想，持续开展气藏工程研究，精细评价气田开发现状和效果，优化开发技术指标，同时全面推行气井精细化管理，完善细化气井分类及管理措施，积极推广排水采气、柱塞气举、速度管柱、旋流雾化等采气新工艺新技术，实现气井持续平稳生产，提高了气井开井时率和气井利用率。靖边气田通过高效建产、气藏精细管理和工艺技术创新，深入开展储层综合评价，保证优质储量充分动用，连续13年保持55亿立方米稳产；苏里格气田大力实施水平井整体开发，形成集群化布井、批量化钻井、工厂化压裂等一系列配套技术，建成长庆气区最大混合型丛式井组和长庆油田公司首个工厂化作业示范区，建产效率和单井产量稳步提高，3年建成30亿立方米生产能力。上半年天然气产能建设完成时间较去年提前60天，开钻13口井，其中完钻5口，完成试气4口，均获工业气流，新增日产气水平23.5万立方米。同时，措施井方案审批较往年提前了70天，完成老井复产8口，新增日产气水平17.3万立方米。

塔里木油田，2016年生产天然气235.6亿立方米，连续3年完成油气产量当量2400万吨。塔里木油田进一步加强勘探开发，不断强化技术攻关和研究，以问题、生产为导向，积极展开针对性技术攻关，形成多项领先实用的创新性勘探开发技术，顺利完成克深气田的勘探开发，进一步提高了天然气上产能力，也加速了油田实现天然气累计产量突破2000亿立方米的步伐，奠定了建成300亿大气区的基础。

吐哈油田，2016年投产气井24口，日产气1万立方米，全年建成天然气产能1亿立方米。面对老井产量递减和国际油价持续波动带来的经营困境，吐哈油田坚持把效益上产作为工作重心，积极推进技术升级，攻关应用压裂新工艺新技术，推广老井重复暂堵转向压裂技术。在老区通过深化各区块油藏地质认识，深入分析剩余油分布规律，精心选井选层，精心优化设计，精细组织施工，扩大老区油气产量。在新建产能中实施标准化设计、模块化施工，大幅缩短了设计工期和建设工期，节约了投资成本，满足了油田高效、快速建产的需要。

大庆油田，2016年全年生产天然气37.7亿立方米，油气开发效果不断改善。大庆油田天然气系统紧紧围绕“提升深层气、开发中浅层气、稳定溶解气”的工作思路，加紧新区开发节奏促上产，加大老区综合挖潜力度保稳产，加快先进成熟工艺技术推广，在深层气开发上推广“水平井+大规模压裂”主导技术，对中浅层气采用排水采气系列技术，不断提升科技增产和创效能力，强有力助推上产步伐。截至2016年10月20日，大庆油田深层天然气已完钻4口水平井和2口直井，水平井钻井周期同比减少13.5天，直井钻井周期同比减少32.3天；完成直井压裂施工5口井13段，水平井3口井43段，施工效率同比提高5.3%，施工费用同比降低5.3%。

青海油田，是西气东输的后备气源地，同时还担负着甘肃、青海、宁夏、西藏四省区的供气任务。截至2016年10月，涩北气田已开钻新井25口、完井21口，实现钻井进尺突破2万米；积极复产停躺井、治理问题井、呵护低产井，累计恢复停躺井32口，气田气井完好率达到93%，日增天然气100万立方米。另外，还完成泡排作业193口1227井次，增产气量2800万立方米；完成气举作业36口45井次，增产气量2100万立方米，气田递减率得到有效控制。英西地区成功钻探3口高产油井，日产伴生天然气15万立方米左右，并成功与东坪、涩北两大气田天然气管道联通。同时，青海油田还合理调控天然气管输方案，实现涩北、东坪、马仙三条输气管道互通联网，形成天然气保供“一体化”格局，安全、平稳保供能力进一步提升。

西南油气田，2016年全年生产天然气55.1亿立方米，比2015年增产6.75亿立方米，创造了同期最高纪录。西南油气田公司有序推进高石梯—磨溪区块勘探开发，加快推进高石梯地区试采评价、高石1先导试验区井工程建设。2016年上半年，磨溪区块龙王庙组气藏开井38口，累计生产天然气43.25亿立方米，高石梯区块累计产气1.31亿立方米。在长宁—威远页岩气示范区，西南油气田公司推行地质工程一体化，精细生产组织，强化动态跟踪分析，优化生产制度。上半年生产页岩气11.54亿立方米。对中坝、五百梯等老气田，西南油气田公司以精细管理为手段，深挖老井潜力，按照“日跟踪、周分析、月调整”的动态跟踪管理法，完善“一井一策”管理法，科学实施采油气工艺措施，优化调整产水气井和泡排井生产制度，提高采气效率。2016年上半年，老区累计产天然气35.99亿立方米，占总产量的36.7%，实现增产天然气4.91亿立方米。

3. 海上油气产能建设情况

在原油价格持续走低、天然气产能释放受限等不利条件下，中国海油坚持以提高效率、降低成本为核心。截至2016年底，“锦州9-3”油田综合调整、“渤中28/34”油田群综合调整、“垦利10-1”油田、“东方1-1”气田一期调整和“旅大10-1”油田综合调整项目等均于年内陆续投产。

4. 海外油气产能建设情况

2016年上半年，中国石油海外油气业务大力实施资源、低成本和创新战略，完成油气权益产量当量3894万吨，同比增长4.2%，实现了时间过半、产量及利润考核指标双过半，为实现全年任务目标奠定良好基础。面对错综复杂的发展环境和低油价严峻挑战，中国石油海外油气业务按照整体部署从十个方面深入开展开源节流降本增效工作，通过实施优化、深入推进改革创新等29项综合举措，主要业绩指标表现良好。

海外油气业务稳步推进重点产能建设工程，确保工程项目按时、安全、高效建成。阿姆河B区三阶段气田工程建设进展顺利；俄罗斯亚马尔LNG项目按计划推进，总体进度过半；伊朗北阿扎德甘项目克服重重困难，加强施工管理，于4月19日正式投产；乍得2.2期EPC合同正式授标，现场工程建设全面启动；加拿大麦凯河油砂一期工程攻克采出污水回收利用难题，工程建设有序推进；3月28日，澳大利亚箭牌项目Daandine扩建工程成功投产。

海外各地区公司和项目以效益为中心，油气勘探生产取得突出业绩。勘探部署向重点项目倾斜，有保有压、高效实施，以发现规模优质可快速动用储量为首要目标，多领域取得突破和进展。巴西Libra项目试油获超高产能，苏丹6区项目Sufyan凹陷南部获高产油流，中部萨加隆起带获得新发现。开发部署坚持产量动态调整，完善在产井、新井和单项措施效益评价体系，提高投资回报，同时持续推进注水工程，加强边际效益区块产量优化。针对南苏丹内战、委内瑞拉社会治安形势恶化等海外特殊环境，海外勘探开发公司认真落实防恐措施和应急预案，海外油气业务生产经营保持安全平稳。

（二）非常规油气产能建设情况

中国非常规能源开发起步较晚但发展迅速、成果突出。得益于工程技术创新与非常规油气成藏基础理论认识的突破，以致密油气、煤层气、页岩气为代表的非常规油气产能建设取得一系列重大进展。当前，中国煤层气产业已逐步进入快速发展阶段，油页岩产业已具备成熟开发技术条件，页岩油气产业先导试验取得重大突破。随着常规油气的日益减少和科学技术发展，非常规油气作为庞大的能源储备在中国经济社会中必将发挥重要的作用。但与此同时，非常规油气资源的勘探开发仍存在诸多问题，影响其产业发展进程。目前，中国投入或即将投入工业化勘探开发的非常规油气资源主要有以下几类：

1. 非常规天然气产能建设情况

（1）页岩气

为规范和引导“十三五”期间页岩气勘探开发，国家能源局于2016年9月30日公布了《页岩气发展规划(2016—2020年)》(以下简称《规划》)。《规划》部署了大力推进页岩气科技攻关、分层次布局勘探开发、加强长宁—威远、涪陵、昭通和延安四个国家级页岩气示范区建设、完善基础设施及市场四大任务，以期加快我国页岩气产业发展步伐，力争2020年页岩气产量实现300亿立方米。

截至2016年10月，中国页岩气矿业权54个、17万平方千米。其中，中国石化涪陵页岩气田是全球除北美以外最大的页岩气田，1~9 月累计产气量达 37.6 亿立方米，同比增长 107%，涪陵页岩气田新建投运集气站 5 座，使气田年处理页岩气能力从 55 亿立方米提升至 65 亿立方米。长宁—威远国家级页岩气产业示范区累计投产气井 107 口，累计生产页岩气 20.09 亿立方米，日产气量达到 724 万立方米。另外，中国石油四川长宁、威远、邵通等页岩气项目，提交页岩气探明地质储量 1636 亿立方米，2016 年产量超过 25 亿立方米，2020 年超过 100 亿立方米。

（2）致密气

相对于页岩气、煤层气而言，我国致密气勘探程度较高，储量情况相对清楚，开发技术相对成熟，具备加快开发利用的优先条件。中国致密气技术可采资源量 9 万亿~13 万亿立方米，中值 11 万亿立方米，约占全国天然气可采资源量的 22%；致密气探明未开发可采储量 0.9 万亿立方米，约占全国天然气探明未开发可采储量的 38%，其中 90%分布在鄂尔多斯盆地和四川盆地。中国已经在鄂尔多斯、四川盆地实现了天然气的工业开发利用，但资源转化和动用程度低。2016 年 5 月，吉林油田应用大排量、变排量施工技术，顺利完成对岭深 201 气井开展的缝网压裂，为岭深 2 区块致密气藏的进一步开发打下基础。

（3）煤层气

“十三五”期间，煤层气开发立足“强化中部，建设西部，推进西南，促进煤矿区地面和煤矿井下联合开采”的指导思想，国内煤层气开发不断升温。除山西、内蒙古、重庆外，四川、贵州、陕西、新疆等省区也都加大了煤层气的勘探开发力度，并获得突破。尤其是新疆，目前已形成准南、库拜、后峡、艾维尔沟、三塘湖—淖毛湖煤田等煤层气勘查开发有利区，成为继沁水盆地和鄂尔多斯盆地之后的第三大煤层气开发热点区。华北油田为破解煤层气开发钻遇率低、井壁易坍塌、无有效治理措施等难题，优化水平井设计，综合应用羽状、仿树形、U 形、单分支、鱼骨状等 5 大类水平井开发技术，建成樊庄东、成庄、郑庄西 3 个水平井示范区，煤层气水平井最高单井日产达到 6.3 万立方米。

2. 非常规石油产能建设情况

（1）致密油

中国致密油勘探开发起步较晚，但已初步形成了两项中国陆相致密油成藏理论认识，在致密油开发技术和管理模式上也取得了不断进步。2016 年，中国致密油开发在地质认知深化和技术持续突破的基础上，取得了显著成果。致密油开发试验的三大主力区块之一长庆油田年初以来扩大致密油现场试验规模，在安

83 区安排 16 口水平井，采用分段注水，效果明显。大庆油田采用“水平井+体积压裂”技术，完成对源 151-平 3 和源 151-平 6 两口井的压裂试验，使试验区累计产油超过 2000 吨。吐哈油田应用注入吞吐工艺，优选单井橇装泵+压裂车大排量尾追注水工艺和注采一体化工艺相结合的办法，累计增油 9000 吨，牛东 7-7 注水焖井改采后日增油超 10 吨，牛东平 2 等一大批井通过注水吞吐，平均产量提高 4 倍。扎哈泉是青海油田勘探发现的第一个致密油区块，也是中国石油陆上的第四大致密油区。截至 2016 年，该区块已累计探明石油地质储量近 5000 万吨，建成产能 15 万吨，上半年平均单井油 4. 56 吨，累计生产达 6. 2 万吨，为青海油田千万吨高原油气田建设注入了新动力。

（2）稠油

中国稠油资源比较丰富，路上稠油、沥青资源占石油资源总量的 20%以上，预测资源量 198 亿吨，其中最终可探明的地质资源量为 79. 5 亿吨。中国对稠油的研究、开发和加工日趋成熟，并形成一定规模。截至 2016 年底，辽河油田形成了从开发机理、配套工艺、注采参数设计方法到生产管理等一整套二氧化碳辅助蒸汽吞吐的开发技术体系，共实施涵盖 4 个油藏类型，在 10 个区块开展试验，覆盖地质储量 2002 万吨，2016 年 8 月杜 84-兴 H2361 井通过采用二氧化碳辅助蒸汽吞吐技术，单井日产量 36 吨，油气比提高 0. 05。玉门油田酒东稠油区块运用深层稠油井筒掺稀油降黏技术，反循环注入高温轻质原油，实现油井降黏后的自喷生产。

（三）2016 年油气开发技术进步分析

2016 年，中国油气新技术不断涌现，推动了油气田开发向着高效节能、经济环保的方向发展，在提高采收率技术、压裂技术、重油和油砂开采技术、微生物驱油技术、人工举升技术等方面取得了新进展。

1. 提高采收率技术

加快发展提高采收率前沿技术，是油气田企业实施创新驱动战略的重要内容，特别是在当前低油价形势下，对于油气田企业适应市场变化，提高开发效益与核心竞争力，具有十分重要的意义。中国勘探开发研究院三次采油技术获得突破，在大庆、长庆、玉门、吉林等油田取得了良好的试验效果。大港油田为低渗油藏提高采收率探索注天然气驱工艺配套技术，完成了钻完井工程、采油工程、地面工程方案编制，优化了井身结构、钻井液体系以及完井设计等工作，从气源对比、供气管网优化、注入站选址、设备选型、注气管柱设计、产出液气集输、供配电方案以及经济评价等方面进行攻关，按照 20 年指标预测，预计 2036 年天然气驱采出程度可由目前的5%提高到23.8%，可累计增油32.4万吨。

2. 压裂技术

随着非常规油气资源的快速开发和环保意识的增强，压裂技术向高效、环保、低成本、精确的方向发展。长庆油田在苏里格气田一口井成功应用了二氧化碳干法分层加砂压裂，在国内尚属首次，打破了国外公司的垄断。吐哈油田针对三塘湖致密油和火山岩水平井重复压裂费用高、效益差的问题，提出注水补充能量后实施笼统压裂改造的思路，采用“注水补充能量+重复压裂”措施，在马56-7H井试验获得良好效果，日产量由1.9吨提高到10.6吨；此外针对煤层气储层物性差、储层厚度大、割理发育，吐哈工程技术人员深入研究山西煤层气压裂情况和新疆煤层气压裂情况，制定活性水大规模大排量低砂比压裂思路，完成对核5井煤层气井大型压裂施工，施工入井液量1520立方米，总加砂59.78立方米。新疆油田采用改变相渗压裂工艺技术顺利完成艾湖15井的压裂施工作业，其中应用RPM压裂液34立方米，有机硼胍胶压裂液237.9立方米，共加支撑剂19立方米。吉林油田针对王府—德惠地区地层压力系数低、压裂液滤失大等问题，在借鉴以往二氧化碳干法压裂取得经验效果的基础上，通过前置液态二氧化碳增能+冻胶压裂液加砂压裂，提高近裂缝地层的能量，降低压裂液滤失，提高压裂液返排率，完成对城深131井已压裂施工，压裂过程中注入液态二氧化碳582立方米，总液量616立方米、总砂量77立方米，日产气可达1.5万立方米。

3. 重油和油砂开采技术

重油和油砂在我国分布广泛，随着石油消费的迅速增长和常规石油资源的过度开采和消耗，其加速勘探开发体现出重要意义，然而重油受现有开采技术的限制，年产出量只占储量的几千分之一。2016年，中国航天科技集团公司六院11所成功立项重油高温高压蒸汽增采技术，利用该所在液体火箭发动机、蒸汽发生器和大型试验系统领域的技术优势，提出一种新型重油增采技术，利用燃料燃烧产生的高温高压热燃气，将其直接注入油井，降低重油黏度，提高重油产量。该技术具有注汽压力高、热利用率高、污染小等优点，并有潜入井下进一步提高油井出油率的可行性。

二、2017年中国油气开发产业展望

（一）总体思路

根据国家“十三五”规划的指导思想，2017年油气开发产业要坚持“稳定东

部，加快西部，发展海上，油气并举”的方针，平衡好当前和长远，稳定和发展，东部、中西部与海域，石油和天然气之间的关系；加快推进非常规油气的开发进程，培育核心技术和关键技术；建设多元化的全球油气生产供应地，为保障国家的能源安全提供支持。

1. 石油开发的总体思路

2017 年的石油开发将围绕加强东部老油田精细开发，加大中部油田开拓增储，着力发展西部，着眼于海上中长期发展战略。

东部地区，以松辽盆地、渤海湾盆地为开发钟点，推广应用先进技术，提高精细化管理水平，推动提高老油田的开发效率，稳定原油产量。中西部地区，立足于四川、鄂尔多斯、塔里木、准噶尔盆地，积极发展采油技术，扩大生产能力，提高石油产量，建立战略储备。

加快海洋石油的开发。按照远近结合，自主开发和对外合作相结合的原则，加强对渤海、东海、黄海等海域的近海油气开发，加强南海深水油气勘探开发的跟踪分析，尽快突破深海采油技术和装备自主制造力，大力提高海洋的油气产量。

建立全球化的石油开发供应地，提高能源储备，保证国家能源安全，特别在“一带一路”战略实施以来，要进一步加强和沿线国家地区的能源合作，拓展在中东、非洲和拉丁美洲的能源建设项目，丰富中国的石油开发产地，增加能源供应渠道。

2. 天然气开发的总体思路

2017 年的天然气开发将继续按照陆地和海域并举、常规和非常规并举的原则，在保持稳定生产开发的基础上增加天然气的储量、产量，加快常规天然气的勘探开发。路上开发立足中西部的四川盆地、鄂尔多斯盆地、塔里木盆地、准噶尔盆地，适时扩大产能。海上勘探重点集中于渤海、东海、南海等油气资源富集区域，加强海域深水开发的技术攻关。在非常规天然气开发方面，将进一步加强致密气和煤层气开发；探索形成先进适用的页岩气勘探开发技术体系和商业模式；积极推进天然气水合物的勘查和评价，积极推进试点工程；加快对工程技术和实验技术的突破，如地球物理技术、钻完井技术、水平井分段压裂技术等，培养自主创新和装备制造能力。

（二）开发投入

2017 年中国石油油气部分预计支出 653 亿元；中国石化勘探开发部分预计支出 321 亿元；中国海油勘探开发部分预计支出 538 亿元。

（三）发展目标

1. 石油资源短中长阶段开发战略目标

通过努力，争取2020年前我国原油年产量持续稳定在2亿吨以上，石油在一次能源消费结构中的比例为20%。2030年前，国内常规原油年产量稳定在1.9亿吨左右，页岩油、油砂油等非常规石油年产量达到850亿吨左右。2050年，国内常规石油产量力争稳定在1.8亿吨以上，非常规石油产量力争达到2500万吨左右。

2. 天然气资源短中长阶段开发战略目标

通过努力，争取到2020年我国天然气供应量(含进口天然气在内)达到3000亿立方米；常规天然气累计新增探明地质储量6.5亿立方米，气层气产量1990亿立方米；非常规天然气产量达到300亿立方米，建设形成西北、西南、东北和海域四大天然气供应基地，国内天然气产量稳定增加。到2030年，我国天然气供应量达到6000亿立方米；常规天然气累计探明地质储量13万亿立方米，气层气产量2400亿立方米；非常规天然气产量达到1000亿立方米，成为重要战略接替资源，西北、西南、东北和海域四大天然气供应基地进一步发展。到2050年，我国天然气供应量达到7000亿立方米；国内常规天然气累计新增探明地质储量23.5万亿立方米；气层气产量保持稳定，非常规天然气产量进一步增加。

（四）政策展望

1. 加强天然气区域评价及技术开发

随着国民经济的快速发展与人民生活水平的不断提高，天然气的需求量不断攀升，为我国天然气工业的快速发展提供了良好的机遇，但与此同时，由于国内天然气的勘探开发难度加大，天然气需求量和保障供应能力之间的矛盾将长期存在。因此应加大对已发现气藏(田)解剖研究，特别是典型气藏解剖与不同类型气藏成藏机理等基础地质条件分析，深化天然气成藏认识；加强天然气形成地质条件与区域评价，优选有利勘探层系与区带供勘探实践选择；进一步推进对天然气深水、深层、非常规勘探开发相关技术研究的支持力度，加快关键技术装备的研发，发展符合中国地质特点的水平井技术、储层压裂改造技术和地震技术，为天然气快速发展提供有效的技术支撑；加强国际合作和交流，鼓励中国企业及研究院与国外的研究机构、行业领先企业开展关键技术的联合研究，吸引和借鉴国外先进成熟技术，通过科技进步带动天然气成本的下滑。

2. 加快页岩气勘探开发投资和分层布局

2016年9月30日，国家能源局对外发布《页岩气发展规划(2016—2020年)》

提出，创新体制机制，吸引社会各类资本，扩大页岩气投资。以中上扬子地区海相页岩气为重点，通过技术攻关、政策扶持和市场竞争，大幅度提高页岩气产量，把页岩气打造成我国天然气供应的重要组成部分。在发展目标方面，规划明确，完善成熟3500米以浅海相页岩气勘探开发技术，突破3500米以深海相页岩气、陆相和海陆过渡相页岩气勘探开发技术；在政策支持到位和市场开拓顺利情况下，2020年力争实现页岩气产量300亿立方米。

我国页岩气开发包括以下四方面重点内容：一是大力推进科技攻关。紧跟页岩气技术革命新趋势，攻克页岩气储层评价、水平井钻完井、增产改造、气藏工程等勘探开发瓶颈技术，加速现有工程技术的升级换代。二是分层次布局勘探开发。对全国页岩气区块按重点建产、评价突破和潜力研究三种不同方式分别推进勘探开发。三是加强国家级页岩气示范区建设。“十三五”期间，进一步加强长宁—威远、涪陵、昭通和延安四个国家级页岩气示范区建设，通过试验示范，完善和推广页岩气有效开发技术、高效管理模式和适用体制机制等。四是严格开展页岩气开发环境影响评价，通过优化方案设计、使用清洁原料和先进技术装备、改善管理和加强综合利用等，从源头削减污染和减少用水、用地。

3. 深入推进海上油气田勘探开发一体化

不同于陆上油气田勘探开发模式，海上油气田开发必须借助于海上生产设施，勘探、开发和生产作业活动就必须在以平台为中心的一定范围内进行，钻井、评价和开发活动受制于平台设计处理量、外输量、井槽数量等因素，因此应在区带划分的基础上，对油气资源量开展分类评价研究，进而遵循海上油气田勘探开发一体化工作程序，为后续钻完井、工程、环保等进行合理规划提供决策依据。在海上油气勘探开发上，按照以近养远、远近结合，自主开发与对外合作并举的方针，加强渤海、东海和南海等近海油气的勘探开发，面对中国部分深水区域的复杂局面，应保持同拥有先进经验的国外石油公司进行合作，共同开发深水油气资源，并在合作的过程中学习外国公司的深水技术和管理理念，不断加强深水技术自主创新，尽快掌握具有自主知识产权的海洋油气勘探开发技术装备体系，培育海洋油气开发技术优势。

4. 加速非常规油气资源开发技术突破

要积极鼓励和支持非常规油气资源的勘探开发，在非常规石油资源开发方面，加强关键技术与装备的科研攻关，实现致密油、页岩油的突破，不断优化现有的工艺技术，研发低成本、污染少、适用于不同储层地质结构条件的技术成为当前的重要任务。应进一步加强低污染和低成本的钻完井技术、复杂构造条件下的钻完井技术、水平井和多分支钻完井技术、低渗透储层高效压裂技术和多储层复合完井技术等的研发。在非常规天然气开发方面，通过国家油气重大专项，加大投入，优先发展煤层气、页岩气开发的关键技术，形成一系列符合我国气藏特点的先进且经济有效的核心工程技术和配套装备，完善高酸性气田安全开发技术，努力攻破页岩气勘探开发关键技术。政府、生产企业、高校及科研机构要全面加强合作，进行重大技术的联合攻关，引进国外的先进技术，通过引进、消化、吸收、再创新，积极探索适合我国的非常规天然气勘探开发的核心技术体系。加大针对不同类型储层的多段压裂改造技术、水平井和多分支井钻完井技术、实验分析测试技术等的研发力度，实现非常规天然气的低成本、低污染、高效益的规模化开发。

5. 全面实施和中亚地区油气开发合作

“一带一路”战略的全面实施，为加强我国与包括哈萨克斯坦、土库曼斯坦、乌兹别克斯坦、吉尔吉斯斯坦、塔吉克斯坦等五个国家在内的中亚地区的合作带来了机遇。中国开展同中亚地区在油气资源领域的合作，双方有着互补的油气资源供需格局及发展战略、共同的合作意愿、深厚的合作基础和广阔的合作前景。开展同中亚地区的合作有利于改善我国油气资源进口源地及进口方式过于单一等问题，优化能源进口的地区、品种和运输方式结构，实现多元化供给，提高进口油气资源的安全系数。

中国应积极探索和中亚地区的合作模式，根据合作双方的具体情况实施“贷款换石油模式”“产量分成模式”“联合经营模式”“技术服务模式”，从战略高度、从长远利益以及深化全面战略伙伴关系的大局出发，以互信、互利、平等、协作为基础，遵循“互利共赢”的原则。油气资源勘探开发的规模应与区域的资源环境承载力相适应，重视生物多样性保护，推广清洁生产与循环经济，综合治理环境污染。

中国油气工程技术服务产业分析与展望

2016年，世界整体经济局势不稳定，纵然中国经济总体相对平稳发展，但是下行压力日益明显。国际油价的波动，尤其是探底反弹之后，目前国内的成品油市场呈现出白热化的竞争局势。面对复杂严峻的国内外经营环境，国内外油公司进一步减少上游勘探开发资本支出，通过产业链条传递影响到油服市场，使得业务量的下滑、价格的降低以及设备停滞的增加，市场竞争日益激烈，全球油田服务行业整体进入“寒冬期”，行业内主要油服公司普遍出现亏损。

一、2016年中国油气工程技术服务市场分析

(一) 普遍出现亏损，行业整体进入“寒冬期”

2016年，从世界的角度来看，整体经济发展迟缓，差异性和风险性都有不同程度的增长。中国作为一个处于高速发展期的发展中国家，总体上，顶住了经济下行的压力，保持平稳运行。油服公司大幅削减勘探开发投资，油气工程技术服务企业面临量价齐跌的困境，财务状况上呈现出亏损和下滑的现状。

以中石化石油工程技术服务股份有限公司(以下简称石化油服)、中海油服、上海神开石油化工装备股份有限公司(以下简称神开公司)、安东石油技术(集团)有限公司(以下简称安东石油)、四川仁智油田技术服务股份有限公司(以下简称仁智油服)、西安通源石油科技股份有限公司(以下简称通源石油)、中石化石油机械股份有限公司(以下简称石化机械)为代表的多家公司亏损。石化油服的合并营业额为人民币1868986.30万元，比上年同期减少19.2%；营业利润降至-134988.10万元，营业利润变动率为-228.88%；净利润本期-450950.40万元，净利润变动率为-226.68%。中海油服营业收入减少，降低至698974.68万元，同比下降-43.40%；营业利润由上期降至-836603.83万元，降幅-812.22%；净利润下降至-839952.93万元，净利润同比变动率为-1011.09%。神开公司实现营业收入21032.40万元，同比变动-39.03%；实现营业利润-3322.98万元，同比变动-185.67%；实现净利润-2832.41万元，净利润较2015年同期变动-174.73%。安东石油总收入为67370.30万元，较2015年同期变动

-21.8%;实现营业利润4479.00万元，变动37.93%；2016实现净利润-6528.40万元，同比增长14.20%。仁智油服，报告期内实现营业收入5857.25万元，同比减少41.32%；实现营业利润-3745.24万元，同比减亏15.67%；实现净利润3476.68万元，同比减亏21.65%。通源石油，公司实现营业收入11880.00万元，较上年同期减少了55.00%；公司实现营业利润-3231.07万元，较上年同期减少了4.29%；实现净利润-1169.21万元，同比增长57.67%，实现减亏。石化机械实现营业收入147200.37万元，较上年同期减少了38.84%；公司实现营业利润20045.79万元，较上年同期减少了7261.27%；实现净利润-17024.65万元，同比亏损-890.00%。

分析来看，以上各家石油公司均有一定程度的亏损，主要是由于市场环境形式严峻，受油价下滑的影响，市场需求量不足导致油服业务的工作量和价格都有所下降，投资普遍减少和变缓，造成了营业额的减少，净利润为负的结果。

其中有三家公司值得关注，分别是安东石油、通源石油、石化机械，虽然在2016年净利润为负，但是同比2015年均实现了一定程度的减亏。主要是因为面对严峻的市场环境与投资环境，公司积极采取降本增效措施，缩小经营规模，大力调整业务布局，使公司得以减亏。

与之相反的是海洋石油工程股份有限公司(以下简称海油工程)、烟台杰瑞石油服务集团股份有限公司(以下简称杰瑞股份)，这两家公司在严峻的市场形势下仍实现了盈利。

海油工程实现营业收入509564.10万元，去年同期实现693502.31万元，变动-26.52%。本期实现营业利润-27467.77万元，去年同期实现营业利润173914.56万元，同比变动-115.79%。本期实现净利润86663.99万元，去年同期实现155437.85万元，变动-79.36%。

海油工程虽然实现了盈利，但是盈利水平相比2015年同期均有较大幅度的下降，并且营业利润为负，但是由于营业外收入的影响，使得公司当年的净利润为正。营业收入与营业利润下降主要是受行业低迷形势影响，公司总体工作量下降所致。另一方面，子公司向公司注资，带来的资产增值和递延收益结转产生的营业外收入，该事项增加报告期利润总额5.81亿元，增加净利润4.36亿元，使得公司在极为困难的大环境下仍然实现了正收益。但是，剔除营业外收入的影响，公司的营业利润表现很差，说明在目前严峻的市场形势下，海油工程的主营业务也呈现了亏损的状态。

杰瑞股份实现营业收入133608.44万元，相比于2015年同期增加8.98%。

实现营业利润11967.10万元，变动4.57%。实现净利润9721.97元，同比变动-5.18%。营业收入小幅增长，盈利小幅度下降，收入增长主要因为国外收入的增长，占比达到54.6%。全球营销网络的建立，使得公司经营业绩保持平稳回升。由于一体化技术和工程的综合服务水平的提高，带动了公司原有业务收入水平的提高。净利润下降主要因为2016年油价持续低迷，油服行业持续下滑，需求量的降低，尤其是油田专用设备，导致净利润出现明显下滑。

综上所述，2016年，由于石油行业的不景气，对于油服产业也产生了极大的冲击，油服企业经营状况受之影响，进入到企业经营的“寒冬期”。“寒冬期”的到来，使得一些公司开始居危思“变”，纷纷走上了降本增效的道路，得以在寒冷中寻得一份温暖。

（二）探索服务新模式，全力以赴开拓国内外市场

报告期，油气行业复苏缓慢，原油价格仍然低位徘徊，这样的情况下，国际国内在市场开发方面面临着更多困难。面对严峻形势，各大油服企业迎难而上，坚定不移地按照预定计划大力开拓国内外市场，有些企业利用“一带一路”战略下国家提供的相关政策，继续加强区域能源公司的业务联系，结合低油价下能源公司的需求，探索服务新模式，全力以赴开拓国内外市场。

1. 开拓国外市场

在国内市场已经趋于饱和的情况下，油服企业为求生存扩规模，无疑会把重心放在开拓国外市场上。2016年，主要的规模市场还是集中在中东、美洲、非洲、中亚蒙古及东南亚，但各家油服企业侧重点各有不同。

三大石油公司的海外业务较成熟。中国石油在2016年进入伊拉克市场后，渤海钻探油气井测试公司又顺利完成了委内瑞拉东部施工任务。同时，中国石油海外油气业务在中亚、中东等地区油气合作取得新进展，并继续巩固10年以来不断开拓的苏丹市场，进一步加强产能方面的合作。石化油服以科威特为其最主要的海外市场，在进一步拓展外部市场的过程中，首次获得了孟加拉浅海地震采集处理项目，使中国打开了海外浅海领域市场开拓的新局面。中海油服致力于建立全球市场信息共享机制，2016年中海油服成功进入了远东市场，填补了中国对北极海域实施三维地震勘探的空白；先后取得了中东、印尼和伊拉克的一些服务项目和合同；在中东地区、新西兰、远东获得了作业合同。海油工程继续将开外业务集中在东南亚、中东等区域，正在执行俄罗斯、巴西、印尼、北海、中东和非洲等地区的相关项目。

民营油服公司在这样的挑战面前，也积极进军国外油服市场。神开公司的海外市场以中东为主。此外，神开公司通过参与CIPPE石油展、第6届北非阿尔及利亚国际石油天然气展览会、阿曼国际石油天然气展等一系列展会，增加了国外市场开拓的机会。杰瑞股份分别为阿尔及利亚国家石油公司、乌兹别克斯坦和中东A客户设计制造了5台套压缩机组、两套CNG标准站和固井配套设备，对企业未来进一步开拓国外市场有着重要意义。此外，杰瑞股份通过参与第18届世界液化天然气大会(LNG18)、俄罗斯国际石油天然气展等展会，增加了国外市场开拓的机会。安东石油进一步加强在国际市场的持续突破与发展，主要关注中东、中亚、非洲地区以及中国投资者在海外投资区块的开发项目机会。通源石油拟收购美国RWS射孔服务公司90%股权，在北美油服市场迈出重要的一步，进一步实现射孔业务全球化。

总体来看，由于国内市场需求大幅萎缩，各大油服企业大力开拓海外市场，以求度过“寒冬”，并稍见成效。

2. 开拓国内市场

石油公司主要通过加强与其他公司的合作、对其他公司投资、并购等形式开拓国内市场。此外，由于国内市场持续低迷，石油公司在努力拓展国内市场的同时，增强了对非常规油气的关注，尤其是页岩气。由于三大石油公司在中国国内的地位十分牢固，其在国内主要通过合作、页岩气开发的方式开拓市场，而其他中小型石油公司则主要通过对其他公司投资、并购、页岩气开发的形式开拓国内市场。

在合作方面，中国石油与渤海钻探油气井测试公司将加强联系，共同开发BH-WFT电缆分层测试技术。中海油服与中国海油建立更加紧密的战略伙伴关系，进一步巩固了中海油服在南海的市场份额。同时，与壳牌公司的合作进程不断加深，中海油服与之签订的钻井、船舶等合同完成效果良好，得到了其一致认可。

在投资方面，仁智油服通过设立全资子公司的方式进一步延伸了公司的业务链条，其经营范围涉及到石油管具技术服务、钻井、完井技术服务等。通源石油完成了对一龙恒业的投资，进一步拓展公司业务布局，这与公司现有业务相互补充，相得益彰。

在并购方面，通源石油收购永晨石油，通过这次收购，通源将利用上市公司平台对各项业务进行整合，企业逐步转化为综合油气技术服务商。

在页岩气市场开发方面，中国石油的四川内江—大足页岩气项目、巫溪2井以西页岩气二维项目、昭通紫金坝页岩气三维项目进展十分顺利，在页岩气开发方面实现的成果颇丰。此外，为了保障页岩气开发项目顺利进行，增强其规模效益，降低开发成本，其西南油气田公司加强了页岩气技术的研发，成功研制出具有自主知识产权的复合桥塞，这是页岩气开发技术的一大进步。由于2016年上半年，国内市场维持低迷态势，客户加强对常规业务的市场保护，安东石油重点关注非常规项目的市场机会，尤其是页岩气项目，安东石油在过去一年中曾多次中标该类项目。

在其他方面，海油工程紧密关注渤中、蓬莱、流花、惠州、东方、涠洲等油气田相关项目。石化机械大力发展服务业务，以服务促市场开拓、补产品订货缺口。此外，天然气增压服务在全国各地的工作量都有所上升，如川西盆地、顺北地区、大庆、辽河、新疆、西南等。

（三）深化内部改革，管理体制机制得以优化完善

由于2016年严峻的市场情况，油服企业的业绩都发生不同程度的下滑，企业面临整体转型，经营管理机制不断发生变化。尤其是国有油服企业亟待整合内部资源、深化改革。在深化内部改革的过程中，各大油服企业采取的措施各有所不同，主要在战略转型、改革重组以及挖潜降本上有所作为。

首先，杰瑞股份积极进行战略转型。杰瑞股份致力于提供油气开发一体化解决方案，向油气综合服务商转型。同时，石化油服和通源石油积极进行改革重组。石化油服将四个区域公司进行了改革重组；通源石油公司继续缩小经营规模，淘汰和撤出不盈利项目和无效产能，大力调整业务布局。

此外，各大企业普遍都在通过挖潜降本来整合内部资源。

一方面，有些公司采取措施直接降低各方面成本，中国石油旗下华北油田采取污水回注节约成本；辽河分中心提出采购价格与去年同比变动-5%的目标；长庆油田水平井柱塞气举增产降本，施工时间缩短40%，成本降低10%。中国石化通过强化全员成本目标管理，实现降本减费人民币4.4亿元；裁减逾十分之一的岗位，下调管理人员和高管的工资3.28亿元推进低端业务剥离。

另一方面，有些公司通过提高效率降低成本。中海油服继续严控各项开支，扎实推进降本增效。安东集团继续进行人员优化，全面控制人力成本，同时根据业务发展需要，进行人员的结构调整，薪酬结构调整，完善休假机制，坚持“国际化”人才发展战略，根据业务需求进行人员配置。通源石油通过减支出、降库存、抓回款等方式全面降低成本。神开公司以提高运营效率，改善经济运行质量为目的，建立以资产效率为导向的考核机制，通过盘活存量资产，以提高资产使用效率。石化机械通过严格执行集中采购和招标采购降本等措施挖潜降本。

2016 年通过战略转型、改革重组以及挖潜降本等措施，各大油服企业积极地整合了内部资源，深化内部改革，主动提高企业自身管理水平。

（四）强化科技创新，技术与装备研发实力不断提高

科学技术是第一生产力，对于油服企业而言，更是如此。2016 年油价持续低迷，面对不利的大背景，各家油服企业只能以更优的质量、技术、效率和服务拓展市场，抵御油价冲击成为石油工程技术服务公司应对行业寒冬的重要战略之一。2016 年，国内各家石油工程技术服务公司在技术装备方面不断改进、突破，自主研发的技术装备在国际市场中得到高度认可。

在物探方面，中国石油自主研发出水力泵排液工艺，利用这种技术，中国石油在大庆油田的敖平 2 井、敖平 5 井等勘探活动得以顺利进行。

在钻井方面，中国石油的致密油藏水平井重复压裂技术、火山岩油藏水平井重复压裂技术以及其吐哈油田实施注水+重复压裂先导试验都取得重大进展。中国石化的马深 1 井钻探深度达到了 8418 米，在钻井方面突破亚洲最深钻井记录。中海油服的 950 型旋转导向钻井系统、800 型随钻测井系统顺利实施作业，中海油服的旋转钻井、随钻随测技术已经达到很高的水平。在压裂作业方面，杰瑞股份的二氧化碳泡沫压裂作业和压裂车装备取得了很大的进步，与艾里逊公司合作研发的压裂车性能十分先进，能够应对各种不利的井场地理条件。安东石油油基钻井液技术研究与应用、自主化定向钻井工具研究、可旋转尾管悬挂器也取得一定成果。石化机械的“3000 型成套压裂装备研制及应用示范工程”项目顺利通过验收，这一压裂装备获得了人们的一致赞赏。

在测井方面，中国石油在 WDT 井下无线传输试井系统、MWD 随钻测量仪器方面的试验与研发都取得了长足的进展。WDT 系统的无线传输距离更长，也更加智能化。中海油服的阵列侧向测井仪也取得了重大进展，在南海区域得到了广泛的应用。

在固井方面，中国石油的全过程塞流注替防漏固井技术、高密度盐膏层定向井固井技术、高端水泥浆体系大大保证了深井的固井质量，此外，中国石油在伊拉克哈法亚项目中 JK041D1 井等 3 口定向井固井中就是依靠盐膏层定向井固井技术，才保证了固井作业顺利完成。中海油服成功研制出 5 种新型固井材料，而且其远控双混固井设备成功作业，赢得作业者的赞誉。

在完井方面，中海油服完成 22 种完井工具定制化设计，在这些工具中，7 英寸（1 英寸=0.0254 米）封隔器的生产制造尤为成功。

在修井方面，中国石油合理配置整机动力，推广应用电动储能修井机，实现技术突破。海油工程的“基于摩擦叠焊的水下结构物修复系统关键技术研究”863课题成功验收，开发了水下摩擦叠焊焊接工艺，能够对水下管型结构物进行裂纹修复。石化机械的钻机提效工具、修井机节能改造等技术研发项目都在顺利进行当中，预计会大大提高修井效率。

在海上服务方面，中国石化的澗6井成功勘探到经济可采储量，标志海上服务能力进一步提升。中海油服 Yamal 项目中顺利进行的某6500吨模块的“自行式”装船作业，是公司在装船工艺上的重大创举。神开公司的“基于注采技术的水下采油树”，于2015年12月3日顺利通过市科委组织的项目验收。经水平查新，该水下采油树技术已经达到国际先进、国内领先水平。此外，杰瑞股份压缩机组成功中标中国海油项目，这是其压缩机组的又一重大进展。

在页岩气方面，石化机械公司申报的“深层页岩气开发关键装备与工具研制”项目获得“十三五”科技重大专项正式立项。

三大石油公司在技术装备方面的研发成果贯穿整个产业链，囊括了从物探到完井、修井一连串过程，其技术研发的一体化更强。而神开公司、杰瑞股份等中小型石油公司受其规模限制，则更偏重于某一环节的技术装备研发。整体看来各个石油公司的研发创新主要集中于钻井、固井和修井方面。中国石化、中海油服以及神开公司和杰瑞股份还进一步加强了海上服务方面的技术研发。

二、2016年中国油气工程技术服务产业面临的问题

我国油气工程技术服务行业专业重组以来，在人才、技术、管理和技术研发等方面获得了较好的成绩。在低油价的背景下，通过对业务的整合协调、深化改革、开拓市场和技术研发，在“寒冬期”还是取得了一定成绩的。但与欧美发达国家的油服行业相比，我国的油气工程技术服务行业还存在着很大的差距。当前我国油气工程技术服务行业面临的问题主要表现在以下几个方面。

（一）石油公司控制资本支出，市场总体形势严峻

2016年油价仍处于低价位，无论是国外大的石油巨头还是国有三大石油公司均大幅度减少勘探开发支出，导致油服公司的作业工作量锐减。根据 Spears & Associates 的数据，2016年全球石油工程技术服务市场总值约为2577亿美元，同比下降22%。国内的三大石油公司中，中国石油2016年上半年勘探费用为人民币90.21亿元，比2015年上半年的人民币123.99亿元降低27.2%；中国石化上半年勘探及开发板块资本支出人民币51.68亿元，比2015年同期134.18亿元降低61.48%；中国海油2016年上半年勘探和开发支出较去年同期分别减少40%和

30%。总体而言，石油工程技术服务行业仍处于“寒冬期”。

（二）国有油服公司垄断国内市场且国际化程度较低

国外大的油服公司的市场格局是多元化的，海外营业收入占总收入的比例基本上都在50%以上，其中斯伦贝谢海外营业收入占总收入的比例达75%，哈里伯顿和贝克休斯海外营业收入占总收入的比例也在65%以上，它们成功的转型为国际化的油气工程技术服务公司。而中国国有石油公司下属的油气工程技术服务公司海外营业收入占总收入比较低。石化油服2016年上半年海外业务占比为36.4%；中海油服海外业务收入占比最高，但其海外业务占比才刚超过40%。

此外，虽然我国最近几年先后出台了鼓励民营企业进入石油工程技术服务行业的政策，但目前该行业内仍以国有油服企业为主，大约占据了约90%的市场份额。与国有油气工程技术服务公司相比，民营公司进入市场时间晚且市场份额低，致使民营油服企业规模小、缺乏高新技术以及业务单一，根本无力与国有石油工程技术服务公司相竞争。油气工程技术服务行业市场化的步伐仍需进一步推进。

（三）油服公司管理水平有待提高

国有三大石油公司下属的油气工程技术服务公司占据着约90%市场份额，但其效率低下，行政化的管理方式导致的一些问题在低油价的背景下便被暴露出来。

将国有油服企业与国外同行业先进企业进行对比，国有油气工程技术服务公司缺乏现代企业管理理念，管理方式落后。以斯伦贝谢为例，该公司从业务和地域两个方面进行管理，斯伦贝谢致力于提高职工的生产力和资产的利用效率，减少单位成本。斯伦贝谢通过对未来市场状况的估计，力求在保证市场份额的同时获取利润。斯伦贝谢通过对职工进行培训，大大提升了职工的生产力，从而减少了员工的需求量，显著提升了生产效率。

虽然在目前的“寒冬期”国内各大油服企业都在致力于成本管理，改善现金流；但依然存在总部职能人员与一线工程运作人员之间职责不清、信息沟通不畅、相互缺乏支持与配合等问题，致使决策缓慢，不能及时应对市场需求的变化。所以国有油气工程技术服务公司应加强对国外同行业企业管理方式的学习。

（四）产业升级任务艰巨

国际大的油气工程技术服务公司实施技术领先战略，它们通过精密设备主要提供高端技术服务具有很强的议价能力，利润率很高。如斯伦贝谢推广了Broad-Band系列压裂和完井技术，大大提高了美国页岩油井的产量，显著提升了公司业绩，为继续超越竞争对手奠定了坚实的基础。

与之相比，国内大部分油气工程技术服务公司没有突出的优势业务，技术含量低，附加值和利润率很低。中国国有油气工程技术服务公司特别是中国石油、中国石化下属的油服公司，主要提供低附加值的钻井工程、地面工程、物探资料采集服务，高精尖技术服务占比较少，没有强大的核心竞争力；而中小型油服企业的状况就更差了，例如 2016 年实现盈利的杰瑞股份的销售利润率只有 9%，盈利能力很差。由此可以看出，中国油气工程技术服务行业自主创新能力不足，缺乏核心技术，需要提升行业市场竞争力。

此外，我国油气工程技术服务公司在非常规能源开发方面同样面临缺乏核心技术的问题。虽然我国页岩气开发技术和装备的国产化方面取得了一定的成绩，但由于我国地质条件复杂，勘探开发起点较晚，缺乏核心技术以及现在国际油价较低等因素的影响，未来页岩气的开发前景不明朗。虽然中国石化江汉油田涪陵页岩气公司的开发技术渐渐成熟，但对 3500 米以下的页岩气仍不具备开发能力，由于各区域的地质条件的复杂性该技术能否推广还存在较大的不确定性。

三、2017 年中国油气工程技术服务产业展望

展望 2017，受主要经济体的影响，世界经济复苏仍将面临挑战，中国经济保持平稳增长态势的压力仍然很大。全球原油市场供大于求的局面仍将持续，国际油价可能仍会在低位震荡。受此影响，2017 年国内外石油巨头勘探开发投资前景不容乐观，油田服务工作量和价格仍将处于低位，全球油气工程技术服务市场仍将处于“寒冬期”。然而，受益于我国经济的增长，石油和天然气的消费量仍将继续增长，随着国家“一带一路”战略的实施，石油天然气投资的增加，也为我国油气工程技术服务行业的发展提供机遇。

（一）低油价下油服行业经营状况预测

当前全球经济缓慢增长，咨询机构预计 2017 年石油公司仍会削减勘探开发投资，油气工程技术服务公司的工作量和服务价格同 2016 年相比不会有太大变动。

石化油服预计世界经济复苏仍将面临挑战，国内外石油巨头勘探开发投资前景不容乐观，油田服务工作量和价格仍将处于低位，全球油气工程技术服务市场仍将处于“寒冬期”；中海油服估计市场整体对原油价格走势不容乐观，公司的各项业务也将继续面临严峻的挑战；海油工程预测低油价仍将持续一段时间。油气工程技术服务行业发展面临的困难短时间内难以改变。

（二）低油价带来的管理方式创新的机遇

管理创新涉及公司治理结构、钻完井作业模式和商业模式等。在低油价时期，公司业务整合是普遍现象，作业模式和商业模式的完善与创新也是必然选择。

国内企业可以借鉴斯伦贝谢的双维度管理方式，从业务、地域两个方向加强管理。这样的管理模式，不仅在业务板块内利于技术交流，在地域上还能够促进经营管理。这样各板块内部在为油气公司提供服务的同时，还能实现资源共享和内部协同效应。此外，国内油服企业还要加强对职工技术操作能力进行培训，从而提升职工的生产力，减少员工的需求量，达到降本增效的目的。

建议国有油气工程技术服务公司继续深化国有企业改革，健全现代企业制度，在管理方式上向同行业国际先进企业取经；继续加强技术创新，苦练内功战寒冬；培养专业、卓越的现代经理人。

（三）低油价带来的技术创新的机遇

对油气工程技术服务公司而言，低油价既是严峻的挑战也是难得的机遇。低油价不仅能促进企业以优惠的价格获取尖端装备或者并购公司，还能使同行业企业进行研发合作，减少研发支出，促进技术创新。历史不断证明在低油价背景下，技术创新能够帮助企业降本增效，是增强企业核心竞争力的法宝。

国外油气工程技术服务公司都在技术创新方面增强竞争力，提高国际声望。斯伦贝谢通过增加研发支出，提高了创新能力的同时显著提升了公司的美誉度。此外，斯伦贝谢通过应用一系列创新技术，减小作业风险的同时也降低了作业成本，增强了在恶劣市场环境中的竞争力。国内油气工程技术服务公司应抓住本次低油价带来的机会，增加研发支出，加快技术攻关，促进成果转化，提升企业的创新能力。

（四）低油价带来的兼并重组扩大公司规模的机遇

在低油价的背景下，油气工程技术服务行业的竞争日趋激烈。在行业不景气时，加速行业内的兼并重组，将增强购买方的抗风险能力。

2016 年无论国外还是国内油气工程技术服务行业均发生了并购活动。国外有美国通用电气将下属的油气业务与贝克休斯合并，缔造了全球第二大的油气工程技术服务提供商。国内有通源石油通过调整资产重组交易方案取得大庆市永晨石油科技有限责任公司 55%股权，再算上之前对美国安德森公司的兼并，通源石油初步完成了中美市场的战略布局。

我国油气工程技术服务公司如果能够把握国际油价处于低谷的时机，积极并购海外优良资产，有利于我国油服企业扩大规模，增强竞争力，实现赶超发展。

虽然当下中国经济步入新常态，但仍保持中高速增长且未影响长期发展的利好局面，对原油的刚性需求仍维持在高位并远高于国内的供给；而油气作为中国重要的战略物资，为实现稳增稳产并保障能源安全，这些客观因素将促进中国石油的开采。因此，中国油田服务行业将受益于上述因素的影响，具有较大的发展空间，前景可期。

中国炼化产业分析与展望

2016年，由于成品油价格跌幅远小于原油价格，炼油商获得高额利润，但是由于炼化企业的产能过剩、油品质量升级压力、碳交易权和排污许可权导致的环保成本加大等问题存在，未来炼化企业通过调结构、降成本、提效率、智能工厂建立、技术创新等有望进一步改善盈利能力。

一、2016年中国炼化产业发展状况

目前世界经济复苏缓慢，中国经济下行压力较大，但受到原油价格持续低迷、消费结构分化、国家成品油“地板价”政策红利、地炼企业三权放开、炼化企业供给侧改革的综合作用下，炼化产业景气回暖。据2016年国家统计局数据显示，中国国内石油表观消费量5.57亿吨，同比增长3.0%。其中，原油表观消费量5.78亿吨，同比增长5.6%，对外依存度65.4%；天然气表观消费量2183.2亿立方米，同比增长9.3%，对外依存度32.9%；成品油表观消费量约为3.15亿吨，同比下降1.1%。其中汽油表观消费量1.20亿吨，同比增长3.4%；柴油表观消费量1.65亿吨，同比下降5.8%；合成树脂表观消费量1.08亿吨，同比增长4.1%；乙烯表观消费量0.19亿吨，同比增长4.3%；烧碱表观消费量0.31亿吨，同比增长10.6%。

2016年中国炼油产业原油加工量5.41亿吨，同比增长2.8%。其中生产汽油1.29亿吨，生产柴油1.79亿吨，生产煤油0.40亿吨，成品油生产总量合计达到3.48亿吨，比2015年增长2.5%。2016年化工产业主要产品中，乙烯产量1781.1万吨，同比增长3.9%；合成橡胶产量545.8万吨，同比下降8.9%；合成纤维产量4536.3万吨，同比增长3.5%；烧碱产量3283.9万吨，同比增长8.8%；纯碱产量2588.3万吨，同比增长2.6%。化肥产量7004.9万吨，同比下降4.8%；其中，氮肥、磷肥产量分别下降7.9%和0.2%，钾肥产量增长8.4%。农药产量377.8万吨，同比增长0.7%；橡胶轮胎外胎产量94697.7万条，同比增长8.6%；电石产量2588.28万吨，同比增长4.2%。

（一）炼化产业盈利能力得到明显改善

根据国家统计局数据显示，2016年中国炼化产业主营业务收入为12.09万亿

元，与2015年相比增长3.43%；其中，炼油业同比下降2.0%。炼化产业的成本费用总额占收入比重93.58%，同比增长了6.0%。2016年炼化产业利润总额增加，全产业累计实现利润总额6776.83亿元，同比增长了27.56%；其中，炼油业利润总额1703.61亿元，增幅120.4%，化工产业利润总额5073.22亿元，增长11.7%。炼油业主营业务收入的利润率为5.92%，化学工业主营业务收入的利润率为5.51%，均较2015年有所上涨，分别比全国规模工业平均主营业务收入利润率低0.05%和0.46%，差距较小。

炼化产业整体经济增速放缓以及油价持续下跌也对三大石油公司的经营业绩产生了不同程度的影响。其中，中国石油2016年前三季度净利润17.24亿元，同比下降94.4%；炼油与化工板块经营利润人民币343.11亿元，比2015年同期经营利润人民币30.59亿元增加人民币312.52亿元；其中，炼油业务实现经营利润人民币257.16亿元，化工业务实现经营利润人民币85.95亿元。中国石化2016年前三季度实现净利润约291.66亿元，同比上升约12.6%；其中，炼油板块实现经营收益人民币435.04亿元，同比增长183.12%；化工板块经营收益达人民币191.35亿元。中国海油2016年前三季度营业收入约为10.80亿元，同比下降近40%。

（二）炼化产业供给侧改革成效显著

2016年炼化产业依然面临着传统大宗产品产能过剩的难题。炼化企业供给侧改革以“稳增长，调结构”为指导，加快淘汰落后产能，实施技术改造，发展高附加值、高端化工产品，实现产业体系高效化、产业布局集约化。

在“稳增长”方面，改变过去冲动式投资，不盲目增产，保证烯烃、芳烃类等大宗产品的生产能力，在提高油品质量的基础上，以市场需求为导向，生产高清洁油品。2016年，原油加工量、汽油、柴油和煤油较2015年稳定增长。2016年前三季度，中国石油共生产乙烯414.7万吨，较2015年增长了15.4%；中国石化深入调整原料、产品和装置结构，乙烯原料成本进一步下降，生产乙烯547.8万吨，较2015年下降了1.19%。中东海湾投资集团香港华通投资控股有限公司与沙特公司于2016年6月7日正式签约，在七大产业基地之一的曹妃甸区建设1500万吨/年炼油及下游化工产品生产制造项目。

在“调结构”方面，控制产能已严重过剩的低端化工产品的生产，生产清洁油品及具有高附加值的产品，产品结构向着“绿色”和“高端”两个方向发展；同时，还要推动产业布局趋于合理，建立石化产业园区。2016年尿素、磷铵、电石、烧碱、聚氯乙烯、纯碱和黄磷较去年同比下降。中国石油控制尿素生产，前三季度尿素产量为165.7万吨，较去年降低7.3%。锦州石化按照“三增一停”的原则进行产品结构调整，增产97号汽油、增产低凝柴油、增产高标号汽油，不再生产90号汽油；同时按照“高效高产、低效低产、无效停产”的原则，先后在炼化工艺、产品结构、销售方式等方面进行调整，有效缓解了油品库存压力。兰州石化在进行产品结构调整的时候，根据市场情况，实行“一厂一品”，做到每个品种都推出竞争力强的龙头产品。2016年中国石化加大高附加值新产品的研发、生产和推广力度，针对低端产品同质化进行产品改进，前三季度合成树脂专用料比例达到58%，合成纤维差别化率达到83.2%。

2016年炼化产业集聚建设取得一定成果。目前我们形成了长三角、珠三角、环渤海三大石化产业聚集区，建成了22个千万吨级炼油、10个百万吨级乙烯基地；建成了青海和新疆钾肥等大型化工基地；还建成了宁东、陕北、蒙西等现代煤化工基地。此外，32家新型工业化示范基地已建成，化工园区建设取得新进展，产业集聚能力持续提升。

（三）炼化产业成品油质量升级步伐加快

2016年2月25日，国家发展改革委发布与油品质量相关的最新政策，即《关于进一步推进成品油质量升级及加强市场管理的通知》。该政策规定2017年1月1日起，停售低于国Ⅴ标准的汽、柴油，全面供应符合国Ⅴ标准的车用汽油（含E10乙醇汽油）和车用柴油（含B5生物柴油），这标志着中国将从2017年开始正式迈入国Ⅴ时代。

2016年，为确保能够按国家规定的时间节点供应国Ⅴ油品，中国石油和中国石化继续加快油品质量升级节奏。2016年中国石油继续实施升级改造项目共22项，到2016年底，中国石油的汽、柴油将全部达到国Ⅴ标准要求。目前，兰州石化300万吨/年柴油加氢装置产出的精制柴油，硫含量小于0.001%，比政策规定的截止时间提前3个月迈入国Ⅴ时代，满足西部市场对绿色油品的需求。升级油品质量也是锦州石化开拓海外市场的一支重要力量。中国石化森美（福建）石油有限公司厦门分公司旗下的加油站以92号、95号汽油取代原来国Ⅳ标准的93号、97号汽油，同时还增加98号汽油。

（四）炼化企业坚持技术装备的创新与发展

国际油价持续低迷，市场需求萎靡不振，行业竞争不断加剧。面对复杂严峻的国内外形势，炼化企业唯有坚持技术和装备的创新和发展，才能不被淘汰。炼化企业在清洁生产和智能控制、油品质量升级技术、炼油和乙烯装置技术改造等技术方面不断发展。中国石油和中国石化等大型国内炼化企业在以上三个技术方面普遍有所发展。民营炼化企业在炼油和乙烯装置技术改造方面也有很大进步。

清洁生产、智能控制等先进技术的使用，改造提升了炼化企业现有生产装置，提高企业的生产效率和综合竞争力。中国石化炼化工程集团SEG洛阳技术研发中心和独山子石化共同承担的“降低催化裂化装置NO_x技术开发”，降低了氮氧化合物的排放，显著增加了经济效益和社会效益。大数据、云计算、网络技术等数据处理技术与先进的制造模式相融合的信息管控技术，广泛在炼厂生产和经营管理中应用，形成了智能化、数字化炼厂，这大大提高了企业的管理和生产效率。中国石化在智能炼厂的建设方面走在了国内前列，在燕山石化、镇海炼化、茂名石化、九江石化4家企业进行了智能炼厂建设试点。中国海油及中海石油炼化组织调研组到镇海炼化学习智能工厂建设思路和经验。双方探讨了各自智能工厂建设的经验和思路。镇海炼化通过业务驱动智能工厂建设，一直坚持“全生产过程优化、全生命周期管理、全业务领域覆盖、全方位资源支撑”，成效显著，值得借鉴。

炼化企业不断改进清洁油品装置，改善油品质量。中国石油天然气股份有限公司玉门油田分公司炼油化工总厂采用MTBE脱硫工艺技术，实现了MTBE产品硫含量的下降，达到了汽油调合标准。中国石化石油化工科学研究院开发的催化裂化柴油加氢-催化裂化组合生产高辛烷值汽油(LTAG)技术，在中国石化青岛炼油化工有限责任公司一次开车成功。该技术的使用大大提高了汽油收率，改善了油品质量。

炼化企业坚持推进炼油和乙烯装置技术的升级改造。由中国石油东北炼化工程公司吉林机械分公司开发的国内首台大直径聚乙烯离心机设备通过了相关部门的验收，标志着我国聚乙烯原料中的悬浊液分离技术进入新的发展阶段。中国石化镇海炼化首台真密度分析仪通过试用，完成了对聚乙烯粒料密度数据的测试，试用成功并正式投入使用。这是中国石化第一台用于聚乙烯样品密度分析的新设备，也是炼化行业第一次使用真密度分析仪完成对聚乙烯粒料的密度数据测试。国内首套自主研发的超级悬浮床工业示范装置一次开车成功。该装置由三聚环保和北京华石联合能源科技发展有限公司联合开发，这标志着我国自主研发的超级悬浮床关键技术及装备一举实现了重大突破，跻身重油加工技术世界领先行列。

(五) 炼化企业加强合资合作，拓展合作伙伴

炼化企业坚持合资合作战略，不断拓展合作领域、创新合作模式。大型炼化企业不断加强国际合作，小型炼化企业不断推进自身合作。不同类型的炼化企业根据自身实力和规模选择合适的合作方式和合作伙伴。

炼化企业不断推进国际产能合作。2016 年 1 月 19 日，中国石油化工股份有限公司和沙特阿美公司达成共识并签署了战略合作框架协议。该协议旨在提升沙特阿美向中国石化供应原油的竞争力，并积极探索在其他领域的合作。2016 年 3 月 22 日，中海石油与壳牌取得共识并达成协议，扩建中海壳牌石油化工有限公司。该项目包括一套乙烯裂解装置和其他衍生品生产装置，和一套目前国内最大的苯乙烯/环氧丙烷和聚醚多元醇(SMPO/POD)生产装置。

民营企业之间也在不断加强合作。2016 年 2 月 29 日，中国(独立炼厂)石油采购联盟正式宣布成立。联盟的成立标志着中国民营地炼从销售到原料采购已实现“市场化”特有的自由式发展。首批共有 16 家企业加入联盟，包括山东东明石化、东营市亚通石化、山东汇丰石化、山东金诚石化等。联盟的成立旨在为有进口原油配额的地炼企业建立集中采购进口原油的平台，实现集中采购、一致谈判、统一价格、集中结算、并按各自配额分量使用。

(六) 国家政策与公司管理相结合，促进安全、环保和节能工作的进行

2016 年，政府和企业持续关注炼化产业的安全、环保和节能减排工作，安全生产是炼化产业不可忽视的关键一环，碳排放权、排污许可证政策的颁布进一步促进了环保工作的进行，同时，政府、三大石油公司和地炼企业积极通过各种政策和措施实现公司节能减排。

炼化产业的安全问题至关重要，安全生产是一切工作的基础和前提。国务院办公厅在意见中提出加强安全生产，国务院安委会办公室在全国范围内开展安全检查。三大石油公司积极建立相关制度，采纳有效措施保障公司安全开展工作。其中，中国石油宁夏石化化肥装置针对常见事故建立竞争上岗机制，实现了减亏 6000 万元的经济效益；中国石化石家庄炼化实施了安全环保处和生产、设备、工程、行政四个安委会分委会晨会整改问题通报制度，力求做到安全生产日常化，镇海炼化举办国际安全评级系统内审员培训班，安全水平向国际看齐；中国海油调整 QHSE 系统管理职能定位，公司安全形势整体平稳。

在“十三五规划”开始之际，环保问题依然是社会关注的重点问题，国家针对目前的环境状况展开研讨、颁布了一系列的法律法规，企业也通过各种方式实现工程环保达标。2016 年，全国环境保护工作会议、世界环保大会、中国环博会高峰论坛会议、亚洲炼油和石化科技大会的召开保持对于炼化企业环保的持续关注。同时，国家在法律法规方面出台了一系列的政策支持环保工作开展。2016 年，国务院办公厅印发的《中华人民共和国环境影响评价法》《“十三五”控制温室气体排放工作方案》《控制污染物排放许可制实施方案》和国家发展改革委发布的

《关于培育环境治理和生态保护市场主体的意见》从环境影响评价制度、碳排放权、排污许可证等方面提出更加严格环保管理要求。炼化产业的三大石油公司和地炼企业通过建立公司制度和技术攻克实现环保工作的顺利开展。中国石油兰州石化通过《建设项目环保“三同时”管理》《环境监测管理》《环境信息公开管理》和10多项环保改造项目推进兰州石化环保工作进行，锦西石化投资2997万元实施污水车间恶臭气体治理项目。同时，为确保地炼环保达标，大部分地炼企业实现在线监测管理废水、废气，对热电厂及动力站锅炉进行脱硫脱硝处理。在环评方面，提出对于化工园区的改造、不符合要求退出等要求，山东省龙口市叫停了一个中新合资的大型石化产业园项目的环评工作。

在进行环保工作的同时，节能减排也是关注的重点，国家召开会议聚焦节能减排，三大石油公司和地方炼厂积极投入资本实现节能效益。2016年，石化产业发展大会的绿色发展论坛聚焦减排与治霾。《石化和化学工业发展规划(2016—2020年)》要求利用清洁生产等先进技术改造提升现有生产装置，实现节能减排。在公司层面，中国石油大港石化攻克三泥雾化技术，实现公司节能环保。中国石化推行合同能源管理和能源管理体系建设，推行碧水蓝天项目，巴陵石化优化减少气溶胶排放工艺，扬子石化使用一级减压炉空气预热器引风机永磁调速系统，南化研究院“新型环保增塑剂DINCH合成工艺研究”项目均实现节能减排。中国海油计划在“十三五”期间投资13.88亿元用于254个节能改造项目，尤其是惠州炼化通过开展能量系统优化、加热炉改造、推进能源管控中心建设等措施，降低炼油综合能耗。同时，地方炼厂也在节能减排方面取得显著的成果，内蒙古乌海亚东精细化工项目废水处理工程采用高效节能机械蒸汽再压缩处理技术，使废水处理后再利用，万达石化集团引进世界领先的丹麦托普索WSA酸性气制硫酸工艺企业，节能环保效益突出。

综上所述，炼化产业积极进行供给侧改革、油品质量加快升级步伐、坚持技术装备的创新与发展、加强合资合作、促进环保安全工作的进行，努力完成炼化产业的转型，实现盈利能力的改善。但是炼化企业依然面临很多问题和挑战，为实现炼化企业的健康可持续，政府和企业需要不断改革，寻找合适的方式，促进炼化企业的发展。

二、2016年中国炼化产业面临的问题

在低油价的背景下，炼化企业通过实施供给侧改革、优化产业布局、调整产业结构、不断进行技术创新和合资合作等措施使盈利能力得到一定程度的改善，

但是炼化企业转型的阵痛依然没有结束，供给侧改革困难重重，产能过剩、油品质量升级、技术装备创新、环保压力等问题依然亟需解决。

（一）炼化产业供给侧改革困难重重

《2016年度石化行业产能预警报告》数据显示，2016年中国炼油能力维持在8亿吨左右，需求约6.8亿吨，剩余产能为1.2亿吨，炼化产业依然面临低端产能过剩的难题，但是因为“石油地板价”的保护措施，炼化产业呈现盈利状态。良好的效益，再加上原油进口权和使用权的开放，解决了地炼难以获得炼油原料的难题，部分地炼开始扩能增产，例如，荣盛石化、桐昆集团、巨化集团等企业出资建设舟山大炼化项目，大连恒力石化在大连长兴岛投资了2000万/吨炼油及配套芳烃项目。在这种情形下，如何协调好新增产能和供给侧改革之间的关系，如何进一步深化供给侧改革成为新的问题。

2016~2020年《石化和化学工业发展规划》指出，2016年石化和化学工业企业数量多、规模小、产能分布分散仍然较为突出。这意味着中国产业布局不尽合理，这也是中国供给侧改革的深化中产业布局部分需解决的难题。

（二）炼化企业面临油品质量升级的巨大压力

2016年12月23日，环保部发布了最新的国家污染物排放标准，即《轻型汽车污染物排放限值及测量方法(中国第六阶段)》，该标准计划于2020年7月1日开始实施。与“国Ⅴ”排放标准相比，“国Ⅵ”标准还要严苛30%，该标准要求进一步降低车用汽油中烯烃、芳烃含量和50%馏出温度等含量，车用柴油中多环芳烃含量也要求降低。炼化企业刚刚完成油品升级到“国Ⅴ”的任务，就要在两至三年时间内升级到“国Ⅵ”标准，尤其是产能过剩的前提下，产能的扩大受到严格控制，无论是从成本还是技术角度考虑，这样的速度使企业面临巨大压力。

（三）技术装备水平较国际先进水平存在较大差距

近年来，中国炼化工业技术进步取得了显著成就，突破了一大批关键技术，行业技术水平不断提升，但总体上仍有不小的差距。国内大型炼化企业以及民营炼化企业在炼化技术和装备方面普遍存在技术水平未达国际先进水平的问题。中国炼化技术与国际先进水平仍存在较大差距，特别是在清洁生产和智能控制、油品质量升级技术、炼油和乙烯装置技术改造等技术方面。

炼化企业在利用清洁生产、智能控制等先进技术生产方面还存在一些问题。目前清洁生产存在技术支撑体系不完善等问题。目前我国仍有大部分行业并未制定行业标准和评价指标体系，且现有的标准及指标体系并未给出达到这些标准和指标的技术路线，这就为炼化企业实施清洁生产造成了障碍。此外，智能技术的应用存在安全问题。2016年《国家信息化发展战略纲要》把确保安全放在重要位置。炼化企业的工业控制系统在走向智能化的同时，其工业控制网络也变得更加透明、开放，由此造成了工业控制系统日益突出的安全问题，其造成的损失不可估量，迫切需要加强工控信息安全措施。

炼化企业在加快建设清洁油品装置，改善油品质量方面存在瓶颈。在催化技术方面，虽然世界首套固体酸催化剂烷基化装置在中国山东汇丰石化集团有限公司旗下的淄博海益精细化工有限公司试车成功，但该套装置采用了由耐思特油业集团、雅保公司和西比埃公司共同研发的AlkyClean技术。

炼化企业在炼油和乙烯装置技术改造方面亟待提升。在生产环氧乙烷和乙二醇的技术方面，中国海油和壳牌联合成立了中海壳牌石油化工有限公司，使得业界领先的壳牌OMEGA和多元醇技术在中国得到首次应用，这将使中海壳牌产品范围得以拓展、年产能力翻一番。在渣油转化技术方面，随着原油劣质化和重质化趋势的加剧，其加工难度不断增大，渣油的转化成为石油资源高效利用的核心。炼化企业在渣油转化技术方面有待提高，如渣油加氢处理与重油FCC双向组合技术（RICP）、多产轻质油的FGO选择性加氢与选择性FCC集成技术（IHCC）等。在重油加工技术方面，炼化企业需要持续研发清洁的焦化工艺技术。清洁高效除焦技术开发，包括焦炭破碎系统、焦炭输送系统、焦炭脱水系统、废气处理系统等等。

（四）炼化产业环保压力持续增加

2016年，国家相继出台相关政策解决环保问题，为了适应国家的环保要求，环保压力加大了企业的生产成本。油品升级、排污许可证和碳排放权以及各项标准的颁布都需要企业投入资本，进而加大了企业的环保成本，尤其对于地炼企业的环保压力较大。炼油企业投入大量资金新建装置和升级改造现有装置满足国V标准，其中中国石油和中国石化在炼化板块的资本支出大多应用在提高油品质量的装置支出上。《"十三五"控制温室气体排放工作方案》和《控制污染物排放许可制实施方案》的发布使得排污许可权和碳排放权加大了企业的环保成本，《烧碱、聚氯乙烯工业污染物排放标准》（GB 15581—2016）增加了烧碱和聚氯乙烯现有企业的资本支出和生产成本。2016年10月，第二批中央环保督查组在山东开展环保督察工作，使得很多中小地炼企业在手续不全下关停。因此，环保成本加大依然是炼化企业面临的主要环保问题，在油价低迷的市场经济条件下，如何解决这个问题，为企业带来环境效益和经济效益是炼化企业面临的挑战。

综上所述，产能过剩、油品升级压力大、技术装备与国际化水平有差距、环保压力等均是炼化企业目前面临的问题，如何在未来合理地解决这些问题，在竞争中实现炼化企业的持续健康发展是目前炼化企业需要考虑的问题。

三、2017 年中国炼化产业的展望

中国经济将保持平稳增长，将带动境内成品油石化产品需求，且需求逐渐高端化。2017 年炼化企业的盈利能力将有所提升，随着炼化企业的转型、油品的不断升级、环保技术的攻克、“走出去”战略的实施、信息化的建立，炼化企业的经济效益有望提高。

（一）炼化产业盈利能力有望进一步改善

国务院办公厅颁布的《关于石化产业调结构促转型增效益的指导意见》指出了目前炼化产业应当进行调整结构、化解产能、绿色发展、合理布局、推进国际合作实现炼化产业的稳步发展。国家发展改革委发布的成品油地板价带来政策性红利，兼顾了消费者和企业双方的利益，保障了国家石油安全，由于产能过剩造成炼化产业的营业收入减少，但国家供给侧改革积极促进落后产能改善，同时，地炼企业进口原油使用权、原油进口权和成品油出口权“三权”申请促进落后产能淘汰、小炼厂由于环评等因素停产、对产能扩建限制促成产品质量升级等有利于改善炼化产业产能过剩问题，未来炼化企业通过调整产业结构、生产高附加值产品、优化产业布局、降本增效、加强企业管理，实现炼化企业绿色安全发展，使炼化企业高盈利得以持续。因此，在目前油价持续的情况下，炼化产业处于景气周期，盈利能力有望抓住机遇得到进一步改善，但也受制于产能过剩、“双轨制”油品升级压力和安全环保压力过大等问题，增长的空间受限。

（二）炼化产业供给侧改革稳步推进

“十三五”规划将“推进供给侧结构性改革、加快发展新型制造业、培育壮大新兴产业、改造提升传统产业”列为石化行业转型发展的重点。在“十三五”规划和《关于石化产业调结构促转型增效益的指导意见》指导下，未来，炼化产业工作重点主要是调整结构，转型升级，化解过剩产能。具体体现在以下五个方面：控制新增产能，淘汰落后产能；升级传统设备，推动装备创新；提高产品质量，调整产品结构；转变生产思路，把握市场脉动；推进国际产能合作，产能“走出去”。

推动产业园区的建设，优化产业布局，也是推动供给侧改革的重要部分。未来要从以下几个方面入手：做好城镇炼化企业搬迁入园或转产关闭工作；做好新建炼化项目和新建化工项目分别全部进入石化基地和化工园区工作，有序推进沿

海七大石化产业基地建设，提升产业集聚能力，完善炼化产业布局；做好化工园区规划建设，智慧化工园区试点工作，依法做好综合评估和信息公开；结合当地环境和大型煤炭基地开发条件，做好中西部有序发展现代煤化工产业工作。

(三) 技术装备向“国际化”水平看齐

我国炼化行业快速发展，技术水平不断提升，部分技术已达世界先进水平，但总体而言仍有较大差距。我国应坚持技术创新和设备研发，向世界先进水平看齐。国务院、国家发展改革委和能源局都发布了相关文件，以促进炼化企业技术和装备的创新和发展。

国务院发布了《关于石化产业调结构促转型增效益的指导意见》，提出把增强创新能力作为主要目标，突破一批关键共性技术，研制一批重大成套装备和核心零部件，建成一批综合性服务型研发平台，向国际先进水平发展。

国家发展改革委和能源局发布了《能源技术革命创新行动计划(2016—2030年)》，制定能源技术创新国际化战略，坚持能源技术的国际合作与发展，充分利用国内和国际先进的技术资源，提升我国对全球能源技术发展的贡献。

(四) 合资合作将迎来新的机遇

不少国家对我国炼油化工技术与装备有着现实的需求。政府组织相关部门进行了产学研体系建设，炼化方面的专家提出把中国炼化打造成第三张“国家名片”，以加快我国炼化产业“走出去”的步伐。

“一带一路”沿线国家，加快推进产业结构调整，促进炼化产业发展；沿线国家的炼化装置都比较陈旧，技术相对落后。因此，我国先进的炼化技术向“一带一路”沿线国家的转移具有一定的必然性，是产业发展的必然趋势。

政府倡导炼化企业、高校和科研机构与国外相关机构进行合作，展开联合技术创新，并运用以企业为主体的产学研用协同创新体系，整合了一系列研发平台，加快了我国的科研进程。

两会期间，能源化工领域的12名院士和5名专家联名上书中央，认为我国炼油化工技术和装备加快“走出去”的条件已经成熟，建议将中国炼化打造成为继高铁、核电之后的第三张“国家名片”，促进我国炼化行业的发展。

(五) 安全绿色发展成为炼化产业的发展方向

全球迎来低碳经济的时代，在“四低”发展趋势下，2016年《石化和化学工业发展规划(2016—2020年)》和《关于石化产业调结构促转型增效益的指导意见》提出对于行业和企业安全、环保和节能减排的要求。在安全方面，从监管和化工品本质两点加强安全管理，加强对于化工园区的安全要求，尤其是各种安全设施的建设和生产责任制的建立，同时，注意高危化学品的搬迁、智能化改造，淘汰落后高危化学品，综合监管化学品的全生产周期。在环保方面，健全碳排放权和排污权交易市场，同时加大技术研发投入。国务院指出 2017 年启动全国碳排放权交易市场，到 2020 年建成制度完善、交易活跃、监管严格、公开透明的全国碳排放权交易市场，随着碳排放权和排污权有偿交易进一步完善，相关抵押贷款等绿色信贷业务发展，企业的节能环保意识会更加增强，良性循环会进一步形成。同时，加大环保技术的研发投入，中国石化北京环保技术中心的成立将为打赢环保“三大战役”、提升环保管理水平提供强力支撑。在节能减排方面，加大节能减排力度，加快推广节能技术和节能装备。因此，2017 年应当加大安全、环保、节能等实施与建设力度，加强源头管理与部门监管，对于不合规的企业要求整顿或关闭，落实企业责任，加快智慧化工园区的建设，促进炼化产业健康发展。

综上所述，2017 年炼化产业盈利能力进一步改善、化解过剩产能、技术装备向国际化水平看齐、国际第三张名片的推出、碳交易市场的完善等能够促进炼化产业在低碳环境下的转型，不断创新发展，进而形成绿色炼化产业。

中国油气管道产业发展分析与展望

2016年，中国油气管道建设放缓，但油气管网仍在持续完善。截至2016年底，中国已建成油气管道总里程11.64万千米，其中天然气管道6.8万千米，原油管道2.29万千米，成品油管道2.55万千米。新建成投产的油气管道以延续“十二五”期间开工的管道为主，并已基本形成连通海外、覆盖全国、横跨东西、纵贯南北、区域管网紧密跟进的油气骨干管网布局。在油气管网建设运营体制改革深入的大背景下，管网信息公开成为热点话题，油气管网是否应该独立再次引起关注。

一、2016年中国油气管道产业发展分析

(一) 国内管道

1. 天然气管道建设与运营有序进行

(1) 中国石油

鄯善县天然气输气管道工程完成最后一道金口焊接，工程全线贯通。该项工程分为两条线路，高压线路起自吐哈油田轻烃分输站，止于鄯善县城北门站，线路全长17.2千米。中压线路起自鄯善县城北门站，线路全长2.16千米，穿越国道1条、沟渠1条。新疆鄯善县天然气输气管道工程为鄯善县输气管道安全隐患整改工程，是提高鄯善中心城区天然气管网输供气能力的核心工程，也是保障百姓生活的民生工程。

四平—白山天然气管道(简称平山线)顺利投产。平山线起点为哈沈线四平分输清管站，终点为白山末站。管道线路全长约350千米，管径为323.9毫米，共设4座输气场站、14座截断阀室。工程采用SCADA控制系统，自动控制系统纳入北京油气调控中心，可实现场站监控、阀室监视、调度管理等任务。该管道的顺利投产，将全面提高吉林省天然气管网覆盖率、气化率和工业用气量，可使吉林省天然气利用达到全国领先水平。

陕京四线输气管道工程正式开工，陕京四线输气管道工程包括1条干线和高丽营—西沙屯、马坊—香河—宝坻、香河—西集3条支线。本期建设包括1条干

线1条支线，总长1114千米。干线起自陕西省靖边首站，途经内蒙古、河北，止于北京市高丽营末站，全线隧道穿越4处、河流大型穿越6处、河流中型穿越35处、铁路穿越28处、高速公路穿越26处，设计年输量250亿立方米。管道沿线设置红墩界、鄂尔多斯、托克托、乌兰察布和张家口5座压气站。陕京四线的建设，对于增加华北地区天然气供应量、提升冬季调峰供气能力、治理大气污染将发挥重要作用。

截至8月8日，中卫—贵阳天然气管道(简称中贵线)2016年已输气20.57亿立方米。投产4年来，中贵线已累计输气195.31亿立方米。中贵线是我国首条南北走向大口径天然气管道，起于宁夏中卫，止于贵阳末站，途经44个县市区，全长1898.37千米。中贵线的建成投运，使西气东输管道、川渝管网和中缅天然气管道相互联结，共同组成不同层次的大型环状管网，对增强我国管网调配灵活性和供气保障安全性意义重大。

涩宁兰天然气管道助力西部绿色开发。该管线西起柴达木盆地东部三湖地区涩北一号气田，通过兰定支线到达定西市，通过兰银线联通西气东输，是国家西部大开发重点建设项目，也是20世纪初西部地区建设的第一条高压、大管径长输天然气管道，该条管道承担着将青海气田优质天然气外输至西宁、兰州等西部重镇的使命。截至8月15日，涩宁兰天然气管道自2001年全线贯通以来已累计输气430亿标准立方米，其中，由西气东输管道下载反输14亿标准立方米，为甘、青、宁三省人民平稳使用清洁能源做出巨大的贡献。

(2) 中国石化

新粤浙天然气管线项目获准开工。国家发展改革委于8月正式核准了新疆煤制气外输管道工程项目，至此该项目已经具备开工建设条件。作为国家核准的大型能源项目，新气管道项目总投资1300多亿元，主要建设内容包括1条干线和6条支干线，全长合计约8400千米。其中干线起自新疆昌吉州木垒县，终于广东韶关，设计输量300亿立方米/年。新粤浙管道建成后，中国石化将拥有川气东送、新粤浙管道两条天然气干线，中国石油天然气管道一家独大的局面将被改写。由于新粤浙管道在很多省份与中国石油西气东输管道重合，这意味着对于沿途省份而言，今后将有更为灵活的气源选择。

截至10月11日凌晨，天然气分公司川气东送管道累计输气量突破500亿立方米。川气东送管道自建成到目前已形成由普光气田、涪陵页岩气、元坝气田组成的多气源供气格局，川气东送天然气管道有限公司采用SCADA系统实施全线自动化监控和调度管理，充分发挥全线一体化的生产调度指挥职能，全天候实时掌握管道各项运行参数，及时处置各种异常状况。其下游用户数量已由2009年向1家下游用户供气，至2016年实现向川渝、鄂赣皖、苏浙沪八省市共38家下游用户供气，年供气量已达到120亿立方米。

11月5日，经过120余天的紧张施工，中原—开封输气管线(简称中开线)和南气北输黄河北大堤爬越工程两条管线全线贯通。这两项工程由中原油建油气储运工程处施工，在建设工程中克服土质疏松，易发生滑坡、坍塌，设备难以通行等困难，完成了带压封堵、氮气置换、主管线焊接、试压吹扫等多道工序，爬越高差60米的大堤。该工程的完工为两条新建管线全线供气打下基础。

(3) 中国海油

中国海油蒙西煤制天然气外输管道项目天津LNG联络线路由方案已获天津市政府批复。中国海油蒙西煤制天然气外输管道工程干线管道全长1279千米，起自内蒙古杭锦旗首站，经山西、河北和天津，止于沧州黄骅市。项目主要由线路工程和工艺站场及其辅助配套工程构成。线路工程包括1条干线、2条注入支线、1条分输线和1条联络线。蒙西管道全线路由方案获得了沿线内蒙古、晋、冀、津四省、市、自治区政府的批准。天津LNG联络线将把现已建成投产的天津LNG市场通过蒙西管道扩大到河北、北京，并与煤制天然气形成应急互保的态势，进一步增强中海油向京津冀天然气市场安全保供的能力。

2. 原油、成品油管道建设与运营稳步推进

(1) 中国石油

鞍大原油管道15条河流穿越工程告捷。鞍大原油管道起自辽阳分输泵站，止于大连市金州新区小松岚输油站，全长372千米。其中，大中型河流穿越15处，包括号称本线路"第一穿"的海城河定向钻穿越工程。管道沿线途经辽南地区，河流穿越工程成为鞍大原油管道顺利贯通的关键。鞍大原油管道15条大中型河流穿越工程相继完成，为全线贯通奠定了基础。

日东原油管道通过竣工验收，我国首条连接海陆千万吨原油管道投产。日东原油管道起于山东省日照市岚山港，止于山东省菏泽市东明县东明石化，干线全长446.23千米，年设计输量1000万吨，管道直径为610~711毫米，设计压力为8兆帕。该工程油源来自我国通过海上通道进口的境外原油。截至6月，日东原油管道已累计输送进口原油1200多万吨。管道试运行至今，始终保持连续安全平稳运行。该工程对改善我国炼油化工的总体布局，优化资源配置和产品流向、促进管道沿线基础设施建设、带动地方经济发展具有重要意义。

兰成渝成品油管道最大规模改线完成。兰成渝成品油管道自 2002 年建成投产以来，已运行 14 年，随着城镇建设的发展，占压问题频繁出现。为支持和适应陇西地区经济快速发展，西南管道公司将原本穿城而过的管道进行调整。改线段总长 14 千米，在此基础上延长 2 千米，形成弧度绕行线路。在兰成渝成品油管道陇西输油站管理范围内，共有 4 个动火点同时作业，这是兰成渝管道投产以来，首次在有限时间内同时完成 4 处一级动火作业。此次改线，避开了陇西县城规划发展核心区，消除了管道穿城而过带来的潜在安全隐患。

（2）中国石化

仪长原油管道复线黄梅至九江支线投运成功。该支线长约 57 千米，设计输量 1000 万吨/年，投运范围包括黄梅分输泵站新建工程及配套设施、黄九复线输油管道、九江末站新建工程及配套设施。投运后有利于满足九江石化日益增长的原油加工需要，保障地方的成品油供应，为企业提质增效奠定基础。

河石原油管道(河间至石家庄原油管道)工程通过竣工验收。河石原油管道工程是华北原油管网的重要组成部分，主要包括原油管道工程、安平站天然气工程和河间站 5 万立方米原油储罐整改工程。其中原油管道工程全长 149 千米，全线共设河间站、安平热泵站、石家庄末站三座输油站场。该工程建成投产后，将取代已使用近 20 年、腐蚀严重的原河石原油管道向石家庄炼化供油，能够满足石家庄炼化产能扩大的需求，增强中国石化在华北市场的竞争力。

浙江诸暨—桐庐成品油管道全线贯通。该工程为浙江省重点工程，管道全长为 60 千米，管道设计年输量为 135 万吨，管径 273 毫米，工程总投资为 3.9 亿元。管道建成后，将有力保障杭州西南五县市的成品油供应，有效解决杭州西南五县市成品油运输不畅和水体污染等问题，安全输送，节能环保，将同时进一步完善浙江地区成品油管网，对促进杭州西南地区的社会经济持续、快速、健康的发展具有深远的战略意义。

浙赣成品油管道(浙赣联络线、江西二期东线成品油管道)投油成功。该成品油管道工程以甬绍金衢管道龙游油库站场一期为基础，由龙游站自东向西分输至江西二期东线各站。管道全长 491 千米，起点为甬绍金衢成品油管道龙游站，终点为樟树站。工程于 2016 年 1 月 16 日全线采取分段接收方式，完成水联运收球工作。11 月 2 日甬绍金衢浙赣联络线成功启泵，直至油品抵达末站，顺利实现浙赣联络线、江西二期东线管道投油一次成功目标。该管道的建成，将消除浙赣铁路沿线成品油保供瓶颈，减少油品损耗，降低运输成本，加快江西地区油品升级。

（二）国际管道

1. 中缅天然气管道建设取得阶段性进展

中缅天然气管道云南段丽江支线（弥渡—大理）段一次性投产成功，开始向云南省滇西地区大理白族自治州供气。中缅油气管道工程在云南省境内包括一干三支，三条支线为安宁支线 43 千米输油管线、丽江支线 201 千米输气管线、玉溪支线 106 千米输气管线。该管道投产以来，陆续开始向滇东、滇中地区供气。这条支线的投产，结束了滇西地区无管道输送天然气的历史，加快了气化云南的步伐，有利于提高管网调配灵活性，后期将惠及大理、宾川、鹤庆等沿线用户。

2. 中亚天然气管道运营顺利，输气量增幅明显

上半年中亚天然气管道向国内输气达 180 亿立方米，质量突破 1300 万吨。输气量比去年同期增长 30%，目前进口流量呈逐月递增趋势。中国—中亚天然气管道西起土库曼斯坦和乌兹别克斯坦边境，经新疆霍尔果斯入境，入境后与国内西气东输二、三线管道相连。目前已实现 ABC 三线并行，可保证沿线 4 亿人口的生活燃料供应。

供暖季中亚天然气管道输气增幅达 24%。整个供暖季中亚天然气管道 ABC 线共向国内供气 140. 2 亿立方米，同比增幅达到 24%，圆满完成供暖季输气任务。除去 AB 线，中亚天然气管道公司积极提升 C 线输量，突破供气能力瓶颈。于 2015 年确定了冬季输气生产方案和开机计划，通过乌兹别克斯坦 UCS1 站工艺调整，使 UCS1 站从原来的只输康采恩来气的方式，调整为康采恩、阿姆河来气共同输送，使 C 线进气能力从 2000 万立方米/日提升到 3500 万立方米/日，成为输气增幅的主要助力。

3. 中俄原油管道 2016 年建设与运营有序推进

8 月 13 日，中俄原油管道二线工程在黑龙江省加格达奇地区开工建设。该管道起自黑龙江省漠河县兴安镇附近漠河首站，止于大庆市林源输油站，与已建成投产的中俄原油管道一线并行敷设，全长约 940 千米，管径为 813 毫米，设计输油能力为年 1500 万吨。计划 2017 年 10 月底具备投产条件，2018 年 1 月 1 日正式投入商业运行，计划向中国增供原油 1500 万吨/年。

11 月 25 日，中俄原油管道二线第三标段已提前完成整个标段一半工程量。累计收管 425. 76 千米，完成清点 669. 48 千米，扫线 505. 31 千米，焊接 286. 53 千米，防腐 102. 88 千米。按照工期要求，管道将计划于 2017 年 5 月 30 日完成控制性工程，2017 年 6 月 30 日完成线路主体工程、站场阀室工程、通信工程，10 月 30 日 SCADA 系统调试完成，12 月 30 日系统联运完成。

（三）油气管道技术持续进步

1. 陆上油气管道技术

“油气长输管道工程全自动超声波检测(简称AUT)技术”，通过专家验收，填补了我国油气管道AUT技术可靠性研究空白。AUT技术主要利用超声阵元电控偏转特性和电控聚焦特性，通过硬件电路和软件编程的协调控制，使超声波覆盖整个管道焊缝熔合面，再根据反射回波大小和时间确定缺陷大小和位置。

“内穿插”修复技术提升管道抗风险能力。它利用非金属材料良好的化学稳定性和耐腐蚀性能，形成非金属内衬和原金属管线包裹的一种“管中管”的复合结构，是针对管道使用年代已久，腐蚀、渗漏、穿孔等现象经常发生，大量修复严重影响正常生产秩序，且修复费用居高不下，而采取的一项修复工艺技术。它具有修复速度快，一次性修复距离长、全线焊接，无法兰、整体性能好，原位修复、地下穿越、质量可靠、成本低、寿命长等优点。

油气管道地磁暴在线检测技术为灾害预警提供技术支撑。管道公司科技研究中心联合中国石油大学(北京)、国家空间天气监测预警中心开展技术合作，对油气管道地磁暴干扰机理及干扰规律算法、油气管道地磁暴干扰在线监测技术、油气管道地磁暴干扰评价技术进行深入研究，成功研制出国内首台油气管道地磁暴在线监测装置。

2. 海底油气管道技术

漏磁检测技术研发成功打破国外技术垄断。针对海底管道的金属缺陷检测需求，该技术能检测出管道内、外壁的腐蚀，机械损伤等金属损失缺陷，对被检测管道清洁度要求低，可兼用于输油和输气管道。检测器具有变形管段通过能力强、能饱和磁化厚壁管，水下跟踪定位精准，信标浮标水声通信信号稳定等技术优势，彻底解决了中国现有检测器下海“水土不服”的难题，实现了中国海洋管道检测器从无到有的里程牌式发展。

水下带压开孔封堵技术填补国内该领域的空白。在国内传统海底管线维修过程中，除了对管道进行有计划的维修和改造外，避免不了因突发性事件造成的管道停输，如管道抢修、更换腐蚀管段、加装装置、分输改造等。应用水下带压开孔封堵技术后，生产过程的连续性得到保证，主管线开孔扩容接入、管段更换维修、管线改线等水下施工作业均可在油田不停产的状态下进行。应用该技术能避免巨大的停产成本，使管道维修过程中的溢油风险得以消除，大大减少环境污染。此前，此项技术仅被国际少数知名海洋石油工程公司掌握。作为国内首家掌握此项技术的公司，海油工程的装备水平及水下施工作业水平又取得突破性进展。

(四) 管道运营管理体制改革

1. 管输监管方式由门站价格监管向管输服务监管转变

根据国家能源局印发的《油气管网设施公平开放监管办法(试行)》, 改革后对管道的监管主要由能源局及各地的能源监管办公室负责, 监管内容主要包括: 管网互联互通及向第三方提供接入服务, 接入条款、服务价格和服务质量, 以及运营主体提供服务的非歧视性等。管道企业未来只提供管输服务。在法律独立阶段, 管道公司除了向母公司提供服务, 也要向其他竞争者提供公平、公开、无歧视的管输服务。在产权独立阶段, 管道公司将公平、公开地向上下游所有参与者提供服务。随着各地天然气交易中心的建立, 管道容量将成为商品在市场中交易。

2. 集体公开管网信息, 或为管网独立铺路

2016 年 9 月, 国家能源局下发《关于做好油气管网设施开发相关信息公开工作的通知》, 指出三大石油公司及地方天然气相关企业要在 10 月 30 日之前公布需主动公开的相关信息, 并鼓励企业实时、主动公开需依申请公开的相关信息。10 月 31 日, 中国石化发布《中国石化油气管网设施开放相关信息公开公告》, 公开了原油管道、天然气管网及 LNG 接收站等信息, 成为首家公开管网信息的油企。随后, 中国海油全资子公司中海石油气电集团有限责任公司也公布了中国海油油气管网设施相关信息。11 月 7 日, 中国石油在其官方网站开设了其油气管网设施公平开放信息公开专栏, 正式向社会公布其旗下的各类油气管网设施信息。

我国油气管网主要集中在中国石油、中国石化、中国海油等少数大企业手中。以天然气管网为例, 中国石油管网约占全国 78%左右, 总长度达到 50836 千米, 而中国石化旗下在建和运营的天然气管网为 4600 千米左右, 中国海油有 3145 千米左右。由于管输资源垄断、定价机制不透明等原因, 下游企业用户管输费用成本居高不下。只有管网独立, 实现销售和管道输送业务的分离, 才能从根本上剪断气源和管道业务关联交易的"体制脐带", 真正做到管网的第三方公平开放, 并促进多元气源的进入和竞争, 保证供应, 降低管输费用成本, 提升市场效率。

3. 天然气管道运输价格管理办法进一步完善

2016 年 10 月 12 日, 国家发展改革委在其官方网站正式公布《天然气管道运输价格管理办法(试行)》和《天然气管道运输定价成本监审办法(试行)》, 明确按照"准许成本加合理收益"的原则定价, 给予投资收益率 8%, 而且明确要求经营

天然气管输的企业原则上应将管道运输业务与其他业务分离，暂不能实现业务分离的，应当实现管道运输业务财务独立核算。自2016年以来，国家出台了一系列加强天然气管网输配价格监管的政策措施，此前还印发了《关于加强地方天然气管网输配价格监管降低企业用气成本的通知》《关于做好油气管网设施开放相关信息公开工作的通知》，构建起天然气产业链从长输管道到省内短途运输管道，再到城市配气管网的全流程价格监管体系。在此背景下，改革后的管道运输价格机制中，将监管对象从单条管道变为管道运输企业，原来运用建设项目财务评价原理监管管道运输价格为主的定价方法，也调整为按照“准许成本加合理收益”的原则定价。

二、2017年中国油气管道产业发展展望

当前，中国天然气行业改革持续推进。受国家大量既定政策的引导和激励，从长期看，天然气管道的发展势不可挡。国家陆续出台了多项与天然气管网设施建设、运营及监管有关的政策法规，指明了天然气管道行业的发展方向。天然气管道运输价格监审、两部制管输定价机制、能量计量方式、区域管网和支线管道等储运设施建设将是大势所趋。在油气管道领域，还应积极推进油气管网投资主体的多元化发展，借助油气储运行业步入“互联网—物联网+”时代的契机，提升管道自动化水平，实现管道升级。尽管受国际油价低迷影响，全球油气管道建设步伐有所放缓，但未来行业发展的空间仍然巨大。特别是中国，今后一个时期管道事业仍处于大有可为的发展机遇期。预计到“十三五”末，中国长输油气管道总里程将超过16万千米，储气库工作气量将达到105亿立方米，LNG接收能力将达到1900万吨/年，国内主干管网趋于完善，形成调度灵活、运行稳定、供应可靠的全国性油气储运网络。

（一）全面启动管输企业定价成本监审

全面启动管道运输企业定价成本监审工作，合理确定定价成本，制定和调整天然气管道运输价格将是2017年国家发展改革委的工作重点。同时，督促地方切实加强输配价格监管，合理制定和调整地方天然气管网输配价格。两个《办法》(《天然气管道运输价格管理办法(试行)》和《天然气管道运输定价成本监审办法(试行)》)的出台，率先在重要网络型自然垄断领域实现价格监管办法和成本监审办法的全覆盖，将对国内天然气市场建设和相关行业发展产生深远影响，有利于激发社会资本投资建设管道积极性，推进天然气价格市场化改革。此外，根据在实践中的运行情况，适时对两个办法进行完善，并结合国内天然气市场发展

情况，积极开展“两部制”价格、热值计价等研究工作，待条件成熟时推出。

（二）引入社会及民间资本，对管输企业进行混合所有制改革

油气管道建设需要大量资金，而大量民间资本、社会资本缺少收益稳定的投资项目。社保和保险基金等社会资本追求长期稳定、风险可控的投资回报，与管道项目的契合程度高，因此合作项目能够实现多方共赢。民资的逐利性是作为“三桶油”的央企与地方资本在不同利益需求下出现分歧的主要原因。目前天然气需求增加，管道的输送需求也在上升，民资考虑到管道未来的盈利性，参与的意愿也会提升。作为国有资产的管道如何估值，外部资金参股比例最终如何设定，收益如何分享，以及运营商如何协调运营管网等方面，都将成为管道公司混改进程中需要解决的问题。

（三）区域管网和直供管道建设将进入新的高峰期

区域管网作为不被国家管网公司收购的管网，在延伸资源输送范围，提高终端控制力度方面具有天然优势，因此三大石油公司将把较大的力度转移到支线管道及区域管网建设上来。在建设模式选择上，干线周边的大用户直供管道多由资源企业主导建设，区域管网的建设则会多采用与地方企业合资合作的方式。可以预计，在各路资本的共同推动下，天然气输送网络将从省会、地级城市向县级城市和村镇延伸，天然气支线管网建设将在“十二五”期间“市市通”基础上向“县县通”发展，部分东部沿海省份将实现天然气管道“村村通”。其中长三角、珠三角、环渤海和华中地区等主要的消费增长地区将进行更多的支线管道建设。

（四）联络管道建设将成为新的热点

不同投资主体的天然气管网能互联互通，是输气管道第三方公平公开准入实施的前提。中国的天然气管道多处于独立运行状态，未来在监管和利益的驱动下，不同主体管道之间连通管道的建设将成为必然选择。从实施难度来看，干线管道连通由国家管网内部实施，由于在输气规模、管径等方面基本一致，且一般在同一公司内部进行，实施难度较小；而区域管网连通方面，由于各公司管道输气规模、压力等级、管径等要素各异，在技术和运行方面具有较大的实施难度。

（五）长输管道建设节奏可能会适度放缓

中国天然气产业还处于快速发展期，与产业发展相适应的管网设施基础还比较薄弱，因此长输管道的建设还将持续较长一段时间。国家规划 2020 年长输管网（含支线）总规模达 15 万千米左右，输气能力达 4800 亿立方米/年左右；储气设施有效调峰能力约 620 亿立方米，其中地下储气库调峰 440 亿立方米，LNG 接收站调峰 180 亿立方米；LNG 接收站投产 18 座，接收能力达 7440 万吨/年左右。

在行业改革的背景下，天然气长输管道建设将主要由新成立的国家管网公司承担。在国家管网公司成立之前，鉴于管道项目投资大、项目回收期长的特点，企业长输管道建设的重心将集中在资源外输或市场开发急需管段方面，例如西三线、西四线、新粤浙、中俄东线境内段等管道。若国家管网公司成立，预计其工作重心应首先是大量资产的整合、重组以及已开建管道的推进。对于新管道的投资决策，由于建设方成为独立的盈利主体，且不掌握资源和市场，其决策过程将会更加审慎，对前期研究工作的要求更加细致。

（六）实施“互联网+油气储运工程”，助力管道升级

我国已建的长输油气管道里程超过12万千米，基本形成了横贯东西、纵贯南北的油气管道输送网络。这些管道目前基本靠人工巡护线、阀室看护等传统方式进行运行维护。随着长输管道向人口稠密、经济发达地区延伸，管道安全和环保越来越受到社会关注。在互联网技术高速发展的背景下，管道公司应积极谋划互联网技术与油气储运工程的深度融合。通过互联网技术，建立企业级数据仓库，涵盖数字化、智能化内容的设计、采购、施工集成平台。升级传统的管道建设管理理念、手段、方法和技术，以适应日益变化的环境和对管道建设安全管理的要求，是管道建设行业努力的方向。

（七）物联网建设解决方案将提升管道自动化水平

油气管道物联网解决方案，是致力于帮助油气企业实现对管道的全面感知和安全、高效管理。虽然初期投资大，但其扩展性好，且获得的实时数据通过平台应用可以形成智能化网络，实现在线监测、定位追溯、报警联动、领导桌面和统计决策等十大基本功能，最终提供“无处不在的连接和在线服务”，将进一步提高管道自动化水平。管道设计与物联网技术的深度融合是未来管道运营管理的趋势，将推动管道产业进入更加科学化、系统化、信息化的可持续发展阶段。而管道自动化水平的提升，也将促进中国管道设计技术的发展。

合 作 篇

2016年，提出实施“一带一路”战略之后，中国石油以基础设施互联互通为突破口、发挥对推进“一带一路”建设的基础性作用和示范效应的指示要求，积极参与“一带一路”建设，不断深化区域油气合作，取得了重要进展。目前，在“一带一路”沿线19个国家执行50余个油气合作项目。特别是通过加快推进油气战略通道建设，中俄原油管道、中哈原油管道、中亚天然气管道、中缅天然气管道等一批重点油气工程项目相继投产，基本实现了油气进口来源多元化和通道多元化，对国家能源安全的保障能力进一步增强。与此同时，在深化国际油气合作中，还充分发挥综合一体化优势，积极带动装备制造等服务支持业务“走出去”。中国石油已在53个国家和地区建立了71个营销服务机构，基本建成覆盖全球主要产油国的装备市场国际营销网络。所属制造企业已在4个国家建成4个装备组装和加工制造企业，在18个国家建成维修服务中心和仓储中心，装备出口到80多个国家，产品从单机发展到大型成套设备，服务范围从单纯供货发展到提供产品服务、维修组装、门到门物流服务等全供应链解决方案。

截至12月底，中国海外油气业务实现油气当量权益产量1.55亿吨，同比增长3%。

中国油气企业都在积极的进一步深化国际油气合作，做强做优海外油气投资业务和国际贸易，全面提高工程技术、工程建设和装备制造“走出去”，目前已经有90多个项目正在合作中，并紧锣密鼓地打通油气战略通道和建设海外油气合作示范区，不断扩大油气资源引进规模和推进与资源国一体化合作，坚持“互利双赢、共同发展”原则。在深化上游、管道和贸易等合作的基础上，合作发展炼厂、天然气化工、装备制造等下游产业。在增加就业、改善民生、公益事业、人文交流等方面加大力度，促进和带动资源国经济社会发展。同时，要继续加大开拓国际装备高端市场开发力度，实现国产装备“走出去”，不断提升“走出去”的质量、效益和规模，齐心协力把能源合作打造成为“一带一路”战略的重要支点。

中国油气国际合作分析与展望

2016年，全球GDP增速为3.4%，较2015年回升3个百分点，发达国家石油需求仍然疲弱。世界石油需求增长124万桶/日，达到9440万桶/日。中国、印度、美国将是石油需求增长的主要推动力。整体上看，国际油价仍处于较低水平。与此同时，全球气温升高所导致的人类生存环境的剧烈恶化已经得到世界的广泛认同，为了限制全球温度的快速上升，就必须限制温室气体的排放，而能源部门是温室气体最大的贡献者，这就需要其快速地建立低碳能源体系，来完成能源结构的转型。中国企业海外油气权益产量增长较为缓慢，突破了1.55亿吨，其中，中国石油油气权益产量达到约7800万吨；中国石化油气权益产量超过4400万吨；中国海油油气权益产量达到2300万吨，其他石油公司油气权益产量约1000万吨。中国三大石油集团同样加快海外布局，通过收购、合作开发等方式参与国际油气资源开发，保障国内能源安全。国内油服公司借助三大石油集团走出国门，已经开始尝试开发海外市场，并逐步凭借自身良好的成本控制能力和服务意识获得海外客户的信任。

一、2016年中国油气产业国际合作概况

2016年，受需求不振、供给增长以及产油国间在市场份额上的博弈等一系列因素综合影响，在国际油价持续低迷的大背景下，全球油气并购市场走势低迷。低油价对国际油气资源并购市场的参与双方、目标资产估值、交易驱动因素、并购交易结构及并购实施手段等都产生了较大影响。中国石油、中国石化、中国海油三大国有石油公司2015年和2016年参与完成的大规模境外油气资源并购活动均较少，而同中东、巴西与俄罗斯的油气合作成为热点；中国在页岩气方面的国际合作也继续深化；除三大国有石油公司外的其他油气企业在国际合作方面表现活跃。

（一）中国石油国际油气合作成果

1. 与莫桑比克国家石油公司签署合作协议

2016年5月18日，中国石油与莫桑比克国家石油公司在北京共同签署了

《中国石油天然气集团公司与莫桑比克国家石油公司合作框架协议》。根据协议,双方将全面推动在油气勘探开发、生产、天然气加工和销售领域的合作。中国石油将积极参与莫桑比克国内油气勘探开发和油气生产等项目,积极推动在莫桑比克的气田服务领域合作。

中国石油2013年开始参与莫桑比克的海上天然气勘探开发和生产,其中4区项目是中国石油在东非地区首个超深海大型天然气及LNG项目,也是中国公司在莫桑比克最大的单体项目。同时,中国石油还在物探、管道建设、工程承包、设备供应等油田服务及工程建设领域开展了与莫桑比克的合作。

2. 与BP签署页岩气勘探开发产品分成合同

2016年9月1日,中国石油与BP第二个页岩气勘探、开发和生产的产品分成合同。合同区块位于四川盆地荣昌北,区块总面积约为1000平方千米。

2016年3月底,中国石油和BP已签署了四川盆地内江—大足区块页岩气勘探、开发和生产的产品分成合同,区块总面积约1500平方千米。

(二)中国石化国际油气合作成果

1. 与沙特阿拉伯国家石油公司(以下简称沙特阿美)签署战略合作框架协议

2016年1月19日,中国石化和沙特阿美签署战略合作框架协议。根据协议,双方将共同提升沙特阿美向中国石化供应原油的实力,并积极探索在油气服务、炼油、化工、原油供应、成品油销售、石油服务、石化服务、科技研发、新能源等其他领域世界范围内的合作。

沙特阿美建于1993年,自1980年开始完全由沙特政府持有,该公司拥有着世界上最大的石油储备2610亿桶,以及最大的石油日产量,是全球最大的石油生产商。2009年,中国石化福建炼油化工有限公司、埃克森美孚和沙特阿美斥资近50亿美元扩建了福建泉州炼油厂,年产量达到1200万吨;2012年初,中国石化与沙特阿美投资100亿美元兴建沙特延布炼厂,设计加工能力达每天40万桶,该项目是中国石化首个海外炼化项目,已经于2015年1月正式投入商业运营。

2. 与俄罗斯石油公司(以下简称俄石油)签署合作协议

2016年9月2日,中国石化与俄石油签署了一份具有约束力的协议,共同开展俄罗斯东西伯利亚天然气加工和石化综合设施项目的预可行性研究工作。该协议规定,双方将成立联合研究团队,聘请一家全球著名工程公司作为项目管理顾问,完成基于不同加工路线的方案比选工作,主要研究内容包括厂址选择、流程比选和方案优化等。如果研究工作顺利完成,双方将设立合资公司,共同开展前端工程设计(FEED)及未来的项目建造和运营等工作。

该协议的签署将进一步密切和深化双方的一体化合作。该项目将有利于促进中国乙烯原料多元化调整，进一步提升中国石化在国内化工市场的影响力。中国炼化技术参与该项目工艺方案的比选和制定，是中国炼化技术“走出去”又一次积极有益的尝试。

(三) 中国海油国际油气合作成果

1. 与壳牌共同扩建南海石化项目

2016年3月22日，中国海油与壳牌签署《关于增进在大亚湾合作的最终投资决定协议》，扩建其各持股50%组成的合资企业——中海壳牌石油化工有限公司，该企业位于广东省惠州市大亚湾石化区。在申报获批后，中国海油目前正在该石化区建设的石化联合装置将与邻近已运营十年的南海石化联合体相整合，由中海壳牌统一运营。

该项目包括正在建设中的一套可年产100万吨乙烯的乙烯裂解装置和其他衍生品生产装置，建成后中海壳牌目前的产能将提高一倍。双方还将共同建设一套国内最大的苯乙烯/环氧丙烷和聚醚多元醇(SMPO/POD)生产装置，采用壳牌先进的专有技术，实现苯乙烯/环氧丙烷和聚醚多元醇等产品在大亚湾石化园区的集约发展。

2. 中国海油乌干达两油田开发生产许可证获批

2016年11月16日，乌干达政府为中国海油Jobi-East和Mpyo两个油田颁发了开发生产许可证，至此，位于EA1/EA2区块的10个油田/油田群已全部获得开发生产许可证。

自2010年12月到2016年8月，中国海油及合作伙伴道达尔公司和图洛石油公司先后31次向乌干达政府提交了油田开发方案(FDP)和油藏报告(PRR)。中国海油研究总院乌干达项目组负责非作业者区块油田FDP/PRR报告的技术审查工作，先后组织数十次合作伙伴的报告审查会和伙伴技术会议，为中国海油乌干达公司提供了强有力的技术支持。

(四) 其他油气合作成果

1. 森田能源集团获蒙古国首张天然气开采许可证

2016年2月18日，森田能源集团旗下的内蒙古铧维能源有限公司顺利完成了对蒙古国多处天然气能源的勘探开发工作，并获得蒙古国天然气开采许可证，这是蒙古国历史上颁发的首张天然气开采许可证。自此，内蒙古铧维能源有限公司拥有了蒙古国阿拉坦石油天然气面积为6566平方千米的开采权，核准天然气储量为600亿立方米，同时还取得位于蒙古国南戈壁省占地面积约4万平方千米，根据原苏联勘探资料预计储量约为2万亿立方米的天然气勘探许可。

2. 中国广核集团（以下简称中广核）完成五国清洁能源项目收购

2016年3月28日，中广核与马来西亚埃德拉公司等企业正式签署相关法律文件，确认马来西亚埃德拉公司下属电力项目公司股权及新项目开发权股权完成交割工作。埃德拉项目所含"一带一路"沿线五国13个清洁能源项目支付交割工作顺利完成，中广核在海外的清洁能源控股在运装机总量达到884.3万千瓦，成为中国在海外装机容量最大的能源企业之一。埃德拉公司是东南亚领先的独立发电商，拥有控股在运装机容量662万千瓦，其13个电力项目分布在马来西亚、埃及、孟加拉、阿联酋、巴基斯坦五个"一带一路"沿线国家，主要以天然气清洁能源发电项目为主，在东南亚等地拥有丰富的清洁能源项目开发运营经验。同时，埃德拉公司还在积极开发其他清洁能源项目，清洁能源项目储备超过1000万千瓦，其中377万千瓦已签订购电协议或约束性谅解备忘录，主要储备项目为天然气发电、太阳能等清洁能源。

3. 中国进出口银行与巴西石油公司（以下简称巴油）签署贷款协议

2016年5月9日，巴油与中国进出口银行签署10亿美元贷款协议。巴油表示，与中国进出口银行的合作是巴油"资金来源多样化战略"的组成部分，这笔贷款将用来向中国相关公司采购海洋工程装备和服务。

4. 中天能源股份有限公司（以下简称中天能源）再次收购海外油气资源

2016年5月19日，中天能源近37亿元曲线控股收购加拿大油气上市公司Long Run的50.26%股权，进而获得优质的油气资产及专业的国际油气勘探开发团队，这也是中天能源海外收购的第二块油气资产。

5. 曹妃甸引进中东海湾大型炼化一体化项目

2016年6月13日，中东海湾投资集团香港华通投资控股有限公司与沙特阿美和沙特基础工业公司合作在曹妃甸区建设的1500万吨/年炼油及下游化工产品生产制造项目正式签约，这标志着曹妃甸区又引进了以外资为背景的特大型项目。项目主要以沙特轻质原油为主，其他地区为辅，主要生产高清洁油品，乙烯、丙烯、芳烃类、碳四等大宗产品及下游具有高附加值产品。

6. Prostar Capital购入中国民营油库股权

2016年6月20日，专注投资中游能源基础设施的私募股权公司Prostar Capital，以超过1亿美元收购一家位于上海周边的大型战略性原油及成品油仓储库

40%的股权。该项目位于浙江省舟山市，为浙江天禄石油天然气有限公司旗下资产，存储约300万立方米原油和成品油，是中国第三大民营油库，通过输油管道可连接中国约20%的炼油设施。自2013年启用以来，该油库产能利用率近100%。

7. 中国化工集团公司(以下简称中化集团)与俄石油将开展远东石化项目可行性研究

2016年6月25日，中化集团与俄石油签署了关于共同开展远东石化项目(FEPCO)可行性研究的合作框架协议。

FEPCO项目是俄罗斯最大的工业综合体之一，对于将出口原料加工升级为高附加值化工产品具有重要意义。本次签署的协议是继2015年中化集团与俄石油签订一系列合作文件后的进一步合作成果。作为战略合作关系的一部分，双方还续签了为期一年的俄石油向中化集团供应原油的合同。

8. 丝路基金收购俄罗斯西布尔集团10%股权

2016年12月14日，中国丝路基金有限责任公司与俄罗斯最大的天然气加工及石化产品公司西布尔集团达成协议，收购后者10%的股权，这也成为中国2016年对俄油气行业做的最大的一笔投资。截至目前，中方共持有西布尔20%的股份，另外10%的股权由中国石化收购，已在2015年底完成交割。

二、2016年中国油气产业国际合作分析

1. 中国油气产业国际合作出现的机遇

2016年，中国油气产业国际合作取得了一定的新成果。除国内三大石油集团公司海外油气合作继续发挥一定的作用外，其他油气企业对外合作取得了明显进展，如中化集团、中广核和中天能源等。中国油气产业国际合作出现了新的发展机遇，主要有："一带一路"稳步推进，"走出去"面临良机；OPEC将讨论减产协议，中国油气企业面临形势趋好；俄实施远东开发战略，中俄油气合作全面展开。

(1)"一带一路"稳步推进，"走出去"面临良机

2016年9月14日，国家科技部、国家发展改革委、外交部、商务部联合发布关于印发《推进"一带一路"建设科技创新合作专项规划》的通知，能源合作被列入"一带一路"科技创新合作的重点领域。根据《规划》要求，要加强煤油气等传统能源清洁高效利用技术的研发和示范推广与合作，加强重点行业节能减排先进适用技术的推广应用；加强节能技术、能源装备与重要部件的联合研发与生

产；加强对海外油气资源投资、风险勘探和开发合作；合作构建因地制宜的多能互补、冷热电联产的分布式和区域新型能源系统；开展能效标准标识合作，研究多种形式的能源互联互通，构建安全高效智慧的未来能源体系。与沿线国家相比，中国科技创新资源丰富，在装备制造、能源环境和气候变化等领域形成的技术优势，有利于提升国际合作层次。深化科技合作，有利于发挥科技创新优势，推动由过去传统产业"优势产能"合作向科技"新产能"合作转变。中国与"一带一路"沿线国家的国际产能合作，正在成为全球产业结构调整的重要内容。为支持"一带一路"中的国际产能合作，目前国家给予企业包括金融支持等很多优惠政策。金融机构和政策的支持可以帮助企业破除海外市场壁垒和融资瓶颈，降低企业跨国经营的制度性交易成本，并将有利于推动优秀民营企业走出去，发挥示范效应。民企经受住了近几年经济下行、需求放缓等考验，也显示出其体制灵活、市场反应灵敏、运营管理高效的优势，在油气、环保等领域也彰显出一定的投资开发、工程承包、技术服务、装备制造、贸易物流等一体化产业优势，因此"一带一路"建设为油气投资合作、发展多边贸易合作、民营企业"走出去"提供了有力支持。

（2）OPEC 减产协议达成，中国油气企业未来形势趋好

2016 年，国际油价继续低位运行。9 月，OPEC 表明减产意向，试图缓解全球原油供应过剩的局面，提振原油市场。但由于 OPEC 内部对如何落实减产存在分歧，导致磋商过后各方未能达成任何具体减产配额，最终敲定减产计划细节问题的艰巨任务则留在 11 月末进行讨论。2016 年 11 月 30 日，OPEC 减产协议达成，石油价格有望升至每桶 55 美元。减产协议自 2017 年初生效，有效期六个月。OPEC 将减产 120 万桶至 3250 万桶/日，伊朗将减产 9 万桶/日，沙特将减产 48.6 万桶/日，伊拉克将减产 20.9 万桶/日，科威特将减产 13 万桶/日，俄罗斯同意减产 30 万桶/日，伊朗产量将增加 9 万桶/日，是唯一一个增产的国家。同时 OPEC 倾向于将该减产协议实施期限再次延长 6 个月，将于 2017 年 5 月 25 日再次召开会议。

中国不断推进原油进口体制改革，已逐步形成了主体多元、竞争有序、富有活力的原油进口经营体制。中国稳定的进口市场，对平衡全球油气市场具有重要作用。一个节能、高效、环境友好、开放合作的中国能源市场，有利于所有的能源生产国、消费国。与此同时，中国成品油出口增长迅速，成品油主要向东南亚出口，也有部分资源流向澳大利亚和南美市场。另外，中国油气企业进行海外投资也要保障油气开采能力和生产能力的相对稳定，以确保油气供应和价格稳定。OPEC 进行

限产从而拉升油价，不但有利于改善中国炼油产能过剩局面，带动配套油气设施建设，对于进行对外投资和海外油气项目建设的油气企业也是利好消息。

（3）俄实施远东开发战略，中俄油气合作全面展开

俄罗斯远东开发战略涵盖区域通常指远东联邦区的 9 个联邦主体和贝加尔地区的 3 个联邦主体，面积约占俄领土总面积的 45%，远东地区地大物博，石油、天然气、森林、金属和非金属矿产等资源丰富。为加强同亚太地区国家关系，自 2015 年起，俄罗斯每年在远东地区举办东方经济论坛，吸引包括中日韩在内的亚太国家来俄远东地区投资。同时，俄远东地区正在积极建设符拉迪沃斯托克自由港和一系列跨越式开发区，为外来投资提供优惠。中俄在远东开发领域开展合作潜力巨大，两国有望在远东开发领域共建一个长期的、互惠的合作机制。油气开发是中俄在远东地区开展合作的优先领域。早在 2011 年 1 月 1 日，中俄原油管道(一线)投入商业运营，该管道是俄罗斯“东西伯利亚—太平洋沿岸”石油管道的支线，设计年输油量 1500 万吨。2016 年 8 月，中俄原油管道二线工程在黑龙江省加格达奇地区开工建设。天然气合作方面，2014 年 5 月，俄罗斯天然气工业股份公司与中国石油签署天然气购销合同，从 2018 年起，俄罗斯开始通过中俄东线天然气管道向中国供气，输气量逐年增长，最终达到每年 380 亿立方米，累计合同期 30 年。目前，中俄两国正加快推进中俄同江—下列宁斯阔耶铁路大桥等重大基础设施项目。俄滨海边疆区也在积极开发建设从纳霍德卡港通往中国黑龙江省的“滨海 1 号”和从扎鲁比诺港通往中国吉林省的“滨海 2 号”两条交通走廊。这两条交通走廊可以将亚洲和欧洲连接起来，方便亚洲和欧洲之间货物和人员往来，对促进地区和世界经济发展具有重要作用。随着俄罗斯远东开发步伐加快，预计中俄两国在此的合作机会有望增多。

2. 中国油气产业国际合作面临的挑战

2016 年，中国开展油气产业国际合作外部环境复杂，存在诸多不利因素，主要包括：全球油气供需宽松程度加剧，价格仍在低位运行；资源国投资风险上升，多国政策出现调整；部分油气合作国政局动荡；“十三五”节能减排目标约束油气合作。

（1）全球油气供需宽松程度加剧，价格仍在低位运行

2016 年，世界炼油总能力增加，新增炼油能力主要来自印度、美国和中国。低油价刺激下的世界原油加工量不断增加，石油市场的原油过剩将转变为油品过剩，使炼油毛利承压，炼油毛利总体水平逊于 2015 年。未来几年，美国炼油业扩张步伐可能有所放缓，中东部分炼化项目被迫延期，欧洲、日本等成熟市场的

炼油能力将继续下降。世界汽柴油供需结构性矛盾将更加突出，多数地区柴油过剩。各国对油品质量和环保要求日趋严格，车用燃料继续升级换代，对船用燃料油硫含量的要求将更加苛刻。天然气方面，北美天然气需求平稳增长，美国 LNG 出口致其国内供应侧收紧，气价反弹。欧洲燃气电厂经济性增强，发电用气带动需求增长，供应依然充裕，气价低位震荡。亚洲需求小幅增长，其中中国和印度受气价下调和环保力度加大影响，天然气需求增速反弹，但日本、韩国重启核电降低了 LNG 需求。LNG 市场供过于求矛盾加剧，全球有多个大型 LNG 液化项目投产，而东北亚现货市场需求有限，LNG 过剩资源继续“西流”，资源过剩或将导致更多的违约、转售以及合同复议。

（2）资源国投资风险上升，多国政策出现调整

2016 年，低油价对全球主要油气资源国的影响继续显现，俄罗斯和中亚、中东、拉美等地区主要产油国出口收入大幅下降，财政紧张、货币贬值、外汇储备缩水，部分国家经济增速大幅放缓甚至陷入衰退，中东、西非地区恐怖活动增加，资源国经济、社会、安全和政治风险明显上升。为应对危机，资源国采取多种政策和措施来吸引外资，减轻企业负担。伊朗放宽在投资、工作量、开发期、成本回收、报酬等条款方面的限制；墨西哥、乌干达、安哥拉等国放宽招标限制，有针对性地给予难开采区域财税优惠。部分资源国为减轻财政负担，采取减少补贴、增加税收、出售资产等措施，以筹措资金度过难关。以沙特为代表的多个资源国上调国内能源价格，减少补贴；俄罗斯出售油气资产，包括部分战略性资产，改变了不对外出售战略资产的政策。

（3）部分油气合作国政局动荡

随着“一带一路”战略的顺利实施，中国油气国际合作将迎来一系列的新机遇，但同时也会带来诸多挑战。部分“一带一路”沿线国家政治局势动荡，“一带一路”沿线国家油气资源比较丰富，但也存在着许多不稳定因素，投资环境不容乐观。具体体现在：中亚、中东、北非等地区局势不稳，民族与宗教问题错综复杂，极端势力和恐怖主义事件时有发生，并且部分国家财政赤字、经济基本面较差，导致投资风险较大；亚太地区各国与政治同盟之间相互利用和牵制，各国之间相互竞争，大国压缩小国油气发展空间。当前国际油价的持续低迷除了有利于中国石油企业并购海外油气资产以外，也会产生一定的负面影响，即影响“一带一路”油气资源国的经济增长，加剧局势动荡。政治局势的不稳定将极大地影响中国“一带一路”战略的实施，增加开展国际油气合作的难度，给石油公司海外项目建设带来诸多的风险。

（4）“十三五”节能减排目标约束油气合作

油气产业作为支柱行业，在国民经济发展中举足轻重，而“十三五”发展规划决定未来五年油气产业发展、生产布局，影响油气投资决策和管理运行。目前“十三五”规划（含总体规划、专项规划、区域规划）、能源发展战略行动计划（2014—2020）、能源安全发展战略、能源生产和消费革命战略（2015—2020）战略路线图逐渐明晰。“十三五”期间能源发展和改革的战略导向明确，可总结为能源消费总量控制、煤炭清洁高效利用、大力发展清洁能源、能源体制改革等主要内容。环境问题和气候变化问题日益突出，在这种节能减排约束条件下，清洁化与低碳化将是油气行业发展的重点方向，未来能源行业“去碳化”进程加快。全球范围内来看，由高碳能源向低碳能源和无碳能源转变是一个不可逆转的趋势，能源消费结构逐步向低碳化发展。欧盟《2030 年气候与能源政策框架》提出 2030 年将温室气体排放量在 1990 年的水平降低 40%，可再生能源比例至少提高到 27%，以及能源效率至少提高 27%。中美两国 2014 年 11 月共同发表的《中美气候变化联合声明》，清洁能源和环保领域合作。美国能源信息署预测，2050 年清洁能源在世界能源结构中的比重将达到 62%左右，天然气作为重要的清洁能源，在世界能源结构中的比重将由目前的 24%提高到 29%。国际油气合作无疑将受到“去碳化”条件的约束，如何实现在“去碳化”约束下合作也是整个油气行业需要考虑的问题和努力的方向。

三、2017 年中国油气产业国际合作展望

2014~2016 年以来，国际政治格局和国际能源格局发生了巨大变化，在当前油价持续保持低位、主要石油公司业绩持续下滑、油气产地地缘政治环境动荡的背景下，能源的有效供给、安全运输和市场稳定，与发达国家、新兴经济体和能源出口国的切身利益息息相关。因此，构建和谐稳定、互惠共赢的油气供求关系是各国能源安全的重要保证，也是未来寻求国际合作的总体趋势。

（一）重视合作价值大于合作规模，国际油气合作的整体步伐将有所放缓

在油气供需宽松、油价下跌，各大油公司业绩下滑的影响下，由产量增长带动规模扩张，转变为以效益增长为核心目标。许多国际大石油公司纷纷推出了削减投资、加大资产优化力度等措施，以期渡过危机时期。可以预见，若油价持续低位运行，部分国际化能源合作项目或将不会有所进展。从投资上看，近三年来，国际石油已出现了两波投资预算集中削减。一是在 2013 年底到 2014 年初，由于 2013 年油价已出现小幅回落，同时各公司的勘探、操作成本呈上升趋势，

为保证投资回报率，各公司投资预算基本都有4%～8%的削减。二是在2014年四季度以后，由于油价暴跌，石油公司再度宣布削减投资，例如道达尔公司计划到2017年将投资计划降至250亿美元的水平，削减额为30亿美元。从资产优化上看，自油价下跌以来，各大石油公司显著加快了资产剥离动作，均宣布了较大数额的剥离计划，资产剥离总计逾千亿美元。近年来各大石油公司已越来越关注发展质量和效益，优化资产组合已成为长期的、持续性战略举措。因此，未来五年内，油气的国际合作将侧重于提升价值层面的合作，提高合作项目的合作质量和合作精度，这也鞭策中国的石油企业在“走出去”的同时要增强自身的科学技术含量，这样才能在国际竞争中站稳脚跟。

（二）中国石油企业将成为“一带一路”沿线国家优选合作伙伴

伴随着海外业务的发展壮大，中国石油企业已经基本建成了以勘探开发研究院为主体，物探、炼化、钻井完井、天然气等12个专业技术中心提供专业支持，大庆、辽河等多个国内油气田对口支持海外项目的“1+12+N”开放式海外业务技术支持体系。目前，中国石油海外油气业务在中亚、中东、亚太等“一带一路”地区已取得了规模有效发展，在19个国家运作49个油气合作项目，累计投资达600多亿美元。中国的石油企业将充分利用“一带一路”的伟大战略，全方位对外开放的机遇，打造“能源丝绸之路”，继续深化与沿线国家的油气合作，积极主导跨国能源通道建设。由于国内的石油企业不断深化油气全行业的技术创新，积极寻求对外合作，油气资源合作的基本条件和政策不断优化，可以推断，中国将成为“一带一路”沿线国家油气开发的优选合作伙伴及主要投资者和建设者。

（三）中国在油气合作的地区选择上更加慎重

从石油安全来看，中国已建成四大油气战略通道，也就是一条海上通道和三条陆上通道——东北（中—俄）通道、西北（中国—中亚）通道、西南（中—缅）通道。电网、气网等管网的安全通道以及网络领域的安全得到更多的关注，而不再单一关注马六甲海峡。中国一直倡导多边合作，形成多渠道、全球性的进口格局，所以中国合作地区的趋势可能只是在某个时期从某个区域进口的油气有所增加。事实上，只要是在全球基本贸易规则下，中国仍鼓励企业与不同国家在油气领域进行交易。

在石油方面，尽管大部分从中东进口，但随着运输通道的不断改善和运输成本的降低，中国慢慢会改变合作路线和区域，也会增加对美洲、非洲国家原油的进口。而在天然气方面，中国已在陆上与中亚、俄罗斯实现了管道联通，缅甸由于资源问题，进口的较少，但也有涉及。中国目前主要是进口中亚的管道气，俄罗斯也会不断增加。值得关注的是，中国将会大幅增加对 LNG 的进口。现在国际上 LNG 的生产国很多，例如卡塔尔、印尼、澳大利亚、美国、加拿大、俄罗斯，都是 LNG 的主要生产国，中国和这些国家已经或正在准备签订 LNG 的长期供应协议。

（四）全球天然气发展遇到阶段性瓶颈，或将供过于求

天然气作为清洁低碳能源，一度被视为“21 世纪桥梁能源”。但近年来全球天然气发展不及预期，主要由于国际金融危机以来全球经济复苏缓慢，能源整体需求不振，导致天然气需求增速下滑；天然气价格相对高昂，特别是欧洲气价和亚太液化天然气价格随油价走高而升高，削弱了与煤炭的竞争优势；同时可再生能源成本快速下降并大规模推广，给天然气发展带来巨大竞争压力。

从 2015 年开始，澳大利亚、美国、加拿大和莫桑比克等国约有 6~7 个 LNG 项目陆续投产，新增液化能力约 4000 万吨/年，2016 年新增液化能力 1.2 亿吨/年，预计 2018 年新增液化能力 1.6 亿吨/年。随着产能大幅增加，全球 LNG 市场将逐渐宽松，甚至供大于求。这种形势下，亚洲天然气价格有望回落，欧洲气价以稳为主，北美天然气稳中有升。亚洲与油价挂钩的天然气长期合同价格将有望降至 12 美元/百万英热单位以下，欧洲天然气价预计保持在 8 美元/百万英热单位左右。目前，亚洲地区供应渠道更趋于多元化，俄罗斯向中国供应进展顺利，美国、澳大利亚 LNG 出口、LNG 供应量大幅增加，东非莫桑比克和坦桑尼亚 LNG 项目也瞄准亚洲市场。随着多气源供应格局的形成，亚洲市场已初步具备建立基准价格的条件。而中国、日本和新加坡都开展了积极探索，计划建立 LNG 地区价格基准或推出天然气期货，这将为亚洲消费者争夺话语权和定价权提供必要基础，为中国的 LNG 发展提供良好的条件和机遇。

（五）中俄合作更加稳固，虽油气政策趋紧但开放力度将不断增大

中俄两国的油气合作由来已久，继 2010 年中俄第一条原油管道开通后，2016 年 5 月中俄原油管道二线线路与已建漠大线线路并行敷设，途经黑龙江省、内蒙古自治区，线路全长 941.8 千米，管径 813 毫米。管道沿线设 43 座线路截断阀室。沿线河流大型穿越 4 处，河流中型穿越 7 处，铁路穿越 16 处，二级以上公路穿越 4 处。中俄二线建成后，与漠大线共同完成年输量 3000 万吨。

俄方石油工业实力也逐步提升，进一步加强国家对能源行业的掌控力度，创新私有化模式，不断拓展与国际油公司合作的深度与广度，进一步加大了其在中俄油气合作谈判中的筹码；土库曼斯坦通过《关于补充修订土库曼斯坦油气资源法》，强化了对外资企业的监督。与此同时，地区油气合作开放力度不断增大。

俄政府着手放宽海上大陆架进入条件，允许非国有公司和外国公司参与其海上大陆架的勘探开发，并批准对北极大陆架油气田开发项目免征出口关税，对黑海和鄂霍茨克海大陆架相关油田免征自然资源开采税；哈国政府贯彻总统关于取消商业行政壁垒的指令，要求制定矿产领域的便利机制，有效改善投资环境；土库曼斯坦今后5年将快速增加天然气产量，预计将实行更加开放的对外合作政策以吸引更多外资；乌兹别克斯坦制定外资税收优惠政策，鼓励私人资本投资油气领域，在老油田提高采收率项目和国家重点支持的天然气化工项目等领域均有合作机会。尤其俄罗斯积极响应"一带一路"的战略号召，为中俄两国逐渐在各领域深入合作提供了契机，俄方也有意愿对中国加大油气开放力度，相信在全面理解和深切感受到"一带一路"带来的福音之后，两国的合作将向着更加纵深的方向发展。

(六) 能源政策更加强调低碳、清洁

在绿色和可持续发展的大背景下，各国能源政策更加强调低碳和清洁。如奥巴马政府颁布了减排新规，提出到2020年全美燃煤电站实现减排20%；欧盟明确低碳经济转型目标，到2020年将温室气体排放量减至1990年的40%；中美两国2014年11月共同发表《中美气候变化联合声明》，宣布加强清洁能源和环保领域合作，其中提出美国于2025年实现在2005年基础上减排26%~28%的目标，中国计划2030年左右使二氧化碳排放达到峰值，并计划到2030年将非化石能源占一次能源消费比重提高到20%左右。

欧美可再生能源发展政策出现分化，尽管欧盟在2014年初确定"到2020年能源消费结构中可再生能源占比至少提高到27%"的目标，但由于经济不景气，大多数欧盟成员国削减了可再生能源财政补贴。美国则坚持可再生能源扶持政策，奥巴马政府一直致力于发展清洁替代能源，向清洁能源领域倾斜减税措施，还通过扩大开放公共土地，加速部署风能、太阳能、水能等可再生能源项目。

此外，各国纷纷出台政策鼓励天然气勘探开发和引进，中国和欧洲多国都发现了可观的页岩油气储量，多个国家都加大了页岩气开发力度，推进能源结构的清洁化。

(七) 伊核协议将开启中国与中东油气合作新篇章

中东丰富的能源资源和重要的战略地位，意味着在今后一个较长时期，中国对中东油气的依存度还会继续存在，所以加强与中东油气合作已不仅仅是经济问题，更是上升到国家能源战略层面上的问题。2015年7月14日，经过多年艰苦谈判的伊朗核问题达成全面协议，伊朗承诺永不寻求获取核武器。这个消息缓和了伊朗与西方大国的关系，欧美和联合国逐步取消对伊制裁。这不仅开启了伊朗

的新时代，更为中国与中东油气合作开启了新的篇章。作为中东重要的石油输出国之一，伊朗在过去十多年因为核问题遭到制裁，原油产出一直受到影响，同时也变相影响了中国与中东的油气合作。伊核问题达成协议预计对中国与中东进一步的油气合作将会是重要的利好因素。正逢“一带一路”实施的大好时机，中国可以通过区域合作加强沟通建立新的能源定价体系，提高中国在国际上的能源议价能力。中东地区是“一带一路”能源战略的重要一环，中国可以借助丝绸之路的影响，开创与中东能源合作的新领域，突破近期的合作瓶颈。中国应找准立足点和出发点，从保障石油供应安全的高度，进一步加深与中东地区主要石油国家的经贸合作。

（八）海底石油开发将成为中巴合作新亮点

近年来，中国和巴西在海底石油开发领域的合作发展十分迅速，成为中巴经贸合作的新亮点，2016 年 10 月 13 日，中国海油巴西公司主办了海洋石油知识研讨会，在此会议上中国驻里约热内卢总领馆商务参赞表示，中巴石油合作前景广阔，通过普及海洋石油的基础知识，可以吸引更多中国企业参与巴西合作。这是一个良好的开端，预示着巴西已经主动伸出合作之手，吸引中国企业参与到本国的油气海洋领域。中国油气进入巴西市场，带动了中国上下游企业的共同发展，从十多年前为巴西铺设运输管道开始，中国已经变成巴西深海石油开发的重要合作伙伴。除了中国海油、中国石化等几家主要油企，多家相关企业也先后进入巴西寻求发展。因此，种种现实表明，中国将成为巴西在石油领域的最大贸易伙伴。

（九）美国总统特朗普的“百日新政”或将影响世界油气格局

美国新总统特朗普主张取消对页岩气以及清洁煤炭在开采、使用方面的限制，宣称要进一步放开对石油生产的监管、提升油气产量，并将废除奥巴马政府采取的限制水力压裂技术运用的措施。特朗普希望停止对可再生能源的政府开支，对于风能和太阳能生产补贴的税收抵免可能将取消。这将意味着对于石油的依赖将增加，无疑将推高油价。而特朗普承诺批准基斯顿输油管发展计划（Keystone XL Pipeline），该计划将新建一条输油管道将更多的加拿大原油通到美国得克萨斯州的炼油中心然后出口海外。如果这条管道建成运行会对海湾国家构成相当的威胁，因为美国从加拿大进口的附加石油来自沙特、科威特和伊拉克。因此，即使并不是全部，这一项目的建立也会以越来越多的海湾国家的石油份额为代价，同时还会影响委内瑞拉石油的相关市场。委内瑞拉的石油与海湾国家属于同一种类，但从委内瑞拉运往休斯敦的路程仅是海湾国家运往同一目的地的

1/4。在这一过程中，必须要提及非常重要的一点，那就是与拟建管道期相比，任何与中东或者委内瑞拉相关的政治影响都是暂时的。因此，这些政治因素在管道的相关决议中不会起到任何作用。

加拿大的石油涌向休斯敦的炼油厂将会产生两个必然结果：其一，加拿大对美国石油的需求量将会增加，因为美国炼油厂将会稀释加拿大开采的石油，这就意味着将会对美国石油生产者带来直接利润；其二，加拿大轻质页岩油将会使炼油厂和车间生产出与中东国家类似的混合型石油，这将会降低中东国家在美国的市场份额。值得一提的是，这个混合过程在很大程度上依赖于许多不同种类价格的石油，也就意味着美国人将会获得其他利润。总而言之，建设这些管道将会在一定程度上以沙特、科威特和伊拉克的石油市场为代价。

在伊朗核问题上，特朗普废除核协议的承诺基本上不可能实现，因为这是国际通过的协议，受到联合国安理会保障。但是特朗普很可能会给协议执行增添许多麻烦，这也会让石油公司在与伊朗合作前三思而行，由此将使伊朗不得不与OPEC 国家更加积极地寻求合作。

值得关注的是特朗普政府对《巴黎协定》的态度，如果《巴黎协定》生效，其升温控制将使得一大批已经发现的化石能源储量得不到开发（要是不采取二氧化碳收集和利用手段，全球有将近 2/3 化石能源得不到开发，其中包括 33%的原油、50%的天然气和 80%的煤炭），这对于能源新政来说是矛盾的；如果美国不采取减排行动，一个全球性的减排协议很难真正落到实处，这无疑将对全球能源治理和控制气候变化进程产生重大影响。因此美国在今后的具体政策实施过程中选择哪种方案，不得而知，还存在许多不确定性。

综上所述，特朗普的当选将在各个领域引起世界性的震荡，其中最重要的就是能源领域。新的能源政策也许会加剧国际石油市场波动，为美国与各能源国的油气合作带来了更大的不确定性，进而也会间接影响中国和海湾国家的油气合作。

四、推进中国国际油气产业合作的对策与建议

2016 年，中国在油气国际合作中的机遇与挑战并存，在不断取得新进展、新成果的同时，2017 年更应注意从以下方面进行完善，从而取得更理想的油气国际合作效果：加强各类油气企业同英国等国的非常规油气合作；加强同巴西等国在海上领域的油气合作；积极深化同阿拉伯国家的油气全产业链合作；加强国际油气合作突发事件应急管理。

1. 加强各类油气企业同英国等国的非常规油气合作

中国是全球页岩气可开采储量最大的国家，而中国大部分页岩气储备聚集在西部地区。2016 年 11 月 11 日，英国著名能源咨询公司莫特麦克唐纳（Mott Macdonald）、英国地质调查局在成都出席第四届西部油气论坛暨非常规油气合作峰会，双方共同探讨了页岩气行业面临的机遇与挑战，并深入阐述了中英两国在页岩气领域广阔的合作空间。中英两国可以通过加强非常规油气合作，实现双方互惠互利，共同应对气候变化。中英两国正处于共同发展页岩气行业的黄金时期，虽然处在页岩气发展的前期阶段，且规模不同，但在面临困难的复杂程度上处境非常相似。中国国家能源局印发的《页岩气发展规划（2016—2020 年）》中提出，在政策支持到位和市场开拓顺利情况下，将大幅度提高页岩气产量，2020 年力争实现页岩气产量 300 亿立方米。英国一直以来也致力于页岩气的开发，旨在增强能源供应的可靠性，降低能源消费成本，在陆上油气产业发展及页岩气开采和生产方面积累了丰富的项目管理和技术经验。面对共同的挑战，中英双方可以通过进一步加强合作，推动页岩气领域的投资与贸易往来，帮助两国非常规油气行业降低成本，提高产能，一同抓住能源新格局下的非常规机会，积极探索新的合作机遇。

2. 加强同巴西等国在海上领域的油气合作

海上领域的油气合作潜力巨大，但对技术设备要求较高，而中国海上油气开采技术非常有限，面临棘手的技术难题。未来要想加快走出去步伐，需要突破海上技术的制约，积极开展海上资源的合作。中国以企业为主体、市场为导向、产学研相结合的产业技术创新体系尚未完全建立，创新资源高效配置和综合集成能力较弱。油气领域核心技术的掌握成为制约中国油气企业“走出去”的重要因素，也是最值得重视的关键问题。目前海上原油产量已占世界总产量的相当比重，近年来，中国和巴西在海底石油开发领域的合作发展迅速，成为中巴经贸合作新亮点。与陆上石油开发相比，深海石油开发难度更大，具有高科技、高投资、高风险和高收益等特点。自 1967 年中国首口工业油井在渤海湾建成以来，中国海油快速发展，实现了海上钻井从浅水到超深水开采的巨大跨越。与此同时，中国油企积极“走出去”，也应在合理规划的基础上参与到以深水开采为代表的全球海上油气勘探开发中去。

3. 积极深化同阿拉伯国家的油气全产业链合作

石油贸易一直是中阿能源合作的重中之重，目前中国每年从阿拉伯国家进口原油占进口总量的 40%。多年来，以“三桶油”为代表的中国石油企业与阿方展开的合作，逐渐从石油贸易延伸至石油产业上、中、下游全产业链环节，并取得了卓有成效的进展。同时，在中国“一带一路”战略指引下，中阿双方需要不断拓展油气领域合作的广度和深度。为应对当前国际石油市场形势不确定性波动，中阿双方合作应更加务实，共同建设不受周期性油价波动冲击、不受能源市场格局不确定走向影响的能源合作共同体，维护世界石油市场稳定。中阿应共同在重要油气集散区域建立大型油气储备基地，综合发展集仓储、贸易、加工、运输为一体的国际油气运营中心，确保油气贸易的连续和稳定。同时，进一步探讨在双方境内及第三国进行油气产业链相互投资合作。

近年来，以“三桶油”为代表的中国石油企业与阿拉伯国家在油气勘探开发、原油贸易、工程服务、装备出口等石油领域开展了全方位的产业链合作。中国石油目前在阿盟 8 个国家参与了 22 个油气合作项目，在 6 个国家管理和运行着 15 个油气合作项目，原油年生产能力超过 1 亿吨。同时在阿盟 11 个国家开展工程技术和工程建设服务，每年从东盟国家进口原油近 2000 万吨。其中，中国石油与苏丹 20 年的合作成果被赞誉为“中苏合作和南南合作的典范”。中国石油已成为在伊拥有油田产量最高、投入规模最大的石油公司。中国石化目前也与阿拉伯开展了石油领域从石油勘探开发，到工程建设服务，再到炼化仓储，以及科技研发、人员培训等领域的全方位合作。在上游油气投资方面，在埃及、阿尔巴尼亚、伊拉克等 7 个阿盟国家，实施了 9 个油气投资项目，累计投资逾 90 亿美元，累计权益油产量达到近 4000 万吨油当量。在下游炼化仓储投资以及炼化工程技术服务方面，先后承建了卡特尔管道、科威特新建炼油厂一系列炼化工程建设项目，累计完成合同额 88 亿美元。中国石化与阿盟能源合作互补性强，潜力巨大。中国海油在阿拉伯地区的油气上游领域也与阿方展开了合作。其中，中国海油、土耳其国家石油公司、伊拉克钻井公司等与伊位克米桑石油公司签署了米桑油田群技术合作合同，将该油田的石油产量提高了 60%，累积总产量达到 2.46 亿桶。中国海油在沙特、阿联酋、卡塔尔、埃及、也门均有石油生产、工程技术服务、LNG 贸易方面合作。

4. 加强国际油气合作突发事件应急管理

中国油气企业国际合作项目面临的突发事件主要涉及政治、金融、市场、汇率、事故灾难、环保、法律、文化习俗冲突、劳动用工等。与一般石油行业突发事件相比，国际油气合作突发事件体现出多元主体性、高政治敏感性、信息高度缺失性、协调复杂性等特征。中国国际油气合作突发事件应急处理的主体最初主要包括中外石油开发合作双方，但随着突发事件的影响程度、波及范围的扩大，其应急处置的主体不断增加，政府相关应急管理部门和行政监管部门、专门的技术支持机构、第三方评估机构、外方政府机构等都将参与其中，如果处理不当，将对两国商业名誉乃至外交关系造成不利影响。在现实中，应急救援现场是非常复杂的，应急协调指挥及控制也是网络状的，涉及中方油气企业、外方油气企业、地方政府多个部门的统筹协调，如果其中一条支线信息传递出现障碍，就会影响应急处置与救援整个系统的进程，反过来也会影响到其他支线的沟通协调效率。目前，中国在国际油气合作应急管理方面存在不少问题：第一，应急管理存在功能缺陷，忽略了事前、事中、事后的整体连贯性与系统性，“重事中处置、轻事前预防与事后反思”。第二，体制上条块分割严重，协调指挥效率低下。因此，要加强国际石油合作突发事件应急管理策略及措施，需要遵循“事前、事中、事后”的事件发展规律，建立完整的应急管理链，提供体制保障、完善系统功能、重视事前预防和灾后恢复、集成突发事件应急管理平台等。另外也要加强三大石油公司之间、区域之间与政企之间的相互合作，共同建立应急物资、救援队伍、专家互助和应急管理工作交流制度，共同提高应急处置能力。

中国对外油气贸易分析与展望

2016 年中国全年进口原油 38103.8 万吨，出口原油 294.1 万吨，原油净进口 37809.7 万吨，对外依存度为 65.4%；全年进口成品油 464.6 万吨，出口成品油 3820.2 万吨；进口天然气 752.4 亿立方米，其中管气 2797.48 万吨，LNG 2615.40 万吨，对外依存度为 32.9%。2016 年国际石油市场供需面持续宽松，油价低位运行，受经济形势影响，国内石油需求增速减缓，原油进口保持增长，对外依存度不断攀升；成品油出口呈增加趋势，开发潜在新市场需求迫切；天然气进口保持增长，LNG 价格大幅下降。

一、2016 年中国原油贸易分析及 2017 年展望

(一) 总体运行情况概述

2016 年，中国国内原油产量约 2.0 亿吨，连续六年保持 2 亿吨以上。据海关总署最新统计数据显示，2016 年，中国累计进口原油达到 3.81 亿吨，同比增长 13.6%；累计原油进口额为 1153.08 美元，同比减少 14%；原油进口平均价格为 302.6 美元/吨，比 2015 年降低 25.2%(表 4)。

表 4　2014~2016 年中国原油进口情况

时间	进口量/万吨	同比增长/%	进口额/亿美元	同比增长/%	平均进口单价/(美元/吨)	同比增减/%
2014—1 季度	7472.3	8.34	589.1	6.11	788.4	-2.06
2014—2 季度	7723.6	11.61	597.7	14.16	773.9	2.28
2014—3 季度	7652.5	-4.61	587.2	4.95	767.3	10.01
2014—4 季度	7987.3	12.89	507.3	-9.10	635.1	-19.48
合计	30835.7	6.65	2281.3	3.87	739.8	-2.61
2015—1 季度	8034.2	7.50	336.3	-42.90	418.5	-46.90
2015—2 季度	8302.2	7.49	354.7	-40.65	427.3	-44.79
2015—3 季度	8525.2	11.40	355.4	-39.48	416.9	-45.67
2015—4 季度	8687.5	8.77	310.6	-38.77	357.5	-43.71
合计	33549.1	8.80	1357.0	-40.52	404.5	-45.33

续表

时间	进口量/万吨	同比增长/%	进口额/亿美元	同比增长/%	平均进口单价/(美元/吨)	同比增减/%
2016—1季度	9553.0	18.90	226.1	-32.76	250.1	-40.23
2016—2季度	9544.0	14.96	279.4	-21.23	293.3	-31.35
2016—3季度	9698.2	13.76	318.4	-10.41	328.6	-21.18
2016—4季度	9751.8	12.25	329.1	5.97	337.1	-5.72
合计	38103.8	13.58	1153.1	-15.03	302.6	-25.19

数据来源：中国石油和化学工业联合会。

2014~2016年中国原油月度产量如图9所示。从图中可以看出，2016年，中国原油总产量为19968.5万吨，同比下降7.0%，与2015年相比稳中有降。总体来说，2016年中国原油产量呈现下降态势，基本能保障国内的市场供应。

随着中国原油对外依存度不断攀高，2016年中国原油对外依存度超过65%。2014年，中国原油进口总量为3.084亿吨，同比增长6.65%，涨幅较2013年有所上升，月度平均进口量约为2569.64万吨，月度产量平均仅为1664.04万吨；2015年，中国原油进口量在经过连续13年的上升后，原油进口量增长至创纪录的3.355亿吨，2016年中国原油进口量更是达到了3.810亿吨，中国石油产需缺口逐渐扩大，意味着中国的原油进口需求将不断提高。2014~2016年中国原油进口量如图10所示。

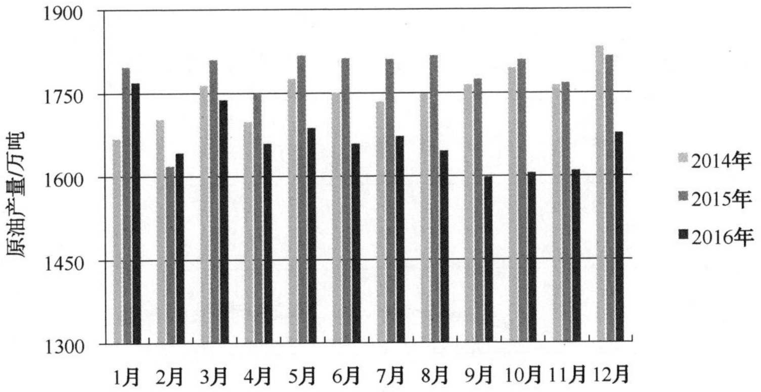

图9　2014~2016年中国原油月度产量

数据来源：中国石油和化学工业联合会

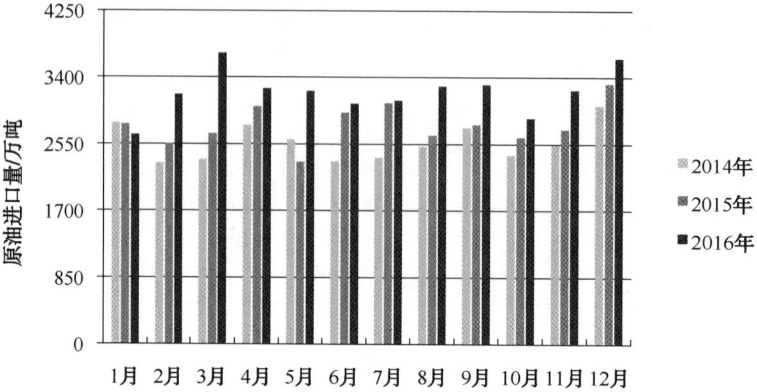

图 10　2014~2016 年中国原油月度进口量

数据来源：中国石油和化学工业联合会

（二）2016 年中国原油贸易的主要特点

1. 原油进口价格低位运行，贸易逆差逐步缩小

2016 年全球石油供需面持续宽松，石油价格持续受压，保持在低位运行。2016 年，Brent 原油期货价格在每桶 30.70~53.29 美元之间波动，WTI 原油期货价格在每桶 30.24~51.91 美元之间波动。截至 12 月底，纽约市 WTI 原油期货价格平均为 42.71 美元/桶，北海 Brent 原油期货价格平均为 43.55 美元/桶，与去年相比稳中有升。中国原油进口价格也在随着国际油价的变动而变动，其中在 2 月达到最低点为 231.9 美元/吨，在 11 月达到最高点为 346.7 美元/吨。2015 年原油进口平均价格为 399.9 美元/吨，2016 年原油进口平均价格为 302.6 美元/吨，同比下降 24.33%，再创新低。2015~2016 年中国原油进口价格如图 11 所示。

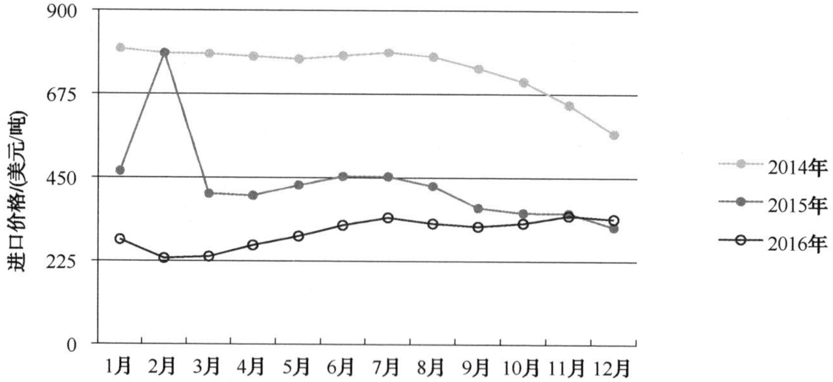

图 11　2014~2016 年中国原油进口价格

数据来源：中国石油和化学工业联合会

2016 年全年，我国原油进出口总额 1162. 52 亿元人民币，同比下降 14. 3%。其中，出口 9. 43 亿元，上升 2. 6%；进口 1153. 08 亿元，下降 14. 0%；贸易逆差 1143. 65 亿元，缩小 13. 8%。

2. 非国营贸易原油进口大幅增长，占比提高

中国原油国营贸易进口权集中在中国石油、中国石化、中国海油、中化集团和珠海振戎公司等五家企业。2011 年以后，中国完成 WTO 承诺，非国营贸易进口允许量一直定格在 2910 万吨，随着 2015 年申请原油非国营贸易进口条件的放宽，中国非国营贸易进口允许量逐年增长，2015 年允许量由 2910 万吨增长至 3760 万吨，2016 年更是暴增 8760 万吨，增幅达 133%。

2016 年全年，16 家正式获得配额的炼厂(除神驰化工、金诚石化、河北鑫海外，因这 3 家地炼获批时间较晚，2016 年暂无实际进口业绩)共进口原油 4400 万吨，配额使用比例基本达 66%。且具体看来，除下半年获批及个别炼厂外，地炼进口配额完成率普遍高达 90%以上。2016 年非国营贸易原油进口相比 2015 年大幅增长，占比提高。

3. 原油进口来源分散，加强多元化建设

从历年的原油进口来源分析，中东和非洲国家始终是中国原油进口的主要资源国。由于世界主要产油国地区整治局势相对不稳定，为了分散风险，国家实行多元化战略和途径。随着原油消费需求和对外依存度的持续增长，能源供应安全更加受到重视，为减少对海上运输通道的过度依赖，提高能源供应安全，中国的能源通道建设开始从海上为主的单一供油局面向海陆相济、多方保障的局面转变，原油进口来源进一步扩展。

从大区来看，2016 年，中国自中东、非洲、里海和南美分别进口原油 1. 83 亿吨、6784 万吨、5667 万吨和 5086 万吨，同比分别增长 7. 5%、5. 3%、18. 8% 和 24. 4%。从前十大进口来源国所占份额来看，2016 年全年，俄罗斯、沙特、安哥拉在第一梯队，各自所占份额在 11. 5% ~ 14%；伊朗、阿曼和伊朗则在第二梯队，各自所占份额为 8% ~ 10%；委内瑞拉、巴西和科威特在第三梯队，各自所占份额为 4% ~ 6%；最后为阿联酋，所占份额为 3. 2%。2016 年全年中国前十大进口来源国合计占比在 83. 4%。

(三) 2017 年中国原油贸易展望

1. 石油市场供过于求，供需面宽松程度收窄

2016 年世界石油市场总体仍维持供大于求的格局，尤其上半年供应过剩的程度较严重，推动石油库存继续攀升，下半年随着主要产油国产量增幅放缓，石

油高库存有望逐步消化，直到2017年世界石油市场才有望实现新的供需平衡。2016年，世界石油市场供应富余60万桶/日，宽松程度较2015年的富余170万桶/日明显收窄。

从石油贸易格局看，全球石油贸易格局仍将调整，中国有望在2017年成为全球最大的原油进口国。北美非常规油气革命和全球炼油业格局调整是国际石油贸易格局变化的两个重要引擎，尤其2015年底美国放开原油出口，对全球石油贸易流向产生了重要影响。2016年全球油品贸易增速继续超过原油贸易，原油贸易则延续了2015年的温和增长态势。低油价下全球原油贸易竞争更加激烈，原油贸易重心将加速东移，加之中国原油进口政策放开，中国有望在2017年超过美国成为全球最大的原油进口国。

2. 油价保持低位运行，或将小幅上涨

2016年，国际原油价格保持低位运行，WTI原油期货价格平均为42.71美元/桶，Brent原油期货价格平均为43.55美元/桶，与去年相比稳中有升，但仍保持在低位运行。中国的原油进口量同比上升13.6%，但贸易金额却下降了14.0%，为中国增加原油储备创造了非常良好的购买契机。

2017年，预计全球石油供需形势将出现扭转，石油供需差缩小，原油价格将出现回暖。从基本面因素来看，受益于美国、印度经济稳步发展和OPEC国家达成一致减产协议，世界原油供需关系的好转将促进油价进一步小幅上涨。从需求面来看，世界石油需求总体上呈现小幅上涨态势；从供给面来看，OPEC国家及以俄罗斯为首的非OPEC国家达成的减产协议能否顺利实行，成为影响世界原油供给的关键因素，若减产成功，2017年全球原油供给增幅将显著缩小，从而促使油价回升。

3. 原油进口将保持增长，对外依存度继续攀升

进入20世纪90年代以来，随着经济建设的快速发展，中国原油消费量保持年均6%以上的较高增长水平，而国内原油产量增速只有2%左右，致使中国从原油自给自足、少量出口转变为原油净进口国，且对外依存度不断攀升。中国1996年原油进口量2262万吨，净进口量221万吨，首度成为原油净进口国；2004年原油进口量突破1亿吨，对外依存度接近58%；2009~2015年均增速超过15%，中国成为仅次于美国的世界第二大原油进口国。截至12月底，2016年原油产量19968.5万吨，进口量38103.8万吨，出口量294.1万吨，表观消费量57778.2万吨，进口量同比上升13.6%，对外依存度超过65%。受中国授予民营炼油厂原油进口配额、中国国有油企补充库存以及中国增加原油战略储备的影响，对外依存度将继续不断攀升。

二、2016年中国成品油贸易分析及2017年展望

（一）总体运行情况

2016年以来，中国继续实施稳健的货币政策，中国政府及时出台支援外贸稳定增长和加强进口的政策措施，推动了进出口增速逐步平稳回升，奠定了经济整体走势的政策基调。而在成品油定价方面，受国际油价、成品油需求预期和其他经济数据的影响，中国成品油价格波动频繁。2016年，中国成品油(指所有石油成品，下同)进口总量为2632.9万吨，同比下降9.8%；出口量总量为4829.3万吨，同比上升33.73%；净出口总量为2196.4万吨，其中主要品种为汽油、煤油、柴油、石脑油、燃料油、润滑油(图12、图13)。进口来源地主要包括韩国、俄罗斯、新加坡、委内瑞拉、马来西亚、日本等。

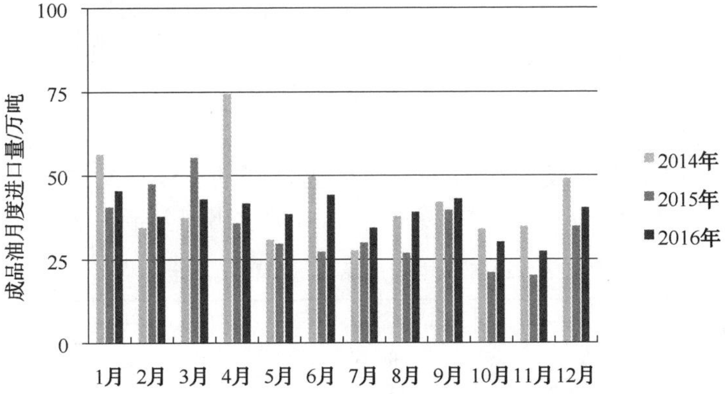

图12　2014~2016年中国成品油月度进口量(汽煤柴合计)

数据来源：中国石油和化学工业联合会

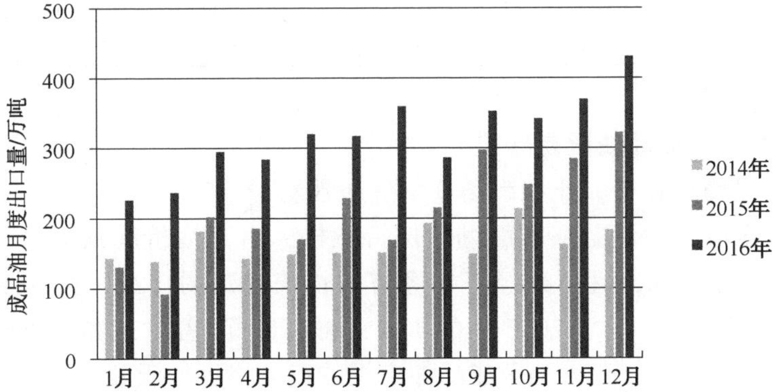

图13　2014~2016年中国成品油月度出口量(汽煤柴合计)

数据来源：中国石油和化学工业联合会

(二) 2016 年中国成品油贸易的主要特点

1. 成品油进口量同比略有下降

2016 年，中国成品油进口量总体比 2015 年略有下降，2016 年成品油总进口量为 2632.9 万吨，而 2015 年全年累计进口成品油 2921.8 万吨，同比下降 9.9%。2016 年，中国成品油进口量在 5 月达到最高点 282.5 万吨，10 月达到最低点 166.2 万吨，月度平均进口量 219.39 万吨。2016 年中国成品油进口金额达 101.42 亿美元，同比减少 25.9%。

2. 成品油出口量同比大幅上升

中国成品油市场资源供过于求、炼油产能过剩等问题日益突出，成品油出口成为调节国内供需的一项重要工程。2016 年，中国成品油净出口规模明显扩大。据中国海关数据，2016 年汽油净出口量为 990.5 万吨，柴油净出口量为 1632.1 万吨，煤油净出口量为 1662.3 万吨。汽油自 2014 年起就实现了全面净出口的情况。2016 年，中国成品油出口总量为 4829.3 万吨，出口金额为 193.48 亿美元，成品油出口量与比 2015 年同比上升 33.73%。

3. 2016 进出口成品油的构成

2016 年，中国进口成品油的主要油种包括汽油、煤油、柴油、石脑油、燃料油、润滑油。具体进口量、进口金额、出口量、出口金额见表 5。

表 5　2016 年中国成品油进口种类及金额

2016 年	进口量/万吨	进口金额/万美元	出口量/万吨	出口金额/万美元
汽油	20.8	9046	969.7	418302
煤油	352.2	152013	1310.1	607595
柴油	91.6	36488	1540.5	648709
石脑油	669.9	272162	7.5	3019
燃料油	1176.8	269215	985.9	233127
润滑油	321.6	275266	15.6	24053

数据来源：中国石油和化学工业联合会。

(三) 2017 年成品油贸易展望

1. 出口呈增加趋势，亚太市场竞争更加激烈

2016 年全球石油供需基本面继续保持宽松，由于油价暴跌对石油需求的提振作用已大部分体现，且新兴经济体经济增长普遍走弱，2016 年世界石油需求增长为 130 万桶/日，低于 2015 年的 170 万桶/日。随着中东和印度炼油能力的增加以及出口的扩大，亚太地区成品油市场的竞争将更加激烈。

展望“十三五”时期，中国的成品油消费继续保持较低增速，炼油产能过剩的矛盾在较长时期内难以缓解。2015 年 2 月，国家发展改革委下发《国家发展改

革委关于进口原油使用管理有关问题的通知》（发改运行〔2015〕253号），放开地方炼厂进口原油使用权。截至2016年底，共有19家地炼正式获得总计7377万吨的进口原油使用配额，另有12家地炼正式获得原油非国营贸易进口资质，进口允许总量为4779万吨。预计“十三五”期间中国的成品油消费年均增速约为3%，比“十二五”时期下降近1个百分点。随着一批新规划炼厂的建成，预计2020年中国的炼油总能力将超过8亿吨/年，产能过剩规模约为1.5亿吨/年，开辟国际市场、扩大成品油出口已经成为并将持续作为中国炼油产业化解产能过剩的重要手段。

2. 成品油出口传统市场受到挤压，开发潜在新市场需求迫切

中国成品油出口的传统市场主要是东南亚地区，主要的出口品种是汽油、柴油和航空煤油，少量出口石脑油和燃料油。汽油出口市场主要是印度尼西亚、新加坡和越南等亚太国家；柴油出口市场较为分散，以亚太地区为主；燃料油出口市场包括拉美、亚太和欧洲国家。

近年来，受欧美、中东等地区成品油出口，以及亚太地区内日、韩炼厂成品油出口量增加的影响，中国的传统出口市场东南亚市场竞争日趋激烈。分油种看，汽油出口面临美国和欧洲的竞争，柴油出口面临来自中东和印度的竞争，航煤出口面临印度的竞争。为缓解国内成品油严峻的供需形势和库存压力，中国成品油出口需要积极巩固东南亚传统市场，开拓中东、南亚等新兴市场，进入澳大利亚、新西兰等高端市场。

3. 成品油出口结构将发生变化，炼能过剩趋势将放缓

从较长时间看，中国出口油品结构可能出现较大调整：一是国内炼油企业的产出会逐步转向消费型产品，如汽油和航煤等，减少柴油等工业型产品。二是国内汽油消费增长持续强劲，未来可能会供需平衡，导致出口下降。三是国内油企可能在出口航煤和柴油之间权衡，寻求出口效益最大化。由于航煤的标准国际化程度高，与柴油相比，航煤出口与内销的价差较小，出口面临的竞争相对较小等，国内油企可能更偏向于航煤出口。

值得注意的是，在炼油能力和油品整体过剩的大环境下，2016年中国一次加工能力为7.5亿吨/年，较上年净增24万吨/年，新增和淘汰炼能分别为2110万吨/年和2086万吨/年。中国新增炼能从2007~2013年的年均增加3500万吨开始逐步下降，预计2014~2020年将年均新增炼能1500万吨，这是市场过剩倒逼企业调整结构的必然趋势。从长远来看，国内成品油供需也许会伴随着中国经济转型达到新的平衡点。

三、2016年中国天然气贸易分析及2017年展望

(一) 总体运行情况

中国天然气总体资源储量较为丰富，据全国油气资源评估报告显示，常规天然气资源量超过35万亿立方米，非常规天然气中煤层气资源量超过36万亿立方米，页岩气资源量在30~40万亿立方米。天然气作为石油和煤炭的优质替代品，更加具有不可替代性，而且与居民生活息息相关，2016年中国天然气需求量为2183.2亿立方米，据预测2016~2030年间中国天然气需求平均增长8%，将超越伊朗成为全球第三大天然气消费国。随着2015年颁布的《油气管网设施公平开发监督办法(试行)》《关于健全居民用气阶梯价格制度的指导意见》等7项分别涉及管网开放、购销合同、基础和价格机制等政策法规的出台，中国天然气发展进程中存在的定价机制、供需矛盾、利用效率低等方面的问题有望得到进一步缓解，但天然气供需仍处于平衡状态。

中国进口天然气主要是依靠两个渠道，即通过水路运输的LNG和通过管道运输的气体天然气。2016年，天然气产量1464.9亿立方米，同比增长15.22%，月度产量为122.1亿立方米(图14)。中国天然气进口对外依存度达到32.9%，进口天然气总量约为5413.02万吨，同比增长22.04%。其中，LNG进口量为2615.54万吨，同比增加32.98%，占到天然气进口总量的48.32%；气体天然气进口量为2797.48万吨，同比增长13.32%，占到天然气进口总量的51.68%(图15、图16)。

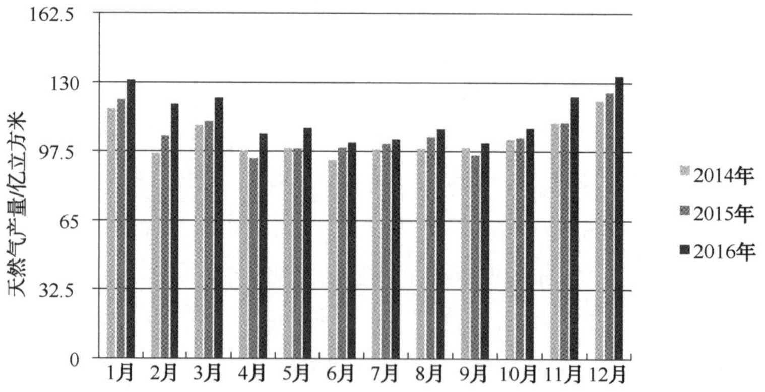

图14　2014~2016年中国天然气月度产量

数据来源：中国石油和化学工业联合会

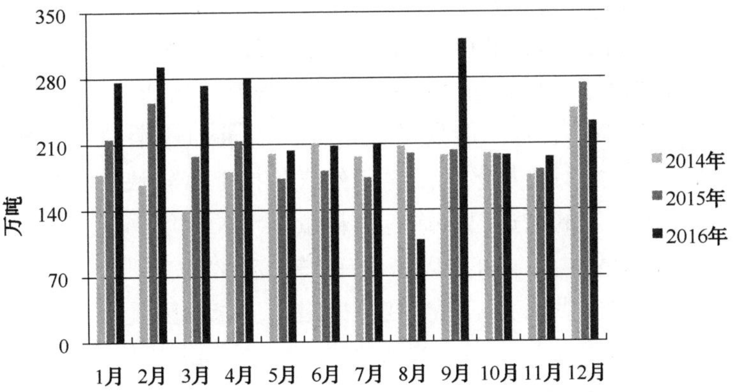

图 15　2014~2016 年中国天然气月度进口量

数据来源：中国石油和化学工业联合会

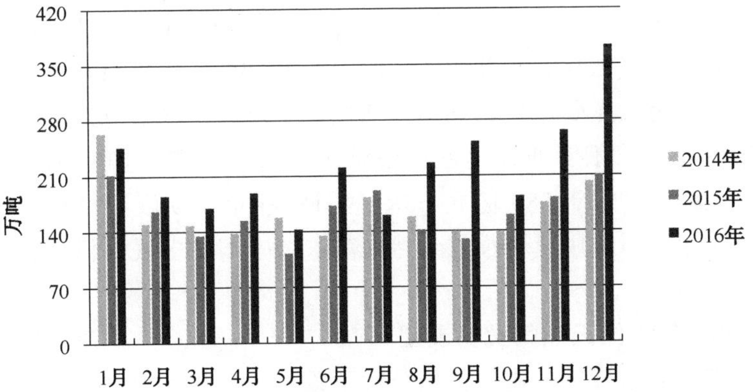

图 16　2014~2016 年中国 LNG 月度进口量

数据来源：中国石油和化学工业联合会

（二）2016 年中国天然气贸易的主要特点

1. 天然气进口保持增长

2016 年 1~12 月，天然气产量 1464.9 亿立方米，同比增长 15.22%；进口量 752.4 亿立方米，同比增长 22.04%。2000~2014 年，中国天然气年消费量从 245 亿立方米增至 1705 亿立方米，年均增速高达 16.1%。但受经济增速放缓、冬季气温偏暖、价格水平相对较高、替代能源快速发展等多种因素影响，从 2015 年开始天然气消费增速大幅下降，2015 年天然气消费量为 1855.1 亿立方米，同比仅上升 2.8%。2016 年天然气消费量 2183.2 亿立方米，同比增长 9.3%。受天然气需求量回升的影响，天然气进口量同步提升。

2. LNG 进口价格大幅下降

2016 年 1～12 月，LNG 进口平均价格为 343.1 美元/吨，同比下降 24.2%。虽然天然气是优质资源，纵观近几年的天然气发展，从 2014 年开始，天然气发展似乎进入了“怪圈”。上游产能发展较快，而需求却逐渐放缓，导致过剩，同年 7 月，中国天然气实行价格改革后，天然气价格上涨较快，其优势也已不复存在。国内产量及进口量的增速已经逾越消耗量的增长速度，天然气供过于求的形势已经到来，生产企业由以前的“以产定销”转变为“以销定产”，供求关系发生大逆转。而中国天然气供求关系发生变化的最主要缘原因是市场需求放缓导致天然气供应过剩。

3. 天然气进口来源多元化

2016 年中国液化天然气进口来源地已扩充至 16 个国家，2016 年中国累计进口液化天然气 2615.40 万吨，同比增长 33.0%；按进口总量排名，液化天然气主要来源国分别为澳大利亚、卡塔尔、印度尼西亚、马来西亚、巴布亚新几内亚。累计进口管道天然气 2797.48 万吨，同比增长 13.3%；按进口总量排名，管道气主要来源国分别为土库曼斯坦、缅甸、乌兹别克斯坦、哈萨克斯坦。根据中俄双方商定，2018 年起，俄罗斯开始通过中俄天然气管道东线向中国供气，供气量逐年增长，最终达到每年 380 亿立方米，累计 30 年。中俄签订东线天然气购销合同将有力保障中国的快速增长的天然气需求，中国的多气源供气良好局面基本形成。

（三）2017 年中国天然气贸易展望

1. LNG 市场需求疲软，进口价格持续下跌

三方面原因将导致 LNG 市场需求未来数年持续低迷。一是全球经济复苏乏力将继续影响 LNG 市场需求。国际货币基金组织（IMF）近期下调全球经济增长预期，并警告称全球经济存在继续下行风险。高盛和花旗银行也表示，受中国等新兴经济体经济增速下滑等因素影响，未来数年内世界经济增长可能跌至 2%。二是低油价将导致燃油和燃气的互相替代，减少了 LNG 的需求。三是核能发展将影响 LNG 需求。从供给面来看，来自澳大利亚、马来西亚的 LNG 项目将会陆续投产，印尼的项目也拿到了新一批的投资，2017 年来自这些地方的液化天然气将会让市场供应更加充足。总体来看，2017 年 LNG 市场供过于求持续，进口价格将维持在低位运行。

2. 天然气供应保持增长，用气结构更均衡

国家发展改革委《关于建立保障天然气稳定供应长效机制的若干意见》中提

出，到2020年我国天然气供应能力达到4000亿立方米，力争达到4200亿立方米。《能源发展战略行动计划(2014—2020年)》进一步提出，到2020年国产常规气达到1850亿立方米，页岩气产量力争超过300亿立方米，煤层气产量力争达到300亿立方米，并积极稳妥地实施煤制气示范工程。整体来说，"十三五"期间我国将形成国产常规气、非常规气、煤制气、进口LNG、进口管道气等多元化的供气来源和"西气东输、北气南下、海气登陆、就近供应"的供气格局，预计实现总规模在3750亿~4300亿立方米，其中常规天然气供应将保持平稳增长，按照"十三五"期间常规天然气产量年均增加60亿~80亿立方米计算，2020年全国常规天然气产量为1650亿~1750亿立方米。

随着非经合组织国家工业化的持续推进、全球经济电气化程度提高和环保要求的不断提升，工业和发电的天然气消费将持续快速增长，特别是在发电的燃料结构中，天然气的比重将进一步提升，发电将成为世界天然气消费增长的主要驱动力，未来世界天然气30%~40%将用于发电。随着各国气候协定的签订，交通运输的尾气排放将成为重点控制的方向。天然气因其清洁高效可获得性，成为燃油最可靠的替代品，车用天然气近两年发展迅速。随着各国政府ECA(排放控制区)的划定，天然气应用领域将由汽车向轮船扩展。

3. 基础设施建设持续推进，天然气输送管道加速布局

2016年，新建成投产的油气管道可能以延续"十二五"期间开工的管道为主，主要有西气东输三线东段(吉安—福州)、如东—海门—崇明岛、甬台温、金丽温、天津LNG外输、广西LNG外输等天然气管道，中缅原油管道国内段、日照—濮阳—洛阳等原油管道，以及锦郑、甬台温、云南等成品油管道。

由于天然气对于推动国家能源结构优化、治理大气污染、发展生态高效经济有其他能源难以替代的重要作用，受国家大量既定政策的引导和激励，从长期看，天然气管道的发展势不可挡。根据国家"十三五"规划前期研究，到2020年，全国长输管网总规模达15万千米左右(含支线)，输气能力达4800亿立方米/年左右；储气设施有效调峰能力为620亿立方米左右，其中地下储气库调峰440亿立方米、LNG调峰180亿立方米；LNG接收站投产18座，接收能力达7440万吨/年左右；城市配气系统应急能力的天数达到7天左右。从"十三五"甚至更长远来看，在国家"一带一路"战略的引领下，预计能源投资将是推进"一带一路"建设的重中之重，类似中俄天然气管道西线项目这样的油气运输通道项目会更多地被提出，并逐步落地。

专　题　篇

能源地缘政治视角下中国与“一带一路”国家的能源合作模式探讨

改革开放以来，随着经济的快速发展，中国对能源的需求量也在不断上升。1992 年，中国国内的能源消费总量首次超过生产总量；而到了 1993 年，中国已经从一个石油净出口国转变为净进口国；此后的 20 多年里，随着中国国内工业化的进一步发展和城镇战略的实施，中国能源供求差距进一步拉大。虽然中国能源的供给量在持续增长，但却无法满足经济增长对能源的需求，能源进口量继续增长，对外依存度也逐年上升。近几年，中国政府对能源问题越来越重视，强力推进节能减排政策使得能源消费增长大幅放缓，在 2013 年的中国能源结构中，石油占比(17.8%)达 1991 年来最低，煤炭消费占比也有所降低，而天然气在能源消费结构中的比重有所提升(2013 年达 5.1%)。2013 年，中国天然气的消费增长居世界首位。在这种形势下，中国与其他能源国家开展能源合作的愿望也变得十分迫切，而世界上的能源生产中心是历来各国政治、军事争夺的焦点，能源地缘政治也就显得尤为重要，它涉及到能源安全、油气管道的走向等一系列问题。从 1973 年的第一次石油危机，到 20 世纪 90 年代的海湾战争，再到 21 世纪初的伊拉克战争，我们可以看到能源与地缘政治已经难以分割。从某种程度上来说，地缘政治的争夺就是对能源的争夺。因此从地缘政治的角度分析，中国只有和能源输出国建立良好的互利互惠合作关系，才能有利于双方在经济政治文化方面的长久发展。2013 年 9 月，习近平主席在访问中亚四国，出席合作峰会时提出了构建“丝绸之路经济带”构想；同年 10 月，习主席又在访问印尼，参加亚太经合峰会时提出建设 21 世纪“海上丝绸之路”，从此“一带一路”就成为了中国开展对外能源合作的新亮点。

一、“一带一路”战略

从 2013 年提出到 2014 年广泛推进，丝绸之路从古代走来，在今天重新焕发光彩。2000 多年前，各国人民通过海、陆两条丝绸之路开展商贸往来，今天中国赋予丝绸之路新内涵。2013 年 9 月和 10 月，习近平主席访问哈萨克斯坦和印尼时，分别提出建设“丝绸之路经济带”和21世纪“海上丝绸之路”的构想，即“一带一路”战略，“一带一路”是一条世界上最长也最有发展潜力的经济大走廊。其中的“一带”指的是丝绸之路经济带，主要在陆地，从中国出发，重点畅通三条路线，一条经中亚、俄罗斯至欧洲波罗的海；一条经中亚、西亚至波斯湾、地中海；还有一条到东南亚、南亚、印度洋。“一路”指的是21世纪海上丝绸之路，跨越万里海域，重点是两个方向，一条从中国沿海港口，过南海到印度洋，延伸至欧洲；另一条从中国沿海港口过南海到南太平洋。一头是活跃的东亚经济圈，一头是发达的欧洲经济圈，中间广大腹地国家经济发展潜力巨大。从地图上画出这几条线路并不难，但是如何把蓝图变成现实，关键在于做好“通”的文章，也就是政策沟通、设施联通、贸易畅通、资金融通和民心相通。其中，政策沟通是重要保障；基础设施互联互通是优先领域，俗话说，要想富先修路，当然基础设施不仅包括修桥建路，还有油气管道、输电网、跨境光缆建设等；贸易畅通，解决投资贸易便利化问题，消除投资贸易壁垒；资金融通，重点在于亚洲货币金融体系建设与金融监管合作；民心相通，包括教育、旅游、医疗、科技文化等多层面的合作。为促进“一带一路”建设，中国主动拿出了真金白银，出资400亿美元设立了丝路基金，已经顺利启动。中国还倡导成立1000亿美金的亚洲基础设施投资银行，目前超过50个国家和地区申请加入，遍及亚洲、欧洲、非洲、南美洲和大洋洲，在全球范围内，掀起一股“亚投行热”。目前已经有60多个国家和国际组织积极响应“一带一路”的倡议，这些国家的总人口数约44亿，经济总量约21万亿美元，分别约占全球的63%和29%。通过大数据分析我们发现，在“一带一路”沿线上，不同区域的国家表现出的参与热度体现在不同的方面。最热的区域是东南亚，他们最期待和中国在基础设施方面进行合作；中亚和南亚紧随其后，他们最热衷的是和中国做买卖；而欧洲最关注的是中国的海外投资。当然这些仅仅是一个开始，随着合作的深入，“一带一路”将有可能成为世界上跨度最长的经济大走廊。

本文主要是针对陆上经济带的研究，我们按照“一带一路”涉及的三条线路，在经中亚、俄罗斯到达欧洲的波罗的海这条路线上选取中亚地区作为研究对象，在经中亚、西亚至波斯湾、地中海这一线路上选取中东地区作为研究对象，在经东南亚、南亚、到印度洋这条线路上选取印度作为研究对象。分别就挑选出的三个研究对象各自不同的能源地缘政治格局及演变、中国与这些地区和国家开展的能源合作情况进行探讨。

二、"一带一路"上地区和国家的能源地缘政治格局及演变

（一）中亚地区

中亚地区处在欧洲、亚洲、中东的中间地带，所以具有很独特的地缘战略地位，在世界油气供应和能源地缘政治格局中的地位不断上升。中国中亚学一般把自从苏联解体后新独立出来的乌兹别克斯坦、吉尔吉斯斯坦、哈萨克斯坦、土库曼斯坦、塔吉克斯坦五国作为中亚地区地缘政治板块进行研究。自从苏联解体后，中亚一直成为权力真空地带，因为他的存在，能够使各国能源进口多元化，从而成为国际瞩目的能源"生命线"。就是由于其丰富的能源资源和独特的地缘位置，使不管是能源输出国、能源进口国还是能源输送过境国的协调与斗争显得尤为重要，而这些又反过来影响中亚的能源格局。俄罗斯、美国、中国在其中的作用举足轻重。

1991 年后，中亚各国以主权国家身份加入国际行列，而那时中国依旧视中亚各国属于俄罗斯的势力范围，加上当时能源问题在中国并不突出，所以并没有和中亚进行能源合作，因此主要的目标就是要和中亚各国建立友好的外交关系，同样对于美国等国虽然对其能源的重要性有所认识，但并没有将中亚地区视为能源战略地。但美国已经开始对中亚能源的垄断进行抵制。

随着中国经济的快速发展，国内的能源问题开始变得严峻，中国试图从各个方面加强同中亚地区的政治、安全、能源领域的合作。从 1997 年，同哈萨克斯坦签署了两国在石油天然气领域的合作协议开始，中国同中亚地区的合作明显加强。同年 9 月，中国同中亚各国签署了联合铺设输油管道的协议，这是中国政府首次同中亚国家签署国家级能源合作协议。当然，除中国以外的其他大国同样认识到中亚地区能源战略地位的重要性。美国从几方面对中亚的能源进行争夺，首先打破俄罗斯对石油天然气运输通道的垄断，然后通过供应商的多元化促进西方国家能源安全，鼓励修建不经过伊朗的由东向西的管道，反对伊朗介入中亚经济等。欧盟和日本等也或多或少地在处理中亚能源问题上采取了措施，来争取到自己在中亚地区的一席之地。

2001 年 6 月，上海合作组织成立，这一事件成为中国与中亚国家关系发展的里程碑。但在"9・11"事件后，由于美国和其他西方国家在中亚驻军反恐，中亚各国需要扩大他们的外交战略选择来平衡俄罗斯和中国对其的影响，这使得中国与中亚国家的关系面临冲击，变得更加复杂化。但中国与中亚国家的合作还在继续，双方在管道建设上有所突破。美国的举动对俄罗斯在中亚的垄断地位产生了

实质性的影响，俄罗斯也不得不通过和中亚国家签署协议来扩大其对中亚能源的控制。美国、俄罗斯等国对中亚的能源争夺更加激烈，并呈现出美俄主导、多方参与的中亚能源地缘政治竞争格局。

在美国对中亚推行“颜色革命”后，加之上海合作组织的发展与巩固，中亚国家同中国的关系得到了更深一步的发展。2005 年中哈原油管道(阿塔苏—阿拉山口)竣工投产，2007 年中哈管道二期一阶段工程开工建设，2009 年开始正常商业输油。

各方激烈竞争，内外部的博弈成为现在中亚地缘政治格局的新特征。美国由于之前在中亚的行动受到挫折，减少了争夺能源的进攻，欧盟和俄罗斯就天然气输气管的建设展开激烈竞争。

(二) 中东地区

中东地区连接亚、非、欧三大洲，地处东西半球的交通枢纽处，连接欧亚大陆东西两端的运输网(世界 60%以上的石油和 1/4 的贸易从黑海—地中海—红海—波斯湾—印度洋—马六甲这条海上黄金通道经过)。因其能源资源丰富，发展潜力巨大，所以地缘位置尤为重要，是“一带一路”战略的枢纽地区。

由于能源特别是石油资源具有的特殊战略价值，世界能源中心同时也成为各种政治力量争夺的焦点。而世界能源中心的每一次转移，都导致了世界地缘政治格局的相应变化，从而形成一幅幅世界能源地缘政治图。20 世纪 40 年代，在中东的沙特阿拉伯、科威特等国发现了极其丰富的石油资源。而二战后美国经济的高速增长使美国国内石油需求迅速增加，虽然美国的石油产量一直到 1953 年仍保持在世界石油总产量的 50%以上，但仍不能满足其国内的需求。从 1948 年起，美国开始从中东进口石油。从能源地缘政治角度看，1948 年美国变成石油净进口国，标志着世界能源地缘政治中心已转移到波斯湾，世界能源地缘政治竞争自此围绕着中东地区展开。发展至今，中东的世界能源地缘政治中心地位几经动荡，尤其随着当前美国页岩气、页岩油等非常规油气资源开采技术的突破，许多学者认为中东石油在美国能源安全中的重要性降低，永远失去了用石油作为武器威胁西方的能力。同时，中东也将失去全球油气中心的地位，在世界地缘政治格局中的重要性将下降。但更多的学者认为，尽管美国暂时通过页岩气革命等能源独立战略降低了对中东石油的依赖，但中东在世界石油版图和全球能源权力结构中的中心地位却没有发生重大改变，国际社会对中东石油的依赖至今没有根本变化。

自 2000 年起，中国成为中东地区的重要行为体，这主要因为中国在海湾区域利益的三个主要关切点——经贸利益、能源利益和地缘政治利益都在上升，这三方面利益相互影响，而能源利益是中国在中东的核心利益。一方面，中国近年来越来越依赖中东石油，另一方面，中东地缘政治的变化和局势动荡给中国的石油供应安全和价格安全增加了不确定因素，未来中国在利用中东油气资源方面将面临与美国等西方大国在该地区的竞争。一旦中东能源供应出现问题，中国将最先受到影响。如伊朗核问题、利比亚内战及持续的叙利亚暴力冲突等中东地区问题都曾使油价出现波动。从中东石油地缘政治的视角来看，中东国家的主要能源消费国在转向东方，但他们的安全保障却仍然依赖西方。以沙特阿拉伯为例，2009 年下半年，沙特成为美国五个主要的原油供应国之一，位于加拿大、墨西哥、尼日利亚和委内瑞拉之后。同时，沙特成为中国最大的原油供应国，沙特石油出口超过一半是到亚洲市场。世界石油需求变得越来越全球化，美国和经合组织国家的石油需求正在下降。尽管美国依然在中东地区占据军事优势，沙特国家领导人也认为美国依然是能够提供防御海合会国家遭受伊朗军事野心的唯一力量，但这种安全上的相互依赖已经超越了石油关系，沙特正在增强在该地区的影响力。美国和沙特之间的关系将可能不再是以石油为中心，而转变为共同的地区政策目标。美国与沙特关系的转变将深刻影响中东地区的石油地缘政治，美国对中东地区能源的需求将从自身需要转变为对其他国家控制的工具。

（三）印度

印度是一个有着悠久历史的文明古国，实现世界有声有色的大国梦是印度的百年夙愿，印度的目标是首先实现地区霸主地位，再追求进入世界大国行列。印度是一个油气资源十分短缺的国家，对外依存度高。因其目前综合实力对美俄不构成威胁，便于其在美俄等大国间搞平衡，参与美国和日本围堵行动。利用其独特的地缘优势及其曾为不结盟国家之首的旧名片，从中东、中亚、非洲和拉美获取油气资源。在能源地缘政治方面，从国外获取足够的油气供应，是保障其区域大国和实现世界大国战略的重要支撑，因此印度实行追求进入世界大国行列的能源地缘政治战略，即追求世界大国战略。

印度历史上有“强邻为敌”的理论，即外交圈理论。该理论认为国家关系中“邻国是天然的敌人，而敌国的邻国则是天然的盟友”，印度怀抱这种思想的人还大有人在。此外有分析家认为，两个同时崛起的相邻大国必然成为战略竞争对手，预言“亚洲会出现印中之间争夺最高地位的争斗。”这些看法都是狭隘的、陈旧过时的观念，中国一直提倡的是和平崛起，构建和谐世界。中国一直奉行的是独立自主的和平外交政策，坚持在和平共处五项原则基础上与各国友好往来。然而，这“强邻为敌”思想的存在阻碍了中印两国关系的更好发展，更成为制约中印能源合作的不利因素。其次，印度尼赫鲁大学教授萨赫尼认为："印度外交政策有'参照中国'的倾向，中国在印度周边的活动会引发印度外交政策的负面反应。而且随着中国的影响力不断扩大，印度的这种反应必然会阻碍两国间的合作"。此外，印度在其军事、经济和科技力量的壮大后，争当亚洲大国以至世界大国的雄心日显。而且为了抑制中国的发展，印度一直想要独占印度洋，并大力加强其在印度洋的军事力量。因此，印度对中国的政策具有明显的两面性，既有意与中国发展合作的一面，也有防范敌视的一面，而其中把中国视为战略竞争对手甚至是潜在威胁的观念有着较深的影响。

三、中国与"一带一路"地区国家开展能源合作的情况

（一）中亚地区

在前述的地缘政治情况下，做好与中亚国家的能源合作与交流是现如今中国外交的一个重要方面。这不仅涉及经济问题还涉及到地缘政治环境和潜在的一些风险，局势的不稳定性。表6列举了2009~2011年中国与中亚国家进行能源合作的部分项目。

表6　2009~2011年部分中国与中亚国家能源合作项目

合作时间	合作对象	协议	合作内容
2009.08	乌兹别克斯坦地矿委成立合资公司		共同发展铀矿
2009.10	哈萨克斯坦国家油气公司	《关于中哈石油管道二期二阶段建设的框架协议》	哈萨克斯坦国家油气公司计划每年向中国出口50亿~100亿立方米的天然气，并计划把中哈石油管道的年输送能力从1000万吨提升至2000万吨
2010.09	哈萨克斯坦乌利宾斯克冶金厂		从2014年开始向中国实验性出口约2吨燃料铀，到2020年逐步增加至每年200~400吨
2011.02	美国的BMB Munai Inc.公司	向MI能源公司出售其在哈子公司Emir Oil的协议	获得了在2013年1月之前对Emir Oil有限责任公司在哈曼吉斯套州的勘探钻探技术
2011.02	哈萨克斯坦	能源领域的合作协议	开发银行与中国进出口银行之间建设一体化天然气化学综合体及基础设施项目
2011.03	哈萨克斯坦AES Sogrinsk TETS LLP公司	电站项目EPC总承包合同	将25兆瓦改造成50兆瓦电站项目，项目建成后索格林斯克热电站功率将提升52%，达80兆瓦

要想促进中国与中亚国家的能源合作，形式有很多种，最关键的问题是能够实现双方利益共赢，相互促进，双赢互惠，相互依存，这样才可以在合作中更为主动：从金融、教育、旅游、医疗、科技文化等方面同中亚国家开展合作，帮助他们走向市场，加强中亚国家的经济建设；为双方搭建更加公正、平等的合作平台，争取更好的贸易与投资合作基础，注重长远投资；借助媒体的力量，通过各种传播渠道让中亚人民更加了解中国，增加中国在中亚地区的影响力，得到他们更多的信任与支持。除了加强在上述方面的合作，还要在如上海合作组织等现有的合作模式的框架下，建立区域能源合作机制，中亚地区的能源丰富需要出口获得收益，中国能源需求大需要进口支撑经济发展，构建符合各方利益的能源供求体系，形成组织内部的有效沟通，完善的合作网络，高效的信息渠道都是我们应该加强和解决的问题。

（二）中东地区

中国与中东国家通过丝绸之路进行友好交往的历史源远流长，近年来中国与中东国家的合作日新月异。2012 年，中国与海湾阿拉伯国家合作委员会（以下简称海合会）六国贸易额达 1550 亿美元，中国是沙特最大的贸易伙伴，中东地区是中国能源的主要进口来源。2013 年 1 月 17 日，国家主席习近平在人民大会堂会见来华出席中国—海湾阿拉伯国家合作委员会第三轮战略对话的海合会代表团时指出，中方愿同海方共同努力，推动丝绸之路经济带和 21 世纪海上丝绸之路建设。海合会代表也表示，海合会各成员国高度重视发展对华关系，愿积极推进双方在各领域友好合作。古老的丝绸之路曾把海湾国家同中国联系在一起。海合会各成员国愿积极参与丝绸之路经济带和 21 世纪海上丝绸之路建设。2016 年 1 月 19~23 日，习近平主席出访沙特、埃及和伊朗中东三国，全面提升双边关系，积极深化能源合作，对接国家发展战略，协商共建“一带一路”，推动中国与中东国家经贸关系迈向更高水平，也开启了双边能源合作的新局面。

从 20 世纪 90 年代开始，中国逐渐从中东进口石油及相关产品，中东地区逐渐发展为中国石油进口的最大来源地。尽管在中国能源进口来源多元化战略下这一比例有所下降，但从中东的原油进口总量的绝对量仍在不断增加。最近几年，中国从中东的石油进口量呈上涨趋势，据《BP 世界能源统计》数据显示，中国 2006 年进口中东石油 7390 万吨，占中国石油进口总量的 38.5%，2007 年，这两个数据分别上升为 7880 万吨和 38.8%；2008 年和 2009 年沙特分别占当年中国原油进口量的 20.3%和 20.6%。2009 年中国进口原油超过 100 万吨以上的阿拉伯国家就有沙特、阿曼、伊拉克、科威特、阿联酋、也门、苏丹、利比亚和阿尔及利亚等 9 个国家，其中海湾阿拉伯产油国占 6 个；1999~2009 年来自阿拉伯国家的对华原油供应由 1336 万吨上升到 9486 万吨，在中国原油进口总量的份额也由 36.5%上升到 46.5%，其中来自海湾阿拉伯产油国就占 36.5%。由此可见阿拉伯世界尤其是海湾阿拉伯产油国在中国能源进口格局中占有举足轻重的地位。2011 年，中国从中东进口原油约 1.3 亿吨，占当年进口原油总量的 50%以上。2012 年从中东地区进口的石油占中国石油进口总量则达到了 53.2%。

随着中国经济持续发展，对能源需求也进一步增长，能源安全成为重中之重，中国与中东国家的能源合作关系是确保中国能源安全的关键。中国与中东各国均有不同范围及程度的合作。1994 年沙特政府就已经提出希望与中国在石油领域建立长期、稳固的战略关系。1998 年，沙特王储阿卜杜拉访华，两国签署了一个在石油投资及贸易领域进行合作的谅解备忘录。1999 年 10 月，江泽民主席访问沙特，两国政府一致同意加强双方包括石油贸易在内的经济合作，尤其是对加强石油领域的贸易和投资合作进行了进一步探讨并达成协议，中沙成为“战略石油伙伴关系”。至此中沙之间相互的能源投资与合作开始不断深入展开。而伊朗在地理位置上距中国西北较近，双方油气供求的互补性，使得中国能源企业与伊朗油气开发领域的合作上升。2004 年中伊双方签署近 1000 亿美元的长期能源合作备忘录，伊朗将以市场价格每天向中国出口 15 万桶原油，与此同时中国石化也将计划开发伊朗亚达瓦兰大油田项目。备忘录还提出未来 25 年内，中国每年将从伊朗购买 1000 万吨的液化天然气，并与伊朗共同出资建设液化气天然炼制厂。

除中东各国外，中国与中东地区能源合作组织的能源合作也十分紧密。海湾国家在中国与中东能源合作中处于中心地位，由六个海湾阿拉伯国家(沙特、科威特、阿联酋、卡塔尔、阿曼和巴林)组成的海合会在中国与中东能源合作中发挥重要作用。海合会成立后不久，中国就与其建立了联系。2004 年 7 月，海合会秘书长和六国财长联合访华，中国与海合会签订了《经济、贸易、投资和技术合作框架协议》，并宣布启动建立自由贸易区的谈判。2004~2006 年间中国与海合会共进行了 4 轮谈判，随后因种种原因一度中断。2009 年 6 月，双方在沙特重启自由贸易区谈判，迄今为止，已在货物贸易谈判大多数领域达成了共识，并启动了服务贸易谈判。2012 年 1 月，温家宝总理应邀对沙特、阿联酋、卡塔尔三国进行正式访问，并出席了在阿布扎比举办的第五届未来能源峰会开幕式，温家宝总理表示，双方已经从原油供应发展到更为广泛的能源合作阶段，在能源、劳务、科技和农业等领域，双方未来的合作潜力巨大，完全能够实现双赢。2014

年 1 月 17 日，中国与海合会在北京举行第三轮战略对话，会后发表新闻公报，强调要加快中国和海合会自由贸易区谈判进程，认为中国和海合会国家经济互补性强，建立自由贸易区符合双方的共同利益。国家主席习近平在会见参与第三轮战略对话的海合会代表时表示，中国希望双方快马加鞭，早日签署协定。古老的丝绸之路曾把海湾国家同中国联系在一起。现代海合会各成员国也积极参与“丝绸之路经济带”和“21 世纪海上丝绸之路”建设。

（三）印度地区

中国和印度都是人口总量庞大、国内油气资源相对匮乏，而经济和能源需求增长又十分迅速的发展中大国，贡献了全世界能源消费增量中的绝大部分。因此，两国都在努力争取与中东、中亚乃至非洲油气产区国进行能源合作，积极扩大自身在相关地区的政治、经济影响力。对于两国来说，扩大与能源产地国合作，几乎都是经济因素与政治因素各半。中国大力推动“一带一路”能源合作，必然要面对来自印度官方和企业的直接竞争。也要看到，中印在“一带一路”沿线能源领域中既有竞争点，也有很大的合作空间。国际关系实践中，通常很难将两国竞争或矛盾消弭于无形，但将共同任务与挑战转化为合作动力和共同利益从而扩大合作、管控矛盾，却是一条可行路径。

从相关能源企业合作备忘录到相关部门合作备忘录，再上升到两国国家领导人声明，两国能源合作的架构已全面搭建起来，能源合作的领域也在拓宽。

2005 年 4 月，中国国家总理温家宝访问印度，中印双方发表的《联合声明》指出，双方同意在能源安全和节能领域开展合作，包括鼓励两国有关部门和单位在第三国协作勘探和开采石油天然气资源，这更为中印间开展能源合作提供了有利条件。2005 年 8 月 7 日，印度石油和天然气部负责国际合作的辅助秘书塔尔米兹·艾哈迈德率领高级代表团对中国进行为期 5 天的访问。为了体现政府的重视，此次代表团规模十分庞大，其中有印度工业联合会、印度最大的国有石油开发公司、印度天然气公司高层人员等。此次中印双方会晤的核心议题是双方在确保各自能源安全的基础上探寻相互合作的机会，特别是收购海外石油及天然气等能源资产问题协调彼此立场，共同面对能源短缺所带来的压力。2006 年 1 月 11 日，印度石油部长艾亚尔对中国进行为期 3 天的访问，访问期间，两国共同签署了一项旨在“加强石油与天然气合作”的备忘录，备忘录强调中印两国石油公司今后在获取海外油气资产上将采取联合战略。此次成功的访问对确保两国的能源安全和稳定亚洲能源市场价格将起到积极的推动作用。当前中印两国已经建立了稳定的双边能源对话机制。在 2011 年中印开始年度战略经济对话后，原来由两国在2006年商定的由中国国家发展改革委和印度能源委员会牵头的年度能源对话就此附属旗下。而且，两国参与的多边能源对话渠道也越来越多，自2005年开始的亚洲国家能源对话圆桌会议迄今已进行了4届，近年来又增加了年度的金砖国家峰会以及不定期召开的中、美、印、日、韩五国能源对话会议等。另外，中印两国政府关注的能源合作领域从石油天然气开始，扩展到了包括核能在内的新能源领域，同时能源合作开始向下游产业延伸。2014年9月，习近平主席访问印度，在双方领导人发表的共同声明中，两国领导人强调要通过中印战略经济对话推进两国清洁能源合作，特别提出要促进两国在民用核能技术方面的合作。

四、结束语

"一带一路"能源合作是基于中国与"一带一路"沿线各国内在需求相互碰撞的必然结果，市场的牵引是双方合作的动力源。在"丝绸之路经济带"上，集中有中亚各国、中东各国以及中国、印度等重要能源消费国。能源生产与出口对于能源生产国、能源获取与进口对于能源消费国，都是国民经济的命脉、经济社会发展的基础。随着世界能源格局的变化，东亚地区正在发展成为世界能源消费的中心，中亚能源生产国希望利用自身能源优势搭乘东亚经济发展的快车，中国则希望通过与陆上周边国家加强能源合作，提高能源安全保障能力和经济可持续发展能力。然而，前途并非平坦，在亚洲现行的区域经济合作安排中，不同的经济体均在主张自己的区域合作发展方向，未来中国在与其他主体国家的合作过程中将面临着包括大国博弈、部分合作国家左右摇摆的态度、合作国家内部的极端势力及资源国有化风险以及来自国际石油公司的激烈竞争等一系列风险。

选择合理的合作模式可以在一定程度上降低能源合作风险性，最大可能保证能源供应的安全。需要注意的是，各种模式之间并不是孤立存在的，各种模式的选择也不是绝对的。部分合作模式尚处在政策探索阶段，尚无具体可遵循的合作框架和制度约束。选择何种合作模式以及模式的组合需要根据具体的能源项目及具体合作的主题与层次确定，以最大限度地稳定能源供应确保能源安全。

低油价对天然气产业链的影响

天然气作为一种清洁高效能源，其开发及利用在全球相当大的范围内都受到高度重视。据《BP 世界能源统计年鉴 2015》的数据，截至 2014 年，天然气在世界一次能源消费总量中的占比达 24%，其中美国占到 30%，俄罗斯和卡塔尔甚至高达 54%和 80%。而据《BP 世界能源展望》(2016)估计，到 2035 年天然气在世界一次能源消费总量中所占的比例将达到 25.58%。但自 2014 年 6 月以来，世界石油市场发生了深刻的变化，国际原油价格剧烈下跌使天然气的经济性减弱，这给整个天然气产业链都带来了重大而且深远的影响。目前的研究多集中于对油价和天然气价格关系等的分析，而针对本轮油价持续下跌对天然气产业链整体影响的研究则极少。为此笔者探讨了本轮低油价对天然气产业链的影响。

一、高油价下天然气产业链发展及低油价来临

(一) 高油价及天然气产业链发展

天然气产业是指进行天然气勘探、开发、生产等工作的企业和单位的集合，天然气相关产业是指进行天然气运输、存储、液化、气化、压缩、销售和其他以天然气及其副产品为投入进行利用的不同企业和单位构成的不同产业。天然气产业链是指处于天然气产业及其相关产业不同环节的节点企业和单位之间，基于特定技术经济关联，围绕天然气的勘探、开发、生产、运输、存储、液化、气化、压缩、销售、利用以及相应配套服务，以天然气及相应服务的价格为纽带，以供需关系为核心，形成具有价值传递和价值增值功能的链网式关联结构。

1998~2013 年国际原油价格一路上涨，即期布伦特原油现货价格从 12.72 美元/桶上升到 108.66 美元/桶，期间虽然经历了 3 次下跌，但是很快又恢复了涨势。2014 年上半年国际原油价格继续保持高位，月均价 108.83 美元/桶。油价不断上涨促进了天然气产业链的发展，从 1998 年到 2013 年的 15 年间，全球天然气产量和消费量年平均增速分别为 2.75%和 2.70%；相比之下，原油产量和消费量年平均增速仅为 1.10%和 1.36%。从价格的角度分析，这段时期即期布伦特原油现货价格累计上涨 7.5 倍；而天然气价格则未能上涨相同水平，其中日本 LNG

价格累计上涨430.20%，德国平均进口天然气价格累计上涨362.23%，英国NBP天然气价格累计上涨470.13%，美国Henry Hub天然气价格累计上涨77.88%，加拿大天然气价格累计上涨105.70%，这主要是因为天然气供给增加导致原油对天然气的价格比上升。美国和加拿大天然气价格表现出明显不同，2008年以前天然气价格与其他地区走势基本一致，其后逐渐“掉队”，这与北美地区页岩气的成功开发利用分不开。

不同地区天然气产业链发展程度不同。美国、欧洲的天然气产业链已经步入成熟发展阶段，前者已经形成竞争型结构，后者正向竞争型结构过渡；巴西、印度的天然气产业链发展与中国同处于快速发展阶段，也同属垄断型结构，且目前正在积极推动向竞争型结构方向改革。下文将以美国、欧洲及中国的天然气产业链为代表分析油价对天然气产业链的影响。

美国天然气产业链发展至今已非常成熟，拥有世界上最大天然气消费市场，20世纪80年代后期，储采比逐渐下降，开始担忧天然气供应，但页岩气的开发利用改变了这一形势。根据美国能源信息署(EIA)的数据，2007~2013年，美国页岩气井的产气量占天然气总产量的比例从8%上升到40%，天然气进口依存度也从16.4%下降到5.0%；2014年页岩气井的产气量占天然气总产量的44%，天然气进口依存度为4.4%。同时，EIA预计，到2017年美国将成为天然气净出口国，且未来高油价条件下的天然气净出口量将是低油价条件下的3倍。“页岩气革命”不仅逆转了美国作为能源进口国的地位，也影响了世界天然气市场和能源结构。得益于非常规天然气尤其是页岩气开发技术的突破，2009年美国以5840×10^{8}立方米的天然气产量首次超过俄罗斯，成为世界第一大天然气生产国。这也激发了一场全球范围内的非常规天然气勘探开发浪潮。然而，非常规天然气资源相对于常规天然气资源来说品位较低，如页岩气就具有单井产量低、采收率低、投入成本高、产量递减快、生产周期长等特点。基于此，非常规天然气勘探开发需要有一定的条件，而1998~2013年的高油价期恰好成为重要的因素之一：①高油价让油气公司利润大幅增加，有富余资金投向上游勘探开发；②高油价及相对较高的天然气价格所带来的收益，对高成本的非常规油气开发支撑力较强；③非常规油气的勘探开发作为这一时期的投资热点，有意启动此类项目的公司较易获得资金等方面的支持，不少能源公司通过借债、发行股票和债券及其他方法筹资。从复兴资本报告(Renaissance Capital Report)2015年能源行业IPO的统计数据及即期布伦特原油现货价格可看出，高油价时期能源行业的IPO较为活跃，涉及金额较大，而其中油气生产和天然气输配等项目占了绝大多数。

欧洲天然气产业链在世界天然气产业链，尤其是下游市场占据十分重要的地位。根据《BP 世界能源统计年鉴 2015》所述，2014 年欧洲及欧亚大陆地区共消费天然气 10096×10^8 立方米，是北美地区的 1.06 倍，中南美洲的 5.94 倍，中东地区的 2.17 倍，非洲的 8.41 倍，亚太地区的 1.49 倍。欧洲天然气产业链虽然起步不如美国早，但发展速度极快。近年来，欧洲也十分重视页岩气的开发利用，其主要原因是：①欧洲想降低对俄罗斯天然气的依赖，加强国家能源安全；②刺激经济增长和就业；③在发电领域寻求比煤炭更加清洁的燃料。从 1998~2013 年欧洲及欧亚大陆地区原油及天然气消费量占一次能源消费总量的比例和原油价格等数据可以看出(图 17)，在这段高油价时期，天然气消费量在一次能源消费总量中的占比总体呈上升趋势，原油消费量占比总体呈下降趋势，且从 2004 年开始，天然气的占比超过了原油。

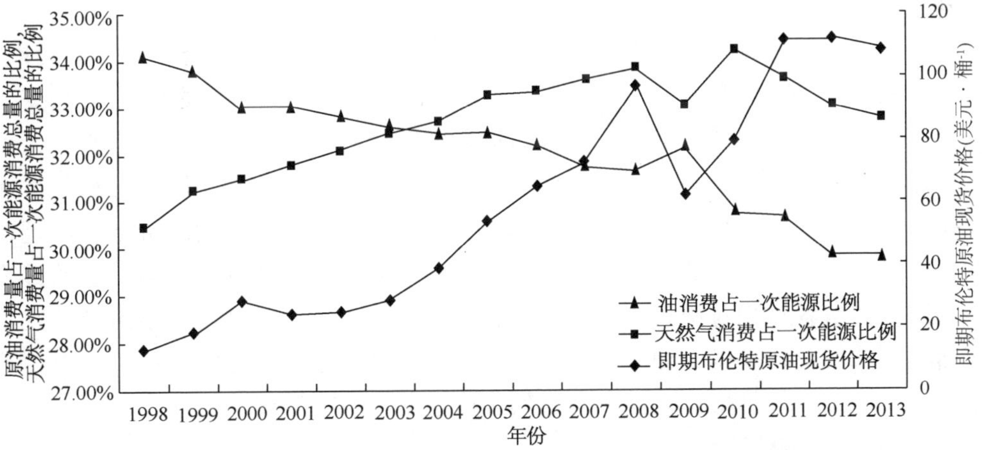

图 17 欧洲及欧亚大陆地区原油及天然气消费占一次能源比例和原油价格图

注：数据来源于《BP 世界能源统计年鉴 2015》

中国天然气产业链经过几十年的发展，目前处于快速发展阶段。1956~1997 年是中国天然气产业链的引入阶段；1997 年 9 月以陕京管道一线投产为标志进入快速发展过渡阶段；2004 年底以西气东输管道一线的全线正式投产为标志进入快速发展阶段。由于中国是天然气资源相对贫乏的国家，需要加大天然气进口。到 2013 年，中国天然气进口量已经从 2006 年的 10×10^8 立方米迅速增长到 518×10^8 立方米。由于亚洲天然气与油价挂钩程度高，中国天然气的进口成本是相对较高的。中国政府为了尽快培育天然气下游市场，曾长期对国内市场的天然气定价较低，导致价格“倒挂”现象严重。对比国际油价不断上涨，天然气经济性显著，它对液化石油气（LPG）、汽柴油、燃料油等进行了一次大规模的替代。根据《中国能源统计年鉴》的数据，2000年石油在中国能源消费总量中的占比为22.9%，天然气为2.3%；2013年石油占比下降到18%，而天然气上升到5.6%。2014年6月《能源发展战略行动计划（2014—2020年）》提出，到2020年天然气占一次能源消费总量的比重达到10%以上，并提出大力发展天然气。

在高油价的带动下，除了众多国家和地区的天然气产业链都有极大的发展外，在国际天然气产业链上还有另一大亮点——液化天然气（LNG）。LNG这样一种产品在很大程度上突破了传统管道输气对天然气流通的局限，推动了天然气在全球范围内不同市场间的高效流通。根据GIIGNL《The LNG Industry 2015》中的数据显示，到2014年，全球LNG贸易量达到了239.2×10^6吨，全球天然气年名义液化能力已达到298×10^6吨，年再气化能力751×10^6吨，有30个进口国家及地区和19个出口国家。

随着天然气运输能力的增强，地区性的天然气市场正在朝全球性方向发展，区域天然气“价格孤岛”正在逐步消失。天然气市场与原油市场之间的关系变得更加复杂，但还是原油市场对天然气市场的影响相对更大一些。一般说来，天然气与原油市场主要通过两条路径发生联系：①天然气与石油及其制品的竞争替代关系，如燃料油、液化石油气等；②天然气与原油争夺勘探开发的资金。通过这两条路径，天然气与原油在供需和价格上相互影响。在高油价的环境下，通过第一条路径消费者对相对便宜的天然气有更强的消费意愿；通过第二条路径开发生产石油对油气公司来说更加有利可图，天然气供给偏紧。天然气市场供需上的不平衡推涨了天然气价格，也促进了天然气产业链各环节发展。

（二）油价持续下跌

持续上涨的油价加速了天然气成为能源主角的进程。但是从2014年6月开始，国际油价开始持续下跌，即期布伦特原油现货价格从111.80美元/桶一路跌至当年12月的62.34美元/桶；2015年这一价格继续震荡下行，12月跌至38.01美元/桶；进入2016年，布伦特原油价格缓慢上行，截至5月仍低于50美元/桶。关于本轮油价下跌的原因，总结可简述如下：供求关系逆转是近期油价下跌的基本原因；政治博弈及对原油市场份额的激烈竞争是近期油价下跌的关键因素；美元走强及金融投机因素对近期油价下跌也有重要影响。本轮油价大幅下跌主要是供需关系变化为主的多种因素造成的综合结果，起因于国际石油市场供大于求的积累和高额剩余产能，以及OPEC为保护自身市场份额，宣布不再减产保价等因素，同时又叠加着世界经济复苏乏力和地缘政治复杂等因素。

至于国际原油价格未来走势，2017 年国际原油价格将继续延续弱势运行的格局。EIA 在 2016 年 5 月发布的《Short-Term Energy Outlook》中预测 2017 年布伦特原油价格平均为 50.65 美元/桶。国际能源署（IEA）在发布的原油中期市场报告中，对至 2021 年的原油市场供需和储存情况进行了估计，预计 2017 年以后原油市场进入供需平衡阶段，2018 年开始消耗原油储备。世界银行在 2016 年 1 月发布的《大宗商品市场前景报告》中，预期 2017 年为 48 美元/桶。据 Bloomberg Businessweek 报道，高盛驻纽约大宗商品研究部门主管 Jeffrey Currie 曾表示："在市场出现供不应求之前，价格的涨势将难以维系"。本轮低油价的"阴霾"短期内还将继续笼罩全球，对天然气产业链的影响也将继续。

二、低油价对国际天然气产业链的影响

（一）低油价改变天然气生产格局

2013~2015 年国际原油价格（即期布伦特原油现货价格）分别为 108 美元/桶、98 美元/桶和 52.39 美元/桶，自 2014 年下半年来已经下跌超过 50%，这给油气企业特别是偏重上游业务的企业带来生存发展的巨大挑战。以五大国际石油公司（埃克森美孚、BP、壳牌、道达尔和雪佛龙）为例，2014 年和 2015 年经营业绩都在下滑，特别是 2015 年全年业绩大幅下滑，埃克森美孚全年实现利润 161.5 亿美元，同比下滑 50%；雪佛龙全年实现利润 45.87 亿美元，同比下滑超过 76%；壳牌全年实现利润 22 亿美元，同比下滑 85%；道达尔调整后净利润 105.18 亿美元，同比下滑 18%，而调整前的净利润仅有 50.87 亿美元；BP 处境则更加艰难，上游利润同比下降超过 92%，全年整体巨亏 65 亿美元，创近 20 年以来最大亏损。这几家公司在 2015 年年度报告中，都提及低油价和低气价的环境，如埃克森美孚表示油气价格变化和其他市场环境正在影响着油气行业，壳牌在战略报告部分也说低油价和低气价对能源业有深远影响，BP 将低油价环境列在董事会战略关键的第一位。

为了应对低油价对公司造成的冲击，油气公司必须调整各自的经营战略。受制于利润下降造成的现金流不足，削减上游资本支出和勘探开发投资是必选的方式之一。根据伍德麦肯兹统计的数据，2015 年前三季度，全球石油行业共有约 2200 亿美元的资本支出被削减。从地域的角度看，国际石油公司在北美和俄罗斯两大区域资本投资压缩比例最高，降幅普遍高达 40%~60%；在非洲、拉美和欧洲地区投资降幅约为 20%~40%；在亚太地区投资减少比例相对较低，但平均幅度也接近 20%。根据《BP 世界能源统计年鉴 2015》，截至 2014 年底，北美（包

括墨西哥)和俄罗斯两大区域天然气产量占全球总产量的44.4%；非洲、拉美和欧洲(不包括俄罗斯)占22.9%；亚太占15.3%。这样大规模的削减资本支出势必会影响未来天然气的供应。

在低油价环境下，运用有限的资金最大化地分散风险是油气公司的首要任务，其中平衡投资组合就是一项可选的战略。壳牌对天然气业务的重视程度是五大国际石油公司中最高的。在低油价时期，壳牌认为，天然气一体化经营是其近中期的发展战略，能够有效规避低油价带来的风险。2015年2月，壳牌通过完成对BG的收购整合天然气和深水油气项目。壳牌在上游业务中退出了阿拉斯加的项目，也停止了加拿大Carmon Creek项目，因为它们在2015年亏损，而综合的天然气业务帮助其部分抵消了能源低价的影响。BP在2015年年度报告中公布了其上游项目，2015年BP启动了2个深水油项目和1个LNG项目；在建(预计2016~2020年启动)的有12个气项目和5个油项目；设计评估阶段(预计2017~2020年启动)的有6个气项目和3个油项目。根据BP未来新项目净产量的预期，到2020年常规气、致密气和LNG的净产量将达到常规油、深海油和重油净产量的3.4倍。

北美地区近十年来的投资热点以非常规油气资源为主，非常规油气相对于常规油气来说成本高、投资风险大，抵御低油价冲击的能力较弱。在当前低油价的“寒冬”中，非常规油气资源的勘探开发也不得不做出调整。在高油价的时候页岩油气开发技术取得了极大的进步，许多能源企业甚至不惜通过借债、增发股票和发行债券等方式筹措资金进入这一领域。低油价下，美国页岩油气勘探开发的热潮有所消退，油气储量价值缩水，石油企业债务大幅上升，再融资能力下降，处于破产或重组之中的中小企业数量不断增加。

从历史的角度来看，20世纪50年代中期，全球范围的企业购并逐渐活跃；1986~1989年油价进入低于20美元/桶的低油价时期，促使各石油资源国纷纷出台招商引资优惠政策，跨国石油公司也为了走出低油价带来的不利局面，加速战略调整，在全球范围内通过收购与兼并获得油气资源；20世纪90年代中期后，油价降到了近30年来罕见的低水平，世界石油业展开了新一轮由西方主要石油石化公司引领的兼并重组浪潮。2014年全球油气资源并购市场“触底反弹”，全年共完成并购投资约1710亿美元，同比增长近1/3。2015年全球油气资源并购市场走势低迷，全年全球油气资源并购交易发生数量创下近十年来最低值，平均月度交易发生宗数仅为近两年来均值的1/3，全年上游油气资源并购交易金额约1380亿美元，同比下降20%。如果除去壳牌并购BG这一820亿美元的大单，全球油气并购市场将显得更加惨淡。

（二）低油价打压天然气价格

如同高油价时期天然气价格在一定程度上被拉涨一样，低油价同样会反向作用于天然气市场而拉低天然气价格。和原油定价不同，全球天然气价格随地区不同而变化。在美国，Henry Hub 天然气现货价格 2015 年全年平均为 2.62 美元/百万英热单位（1 百万英热单位 = 1054.350×10^6 焦），比 2014 年下降 40%；在欧洲，英国 NBP 天然气价格 2015 年比 2014 年下跌 14%，其他交易中心的天然气价格也有不同程度的下跌；亚太地区天然气价格一般与日本清关原油价格（JCC）紧密挂钩，随着原油价格的下跌，天然气价格也紧跟着下跌，日本 LNG 价格 2015 年比 2014 年下跌了 35%。

天然气价格在表面上来看与原油价格是有相关性的，但是从经济学一般原理的角度分析，决定商品价格本质上还是供求关系。因此，天然气价格的下跌主要还是由自身的供求关系所决定。从终端用户的角度来看，天然气与原油有较强的竞争替代作用，高油价时期用户使用原油的成本较高，即使考虑到转换成本，天然气也有较强的竞争优势，油价的下跌正好让这个过程反过来了。即期布伦特原油现货价格和美国、欧洲、日本天然气价格的比值，在高油价时期普遍较大，低油价时期则较小。从 2000 年 1 月到 2015 年 1 月，美国页岩气产量从 21.7×10^8 立方英尺/日（1 立方英尺 = 0.0283 立方米）增长到 418.1×10^8 立方英尺/日，年均增速达到 21.8%，再加上美国有“气—气”挂钩的天然气定价中心，其天然气市场与欧洲和亚太地区差异性显著。美国天然气在 2008 年以后就显示出越来越强的经济性，因美国月度的即期布伦特原油现货价格与天然气价格之比受季节变化影响过大，故使用 Henry Hub 天然气价格单独计算年度价格比。根据 EIA 的数据，2013 年即期布伦特原油现货价格平均为 108.56 美元/桶，与天然气价格比值约为 29.1；2014 年原油平均价格为 98.97 美元/桶时，与天然气价格比值约为 22.6；而 2015 年原油平均价格为 52.32 美元/桶时，与天然气价格比值约为 20.0。若考虑到这几年天然气产量的增长，更能明显地看到天然气在价格上的优势不如从前。再看欧洲和日本，在 2011 年即期布伦特原油现货价格在 96～123 美元/桶时，与天然气价格的比值欧洲在 9.3～12.2 之间，日本在 6.5～9.2 之间；而 2015 年原油价格在27～65 美元/桶时，与天然气价格比值欧洲在 5.2～8.9 之间，日本在 3.1～7.4 之间。可见，低油价确实使天然气价格相对失去优势性。

除此以外，全球经济缓慢复苏，能源消费受累导致需求不足，天然气自然也不例外。受制于天然气产业链上游勘探开发资金紧张及下游需求不足，天然气基础设施建设也有所放缓。一方面，上中游一体化公司因为上游盈利状况不佳，财务压力加大，可投资于基础设施建设的资金吃紧；另一方面，未来天然气需求增长将受到诸多不确定因素的综合影响，如天然气在发电领域能否与煤炭竞争、与可再生能源协调发展、进入经济换挡期的中国是否会拉低全球天然气需求量增速等，天然气基础设施投资建设者将更加谨慎。由于国际原油定价一直存在"亚洲溢价"问题，通过定价方式，原油价格上的溢价自然而然地就传递给了天然气。随着原油价格的下跌，天然气的价格也随之下跌，"亚洲溢价"的溢价部分已收窄。

此外，低油价对天然气需求造成的冲击加剧了全球天然气供给的过剩，买方市场决定价格的可能性增加了不少，这从亚洲天然气市场的现货价格低于长协气价格也可看出。

（三）低油价对天然气产业链的未来影响

低油价导致的天然气产业链上游投资大幅减少、中游基础设施建设的减缓，加之经济持续下行导致的天然气市场需求下滑，低油价对天然气产业链发展的影响在未来仍将进一步显现，这将表现在：

（1）油气公司为应对低油价采取的削减资本支出和裁减人员等举措，在短期内能减轻公司的财务压力，但是从中长期来看会影响未来油气产量。

（2）对于天然气产业链来说，产量的下降和一大批高油价时期计划投资的高难度项目的延期或取消，对未来天然气市场的供给会造成负面的影响；基础设施投资建设放缓让上游和下游之间的连接、发展速度减慢；天然气消费市场失去经济优势，甚至发生的"逆替代"导致消费动力不足。

（3）低油价给油气公司带来的财务及经营压力，让其更加注重成本的压缩和效率的提高，这使油气公司对技术上的投入重视程度进一步提升，降低天然气盈亏平衡点的成本价格，增加天然气在能源市场中的竞争力。

（4）油气公司通过加速非核心及低效资产的剥离，以优化公司经营结构。并购交易中有部分交易是发生在"资产佳而经营不佳"与"经营佳而资产不佳"的两类公司之间，通过资产"置换"，整个天然气产业链有望朝向更健康的方向发展。

三、低油价对中国天然气产业链的影响

（一）低油价对中国油气公司的影响

在全球石油行业一片萧条的大背景之下，中国三大石油公司也不能幸免，2015 年利润大幅缩水，中国石油、中国石化、中国海油净利润分别同比下降为

66.7%、15.8%、66.37%。其中，中国石油及中国海油的勘探开发业务占公司总业务比重较大，上游业务偏重，受低油价影响较大；而中国石化由于业务更倾向于炼化，受影响程度相比之下较小。降本增效同样也是中国油气公司未来一段时间提高运营水平的主要措施。以中国三大油气公司为例，图 18 为中国石油、中国石化和中国海油近 5 年的资本化支出，可以看出，2015 年资本化支出均明显减少，其中中国石油资本化支出同比下降 31%，中国石化下降 27%，中国海油下降 38%。虽然三大石油公司资本化支出减少，但同时也在竞相布局天然气市场。中国石油在 2015 年年度报告中披露其 2015 年原油总产量为 971.9 百万桶，比上年同期增长 2.8%；可销售天然气产量 31310×10^8 立方英尺，比上年同期增长 3.4%。同时，中国石油也提出 2016 年计划原油产量为 924.7 百万桶，同比降低 4.86%；天然气产量 31720×10^8 立方英尺，同比增长 1.31%。中国石化在 2015 年年度业绩中也指出受低油价影响，原油探明储量同比下降，但天然气探明储量同比增长 12.3%，主要是涪陵页岩气储量大幅增加。2015 年中国石化上游勘探及开发板块资本支出 547.10 亿元，主要用于涪陵页岩气(一期)产能建设，推进广西、天津 LNG 项目和济青二线等天然气管道建设以及境外项目建设等。2016 年中国石化计划勘探及开发板块资本支出人民币 479 亿元，重点安排境内油气勘探工程，如涪陵页岩气二期、大牛地气田等开发工程，加快实施川气东送一期增压工程。2015 年，中国海油平均实现油价为 51.27 美元/桶，同比下降 46.6%；平均实现天然气价为 6.39×10^{-3} 美元/立方英尺，同比下降 0.8%。从价格变动的角度来看，低油价环境下显然原油价格变动要比天然气大得多。

除"三桶油"以外，中国其他一些油气公司也受低油价的影响调整了经营战略。如有"第四桶油"之称的延长石油的加拿大 Novus 能源公司就减少资本开支

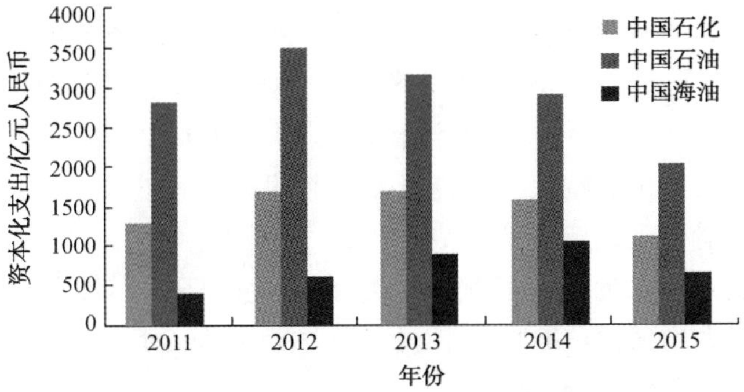

图 18　三大油气公司近 5 年资本化支出图

注：数据来源于中国石油、中国石化、中国海油历年年度报告

1000 万加元。近年涉足油气勘探开发业务的上市公司海默科技受低油价的影响也整体放缓了油气开发的节奏，其在公司公告中表示 Niobrara 区块 2015 年下半年以来主要依靠已经完钻的在产井来维持产量，减少了新钻井的数量；自主开发区块已开发了 3 口直井，虽均获得了较高产量，但是由于低油价，目前也只有一口井在生产，其余两口井未进行完井，公司负责人也表示待油价恢复到一定水平时公司才会完井投产。

近 5 年来，中国页岩气勘探开发实现了跨越式发展，成为继美国、加拿大之后，第三个实现页岩气工业化生产的国家。但是，中国页岩气藏储层与美国相比差异大，无疑增加了开发难度。此外，中国页岩气勘探开发起步晚、技术水平低、经验少，成本自然也高，这些都制约了中国页岩气的发展，页岩气资源的规模开发还需要相当长的时间。当前受低油价影响整个天然气产业链面临着下游需求不足，价格走低等压力，天然气供给相对宽松，油气公司努力压缩成本应对低油价带来的行业“寒冬”，应将对页岩气的开发利用转向以技术储备为主，减缓商业化的步伐。

受低油价所累的还有 LNG 业务。根据中国海关总署统计月报，2014 年中国进口 LNG 1983×10^4 吨，平均价格为 3783 元/吨；2015 年进口 1963×10^4 吨，平均价格为 2783 元/吨。根据卓创资讯统计，国内 LNG 价格也从 2014 年上半年的约 5000 元/吨下跌到 2016 年 3 月的 3066 元/吨。中国在 2004 年进入天然气产业链快速发展阶段以后，对天然气的消费量高速增长，为解决天然气短缺问题，中国通过三大石油公司以中国海油为主签订了不少 LNG 进口合同，而当时亚洲 LNG 正处于高油价环境下的卖方市场阶段。中国 LNG 长期贸易合同价格也采用与日本原油清关价格(JCC)挂钩的方式，贸易合同中可能还有一些限制性的条款，如“照付不议”等。全球大宗天然气销售常采用“照付不议”条款的合同模式，中国从大鹏项目以后，陆续在高油价时期签订的 LNG 进口合同普遍价格偏高，也使得中国进入高 LNG 价格时代。受低油价的影响，对于像中国这样的大买家，本可以趁此机会签订低价的购气合同，以摊薄前期过高的进口成本；受制于油价下跌带来的利润下滑，现金流紧张等财务问题，油气公司在 LNG 购买问题上将更为谨慎；加上供大于求的市场环境，LNG 卖家此时坚持与油价挂钩的动力会减弱，买方议价能力增强，LNG“亚洲溢价”问题目前及今后会在一定程度上减小。但由于近两年中国天然气市场增速的急速下滑，原签订的相对高价进口 LNG 集中增加，加之 LNG 已建成的接收站向第三方开放性差，要加大进口低价 LNG 困难重重。

（二）低油价打压天然气市场

2004年以来，中国天然气产业链快速发展、天然气消费量急速增加，归结起来主要有以下几点原因：①经济快速发展环境问题凸显，急需清洁高效能源；②政府大力鼓励天然气的推广及应用，天然气不仅定价低，在特殊行业或部门甚至还有补贴；③原油及石油制品价格高，相对低价的天然气在下游市场有替代的动力。经过多年的培育，天然气在中国一次能源消费中所占的比例不断上升。根据《BP世界能源统计年鉴2015》，2014年天然气在中国一次能源消费中所占的比例已经达到6%。自2013年以来，国内陆上管道天然气价格受到相关政策影响，累计调价幅度上升约0.1元/立方米。但是，作为天然气的替代品，成品油、液化石油气（LPG）及燃料油的价格都与原油价格紧密挂钩，原油价格大幅下跌，带动这些替代能源价格亦大幅下跌，天然气与替代能源的价差收窄，经济性优势大幅削弱，部分地区甚至出现了气改油、煤的“逆替代”现象。以广东潮州的陶瓷企业为例，从2014年11月开始，原本使用LNG的企业，已经逐步改成了使用LPG，到2014年12月替代率已经达到50%，而这些用天然气的企业是经过数年辛苦培育的。在本轮国际原油价格下跌的带动之下，石油产品的价格明显降低，2015年全年国内汽油、柴油价格调整19次，汽油标准品价格累计下降670元/吨，柴油标准品累计下降715元/吨。虽然国内非居民用气省级门站价格在2015年11月底下调了0.7元/立方米，但是无论从时间上还是调价幅度上来看，低油价对天然气需求的打压都已成既定的事实。这从2014年、2015年天然气消费量增速的急剧下滑中可以看出。

四、低油价对天然气改革既是机遇也是挑战

中国天然气产业链2004年进入快速发展阶段后，政府相关部门试图重点推进天然气价格形成机制的改革，并开始缓慢转向天然气产业链结构改革（又称天然气体制改革），使其最终向竞争型产业链结构推进。

价格形成机制改革开始于2005年。经过10年的努力，在省级门站环节建立了非居民用天然气的“理想起步价”（指在某一时点上，天然气价格与可替代能源价格相对合理的比价关系），并进行了省级门站价与替代能源价格联动的尝试，和试图放开天然气直供用户（化肥企业除外）用气门站价格，由供需双方协商定价等。但整个价格改革基调始终是政府模拟市场，从产业链结构意义下观察，在这10年中只进行了一些小步、增量性的改革。直到2013年的中国共产党第十八届三中全会，才开始对天然气产业链结构改革整体谋划，将产业链结构改革置于

价格形成机制真正的市场化改革之前，强调前者对后者的决定作用，突出以前者改革达到对后者改革的目的。但作为天然气体制整体改革方案，目前仍没有推出。

世界主要发达经济体和新兴经济体均仍处于深度调整中，经济恢复起来需要一个过程。短期内，国际油气价格难以大幅、持续上升，中国的进口气价缺乏上升动因。2014 年后国内天然气整体进入供应宽松期，国内主要石油公司受现金流制约，有更大动力优化自身资产；同时，中国煤炭价格再难大幅、持续上升；党的十八大也凝聚起了改革共识、谋划顶层设计，这些都为加快推进天然气产业链结构改革、建立现代能源市场体系提供了难得的改革“窗口期”，成为结构改革能否早日释放红利的关键。

低油价对于天然气产业链结构改革既是机遇也是挑战。其中主要是国内天然气市场消费动力严重不足，如何消化在高油价和预期油价上涨时期签订的长期进口天然气成了更突出的难题。低气价、低速增长的市场预期，使新的市场主体进入产业链上游的动力不足、驻足观望，国内主要石油公司更担心资产流失。2013 年后，一再推迟的第三轮页岩气探矿权招标等就是反映。天然气管道、LNG 接收站利用率不足，也使得这类基础设施建设投入下滑，这也使尽快实施产业链中游“网运分开”的决策难做。可以说，适度低油价有利于天然气产业链结构改革；但过低油价将使改革难以大幅度、快速推进。

石油金融化背景下的中国石油经济安全性研究

国际油价从 2014 年 6 月开始一路下跌，两年多的油价下跌风险已陆续变现，毫不留情地施加到了中国石油企业身上，尽管国内众多石油企业在油价下跌中进行了许多经营策略上的痛苦调整，但这些措施都没能抵挡住油价持续下跌对实体石油企业经营绩效的冲击，给中国的石油经济带来了巨大的风险，影响到中国石油经济的整体安全性。本文要从分析石油金融化着手，探讨如何规避这些风险，以及更好地应对国际油价的风云变幻等问题。目前中国已成为世界第二大石油消费国和第一大石油进口国，但由于中国尚未建立成熟的石油期货市场，只能被动接受国际油价变化，一定程度上导致中国在国际石油贸易中处于不利地位；同时，国内相关企业开展套期保值主要依靠国外期货市场，规避和降低经营风险的渠道受到局限。

石油市场与衍生品市场、货币市场、期货市场以及外汇市场的深度渗透和紧密联系，加快了石油金融的一体化进程，从而对各个国家的石油安全造成了重要的影响。随着国际石油金融化的不断提高，金融战略已经成为了各个国家石油安全的重要保障条件，中国应该利用当前油价低迷的时机，加快推进中国原油期货市场建设，增强中国对国际原油市场的影响力，降低油价波动带来的风险，保障国家能源安全。当前，中国的石油市场正日趋健全完善，促进石油金融一体化的战略对于中国石油安全具有十分深远的意义。

一、石油金融化和石油经济安全综述

石油金融化是指石油的金融属性产生、发展并不断深化的动态过程。

石油的金融属性及其金融化具有一定必然性。首先，石油作为不可再生资源，具有稀缺性和垄断性的天然性质，石油现货市场供求规模大而稳定，买卖相对活跃；其次，石油空间分布和赋存条件的不可预知性高，加之其能源战略地位较高，各种可靠信息严重匮乏，为石油价格的波动创造了条件；再次，近年来，石油价格浮动振幅的日益增大意味着套利冲程的增大，使得石油逐渐成为金融套利的首选介质。石油期货市场已经成为国际石油市场最重要的组成部分，在国际经济格局中发挥着不可或缺的作用。石油作为金融衍生的重要工具之一，随着期货交易的发展与扩大，石油价格在一定程度上已经与石油商品的供求关系发生了脱离的现象，从而表现出自己独有的价格运动规律。根据相关的研究报告显示，美国纳斯达克指数的下跌与石油价格有着密切的联系，这主要是因为由股市撤出的资金已经向商品期货交易市场流动。例如，在前几年的石油市场中，当时每天的需求量是 7500 多万桶，实际供应量是 7800 多万桶，从而出现了供大于求的现象，但是此时的石油价格却涨到每桶 40 美元左右，由此可知石油的价格并不是由供需关系所完全决定的。发生这种现象的主要原因是当时纽约市场的生产力为每日 85 万桶，其交易额大概在 10 亿美元左右，但是国际套头基金在纽约市场的投入却多达 4600 亿美元左右，从中不难发现石油价格是由期货市场的炒作所决定的。由于石油的生产者和消费者对于石油价格的变化反映需要一定的时间，因此这就给了国际套头基金将石油作为炒作对象的机会。

石油安全是中国经济安全乃至国家安全的重要组成部分。由于中国正处在工业化和城市化快速发展的阶段，能源消耗的总量不断增加，在能源品种从煤炭向石油、天然气进行结构化改进的同时，石油和天然气在化工和能源领域的广泛运用更加剧了能源供求的矛盾。近年来，随着中国石油进口的大幅度增长，石油进口依存度大幅上升，石油安全问题日趋突出，引起政府有关部门和各界学者的极大关注。对中国来说，从经济全球化的大背景来考量，作为石油消费大国，其国家石油安全应当分为三个层次：第一层次是石油供应安全，即在实体经济中的石油实物供应上，应当具有一定的应急能力，其核心是建立一定量的战略石油储备；第二层次是石油制度安全，即在政府具备一定应急能力的基础上，应当培育多元化的市场交易主体，形成稳定、高效的市场化交易制度和交易体系，其核心是原油、成品油的价格形成机制的市场化；第三层次是石油金融安全，即石油在金融属性意义上的安全。金融安全意味着不仅交易双方能在市场中进行实物交易，还能主动通过金融工具进行实物交易风险的规避和分散。尽管这种行为有可能产生一定的价格风险，但从整体上来说，必须有这样的金融市场，能够为市场主体提供规避风险的场所、可能性和主动交易的能力。第一层次是传统的石油平衡安全观，后面两种层次是价格层面的新的石油安全观。

随着石油金融化的发展，在中国石油经济发展过程中，尤其是目前低油价的情况下，其所面临的经济背景已发生改变，低层次的石油经济安全平衡论已不能完全满足中国石油经济安全发展的需求，而价格安全显然摆在了更为重要的位置。在此背景下，当务之急是要理清目前中国石油经济安全的发展现状，以便于结合国际石油经济发展趋势，对症下药，提高中国石油经济发展的安全性、稳定性以及可持续性。

二、中国石油金融化发展现状及趋势

当前中国国内市场石油金融化程度相对较低，基本处于石油金融化的准备阶段，虽然原油市场金融化程度相对高于成品油市场，但同国际石油市场相比仍有阶段性的差距。

（一）石油现货交易的市场化程度有所提升

从市场主体角度来看，中国石油市场的主体资格逐渐放开，市场主体多元化趋势明显。石油产业的大规模重组和现代企业制度的建立，石油零售、批发经营的放开，带动了中国石油现货交易市场的活跃和交易量的扩大。从市场行为来看，产业上游分割垄断仍然比较严重。上游竞争不足，下游竞争过度是中国石油产业市场竞争行为的突出特点，同时也应看到，大型国有石油企业的存在为石油期货市场提供了潜在的交易量基础、资金流基础。从市场机制角度来看，中国自1998年原油成品油价格改革以来，就一直对原油、成品油价格施行分制管理。其中，原油价格与国际直接接轨，而国内成品油价格与国际有控制的间接接轨，施行政府定价和政府指导价。政府对于原油价格管制的放开，使市场主体对于国际石油价格的波动更为敏感，具有较强的规避油价波动风险的欲望，原油金融化起步的基本条件较之成品油更为成熟。

（二）石油期货市场尚处于起步阶段

2004年8月25日，燃料油期货品种180CST在上海期货交易所重新挂牌上市，成为中国重启石油期货的一个重要标志。燃料油期货合约的上市将为其他石油期货的推出积累经验、创造条件，有利于石油期货市场体系的初步构建。但也必须看到，国际石油期货市场上，目前交易的品种主要有原油、成品油和燃料油等三种类型，而中国目前仅仅上市了其中的一个类型的一个品种，且燃料油仅是石油系列中的一个低级产品，中国石油期货市场体系构建的任务还很艰巨。

2015年，中国的石油消费量达5.4亿吨，约占世界总消费量的11%；进口量为3.34亿吨，约占世界石油贸易量的12%，对世界石油市场影响巨大。但从国际石油市场定价格局看，主要以美国纽约、英国伦敦期货交易市场价格为主导，中国由于尚未建立原油期货市场，在国际石油定价体系中处于被动接受地位。

2016年，因监管部门严管商品期货市场投机行为，已被搁置一年多的中国首支原油期货，或也启动无望。证监会有关领导表示，证监会将稳步推进产品创新，积极推进原油期货建设。

目前，针对原油期货上市，国家相关部门已出台《做好境内原油期货交易跨境结算管理工作的公告》《关于开展原油期货保税交割业务的公告》等一系列政策，上海期货交易所建立了专门的原油期货市场交易机构，开放中国原油期货市场的条件已基本成熟。根据有关权威机构预测，到2020年国际石油市场仍将保持供大于求的格局，中国作为全球最大原油进口国，成为众多石油输出国争夺市场的焦点，为中国建立原油期货市场提供了有利机遇。

三、石油金融化背景下中国石油经济安全的现状及前景

（一）中国石油经济安全现状

在石油金融化的大背景下，中国石油安全的两个主要方面供应安全和价格安全，未来均面临着严峻挑战。

就供应安全而言，石油供应的瓶颈制约日益显现，突出表现在：石油供需矛盾不断加剧，相对于13亿人口和号称“世界工厂”的工业庞大需求而言，中国石油资源不足，供不应求趋势持续增长，供需矛盾突出；对国外石油资源的依存度不断提高，目前已接近50%，预计到2020年将达到58%～60%；石油进口来源地有限且集中，严重依赖中东地区，石油运输主要靠海运且路线单一、控制薄弱，过度依赖外籍油轮，石油进口极易受制于人；“走出去”战略面临诸多不确定因素，面临美国的多方钳制、日本的敌意竞争、俄罗斯的戒心和跨国石油公司的挤压；石油储备不足，难以应对突发性供应暂时中断或短缺；石油行业管理体制和机制不完善；国内石油企业竞争力差，国际市场经验不足等。

就价格安全而言，国际油价的大幅波动对中国石油安全的影响越来越大，突出表现在：中国现行石油定价机制存在问题，市场化程度还有待继续提高，国际石油定价权严重缺失，没有应对国际油价异常波动的有效手段，尤其缺乏有效的石油价格避险机制。石油定价权是一个国家国际地位和综合国力的表现，目前国际油价的确定是以美国纽约商品交易所（NYMEX）和英国国际石油交易所（IPE）的石油期货价格为基准价格，中国是世界石油生产和消费大国，在国际石油生产与消费方面占有举足轻重的地位，理应在国际石油价格的形成与制定方面发挥较大作用，拥有一定的发言权。然而事实却是，中国面临着日趋明显的石油“定价权”危机，由于中国目前没有影响国际油价的手段，在国际石油市场的价格博弈中常常处于被动承受的境地。有数据表明，目前中国石油的进口量占世界石油贸

易总量的6%，消费量占世界石油消费总量的6.8%，但在影响石油定价的权重上却不到0.1%，甚至不如印度尼西亚和韩国。当前，国际油价基本操纵在西方大国和国际资本集团手中，为此中国在国际石油市场上时常陷入“高买低卖”的“价格陷阱”中。

（二）中国石油经济安全前景分析

展望中国石油安全的发展态势，从石油供应来看，前景不容乐观。种种迹象表明，中国石油增产的空间已经很小，如果不在石油勘探上取得大的突破，中国石油产量再上新台阶显然很困难。总之，中国石油生产前景不容乐观。

从石油需求来看，消费强劲增长。与国内石油生产徘徊不前的趋势相反，中国石油消费量正一路蹿升，已成为仅次于美国的世界第二大石油消费国。今后一段时间，国内石油消费仍将强劲增长。首先，经济增长势必带动石油需求增长。其次，随着中国的发展，不仅“旧经济”（高能耗产业）的规模扩大要增加石油消费，产业结构升级也需要更多的石油作为能源和原材料。再次，人民生活水平的提高也需要更多的石油，特别是交通运输方面对石油的需求会大大提高。总之，无论从客观要求上，还是从主观把握上，中国的石油消费速度都会迅速增加。

从国际石油定价权的争夺来看，危机日益明显。世界石油市场竞争的核心是石油价格问题。在未来的几十年时间里，对石油消费和进口大国来说，石油供给的安全关键不在于有没有石油的问题，而在于石油价格大幅波动的问题。因为在未来的几十年中，世界石油的供给和需求在总量上是基本平衡的，既不存在石油大量短缺问题，也不存在石油需求急剧减少问题。世界石油的储量或可开采量是完全可以满足需求的。在正常情况下，过去和现在以至将来的几十年内，除了石油生产国发生大规模的长期战争外，国际油价的大幅波动都是西方大国的大石油资本集团操纵市场的垄断和投机行为所致，OPEC组织操纵油价将可能越来越难。中国无力也无权操纵世界石油市场价格，总体上只能被动地接受这种异常的价格波动，中国要想确保石油的安全供给，必须参与其中，取得竞争的一席之地，减少或避免价格的异常波动带来的负面影响。

因此，可以预见的是，未来国际市场上对石油这一重要战略性商品的定价权的争夺将会越来越激烈。

四、保障石油经济安全，构建石油金融体系

（一）建立以期货市场为核心的多层次石油交易市场体系

现代石油市场是由现货市场、远期市场、期货市场等组成的多层次交易体

系，其中期货市场居于核心地位。作为国际大宗商品的定价平台，发展期货市场不仅是争夺大宗商品定价权的必需，还有助于获取全球战略资源配置的主动权，有助于建立和完善中国的石油储备体系，对保障中国石油战略安全具有重要作用。一方面，中国石油消费占世界的比重不断提高，在世界石油价格体系中的定价权亟待提高，现有的国际石油定价体系并不能充分反映石油供需格局，导致中国进口石油的价格偏高；另一方面，波动剧烈的石油价格也使国内企业迫切需要更为便捷的国内价格避险渠道，发展石油期货迫在眉睫。因此，在当前的形势下，中国应将建立石油期货市场作为实施国家石油安全战略及建立石油金融战略体系的重要内容，予以高度重视并尽快付诸实施。具体而言，应尽快丰富现有交易所的上市交易品种，形成几家交易所有效竞争的格局，尽快创造条件推出石油期货产品，逐步形成自己的报价系统，积极融入全球石油定价体系，争取在10~20年的时间里，改变伦敦、纽约等交易所垄断世界油价的格局，逐步增大国内期货市场的国际影响，争取更多的国际定价发言权，达到规避风险、跟踪供求、调控市场的目的，正确快速引导石油生产、经营和消费，维护国家经济安全，确保经济平稳发展。此外，应尽快建立国内石油期货市场，加快推进石油期货交易，更重要的是可以把石油期货仓单看作是期货形式的战略储备，即石油期货战略储备；也可以把石油期货仓单视为一种新的国际货币或储备货币，参与外汇组合，成为外汇储备的一部分，即石油外汇储备。从当前国际汇市情况看，大规模的外汇储备也孕育着巨大的市场风险。因此，石油储备进入外汇储备，对于中国外汇储备投资组合来说也是有利的。

(二) 建立包括石油政策性银行和商业银行在内的石油银行体系

一是某些专业银行或综合银行创新业务服务，比如向石油相关企业推销风险管理方案，设计石油场外衍生品给终端用户、炼油商。二是大型商业银行在石油石化企业出现大型项目融资及生产资金问题时，为其海外发展提供优惠融资贷款、外汇使用方面的便利，解决资金问题。三是在某个政策性银行，如国家开发银行或中国进出口银行，建立专门从事境外投资保险业务的机构。四是配合国家石油储备实施石油投资和储备银行政策。根据国际能源署(IEA)预测，2030年之前中国能源部门的投资需要2.3万亿美元。因此，只依靠一般的政策性银行和商业性银行，很难从根本上满足资金的需求，必须建立专门支持能源产业的能源投资和能源储备银行，这是动员国内各方面力量参与并保障中国石油安全的重要举措。

(三) 建立用于石油专业投资的石油基金体系

石油专业投资基金简称石油基金，其运作与共同基金类似，是“石油金融战略体系”的重要组成部分。石油基金由政府或法人组建成立。无论是由政府还是由法人组建成立，都可以组成性质不同、功能不同、作用不同的三种基金。一是石油产业投资基金，主要目的是为建立风险勘探、油田开采权的收购、精细化工的投资、重大项目评估等提供专项基金，为企业集团的长远发展提供重大项目的启动资金；以控制和获得油源等高附加值的项目为主，为中长远期战略做基础性铺垫。二是石油投资基金，以短期盈利为目的，主要是为石油基金的投资者带来高额的中短期投资收益和资本积累。三是石油综合基金，目的是将产权市场与资本市场进行有机的联络，通过资本市场的运营将产业投资的资本培养壮大，获取最大的利润。

在石油金融化的背景下，石油安全本质上已经从“生产—供应”型的供给安全模式转变成“贸易—金融”型的价格安全。为保证石油安全，必须加快建立石油金融战略体系，统筹协调相关机构和石油石化企业，争取国际石油定价权，有效规避国际油价波动风险。

“互联网+”环境下石油行业的供给侧改革

在“互联网+”的时代背景下，中国许多行业的经济发生了重大转型，“互联网+传统行业”的模式创造了一个又一个奇迹，例如，“互联网+零售业”创造了电子商务的奇迹。而中国经济发展的重要组成部分能源领域正面临着结构调整、方式转型的档口，“互联网+能源”成为能源领域改革的重要途径。在国际油价持续低迷的背景下，中国石油企业低端产能严重过剩，高端产能明显不足，石油行业供需严重不平衡，供给侧改革成为当务之急。石油行业应该积极创新，抓住“互联网+”的时代条件，利用大数据、云计算等新型互联网技术，完成大量数据的采集、分析和挖掘，将数据转化为可视化信息并在互联网上流动，这样有助于企业充分了解消费者需求以制定供给策略，同时可以提高生产效率、增加产品质量以满足消费者个性化需求。然而，供给侧改革不可能一蹴而就，石油企业应该结合实际情况顺应国家供给侧改革的号召循序渐进，并把握时代机遇，全面推进供给侧改革。

一、石油行业供给侧改革的必要性

随着中国经济进入“新常态时期”，中央提出推进供给侧结构性改革以适应和引领经济新常态。目前，国际油价持续低位震荡，国内经济几度下行，中国石油行业面临着严重的矛盾和问题。

一方面，中国传统石油产品的总产能明显超过国内市场需求，资源的限制、环境的制约给石油石化企业带来了巨大的挑战，可见，依靠高投入、高消耗和低人工成本的粗放型发展模式难以为继，结构性改革势在必行。另一方面，高端石油化工产品及其短缺，主要依靠进口，导致中国石油石化行业的进出口多年来多处于贸易逆差状态。目前，中国炼油产能总体过剩，主要表现为结构性过剩，即低端产能明显过剩、高端产能又明显不足，无法满足日益增长的高端消费和差异化需求。可见，中国石油行业供给需求不平衡，结构性问题严重，供给侧改革具有必要性和紧迫性。

推进中国石油行业的供给侧改革，首先要分析当前石油行业现存的问题，然后有针对性地找准供给侧改革的侧重点。同时，要紧密联系时代环境，中国目前处于“互联网+”大数据的信息时代，这一背景给中国油气体系的改革既带来了机遇也带来了挑战。在平衡社会总供给和社会总需求，促进中国经济发展的全面改革进程中，“互联网+”技术逐渐被纳入国家发展的新战略中，中国石油行业应当结合“互联网+”大数据相关技术全面推进供给侧改革。

二、石油行业现存的问题

要推进中国石油行业的供给侧改革，首先得弄清楚中国石油行业现存的问题，才能对症下药。中国石油行业长期以来积累了一系列问题，随着国际油价的一再调低，这些问题慢慢暴露，带来了愈来愈严重的后果。中国石油供给体系现存的问题主要有以下三个方面。

（一）石油勘探开发环节产能相对过剩

目前，中国石油消费量约为 1000 万桶/日，国内的产量约为 400 万桶/日，需求难以得到满足，仍有 60%的需求需要依靠进口。然而，从全球原油供应市场的角度看，当前国际油价较低，而中国原油开采成本相对较高，故中国原油大多来自国外供给，因此，中国原油产能实际是过剩的。来自中国石化相关消息称，在长期低油价的市场环境下，胜利油田财务部门对 70 个开发油田进行分析，按盈亏平衡油价进行排序，小营、义和庄、套儿河、乔庄 4 个油田，由于地处偏远区域、规模小、开发时间长、注采不配套等因素，其成本远高于当前油价。按目前油价计算，上述 4 个油田，每卖一吨油大约亏损 2800 元。为此胜利油田暂时关停这 4 个小油田，预计可减亏 2 亿元。如果国际油价持续低位，为了减少企业的亏损，石油开采领域会有更多的过剩产能退出市场。

（二）炼油能力总体过剩

中国石油和化学工业联合会发布的《2016 年度石化行业产能预警报告》称，2015 年中国炼油产能达 7.97×10^8 吨/年，同比增长 5.4%；一次加工量 5.22×10^8 吨，同比增长 3.8%；平均产能利用率为 65.5%，比上年下降 1 个百分点。即便淘汰产能低于 200×10^4 吨/年的小炼油项目，并停建、缓建部分新建项目，2020 年中国炼油总产能也至少会增至 8.6×10^8 吨/年。然而，由于电力、天然气等能源在交通领域的推广，2020 年成品油消费量预计为 3.52×10^8 吨，对应原油加工量只需 6×10^8 吨。从这些统计数据可以看出中国炼油产能总体过剩明显。

（三）炼油产能结构性过剩

石油行业产业和产品结构低端化、同质化问题较为严重，导致炼油产能结构过剩。首先，炼油产能布局不平衡，华北、东北、华南、西北、华东的炼油能力相对集中，占到全国总能力的 92.2%，而华中、西南地区仅占 7.8%。部分省份的产能确实已过剩，如东北地区的辽宁省。其次，中国各炼厂中主要技术经济指标和装置水平进入世界先进行列的很少，这部分先进产能并不过剩，然而装置规模小、工艺水平落后、深加工能力和技术经济指标落后的炼厂占据不小一部分，这些炼厂产能明显过剩。虽然目前炼油能力总体过剩，但能够保质保量生产国Ⅳ、国Ⅴ汽柴油的炼厂并不多，处于较为短缺状态。不少炼厂受限于资金、技术水平、工艺装置水平，至今仍较难生产高质量标准油品。由此可见，中国炼油产能的过剩是低端产能的严重过剩，而高端产能明显不足。

三、石油供给侧改革的侧重点

石油行业的供给侧改革要有针对性，目前石油行业存在的一系列突出问题即是供给侧改革的侧重点，推进石油供给侧改革，主要以提高石油产品的质量和效率为目的。为了增强石油行业的可持续发展能力，实行结构性改革以及产业升级，平衡总供给和总需求，中国石油行业供给侧改革的侧重点主要有以下三点。

（一）推进石油产业链结构性变革

在石油勘探方面，效益勘探开发理念还不够深入，往往出现勘探成本较高的问题，以至于中国原油产能相对过剩。专家表示，石油企业的供给侧改革应从创造价值的角度重塑产业链，实行产业链结构性变革，提高整体质量和效率。具体表现为，优化资源配置，提高全要素生产率，将企业的经营管理从以油气产量为中心转变到注重现金流变化；从注重扩大生产规模转移到提高产品质量；及时调整生产结构能力，实现全产业链各生产要素高效协调发展，以主动适应市场变化。清华大学经管学院副院长白重恩表示，“全产业链改革注重多生产领域协同进行，即要从供给侧和需求侧两端发力，将长期供给侧结构性改革释放市场活力与短期需求侧管理保持发展动力一致”。

（二）强化有效供给

中国石油行业产能结构性过剩，低端产能严重过剩，而高端产能明显不足，供给侧改革的侧重点之二便是强化有效供给。要加快淘汰落后产能，优化产业结构，建立健全炼化企业优胜劣汰的市场机制，根据市场需求制定供给方案，实现有效供给，必须加快无效产能退出。对于新增产能要加强投资回报约束，消除企业亏损的困境，实现规模速度型向质量效益型企业的转变，推进炼厂智能化和信息化。总之，增加有效供给需要进行石油企业资源再整合，通过兼并重组，保障产品供给满足市场需求。

（三）创新体制机制，强化制度有效供给

石油企业的供给侧改革应该与国家层面改革相结合，创新体制机制，创造更加优质的竞争环境，通过有效竞争提升企业追求效益创造效益，让企业减少不必要的制度性开支，从而提高生产要素有效资源配置，创造有效制度供给，将更多资源投入到创新以及提高生产率等方面。例如美国“页岩气革命”就是通过市场有效配置，形成了足以撼动世界油气格局的科技变革，其中，水平井、水力压裂等技术的革新功不可没。中国石油装备制造行业、工程技术服务行业不缺乏人才和基础硬件，最欠缺的是创新机制和人才创新的制度性保障，因此中国石油供给改革必须强化制度有效供给。

四、“互联网+”推进石油供给侧改革

在推进中国经济全面改革的进程中，为平衡社会总供给和社会总需求，促进中国经济的发展，“互联网+”技术逐渐成为国家发展新战略的重要组成部分。“互联网+”通过创新供给与需求的关系，成为促进中国经济发展的新动力。石油行业也正步入结构调整、转型升级的改革阶段，“互联网+”技术成为石油行业供给侧改革的新动力。全国政协委员、原中国电力投资集团党组书记陆启洲说：“能源互联网的根本价值，是让能源生产者和消费者进行有效的互动。”从能源消费企业看，能源与互联网结合，有助于企业节约成本、更充分地利用资源；而从能源供应企业看，两者的结合将极大地促进能源供应和消费互动，更精准地对接市场需求，从而提高供给质量和效率。可见，“互联网+”技术与石油传统企业的结合将大大推进石油行业供给侧结构性改革，促进其经济转型升级。

目前，石油石化行业面临一系列的挑战，比如国际油价低位震荡、环保政策压力加大和新能源的替代压力等等，利用互联网培育新的竞争优势是石油行业进行改革转型升级的重要手段。“互联网+”的时代下，大数据成为石油企业挖掘的重要资源，为了占据行业的竞争优势地位，石油企业应该致力于挖掘和分析大数据中蕴含的业务机会，洞察客户需求变化，建立起基于大数据分析的市场交易和避险能力，充分利用大数据资源是石油企业转型升级创造新竞争优势的关键途径。利用“互联网+”推进石油行业供给侧改革的具体方案如下。

（一）挖掘互联网技术“1+1>2”乘数效应

在下游销售市场，石油企业应当运用“互联网+”新技术建设联通消费者的营销渠道以获得行业竞争优势。石油销售企业要实行传统业务形态的转型，应该从

满足消费者的需求出发，利用“互联网+”相关技术进行业务转型升级。业务转型的具体表现主要有两方面，一方面，石油销售企业需要实现从产品向服务的转型，打造高端优质服务，提升顾客品牌忠诚度，主要以提升加油站的客户服务体验为核心业务，具体实现方法应该借助现在“互联网+”大数据的时代环境，利用大数据分析、可视化、移动支付、建立移动 APP 等手段实施创新，增加联通消费者渠道，给予消费者服务便利性，增强客户满意度。另一方面，石油企业应当实行业务模式的转变，现如今大部分石油销售企业都是以油品销售为主营业务，为了赢得市场竞争优势，其业务应该向非油品业务扩展，实行联动销售，扩大市场宽度，非油品业务可以围绕消费者驾车出行需求、社区服务以及精细化服务扩展，实现这些业务扩展可以采用 O2O 思路，加快和腾讯、阿里巴巴等互联网企业的合作，推动石油企业业务转型升级。

“互联网+”技术不仅在用户导向较强的中下游具有重要作用，在供应链上游环节仍能发挥重要作用。“互联网+”技术结合传统行业提供的是一种与云计算、物联网、数据分析、移动互联网等数字技术深度融合的生态系统，这些技术无疑为解决上游的石油勘探开发环节成本较大的问题提供了新的驱动力，可以有效提升生产率、降低成本、提高效率。

（二）利用“互联网+”推动石油行业供需关系平衡

目前中国石油行业供需极其不平衡，低端产能严重过剩，而高端产能又明显不足，造成低端产品供过于求，而高端产品供不应求的局面，“互联网+”技术成为石油企业提质增效以及平衡供需关系的重要手段。目前，绿色、低碳、环保正逐渐成为能源消费的新趋势，绿色环保的高端石油产品需求日益增加，而传统石油企业无法满足广大的高端消费和差异化需求。在“互联网+”的时代条件下，物联网基础设施和智能硬件部署对降低高端产品生产成本以及生产效率的提高具有重要意义，石油企业应引进远程无线连接、可视化定位、监测和控制技术，以及成本不断降低的无人机和传感器等设施，可以帮助石油企业降低大型投资项目的财务风险，大幅度提升资产利用率，降低产品生产成本并提高生产效率。石油企业应利用互联网技术平衡供需关系，增加高端产品供应量，提高产品创新性和多元化以满足客户差异化需求。

（三）“互联网+”推动企业发展绿色能源

环境保护、绿色发展、低碳出行是当前时代发展的必然要求，这给石油炼厂带来的不仅是挑战还有机遇。包括中国石油、中国石化在内的石油炼化企业，其很多中小型装置难以满足低碳、绿色、清洁、高端能源产品的生产要求。对于环保型炼化企业来说，这是一个难得的历史性机遇，应该抓住清洁能源供给不足的缺口，调整产业结构、升级转型企业生产方式，主动创新发展生态能源，获得市场竞争优势，占据广阔市场份额。

中国油气体系供给侧改革的一个重要方面就是能源消费的绿色化、清洁化管理。石油企业要加快天然气的发展，降低天然气供给成本，释放天然气消费的市场空间，按照国家要求推进油品质量升级，结合实际发展生物质燃油等业务，发展绿色能源，从而满足偏好低碳、绿色的能源消费者的需求。利用“互联网+”技术，建立企业新型信息系统集成方式以终端用户的体验是否最优为标准，面向客户需求变化生产产品以及提供能源服务，树立企业绿色发展的品牌形象，增强客户满意度和忠诚度。

（四）以大数据思维促进石油行业改革

大数据思维运用于能源领域，就是指对能源相关领域的海量数据进行综合采集、传输、存储、处理、分析与应用的相关技术与思路。对能源生产、传输、消费数据的实时运行以及交易数据的收集分析，能够为系统的安全稳定运行、监测以及远程控制提供相应的数据支撑，充分挖掘各个环节的能量损失，提高整个能源系统的能源利用效率。利用大数据技术对能源的消费、交易以及用户用能行为模式进行采集、传输、处理、分析，可以做到对消费者的深入洞察、为用户提供个性化以及定制化的能源服务，推动能源供给商业模式的创新。能源大数据以及相应的辅助决策系统，可以为多方交易提供全面、高效的实时数据交互，这有助于实现能源供需配置的动态平衡，完善现有的能源交易体系，大幅提升能源的生产和使用效率。

石油企业通过利用大数据技术完成海量数据的采集、筛选、传输、分析和挖掘，最终实现数据驱动的精准能源供给，将能更好的满足用户个性化的用能需求，增强客户忠诚度。某些企业发售的“网络储油卡”就是挖掘到消费者“低价储油，现价消费”的需求后，相应推出的，当油价下降，消费者可购买成品油储存到卡上，待油价上涨时再用。

互联网时代的中国石油企业战略探讨

石油天然气是关系国民经济发展的最重要的一次能源。2015 年以来，随着国际油价低位震荡、传统业务增长模式饱和、雾霾等环境问题影响日益增大以及新能源替代等多重因素影响，石油行业正在面临艰巨的挑战。在这样的时代背景下，中国油气行业亟需新一轮的技术革命、产业革命，从传统的粗放发展模式转变为高效、可持续的新模式。

在能源产业革命的关键时期，“互联网+”的概念被引入了“十三五”规划，指明了中国石油企业未来发展的明确方向。

一、“互联网+”的时代背景

在 2015 年 3 月 5 日召开的十二届全国人大三次会议上的政府工作报告中，李克强总理首次提出了“互联网+”的概念。在创新 2.0 的时代背景下，“互联网+”是互联网行业发展的新业态，其内涵是“互联网+传统行业”。这一概念代表互联网将发挥引导社会资源配置的优化和集中作用，将互联网的创新思维与经济社会的各个领域完美融合，从而提升全社会各个行业的创新能力和生产力，最终建成以互联网为基础的全新经济社会发展形态。

随后在当年 7 月，国务院印发《国务院关于积极推进“互联网+”行动的指导意见》，涉及了金融、医疗、教育等 11 个方面，其中第四点即互联网与能源。未来的能源行业发展重在推进能源生产和消费的智能化，从建设智能化油气行业网络布局出发，发展基于油气消费网络的新型业务。针对传统石油企业信息滞后，成本偏高等顽疾，互联网的实时性与高效性能够最大程度地改善企业运营状况，两者的有机结合已经成为不可阻挡的时代趋势。

二、石油企业进行互联网改革的优势

石化行业是中国战略性的支柱产业之一，在现有的形势下，传统能源面临储量降低、产量下降、新能源开发热潮和环境污染等一系列严重问题，导致了石油企业的竞争日益激烈。市场经济下想保持企业的竞争优势，转型与创新是唯一的出路。在“十三五”规划的指导下，互联网思维作为传统行业改革的最佳润滑剂被推上国家改革议程，石油企业的互联网改革已经成为了不可阻挡的趋势。石油企业进行互联网改革的优势主要有以下几点。

（一）数据的实时交互

作为传统行业，数据分析一直是石油行业的重要任务之一。时效性是数据价值的重要方面，传统的统计方法依赖于人工计算，各个生产部门与生产终端之间互相独立，层级上报的同时效率较低，缺乏实时性，各部门之间数据互通困难，而且容易产生较大的误差，严重拖慢了决策速度。互联网思维则非常重视数据的时效性，通过“中控—终端”体系，省去了中间大量的上报环节。在互联网思维的指导下，通过建立统一智能化数据平台，推行智能终端管理，使全国所有生产、运输、销售数据均可实时反馈，保证了数据的时效性与准确性，有利于资源的集中管理，最大程度地降低企业运行成本，提高企业效率。

（二）资源的合理调配

油气行业内部的主体，包括开采、运输、生产等各个环节，往往是互相闭塞的，其垂直的生产关系非常不利于资源的集中管理。传统的石油企业往往环环相扣，走完一个环节才可以进入下一个环节，其中一个环节出现问题就会造成大量的资源浪费。通过互联网改革进行平台化的资源管理，使平台扁平化，可以更合理的配置资源，保证公司内部分散的生产环境可以进行集中式管理。生产者可以根据消费者的需求制定生产规划，运输者可以在数据平台上分析得到最优的运输路线，销售者可以通过数据了解客户的不同油品需求，制定差异化的销售策略，减少库存成本，提高销售业绩。最早在油气行业进行互联网改革的是下游销售环节，其效果非常明显，中国石化通过与网络平台的合作，极大的拓展了成品油销售渠道，提高了运行效率。

（三）大数据的采集与分析

大数据分析已经成为互联网的最主要特征之一，通过对庞大用户群体的消费数据调查可以获得更加直观准确的分析。进入互联网云时代，阿里巴巴、百度、腾讯等大公司纷纷建立自己的大数据体系，做到了对消费者的精确定制推送，极大的提高了石油企业的业务能力和销售业绩。在石化行业内，大数据不仅仅包括面向消费者的数据，也包括了内部资源调配、生产运输、环境治理等综合成本大数据，这些数据通过与行业内消费，包括化工、燃油、天然气等大数据的采集与分析，可以更合理安排开采和生产规模，制定更合理的发展方案，降低决策失误带来的风险，提高潜在的产品价值。

（四）便于综合业务的开展

随着时代的发展，垂直的生产销售式管理已经到达瓶颈，业务的高速发展极大的依赖于油气行业附属的综合业务。美国加油站的毛利润超过一半来自于加油站的附属便利店和其他综合业务，最近崛起的 O2O 商业模式也是业务增长改革的重要路径。在互联网思维的指导下，可以优化现有的圈存式加油卡，建立石油公司的移动互联网接口，实现支付、消费、金融功能一体化，充分挖掘 3 亿加油卡入口的附加价值。加油站的便利店连锁化，仿照连锁超市建立仓储物流销售的一体化管理，打造综合业务品牌。另外依托加油站网点的物流服务以及其他综合性服务，是未来保持石油企业高速发展的保证。

（五）优化行业层次，促进产业升级

传统的油气行业以生产保供作为主导方向，通过大规模油气勘探与开发、产业链一体化和标准的销售流程，来保证规模效益，而不是效益规模，其运作方式低效且闭塞，难以打破产业瓶颈，找到新的增长点。通过互联网建设优化行业层次体系，搭建行业入口与信息交互平台，可以促进石油市场的高度开放，生产、运输、贮藏、消费等群体可以在自身的实际需求下访问对应资源，并建立起直接的对话通道，打破原有的无法逾越的层级，提高了时效性的同时也降低了运营成本与时间成本。

三、中国石油企业互联网改革模式的战略选择

（一）油田与管线智能化建设

截至 2015 年底，中国长输油气管道总里程已达 12 万千米，形成了复杂的输送网络。根据预测，“十三五”末期中国油气管道总里程将超过 16 万千米，天然气贮藏库工作气量超过 105 亿立方米，LNG 接受能力达到每年 1900 万吨。目前这些管道大部分依赖人工巡线、阀门看护等传统方式进行维护，成本高效率低，浪费了大量的人力资源，难以适应现代化生产环境。油田内大部分开采设备依旧依赖于人工检查与终端控制，难以统一管理，遇到问题和故障很难第一时间发现。部分地方公司建设了管理平台，中国石油管道局自己开发的 SCADA 系统也在云南、宁夏部分管道试运行，但各地方公司平台之间兼容性差，难以统一管理。通过对生产和运输管线的智能化升级，有助于及时发现问题，快速发现故障点，减少管道损坏带来的环境附加损害，解放紧张的人力资源。

（二）物联网技术应用

物联网是互联网时代最符合生产环境的技术之一。物联网实现了物与物之间的精确连接，在互联网和传感器结合的技术上实现覆盖性定位和信息传递，能够实现控制中心与终端设备的实时通信与控制。利用物联网技术可以对开采现场、运输管线等设备实现全程监测，如果管线破损、设备故障可以快速通过定位设备确定位置，省去了之前的人工现场检查环节。对危险、偏远区段和地下管线可以进行安全监控，降低了人工巡检带来的劳动风险，同时解放了大量人力资源。在生产环境中利用"中控—终端"体系，实现产能到产品的统一化自动化管理，其快速反应机制也更加安全有效。

（三）大数据采集分析

随着互联网云时代的到来，大数据分析已经吸引了越来越多的关注。各大网络平台公司纷纷建立了大数据分析体系，为制定企业的发展决策起到了难以估量的作用。截至 2016 年 6 月底，全国机动车保有量达 2.85 亿辆，其中汽车 1.84 亿辆；机动车驾驶人 3.42 亿人，其中汽车驾驶人 2.96 亿人，相当于支付宝实名认证用户量。按照目前的发展速度，预计到 2020 年中国的汽车保有量将突破 2 亿辆，机动车驾驶人超过 3.2 亿人。在庞大的用户数量支撑下，石油行业的大数据建立可谓事半功倍。通过大数据分析石油产品的消费习惯、消费区域等信息，更有利于石油企业对于市场前景的预测，更好的规划能源生产与资源分配，降低企业的运营成本和决策失误带来的损失。同时通过数据挖掘，更有利于石油企业了解市场动向，合理调整油品供应结构，提高产品的流通性和利用率。

（四）综合业务发展

互联网的应用给整个社会的商业形态带来了巨大改变，石油行业应该顺应时代的发展与变化，尝试创新与改革，以期顺利与时代和政策接轨。作为传统行业，石油行业的关注重点一直在生产上，对后续的产品和服务关注程度较低。随着中国石油产量持续走低，对外依存度超过 60%成为世界第一大石油进口国，石油行业的产品、服务和附加非油业务已经成为了突破发展瓶颈的关键。在现有加油站基础上，可通过传统石油企业的优势，发展便利店、物流、互联网金融产品等非油综合业务，从而打破固有的垂直生产—运输—销售模式，全面促进商业模式的改变，实现石油企业的转型与快速发展。

（五）重视信息数据安全

互联网时代的信息数据安全工作至关重要。在智能化生产环境中，企业的一切数据、决策以及控制系统都是面向网络开放的，油田和生产状态的数据更是要重点保护。企业在充分利用智能化、信息化设备带来的优势和便捷的同时，也要加强安全边界的防御，加强对外的防御能力和对内的权限设置，培养信息安全人才，建立起完善的信息安全中心，防止企业系统被入侵或者内部人员失误导致的信息泄露和数据窃取。

“十三五”时期中国成品油出口分析与展望

随着中国经济进入新常态，成品油市场也发生了巨大的变革。国内经济的转型升级使得中国成品油需求放缓，供大于求的局势加剧。自 2015 年起，国家又放开了地方炼厂原油进口权以及进口原油使用权，炼油能力进一步释放，国内市场已经不能消化日益增长的成品油产量，成品油出口成为化解产能过剩的重要途径。本文将对成品油出口状况进行回顾和分析，并提出对“十三五”时期成品油出口的展望。

一、成品油出口现状

（一）国内石油公司炼油能力与成品油消费能力矛盾加剧，出口需求强烈

中国炼油行业高速发展，2000 年中国炼油水平仅为 2.77 亿吨/年，到 2015 年上升至 7.1 亿吨/年，上涨了 156.3%，远高于“十二五”规划的 6 亿~6.5 亿吨/年的预期。中国石油经济技术研究院发布的《2015 年国内外油气行业发展报告》显示，截至 2015 年底，中国炼油总能力为 7.1 亿吨/年，同比减少 1037 万吨/年。其中，新增炼油能力 3020 万吨/年，淘汰落后产能 4057 万吨/年，包括地方炼油企业为获得进口原油使用权和进口资质而淘汰的 3807 万吨/年的炼油能力。中国石化也在 2015 年关闭了 250 万吨/年的炼油能力。2015 年炼油能力下降为中国炼油能力近 30 年来首次下降，主要原因是国家实施供给侧改革，大力推动淘汰落后产能造成的，但 2015 年出现的产能下降并不是长期的，“十三五”期间，随着淘汰落后产能的影响逐渐缩小，中国炼油能力仍将是上升的趋势。

然而，中国成品油的消费总体却由高速增长转为中低速增长。2000~2008 年，中国成品油消费增速超过 8%，市场表现为供不应求，屡现“柴油荒”，中国成品油表现为净进口。2009 年上半年，中国石油储备基地（镇海、舟山、黄岛、大连）储备完毕，国内炼油能力大幅提升，造成 2009 年成品油供应增长超过市场需求，出现供大于求的局面，炼厂需要寻求出口市场来消化过剩油品。汽油净出口由 2008 年的不到 5 万吨骤增到 490 万吨，航空煤油首次出现净出口。至 2015 年，炼能过剩达 1.3 亿吨/年，成品油的消费增速已经降至 4.2%，柴油消费已达

峰值，而且“十三五”期间炼油产能仍将进一步扩大，中国成品油需要寻求海外市场来平衡不断扩大的产能。

（二）成品油出口配额增加，油品升级进程加快

2015年以前，原油进口权一直处在制度垄断中。中国石油、中国石化、中国海油、珠海振戎和中化集团5家国有企业，其进口配额实行自动许可，进口数量没有上限限制，而除中国石油、中国石化之外的地方炼油企业只能将燃料油（即重油）作为原料进行生产，油品质量参差不齐，炼油产能过剩，劣质油大规模存在的现象严重。地方炼油厂由于长期受到资源限制无法提高加工负荷，随着2015年原油进口权的放开，获得原油进口资质的大型地方炼油厂原油资源得到保障，其产量有了质的提高，2016年，中国成品油出口份额进一步放开，截至2016年10月，中国成品油出口量达到3811万吨，同比增长37.4%，已经超过了2015年全年总量。

与此同时，在炼厂能力不断提升和出口配额放开的情况下，中国成品油质量升级改革也会随之加快。2015年5月7日，中国公布了《加快成品油质量升级工作方案》，方案提出，要加快推进炼油企业升级，促进炼油产业结构优化，提高标准油水平。十八届三中全会提出“市场在资源配置中起决定性作用，加快完善现代市场体系，推进价格改革”，这将有助于改善油气行业的市场环境，以清晰的价格信号促使企业内涵式增长并进一步提高竞争力。随着一系列政策的出台，一些产能落后、油品质量差的炼厂将会逐渐被淘汰，加之成品油出口配额的增加，无法获得出口配额的炼厂生存环境将更加困难，小型炼厂要想生存就必须提升油品质量，成品油质量升级的步伐会越来越快。

二、成品油出口环境分析

（一）成品油出口主要集中在东部沿海省市

中国成品油出口主要集中在东部沿海城市，如辽宁、广东、上海、浙江、山东等地。这些省市炼厂较为密集，又地处沿海，出口设施便利。而获得原油进口使用权的地炼企业也集中在山东、辽宁等地，2015年获得原油进口使用权的地炼企业共13家，其中山东地炼11家、辽宁地炼1家、宁夏地炼1家，共获得原油进口使用配额5518吨/年，占2015年全年原油进口数量的16.44%。位于沿海的炼油厂申请成品油出口比较实际，可以直接装船运往国外。目前有少数地炼企业分布在日照或盘锦等直接沿海地区，多数地炼厂分布在东营、潍坊等距海50千米以内的区域，未来炼厂可以通过成品油外输管线规划建设出口成品油。

(二)成品油出口市场主要面向东南亚地区

中国成品油出口的主要国家(地区)包括新加坡、印度尼西亚、越南、菲律宾等。根据隆众石化通统计的数据显示，当前中国的汽油、柴油最大出口国为新加坡，作为中国汽柴油出口的第一目标市场，2015 年，中国出口到该国的汽油、柴油量分别占出口总量的 52%和 37%。印度尼西亚国家石油公司几乎控制全部的汽油进口，并控制 2/3 以上的柴油进口份额。预计到 2020 年印度尼西亚炼厂加工能力增长较少，同时成品油消费保持稳定增长，成品油将继续呈净进口状态。预计到 2020 年印度尼西亚将进口汽、煤、柴油共计 2400 万吨，其中汽油 1700 万吨、航煤 200 万吨、柴油 500 万吨。越南国内共有 13 家公司从事成品油进口和销售业务，排名前三位的公司均为国有石油公司，即越南国家石油公司(Petrolimex)、越南石油天然气公司(Petrovietnam, Vietnam Oil and Gas Corporation)和西贡石油公司(Saigon Petro)。根据加入 WTO 的承诺，除非在越南投资建设炼厂，否则 2018 年前越南不会对外资开放成品油销售业务。

近年来，中国开辟了澳大利亚以及亚太地区以外的美洲市场，2015 年，中国出口到澳大利亚的汽柴油数量为 53.1 万吨，比上年大幅增加 49 万吨。

三、成品油贸易趋势展望

“十三五”期间，中国面临经济环境、政策环境、市场环境的变化以及环境保护、质量升级的压力，炼油工业的发展应该以市场为导向、效益为目标，转变发展模式、调整产业结构、推进绿色低碳发展，全面提高行业整体竞争力。中国作为第二大炼油大国，近年来炼油能力取得了突飞猛进的提升，中国也由成品油净进口国转变为成品油净出口国，在产能过剩不断加剧的情况下，寻求海外市场成为消化过剩产能的重要途径。近年来国家也出台了一系列政策鼓励成品油出口，但是在低油价的刺激下，海外市场尤其是亚太地区市场的出口竞争力增大，中国成品油出口情势不容乐观。

(一)成品油产能过剩持续，出口进度需加快

2016 年《BP 世界能源统计年鉴》统计数据显示，2015 年中国能源消费增长 1.5%，增速不到过去 10 年平均水平(5.3%)的 1/3，并且是自 1998 年以来的最低值。其中，化石能源中，消费增长最快的是石油(+6.3%)，其次是天然气(+4.7%)和煤炭(-1.5%)。除石油的增长率稍高于 10 年平均水平外，天然气和煤炭的增长率都远低于各自 10 年平均水平。而非化石能源中，太阳能增长最快(+69.7%)，其次是核能(+28.9%)和风能(+15.8%)，明显高于化石能源的增速。

另外，可再生能源全年增长 20.9%，仅 10 年间，中国可再生能源在全球总量中的份额便从 2%提升到了现在的 17%。石油行业面临清洁能源和可再生能源的巨大挑战，在国内市场严峻的情况下，出口成为平衡产能的必要途径。“十三五”伊始，国家进一步放开了成品油出口份额，但是，目前成品油出口份额主要是面向中国石油、中国石化、中国海油等主营炼厂，地方炼厂获批额度仍然较小。尽管国内成品油呈现供大于求的情况，成品油出口额度完成的进度并不高，其中中国石油完成 48%、中国石化完成 44%、中国海油完成 68%、地方炼厂完成 37%，出口进度不高，这与目前市场状况并不相符。主要原因是出口配额刚刚放开，多数出口都是尝试性操作，另外受国内油价有所回暖的影响，多数炼厂仍然最先考虑国内市场。不过，在国内能源结构变化以及成品油供给不断增长的压力下，各炼厂在成品油出口环节方面的操作力将大大加强，后期成品油出口或将为地方炼厂平衡产销的有力手段。

（二）成品油质量升级加快，炼厂出口难度将加大

“十三五”期间，国家重点推行油品质量升级，清洁油品已被写进 2016 年政府工作报告。报告明确指出，全面推广车用燃油国Ⅴ标准，并将原定于 2018 年 1 月 1 日全国供应国Ⅴ标准车用汽、柴油的时间提至 2017 年 1 月 1 日，国Ⅴ标准要求，硫含量不大于 0.001%。而东南亚主要进口国的成品油质量标准较中国普遍偏低。越南、马来西亚、印度尼西亚等国规定进口汽油硫含量不大于 0.05%；柴油方面，越南主要进口硫含量为 0.05%和 0.25%的柴油，菲律宾主要进口硫含量不大于 0.05%的柴油。中国生产出口油品的炼厂需按不同质量标准组织生产，增加了炼厂运行的难度。此外，成品油质量升级需要投入大量成本，出口低标准的成品油成本也会增加，同样，中国成品油出口在东南亚市场的竞争力也会受到影响。

（三）东南亚市场竞争激烈，开辟新市场、加快建设油气管道成必然趋势

随着印度、中东等地区炼油能力的提高和向海外的拓展，亚太地区成品油贸易格局也发生了变化。同时，日、韩、新加坡等国家对成品油出口实施免税政策也对中国成品油出口造成了巨大的压力。这些国家一直是亚太地区活跃的成品油出口国，中国作为一个刚刚放开成品油出口配额的国家，要想在亚太市场占有竞争优势并不容易，开辟新市场是提高中国成品油出口国际竞争力的必经之路。

近两年，为扩大海外市场，中国已经进入了澳大利亚成品油市场。澳大利亚现有 4 座炼厂，总加工能力 2200 万吨/年。近年来，澳大利亚炼油行业陷入困境，随着其国内炼厂陆续被关停，澳大利亚将取代印度尼西亚成为亚太地区最大的成品油净进口国。预计2020年澳大利亚成品油需求量为4900万吨，进口达到2800万吨，其中汽油800万吨、航煤500万吨、柴油1500万吨。澳大利亚是高端成品油消费的重要市场，随着中国成品油质量升级的完成，澳大利亚市场将是中国成品油出口的主要市场。

中国成品油出口在东非市场也取得重大突破。2015年12月8日，中国石化国际事业新加坡公司所属的中东公司成功中标埃塞俄比亚2017年成品油供应合同，获取了该国除政府间协议外的全部成品油市场份额，这标志着中国石油在东非市场开拓方面获得重要突破。

从全球成品油供需格局看，汽油缺口主要集中在拉美、非洲、中东和北美地区，航煤缺口主要集中在欧洲和非洲地区，柴油缺口主要在拉美、非洲和欧洲地区。目前，世界上成品油管道总长度已经超过30万千米，且主要分布在北美洲、欧洲和南美洲。美国成品油管道里程约 15.3×10^4 千米，具有管道输送比例高、管网布局密集、运输品种多等特点；西欧地区成品油管道里程约 2.7×10^4 千米，主要集中在北约成员国，连接法国、英国、意大利、德国、荷兰、比利时、西班牙和奥地利等国，广泛连通炼厂、机场、油库等，呈现跨国、跨区域的格局。相比成品油管道较为成熟的美国、西欧等国，中国成品油管道运输量占运输总量的比例较低，管道总长度约1.4万千米，主要由中国石油和中国石化两个公司负责运营，无法满足中国日益增长的成品油出口需求，中国更宜发挥后发优势，充分借鉴国外先进经验和技术，利用互联网、智能化、可视化等热点技术，结合国内成品油管道公平开放、互联互通等实际运营情况，经自主创新并充分融合，以高水平、高钢级、大口径、数字化、智能化为发展方向，发展出适应自身的成品油管道建设方向。

考虑的航运、利润以及国际关系等因素，中国开辟新市场应当会考虑非洲、中东、欧洲等地区。同时，油气合作是“一带一路”国家发展战略的重要建设方面。“一带一路”沿线一些国家的炼油工业水平较低或近于空白，中国炼油企业要充分利用“一带一路”带来的贸易便利政策，加大“一带一路”沿线国家的成品油市场开拓，加快基础设施如油气管道的建设，既有利于疏缓国内炼油产能过剩矛盾，又助力“一带一路”战略。

完善天然气定价机制须兼顾多方利益

近年来，随着我国天然气消费量的快速增长，推进天然气价格市场化，完善天然气定价机制的呼声越来越高。所谓天然气价格市场化，是指天然气价格必须考虑天然气供给成本，反映天然气市场供求关系，以及考虑用户的承受能力。然而，我国幅员辽阔，天然气产地远离主要消费区，天然气来源多元化。这些国情特点决定了完善天然气定价机制的复杂性。因此，完善天然气定价机制，必须统筹兼顾天然气生产企业、进口企业以及地方燃气公司的利益，同时考虑天然气用户的价格承受能力。

一、必须考虑不同气源天然气成本的差异性

世界上很多国家天然气来源比较单一，如俄罗斯主要依赖于国产气，日本气消费主要依赖于进口 LNG。而我国天然气消费的最大特点是气源的多样性。从大的方面来看，既有国产气，又有进口气。从进口气来看，既有管道进口气，又有进口 LNG。其中，管道进口气包括中亚气和缅甸进口气，将来还有来自俄罗斯的管道天然气。目前，不同气源的天然气成本差异很大，尤其是进口气成本偏高，导致天然气进口企业面临较大的经营压力。

2015 年 1~11 月，中亚进口气均价加上长距离管输成本，到达我国东部地区的供气成本达 2. 8 元/立方米。而国家发展改革委核定的部分省(市、区)非居民用气基准门站价格分别为：北京 2. 0 元/立方米、上海 2. 18 元/立方米、浙江 2. 17 元/立方米、广东 2. 18 元/立方米，远低于中亚气的供气成本。我国 LNG 进口均价 2. 02 元/立方米，加上气化成本，沿海地区进口 LNG 供气成本高于 2. 6 元/立方米，高于上海、浙江、广东非居民用气基准门站价格。缅甸进口气完税价格为 2. 79 元/立方米，高于云南、贵州、广西、重庆非居民用气基准门站价格(云南 1. 71 元/立方米、贵州 1. 71 元/立方米、广西 2. 01 元/立方米、重庆 1. 64 元/立方米)。

市场经济的一大规律是价值规律，即商品价格围绕商品价值波动，具体到进口天然气而言，进口气的销售价格要围绕进口成本波动，不能偏离太多。目前，

中亚进口气和缅甸进口气是由中国石油经营的，中国石油销售这两个气源的天然气一直处于亏损状态，中国石油 2015 年度财务报告显示，2015 年该公司销售中亚天然气 305.52 亿立方米，亏损 62.16 亿元；销售缅甸气 46.23 亿立方米，亏损 40.73 亿元。中亚天然气管道已建成 A 线、B 线和 C 线，正在建设 D 线，一旦 D 线投产（A、B 线最大输气能力为 300 亿立方米/年，C 线最大输气能力为 250 亿立方米/年，D 线最大输气能力为 300 亿立方米/年），届时中国从中亚进口气输气规模最大可以达到 850 亿立方米/年；中缅天然气管线设计输气能力为 120 亿立方米/年，将来来自缅甸的进口气量也会增加。然而，根据 2014 年 5 月 21 日中俄两国政府签署的《中俄东线天然气合作项目备忘录》以及中国石油天然气集团公司和俄罗斯天然气工业股份公司签署的《中俄东线供气购销合同》，从 2018 年起，俄罗斯开始通过中俄天然气管道东线向中国供气，以后输气量逐年增长，最终达到每年 380 亿立方米，从俄罗斯进口的天然气也将由中国石油经营。从长期来看，如果进口管道气价格持续偏低，中国石油的负担是相当重的。

我国 LNG 进口企业包括中国石油、中国石化、中国海油、其他国有企业和民营企业。2015 年中国石油销售进口 LNG 57.02 亿立方米，亏损 85.19 亿元。除了大鹏 LNG 项目，中国石油以外其他投产的 LNG 项目几乎都处于亏损状态。如果 LNG 进口企业盈利前景不容乐观，各类 LNG 进口企业在投资兴建新的 LNG 接受站、签订长期购买 LNG 协议、进口 LNG 现货等方面的积极性会明显下降。

未来我国要完善天然气定价机制，必须考虑不同气源天然气成本的差异性，要确保经营水平高的天然气生产企业和进口企业实现盈亏平衡，这才符合市场经济规律。

二、促进非常规天然气产业发展

根据《中国能源展望 2030》预计，2020 年我国天然气消费量为 2900 亿立方米，2030 年达到 4800 亿立方米，占一次能源消费总量比重升至 12%。未来要满足我国天然气消费需求，除了发展常规天然气和进口气以外，我国必须大力发展非常规天然气，包括煤层气和页岩气。

2015 年，我国煤层气利用量约 80 亿立方米，页岩气产量约 50 亿立方米。根据国务院印发的《能源发展战略行动计划（2014—2020 年）》：到 2020 年，我国页岩气产量力争超过 300 亿立方米，煤层气产量力争达到 300 亿立方米。目前，我国煤层气抽采成本约为 2.0 元/立方米，远高于常规天然气开发成本，而出厂价约为 1.6~1.7 元/立方米，即使加上财政补贴，煤层气生产企业依然亏损。

相比较而言，页岩气开采成本最高。以中国石化涪陵页岩气田为例，作为首口页岩气井的焦页1HF井深3653.99米，水平段长1007.9米，总造价达9000万元以上。为了这口井，中国石化勘探南方分公司斥资3亿元，不但有前期勘探作业的成本，还包含了开山、筑路、环保等相关辅助成本。综合考虑，涪陵页岩气开采成本远高于川渝地区的天然气价格。

2013年，国家发展改革委放开了对非常规天然气的价格管制。但由于近年来天然气供给略大于需求，非常规天然气的价格始终与常规气保持一致。2015年11月非居民用气价格下调以后，煤层气、页岩气生产企业面临的经营压力更大，客观上会影响国内非常规天然气产业的发展。

自2014年下半年以来，随着国际油价的下跌，我国能源安全的被重视程度下降，但能源安全问题始终是我国的战略性问题。《BP能源统计年鉴2015》数据显示，2014年我国生产石油2.1亿吨，消费5.2亿吨，石油对外依存度59.6%；生产天然气1345亿立方米，消费1855亿立方米，天然气对外依存度为27.5%。受石油储量和产量的制约，未来我国石油对外依存度还会提高。从能源安全角度考虑，将来我国应大力发展煤层气、页岩气等非常规天然气，控制天然气对外依存度。而要促进煤层气、页岩气产业的发展，除国家财政补贴以外，必须发挥价格的杠杆作用，使得煤层气和页岩气开发有利可图，才能吸引各类企业投资开发煤层气和页岩气。

综上，完善天然气定价机制要有利于促进非常规天然气产业发展。通过价格改革，增加非常规天然气的供给，降低其生产成本，促进天然气市场的竞争，进一步推进天然气价格的市场化。

三、适度控制天然气下游产业链供应成本

近年来，我国工业用气需求疲软。2015年1~11月，平板玻璃、钢铁、建筑、陶瓷行业用气需求明显下降。同时，受煤炭、燃料油、LPG等价格大幅度走低影响，部分工业用户对煤改气缺乏积极性，甚至利用煤炭、燃料油等逆向替代天然气。究其原因：工业用气在价格上缺乏竞争性，限制了天然气作为清洁能源优势的发挥。要促进天然气消费，必须控制天然气全产业链的成本，确保天然气价格在终端消费市场具有相对竞争力。

目前，各省(区、市)天然气门站价格是由国家发展改革委制定的，要控制天然气全产业链成本，关键是控制天然气下游产业链供应成本。2015年11月，国家发展改革委规定西二气广东省门站价格为2.18元/立方米，广东省天然气管

网公司门站价格为 2.42 元/立方米，为省门站价格的 111.0%；广州居民用气一档价格 3.45 元/立方米，为省门站价格的 158.2%；非居民用气价格 4.36 元/立方米，为省门站价格的 200.0%。西二气从中亚国家入境到新疆霍尔果斯，再长途跋涉到广东省，门站价格只有 2.18 元/立方米，但广州非居民用气价格为 4.36 元/立方米，正好翻了一倍，可见从省门站到广州非居民用户之间的成本(省内管输费、配送费和燃气公司费用)是很高的。其他各省(区、市)也有类似的现象。目前，各省(区、市)天然气门站价格是由国家发展改革委制定的，各省(区、市)内的天然气价格是由地方发改委制定的。对比北京市区和广州市区的天然气价格可以发现，两地天然气下游产业链的成本差异很大。2015 年 11 月调价以后，北京市的门站价格为 2.0 元/立方米，广东省的门站价格为 2.18 元/立方米，广东省天然气管网公司的门站价格为 2.42 元/立方米，比北京市门站价格的高了 0.42 元/立方米；北京市城六区工商业用气价格为 3.16 元/立方米，广州市区非居民用气价格为 4.36 元/立方米，比北京市区高了 1.20 元/立方米。说明广州市天然气下游产业链加价比北京高，其他省(区、市)内也有类似的现象。

因此，要完善我国天然气定价机制，除了考虑合理确定天然气门站价格以外，控制天然气下游产业链供应成本也是非常重要的。

四、逐步调整完善天然气消费价格结构

由于我国工业用气量大，配送成本低，有规模效益，而居民用户分散，每户用气量小，配送成本高，居民用气价格理应高于工业用气价格。美、英、德三国都是工业用气价格最低，居民用气价格最高。

目前，我国各地民用气价普遍低于工业用气价格。以北京市为例，2016 年 3 月北京居民用气价格只有城六区工商业用气价格的 72%。广州市情况也比较类似，目前该市居民用气第一档价格为 3.45 元/立方米，非居民用气价格为 4.36 元/立方米，后者为前者的 1.26 倍。民用气价格偏低，这部分燃气成本通过行政手段提高其他用气部门的价格转嫁给了工业、商业等用户，扭曲了天然气市场价格。

我国民用气价格偏低的原因是：各级政府管理部门在规范气价时，主要是考虑了维护居民消费者的利益。实际上，居民消费者对天然气价格的承受能力有很大的弹性。依据 2015 年各地公布的社会平均工资(每家按 2 人从业测算)，按每户年用气量 300 立方米(天津、南京、济南等城市阶梯气价第一档最高为 300 立方米，上海为 310 立方米，杭州为 276 立方米，北京为 360 立方米。方便起见，

取我国城市用户年用气量为300立方米),测算出直辖市和省会城市的气价承受能力。假定天然气支出占家庭工资收入比例达到1.35%(福州水平),各直辖市和省会城市民用气价仍有一定的上调空间。当然,对低收入群体用气因提价影响其生活水平的,应采取价格补贴或社会救济的方式予以缓解。

因此,未来我国应逐步缩小居民用气价格与工业、商业、发电用户气价之间的差距,最终依据天然气终端用户的综合供气成本确定天然气终端用户之间的价差。可考虑在经济发达地区,试行低档气价向高档气价逐步并轨,逐步理顺居民用气价格,以及理顺不同用户气价之间的比例关系。

低油价下中国石油商业储备的分析与建议

2016 年 5 月 31 日，国家能源局在《国家石油储备条例(征求意见稿)》中指出，中国鼓励社会资本参与石油储备设施建设运营，并强调政府在储备石油的收储、轮换方面原则上应当通过交易市场公开进行；除此之外“能够从事石油加工、成品油批发和石油进出口的企业应当承担企业义务储备”。再结合国家在 2015 年放开进口石油两权的政策，中国石油商业储备正步入一个新阶段。在目前低油价的背景下，中国石油商业储备该怎样抓住机遇，迎接挑战，是一个亟待思考和解决的问题。

一、石油商业储备的概念与意义

20 世纪 70 年代初，在第一次世界性规模的石油危机发生后(OPEC 国家对西方国家实施石油禁运)，为保障石油需求国的稳定供应，以美国为首的经合组织国家成立了国家能源署并要求各成员国建立石油储备，其协议认为的安全标准是库存量应不少于 90 天的净进口量。在此基础上，石油储备的建立主要是为了保障国家、社会与企业的石油供应安全。

石油储备可按照所有权分为战略储备和商业储备，战略储备是一种由政府控制的资源，只在战争或严重自然灾害等造成全国性石油供给短缺时才会投放；商业储备则是指石油生产流通或相关企业(包括石油炼制商、石油进口和批发商等主要从事石油业务的公司)根据有关法律法规，为承担社会责任而必须保有的、与其生产经营规模相匹配的最低库存量。

石油商业储备作为国家能源储备重要和有效的补充，主要发挥着三个方面的作用：一是保障国家能源安全；二是平抑石油价格剧烈波动；三是保证石油市场供应。与国家石油战略储备相比，石油商业储备在稳定市场方面更加灵活及时，在国内石油供应因自然灾害、突发事件等出现紧张状况时，国家可依法统一调度商业石油库存。在满足最低库存标准的前提下，商业石油库存企业则可以自主调配使用和轮换，这对石油化工企业在石油生产出现季节性波动时，能够维持高效生产、保障市场供应有着重大意义。

二、低油价下对中国石油商业储备的时机分析

面对中国“低储备、高依存、难增产”的客观背景条件，其中“低储备”是指国家统计局在2016年9月发布数据，至2016年初，中国建成舟山、镇海、大连、黄岛、独山子、兰州、天津及黄岛国家石油储备洞库共8个国家石油储备基地，利用上述储备库及部分社会企业库容，储备原油3197万吨。而根据中石油经济技术研究院的数据，2015年中国石油净进口量为3.26亿吨，以此计算，上述储备大约相当于中国36天的石油净进口量，距离美日欧等发达经济体的石油储备能力尚有不小差距；“高依存”是指中国自2015年原油进口量超过美国后，已成为全球最大的原油进口国，原油加工量的增长主要源于原油进口，由于国内原油供应低于实际需求，原油对外依存度继续走高，在2016年达65.61%；而“难增产”是说受国际油价持续低位窄幅震荡的影响，中国原油生产行业的投资依旧萎靡不振，中国原油生产企业主动性减产的情况很明显，三桶油2016年原油产量同比下降5%~8%，根据国家统计局数据，中国2016年原油产量19968万吨，较2015年同期下跌6.39%。

短期内，中国原油需求量不断增长、原油产量有所下降、石油储备距离国际能源署规定的“安全线”(即相当于本国90天净石油进口量)相距甚远的情况不会有太大改变，低油价为中国加快石油储备创造了机遇，中国可以借此大大节约能源采购成本。

同时，这对于原油商业储备的发展也无疑是良机。基于以上原因，再结合两点情况——一是从国家发展石油储备角度，国家级战略储备库建设所需的资金庞大，建设周期长，配套设施的完善较为复杂，二、三期的建设时间都在5~6年左右，要想把握低油价时期发展石油储备，商业储备的补充作用就凸显出来，利用和发展国内石油商业储备是一个必然的选择；二是从国内石油公司角度，油价下跌使得许多石油公司和炼化企业都想购入低成本原油，但国内储备能力不足，甚至出现无库可存的情况，这就会形成供需市场，储存价格自然也水涨船高，由此，可以认为低油价是中国石油商业储备的增储良机。

三、各国石油商业储备的现状与特点

（一）其他国家(日、美、欧)石油商业储备的现状与特点

满足IEA要求的石油储备主体主要有政府、企业和公共或私有机构。各个国家的储备主体各不相同，一些国家只有企业储备，如澳大利亚、意大利、瑞士、

加拿大等；有的国家兼有公司和政府储备，如日本和美国；也有的国家兼有公司和机构储备，如荷兰、法国；还有的国家同时拥有公司、机构和政府储备，如德国和爱尔兰。美国、日本等国家的石油储备量始终居于世界前列。

1. 日本

日本是一个石油消费大国，但同时又是石油资源匮乏的国家，石油需求中的99%以上都依靠进口。日本为了保证本国石油的供应，石油商业储备的发展比较完善。

日本的石油商业储备主要由石油公团，后改革为资源能源厅投资和管理。有《石油储备法》等多部专门法规规范。石油商业储备主体包括炼油业者、石油销售业者、石油进口业者、石油气进口业者等民间石油公司，储备基地建设主要有两种方式：一是石油储备基地的资本金由石油公团和民间石油公司共同出资、政府主导，建设投资由政府通过预算直接拨款一部分，其余部分由石油公团通过政府担保、发行政府担保债券、政府补助利息和非公开债券等方式向金融机构贷款，然后无息贷款给储备基地。运营管理费用全部由政府通过预算安排给石油公团，再由石油公团支付给储备基地。财政资金主要依靠石油税来筹集；二是储备主体成立共同体，联合筹资建立和经营储备基地，如北海道共同石油储备基地和新泻石油共同储备基地，由出资最多的石油公司来进行管理，基地建设费用按低息贷款给予支持。此外日本政府对于石油商业储备还有一些扶持政策，比如为私营石油公司购买储备用油提供低息贷款，还有允许石油商业储备设施加快折旧率等。

2. 美国

美国的石油商业储备量居于全球第一且安全系数很高。美国石油商业储备的管制机关主要是能源部，但由于美国石油商业储备市场化程度比较高，政府一般不进行管制，也没有资金支持，依靠市场和相关组织进行储备的调节，政府更多的是提供一些优惠政策和存放服务给企业。美国政府会给企业相关的政策指引，引导商业储备市场的完善，例如，价格管制、税收和贷款扶持政策、百分比折耗、滑动矿区使用费等。美国的商业石油储备可以和战略储备的原油进行置换。美国石油学会是美国第一个国家级的商业协会，美国石油学会在美国的石油市场上，通过公布每周石油库存变化报告，引导石油价格，以达到调节石油库存的目标。美国有《能源政策和节约法》等多部立法规范石油商业储备。

3. 欧盟

欧盟成品油的存储量很高。欧盟有相关法令规定成员国承担持有最低原油和成品油强制性储备义务，同时当局部出现供应中断的情形时，成员国之间可以根据欧盟的规定，内部进行协商使得成员国之间石油市场的供给稳定。欧盟各个国家由于国情有所区别，各自关于石油商业储备的规定也不同。其中，英国政府鼓励和支持企业在石油市场上调节供需平衡，如果出现石油供应的中断情形，则会根据情形的不同，组成不同的国家石油理事会进行控制和指导；法国石油储备的管制主体主要是工业国务秘书，战略石油储备专业委员会和安全储备管理有限责任公司在商业储备上也有一定的职能。储备委员会负责制定石油储备的相关的政策，安全储备管理有限责任公司是一个特许经营机构，绝大多数的石油生产和经营企业都是其股东，其按照行业委员会的要求购入原油或成品油用作储备；德国的石油商业储备是政府和石油工业一起合作进行，以市场导向为原则，德国的石油储备的管制主体主要是国家能源应急组织（主要由政府、储备机构和工业代表组成）。欧盟各国对石油储备都拥有详尽的立法规定。

（二）中国石油商业储备现状与特点

1. 规模布局

中国的石油储备兼有政府战略储备和商业储备。中国石油商业储备主要由国家能源局负责监督管理，各石油企业作为具体承担主体负责运作，其中国有石油公司——中国石油、中国石化、中国海油目前仍是中国石油商业储备的主力，中小型民营企业是商业储备的组成部分，上海华信石油集团是首次进入石油商业储备的民营企业（见表7）。

中国的石油商业储备起步较晚，2008年中国石化和中国石油相继成立下属石油商业储备公司，这才标志着中国商业储备项目的正式启动。可以说，中国石油和中国石化代表着中国现在主要的两种石油商业储备库运营模式：中国石油的商业储备库采取与企业生产库混合管理的模式，这种模式的优点是使得库存的更新轮换可以在企业正常生产流通中完成，降低了储备成本，同时可以使储备更加灵活地发生作用，可以解决生产中的一些突发情况；中国石化的商业储备库则采取独立管理的模式，这种模式的优点是管理界限清晰，易于监管，但在灵活性和控制成本方面远不如混合管理模式。

表7　中国主要石油商业储备库概况

所属单位	基地名称	库存容量	建设与完工时间
中国石化	岚山原油商业储备库	总库容为380万立方米	2007年开工，2008年12月开始注油
	白沙源原油商业储备库	储油库容为200万立方米，分南、北两区建设	2007年开工，2008年基本建成

续表

所属单位	基地名称	库存容量	建设与完工时间
中国石化	日照原油商业储备库	建设规模为 280 万立方米，储罐总计有 28 座单罐、容积为 10 万立方米单盘式浮顶油罐	2010 年 7 月开工，2011 年 9 月一期建成投油，2012 年 4 月二期完工
	天津原油商业储备库	建设规模 320 万立方米	2010 年 5 月开工
	天津大港原油商业储备库	库容 130 万立方米	2013 年 3 月开工，2014 年 12 月中期交工
	天津实华原油商业储备库基地	建设规模 120 万立方米	2012 年开工，尚未建成
	董家口原油商业储备基地	设计规模 160 万立方米	2015 年 12 月开工，计划 2018 年完工
	曹妃甸原油商业储备基地	建设库容 320 万立方米	2010 年 5 月开工，2012 年底投产
	海南原油商业储备基地	库容 256 万立方米，包括 25 座十万立方米、1 座五万立方米单盘式浮顶油罐	2013 年 1 月开工，2014 年 11 月正式投入运行
	册子岛原油商业储备基地	总库容 135 万立方米	2011 年 10 月中期交工
	连云港原油商业储备基地	规划库容 160 万立方米	2012 年 3 月开工，尚未建成
	茂名原油商业储备基地	总库容 187.5 万立方米	2010 年 3 月开工，2011 年 4 月建成
	北海原油商业储备基地	320 万立方米	第一期 160 万立方米原油储备罐于 2011 年 10 月投入试运行，第二期于 2013 年 11 月投入试运行
中国石油	林源原油商业储备基地	总库容 120 万立方米	2008 年 4 月开工，2010 年 4 月建成
	鄯善原油商业储备基地	总库容 200 万立方米，其中一期、二期分别 100 万立方米（总规划库容达 800 万立方米）	2008 年 3 月开工，同年 12 月一期投产，2009 年二期开工
	铁岭原油储备库	库容达 80 万立方米	2007 年 1 月开工，2008 年 12 月投入运营

续表

所属单位	基地名称	库存容量	建设与完工时间
中国石油	长庆石油商业储备库	建设库容 120 万立方米	2008 年 7 月开工，2010 年完工
	兰州原油商业储备基地	总库容 180 万立方米	2009 年 2 月开工，因征地拆迁问题尚未完工
	天津南港原油商业储备库	总库容 100 万立方米	2010 年 3 月开工，2010 年 12 月建成
	锦州港原油商业储备库	60 万立方米	2008 年 4 月开工
	钦州原油储备库	总规划库容 2000 万立方米，其中一期为 1000 万立方米	2009 年 2 月开工，2010 年 8 月一期 420 万立方米原油储备库项目投产运营
	冀东油田原油商业储备库	库容 100 万吨	2009 年 1 月开工，2010 年 6 月投运
	云南石化原油商业储备库	规划库容 100 万立方米	2013 年 11 月进行项目招标
中国海油	长腰岛原油商业储备基地	总规划库容 670 万立方米，其中一期 220 万立方米，二期 450 万立方米	一期计划 2017 年投产，二期计划 2020 年投产
上海华信石油集团	海南洋浦商业石油储备基地	计划分三期建设，其中一期规划库容 260 万立方米	一期项目于 2013 年 10 月开工建设，2015 年 12 月实现中交，2016 年 7 月投产

数据来源：国家物资储备局。

2. 资金来源

目前，中国石油商业储备投资主体涉及国家各级政府、企业、民资、银行等，中国石油和中国石化均采取设立集团下属专门石油商业储备公司，通过构建公司管理层和组织体系，共同管理石油商业储备的市场化运作，再联合各地子、分公司进行商业储备库建设。国有石油集团公司设立的石油商业储备项目建设资金及储备石油的采购资金均由财政给予相应补助，运行费用、耗损等由企业自行承担。石油商业储备的所有权属于企业，企业根据国内外石油市场形势以及突发事件情况提出动用石油商业储备的数量、时限、销售对象、销售方式和销售价格等具体方案，报国家主管部门审批，不得擅自动用或以其他方式处置石油商业储备。

3. 新变化(地方中小型民营炼厂)

近年来，随着石油体制改革的加快，一批民营企业获得了原油进口权和进口原油使用权，其中最早获得两权的山东地炼企业表现尤为突出，发展速度很快。

国家能源局在2016年5月发布的《国家石油储备条例(征求意见稿)》(以下简称“征求意见稿”)中明确提出，“从事原油加工、成品油批发和原油进出口的企业，应当承担企业义务储备”。这不仅标志着中国石油储备立法的推进，也意味着中小型民营企业在石油商业储备中的作用得到更大的重视。

对于储备规模，“征求意见稿”指出，义务储备量的计入范围为企业专用油库和炼厂内的油罐内归本企业所有的石油库存量，按10%的比例扣除罐底等不可动用库存后的可动用库存量。关于义务储油的成本和使用问题，“征求意见稿”表示，企业进行义务储备所需建设资金、石油采购资金和运行管理费用由企业承担；动用企业义务储备，由国务院能源主管部门发布指令，有关企业应当无条件执行。

(三) 现阶段中国石油商业储备存在的问题

通过对其他国家和我国石油商业储备的现状与特点的比较分析，可以发现，现阶段我国石油商业储备存在几个较为突出的问题：一是储备规模不确定，我国在石油商业储备的规划与管理方面尚未形成完整的机制；二是缺乏鼓励多元主体参与石油商业储备的激励政策，难以调动中小民营企业的积极性，充分发挥它们的储备能力；三是关于石油商业储备的法律法规尚不完善，在石油商业储备的监管与法律规范方面还没有形成有效的体系。

四、低油价下对中国石油商业储备的建议

(一) 由国家规划并确定储备规模

中国石油商业储备未来发展的重点，是在巩固国有石油公司储备功能的基础上，利用和发展中小民营企业的储备能力。一是地方炼油公司，二是民营仓储公司。对于地方炼油公司，在获得两权的基础上发展石油储备，条件比较有利，它可以在满足自身生产经营的前提下发展石油商业储备；而对于民营仓储公司，国家已经公布的一期战略原油储备大约是1243万吨左右，而国内民营石油仓储能力已超过2亿吨，10倍于国家已经建成的战略储备能力，但民营石油仓储实际利用率极低。目前有很多第三方物流企业正在进入或准备进入原油储备领域，已经获得原油仓储资质的地方央企或民营的原油仓储企业如蓬莱安邦、莱州东方、浙江天禄、舟山中际、龙口滨港以及成品油相关的恒基达鑫等都公开表示有向原

油仓储领域发展的想法。其中浙江天禄和中际化工两家公司联合在定海区岑港镇投资建设416.4万立方米油品储运项目正在建设中。储运公司在未来可以凭借自身储备条件、设施便利程度、运输条件等条件，赚取储存费用，储存价格根据库容供需而变，受市场调控。

综合上述情况，建议国家将资质审查合格的地方炼油公司和民营仓储公司纳入国家石油储备的整体规划之中，协调和引导它们发展石油商业储备，并对储备规模进行合理配置和规划，从而形成一个国家石油储备的完整体系。

（二）制定鼓励多元主体参与的激励政策

建设石油商业储备需要征得土地，储备成本包括基础设施投入、采购石油所需资金、运行维护费用等，投入巨大，回收期长，中小企业难以承受。国有石油企业在资金、技术、设施、人才和管理等方面，都有着中小民营企业难以比拟的优势。同时，建立商业石油储备必须符合相应的技术、安全、环保标准，中小企业在这些方面也很难符合要求。

民营企业参与商业储备，首先必须考虑储备条件、储备目的以及对企业自身和市场的影响。没有足够的资金支持，油源难以保证，库容不足，“藏油于民”就无从谈起。民营企业真正需要的是油源、价格、进口、储备设施建设等相关实质性政策支持。未来为了鼓励民企加入，国家可以将义务储油与扩大原油进口权和进口原油使用权挂钩，同时实施财政支持（比如联合投资、税收优惠政策）、低息贷款等，从而刺激企业的积极性。

（三）完善关于石油商业储备的法律制度

国家目前的征求意见稿，一些关键信息还需要明确和完善，其中的关键点在于价格和指标。比如“动用义务储备油时，将以何种价格来要求企业执行?”“‘三桶油’和民企企业储备油指标方面如何分配”，这些问题尚待解决。

最为关键的是，通过分析国外的石油商业储备发展历程，我们可以看到，国外的石油商业储备得以发展健全很大原因是由于相关法律给了石油商业储备制度强有利的保障。制度的不足需要法律来加以弥补，但是中国国内目前关于石油商业储备的法律少之又少，没有一部专门的法律对石油商业储备进行了规定。石油商业储备监管主体之间的权力分配需要法律来进行规制，企业进入的具体规则需要法律进行规制，储备的品种需要法律来规制，储备动用的程序同样需要法律来规制，对石油商业储备的管制无处不需要法律来进行规制。因此，我们必须推动石油商业储备立法进程，这对中国石油商业储备的发展有着重要作用。

（四）探索符合我国实际情况的石油商业储备新模式

欧美发达国家和日本等国石油商业储备发展早，体系已经较为完善，中国在发展石油商业储备时可以借鉴这些国家的经验与方法，但同时我们必须认识到各国环境背景情况与实际实践等的差异，争取探索出具有中国特色的石油商业储备模式。

比如欧美等发达国家，商业石油储备几乎完全是在政府操纵下的市场化运作。不仅将义务储备的经营风险完全归于企业，而且其库容中必须常年保有受国家法令规定的可以由国家强行有偿征用的最低库容的石油资产。在建立和管理义务石油储备中，企业既得不到政府的财政资助，也得不到资金担保。而且，企业构建和管理义务石油储备的一切行为都需符合市场的商业规则和相关法律规定。市场化运作下，国际油价、炼油厂开工率、货币汇率、融资成本和所在国家地租等剧烈波动，不可避免地使这些资产价值暴露在风险的敞口中，进而可能导致这些石油企业财务风险猛增。美国通过几十年的经营，在其各种资本资产、大宗商品等市场推出了围绕着 WTI 原油期货合约价格而衍生出来的各种类型的石油等能源的金融交易工具，这不仅为相关的实体石油企业提供了众多的有效避险和资产配置的金融交易工具，甚至对于石油企业投资、套利也提供了路径，这为美国安全使用原油起到了非常重要的作用。

而在国内，政府等相关部门对石油企业参与国际石油金融市场进行套期保值操作有着严格的限制，国内石油金融市场的发展一直难有寸进，这对石油公司的风险规避和资产配置非常不利。所以，未来怎样发展符合中国国情的石油商业储备模式是必须思考的问题。建立中央统一管理的石油商业储备管理模式：三大国有石油公司仍然执行决策层+管理层+操作层三级管理模式，由国家相关部门决策，国有石油公司的石油储备分公司管理，最后由集团公司下设地方公司实际操作；而对中小型民营企业，可以由政府建立的主管部门或者企业管理协会引导中小企业进行联合，对储备基地建设给予一定优惠政策，评估确定义务储油规模，并允许剩余商业储备从库存中转中获利。这不失为一个可行的方法。

中国战略性商品储备释放问题研究

从20世纪初开始，中国开始重视战略性商品储备体系的建设，并取得很大进展。中国现储备的商品主要有粮食、棉花、食糖、石油以及部分重要农产品、工业原材料、燃料等，此类商品都是重要的生产、生活资料，直接服务于中国的经济建设。战略性商品储备是一种保障国家安全和稳定的制度安排，是国家安全战略不可或缺的关键组成部分。与财政政策和货币政策相比，战略性商品储备属于以实物资源调节市场供给，具有更加直接、迅速地作用商品市场、稳定市场价格的特点，是对宏观调控手段的重要补充和完善。与一般商品储备不同，战略性商品储备是国家商品储备体系中用于保障国家安全、避免经济损失和财富流失的一部分特殊商品储备。本文通过对中国战略性商品储备释放中存在的一些问题进行分析，并提出建立完善合理的储备体系的政策建议，以期为相关部门制定政策提供借鉴。

一、战略性商品储备的内涵及其职能

关于战略性商品储备，学术界没有给出明确的定义。与之相关的概念很多，如张海认为，战略性商品储备是用来应对事关国家安全的突发事件，通过调剂余缺，稳定物价、平衡供需，在紧急情况下通过启动储备延缓和平息危机，保护经济安全和维护社会稳定。郑俊峰提出国家战略性商品储备的概念，认为战略储备是以国家为主体的物资储备，即国家作为后备进行的有计划储存，包括以粮食为代表的农产品、以石油为代表的能源、以铜矿为代表的矿产资源等重要物资，由国家直接掌握，其收储和动用都必须经国家批准。前人的研究主要从储备的用途或者重要性来定义的，未能全面考虑战略性商品储备的经济属性，以及对战略性商品储备的释放过程。本文通过研究国内外战略储备相关文献概括认为：战略性商品储备是指一国或地区建立的特定商品储备，储备品种由政府认可并衡量其重要程度后，依据市场供需情况确定是否进行储备，储备目的是应对实际供应骤减和平抑该商品超高的价格，从而避免经济损失、财富流失与保障国家安全。

中国战略性商品储备主要职能在于保障国家安全和经济发展。作为战略性商品储备，首要职能是保障国家安全需要，为社会内外部环境稳定提供物质保障，必要时起到威慑作用，使外界人为的供应冲击不至于发生或频繁发生。其次，作为市场经济下的商品，战略性商品储备必须坚持市场化运作，充分反映市场参与者的心理预期与支付意愿，平衡市场供需，促进中国经济健康、平稳发展。在充分考虑中国财政支撑能力的前提下，商品储备规模应在保证储备效用的条件下实现最小化，以节省人力、财力和物力，同时还能将更多重要商品纳入到战略储备体系。战略储备商品应遵循与市场结合的原则，储备地址的选取、储备释放、补仓等都应与市场接轨，满足国家宏观调控的需求。

二、中国战略性商品储备释放现状分析

战略性商品储备关乎国家经济发展和国家安全，受政府高度重视。在中国，国家作为战略性商品的储备主体，对战略商品实行从中央到地方的三级垂直管理，管理过程中的权责交叉现象普遍，管理机制低效，无法及时释放储备以应对紧急状况。此外，存在战略性商品储备品种、规模不合理，从而在释放商品储备时无法有效供应市场等问题。需要指出的是：通常情况下，国家释放战略储备能够平抑部分市场恐慌。然而，由于恐慌抬高市场价格，按即时价格出售的战略商品现行释放机制无法实现资源的最优配置，释放效率有待提高。

（一）三级垂直管理体制低效，储备释放滞后

中国战略商品储备主体是国家，人权、财权、物权都隶属中央，实行中央—省—县的三级垂直管理体制。现行三级垂直管理体制，一方面在管理上无法实现政企分离，从中央战略储备决策到基层仓库商品的储备、释放都受到政府强制性管理，市场化程度低，管理效率低下。另一方面，普遍存在多部门交叉管理现象，中央、地方之间的责权关系与层次界限划分不清晰，导致战略性商品储备在管理过程中的低效。此外，机构臃肿、人员冗杂的省级物资储备管理局与县级储备部门造成管理效率低下、成本浪费及调控过程滞后，延缓战略商品释放效率，错过最佳释放时机。另外，现行商品储备管理体系缺乏对储备部门进行监督检查，擅自动用储备物资、储备资金流失等现象时有发生。

（二）储备结构不合理，供应能力有限

在中国战略性商品储备结构中，主要储备商品包括粮食、原油、棉花、食糖、食用植物油、食盐、橡胶、有色金属、猪肉、烟叶、紧压茶、羊毛、羊绒、化肥、农药和一些应急储备商品。就当前不断变化发展的市场而言，战略性商品

储备的品种涉及小部分生活必需品，覆盖面窄，无法全面保障市场供应安全。储备结构不合理究其原因主要是国家对于战略性商品储备整体规划不到位，属于顶层设计的缺陷。

此外，中国已有的战略性商品储备结构中还存在部分商品储备不足的问题，如战略原油和战略有色金属储备。若原油市场受地缘政治等因素影响发生供应中断，导致油价走高，国家需释放战略原油储备以平抑油价、稳定市场。而对于储备不足的战略原油储备，其释放能力有限，在应对市场紧急状况时，无法供应市场，满足市场需求。据 IEA 统计数据显示，中国战略原油储备量远远低于欧美等石油使用国，如图 19 所示，甚至低于 IEA 所要求的 90 天的标准。

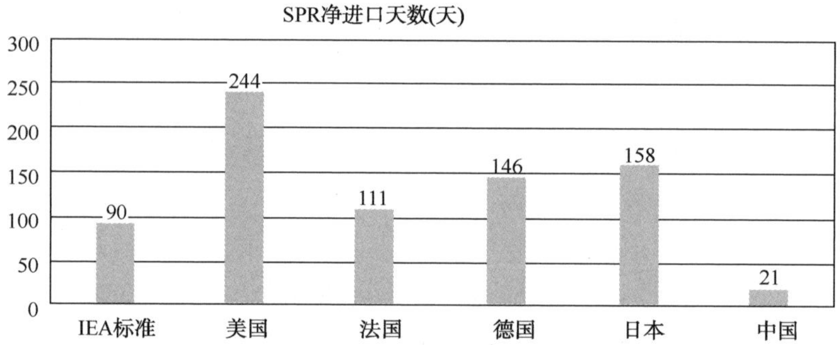

图 19　世界主要石油消费国原油战略储备量

数据来源：IEA 网站

（三）储备释放具有事后性，释放效率低下

战略商品储备是为了应对某种商品出现供应中断而进行的远瞻性存储。释放储备旨在保证供应，稳定市场秩序。由国家决定的战略性商品储备释放机制在资源配置中还存在很大改进空间，即中国现存的战略商品储备释放机制不完善，主要表现在释放决策迟缓，贻误释放最佳时机；释放方式单一，释放效率低下；释放规模与市场需求存在偏差，市场化程度低。另一方面，对于多数战略性商品储备而言，历史上动用次数少，甚至没有动用，动用经验不足。尽管释放战略商品储备可以平抑部分市场恐慌、稳定市场，然而由于恐慌会抬高市场价格，按即时价格出售的战略商品无法实现资源的最优配置，释放效率低下，甚至会导致市场出现小范围的震荡。

以国储糖为例，为应对糖价过高、供应偏紧，自 2003 年第一次通过市场交易公开竞价释放，国储糖每个榨季都会有不同程度的释放。其拍卖决策采用六部门联席制，部门众多，且部门利益各异，流程繁琐，极易错过最佳决策时机，甚至出现“卫生间现象”，即国储糖释放决议过程中，相关信息遭到泄露，严重影响战略商品储备释放效能。“卫生间现象”的出现究其原因主要是国储糖释放机制不完善，导致释放决策部门人员冗杂，决策效率低下，监督力度不足。战略商品储备机制的不完善，使释放的战略资源无法实现最优配置，释放效率低下，无法灵活应对市场变动，得不到预期的稳定市场效果，甚至引起市场振荡。如国储糖 2009~2010 榨季共进行了 9 批释放，其中 2010 年 10 月 21 日的第七批释放时，糖价出现越抛越涨的现象，市场振荡较大。

三、改进战略性商品储备释放效率的办法：提前分配提取权

战略商品储备是为了应对某种商品出现供应中断危机而进行的瞻远性存储，然而在释放过程中具有事后性。主要原因在于一般的战略商品储备都是按照即期价格投放市场，消费者之间是竞争的关系。如果消费者手里没有及时的该种储备，需求者可能会抢购。一旦一种产品几乎没有替代品并且对于生活需求至关重要，随着紧急情况下发生的供应中断，消费者将会陷入抢购商品的混乱市场状态中。一般情况下，若某种商品一旦供应中断，就会使得抢购者不再关心价格而处于需求的高度恐慌。在这一“恐慌区”内，随着价格上升人们甚至可能购买更多，因为人们预期不久后价格会更高；也可能当价格下降时，人们会购买更多防止下一轮价格飙升的来临。针对上述情况，本文提出提前分配提取权的办法改进释放效率。提前分配提取权是指在某种商品的供应出现短缺前，事先向储备方缴纳一定的提取费用以保证在紧急释放情况下民众以正常的市场价格购买该商品。这种方法将风险从买方转移到买卖双方承担，起到分散风险的作用。提前分配提取权给予买方合理价格权利，保证买方的正常购买，反映消费者真实支付意愿，减少消费者的福利损失，是一种效率的提高。

如图 20 所示，若某种商品 A 发生供应中断，A 商品的供应曲线将由 S 移动到 S'，政府对 A 商品的储备规模为 M。事前准备(提前分配提取权)和事后准备的情况下，消费者函数扭曲程度不同。

(1) 在事前准备的情况下：消费者获得的提取权总量为 M，一旦政府宣布 A 商品发生严重供应中断，消费者可以提取 A 商品。在这种情况下，反需求函数扭曲到 $P_1(Q)$。消费者购买 A 商品的量 q_1，需要支付平均价格 L。在正常情况下反需求函数为 $P(Q)$，购买相同数量的 A，需要支付平均价格 e。因此消费者福利损失为 $(h-m)q_1-\int_q^{q_1}D\mathrm{d}Q$。

(2) 在事后情况下：消费者手里没有 A 商品的储备，此时 A 的供应中断会

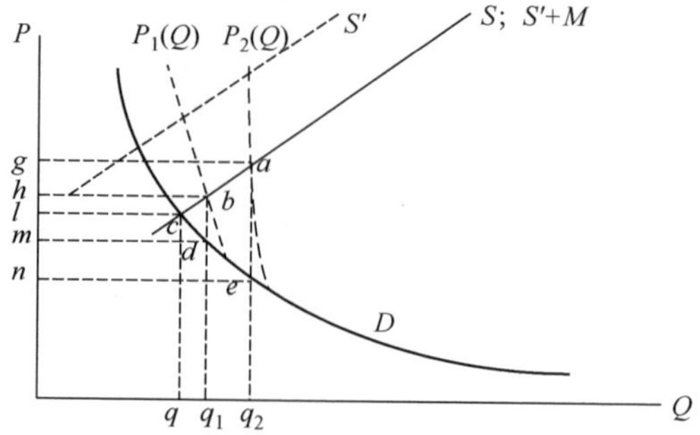

图 20　事前准备能抑制购买恐慌

造成购买恐慌。反需求函数会扭曲到 $P_2(Q)$，此时消费者剩余为 $(g-n)q_2-\int_q^{q_2}D\mathrm{d}Q$ 。

通过比较，事前准备的消费者福利损失 $(h-m)q_1-\int_q^{q_1}D\mathrm{d}Q$ 小于事后行为的福利损失 $(g-n)q_2-\int_q^{q_2}D\mathrm{d}Q$ 事前准备要比事后行为更有效率。

四、建立中国合理有效的战略性商品储备释放体系

战略性商品储备作为保障国家安全的重要组成部分，对于市场经济的稳定至关重要。通过深入研究中国现有的战略性商品储备释放现状，对提高战略商品储备释放效率提出如下改进建议。

（一）改革现行储备管理体制，建立三级职能管理体系

现行三级垂直管理战略性商品储备的办法存在调控过程的滞后问题，归根结底是因为权责界限的模糊。借鉴美、德、日等战略储备强国管理储备经验，改革现行储备管理体制，建立三级职能管理构架。战略性商品储备的三级职能管理体系分为决策层、管理层及执行层，各层级之间权责关系明确、层次分明，旨在改革现行储备管理体制低效，实现统筹决策、分散管理，力求“统而不死，分而不散”。如图 21 所示，第一层级，成立直属中央管辖的国家战略商品储备局作为决策层，主要负责制定战略商品储备目标、管理储备资金、批准释放战略储备等。第二层级，取消省级储备管理局，集中划分成华北、东北、华东、华中、华南、西南及西北七个区级储备管理局作为管理层，主要负责战略商品储备的管理，并对下级储备基地及运输中心提供决策、研发、支付、安全及信息服务。另外，增设监督巡查组对储备基地及物流中心进行巡查。第三层级，合并基层储备部门，

建立储备基地及物流中心作为执行层，负责储备基地建设、日常运行等。基层储备部门的合并，使得商品储备实现统一规划、统一调度，形成联合储备；物流中心的成立，使得仓库网络资源得到有效利用，节省人力、物力、财力的同时，提升战略商品储备调度应急能力。

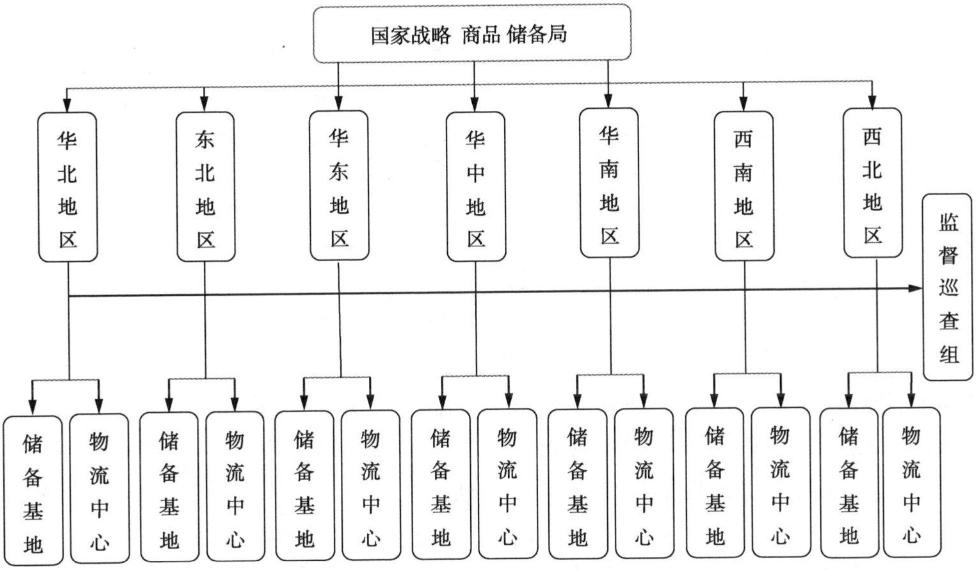

图 21　战略性商品储备三级职能管理体系

（二）政府与市场共同调整、优化战略性商品储备结构

中国战略性商品储备实行封闭式管理，市场流通和商业运营程度不高。就快速发展的市场而言，战略性商品储备不仅是一种制度安排，更是市场经济发展的需要。针对中国现有不合理的战略性商品储备结构，应充分考虑国家需要和市场供需，由政府和市场共同进行调整和优化。

国家根据发展需要，对商品的重要程度进行判定，同时结合市场供需情况决定储备品种。原则上要满足国家宏观战略需求，市场上有旺盛需求。储备量的确定要充分考虑市场规模、经济成本、经济效益，保障国家供应安全的同时维持市场供需稳定。尽可能实现成本最小化、效益最大化的战略性商品储备结构。

（三）按照提取权分配方案，提前分配提取权

战略商品储备的提取权应由政府和消费者共同决定。具体分配工作如下，首先，购买者与政府 t 时刻签订合同。在供应中断情况下应依据合同规定，消费者允许以合同签订时的价格 p 购买一定数量的战略储备商品（p 为签订合同时市场

价格等于 p_0 与储备商品的社会浮动二者的乘积，即 $p=p_0\times e^{rt}$，t 为签订合同时刻）。合同中还规定购买方需要缴纳费用承担储备战略商品成本。提款权的使用情况仅限于在动用战略性商品储备时。对于储备的战略商品，国家可以在储备建设中建立一个专门账户，用以储备消费者缴纳储备税，并由专门的机构进行资金管理。消费者纳税后将取得有关部门签发的证明，以此作为供应中断后领取石油的许可证。这样就可以将消费意愿高的人区别出来，同时所存储的资金使用权归国家所有。提前分配提取权一方面能为战略性商品的储备分摊储备成本，积累资金，为日后储备规模的扩大奠定资金基础；另一方面给予买方合理价格权利，保证买方的正常购买。

五、总结

战略性商品储备的改进办法能有效提高储备的效率、效益和效果，对于完善中国商品储备的体系、保障国家安全和宏观经济稳定意义重大。本文着重关注一类特殊的商品储备——战略性商品储备，通过对相关储备概念的归纳总结，从储备主体、储备品种和储备目的三方面明确定义战略性商品储备，该概念的提出对于研究战略性商品储备提供理论支撑，有利于从概念出发理解中国现有的战略性商品储备现状。本文认为战略性商品储备必须由国家建立，并由其判断是否重要，其重要与否决定其储备，储备的目的主要用于应对供应短缺引起的价格浮动，避免经济损失和财富流失，以保障国家安全。

在明确战略性商品储备概念的基础上，研究中国战略性商品储备释放的现状。表明战略性商品储备释放过程中还存在许多问题。不仅包括储备顶层设计的不完善，还包括现有释放机制的低效。归纳起来为：三级垂直管理体制低效，储备释放滞后；储备结构不合理，释放储备不足以供应市场；储备释放具有事后性，效率低下。通过储备现状的深入研究，认为战略商品储备存在改进空间。本文从经济学的角度研究释放战略性商品储备过程中消费者疯狂抢购商品的现象。通常，消费者的抢购易引起价格弹性扭曲，造成市场的混乱和无效。通过引入提取权的有效分配方式改进战略性商品储备释放过程的效率问题，并依据社会福利的变化情况说明改进办法的有效性。战略性商品储备提取权的提前分配有助于缓解消费者群体的恐慌，增加整个社会提供战略性储备的意愿，从而增加社会公益。因此，战略性商品储备权的提前分配应该受到高度重视。虽然战略性商品储备提取权的提前分配在操作上存在一定困难，但是增量性的、次优的改进方案还是比较容易实现的。

对于战略性商品储备而言，提取权的提前分配是一种提高储备效率的分配方式。本文给出一种合理的分配提取权利分配方式，即通过提前签订合同，按照合同规定缴纳储备战略商品成本，从而获得释放储备时的优先提取权利。该办法在经济学理论上具有科学性和合理性，是一种提高战略性商品储备释放效率的有效方式。不仅能够保障市场稳定、解决市场失灵问题，还能保障消费者利益，公正、公平的分配战略商品储备。此外，还从管理体制、市场制度两方面提出完善中国战略性商品储备释放机制的相关建议，旨在提高释放效率，为加快中国战略性商品储备建设提供积极指导。

天然气中游业务价值评估模型及应用

作为可获得、可接受、可支付的3A(Available、Acceptable、Affordable)清洁能源，天然气已被广泛地应用于中国国民生活和生产的各个领域。截至2015年，中国天然气表观消费量达到1932×10^8立方米，同比增长5.7%，占一次能源消费总量的5.9%，天然气进入快速消费阶段。此外，据IEA预测结果显示，2040年中国天然气消费量将达到5432×$10^8 m^3$，占一次能源消费总量比例达11.3%。为实现“西气东输、北气南下、海气登陆、就近供应”的供气格局，中国持续推进天然气管道建设工作。截至2014年末，中国天然气长输管网总长达8.5×10^4千米，总输气能力超过2000亿立方米/年，城市燃气管网总长达43.5×10^4千米。此外，2016年《石油天然气体制改革总体方案》出台，为适应改革，中国石油已开始内部管道业务的重组。精确的价值评估至关重要，首先，通过价值评估，油气企业能够正确评价天然气中游业务投资计划对公司业务价值的影响，进而为油气企业提供有关天然气中游业务发展投资的决策支持；其次，在价值评估的过程中，天然气中游业务的价值驱动因素得以明确，有助于找到提升其价值的有效方法和途径，从而为中国天然气产业的稳步发展提供指导。

一、天然气中游业务价值评估现状

随着国家能源战略的调整和天然气消费的快速增长，中国天然气管输网络建设也随之快速发展。自1963年第一条大口径输气管道巴渝线建成以来，中国天然气管道建设稳步推进。截至2015年底，全国已建、在建和规划中的输气管道共计3005条，包括9条往中国供气的境外输气干线、55条省际管道、288条城际管道、2132条市域管道和409条油气田输气干线。国际天然气管线建设和运营方面，已建成有西北方向的中亚天然气管道A、B、C线和西南方向的中缅天然气管道，正在建设的包括中亚天然气管道D线和东北方向的中俄天然气管道。其中，中缅天然气管道于2015年4月投入使用，中俄东线天然气管道于2015年6月境内开工，中亚天然气管道A、B、C三线于2015年11月实现并行。国内天然气管线建设和运营方面，截至2014

年底，天然气长输管线方面建成以陕京一线、陕京二线、陕京三线、西气东输一线、西气东输二线、川气东送等为主干线，以冀宁线、淮武线、兰银线、中贵线等为联络线的国家基干管网，总长达 8.5×10^4 千米，总输气能力超过 2000 亿立方米/年，并预计到 2020 年达到 12×10^4 千米；城市燃气管线由 2000 年的 3.4×10^4 千米增至 2014 年的 43.5×10^4 千米，复合年均增长率达 20.0%，并预计 2020 年将突破 60×10^4 千米（见表 8）。

表 8　2000~2020 年中国天然气长输管线和城市燃气管线里程

年　份	天然气长输管线		城市燃气管线	
	里程/10^4km	复合年均增长率/%	里程/10^4km	复合年均增长率/%
2000	1.2		3.4	
2005	2.8	18.5	9.2	22.0
2010	4.5	14.1	25.6	22.4
2014	8.5	15.0	43.5	20.0
2020	12.0	12.2	60.0	15.4

数据来源：中国统计年鉴；IEA。

“十三五”期间，中国将继续深化油气行业体制机制改革，即将出台的《石油天然气体制改革总体方案》，也将进一步打破行政垄断、管住自然垄断、放开竞争环节。油气管网运输方面，将按照“网运分离”的思路逐步推进管网业务的分离，并在条件成熟的情况下组建独立的管道公司。为配合国家能源改革的总体部署，国内油气企业也在进一步加快推进混合所有制改革，部分管网业务开始整合并引入市场化资本。中国石油对东部管道、管道联合及西北联合进行整合，向社会资本开放西气东输三线中段工程，并对中亚天然气管道公司进行内部重组；中国石化管道业务也成立专业化子公司，为进一步推进天然气管道改革做铺垫。随着天然气管网建设的快速发展以及油气体制改革的进一步深入，油气企业对天然气中游业务的价值更加重视，对管道业务价值评估的准确性也提出了更高要求。国内有关价值评估方面的研究较为落后，发展滞后于西方发达国家，主要是在国外先进研究成果的基础上进行扩展。近年来，中国在资产价值评估方法研究和应用方面取得重大进展，2004 年财政部发布《资产评估准则——基本准则》，2005 年中国资产评估协会发布《企业价值评估指导意见》（试行），并广泛运用于企业价值、生态环境、自然资源等领域。国内现有价值评估研究较为分散，有关石油、天然气等能源领域价值评估的研究较少，且天然气中游业务价值评估的研究较为缺乏。

二、天然气中游业务价值评估模型和方法

(一) 价值评估方法遴选

价值评估方法的遴选是构建天然气中游业务价值评估模型的基础，现有价值评估方法众多，通常针对不同类型的公司和业务选择不同的评估方法。其中，基于自由现金流的收益法作为一种全面而又简明的价值评估方法，涵盖几乎所有影响企业价值的因素，能够较好地反映市场的实际情况；此外，天然气中游业务以现金流为基础进行滚动规划，该方法与之相适应，能够直接反映风险、收益和价值之间关系为企业战略决策提供依据。因此，一般选择基于自由现金流的收益法为价值评估方法，并针对天然气中游业务投资运营特点构建业务价值评估模型。在企业整体业务价值评估过程中，主要通过将被评估企业预期收益资本化或折现以确定评估对象的价值，核心在于净现金流量的估算和折现率的确定。

1. 净现金流量的估算

现金流是指在不包括企业筹资活动的相关收支情况下，在一定时间范围内企业以自身资产为基础的营业活动和投资活动所创造的价值。净现金流量的计算公式如下：

$$V = \frac{CF_1}{(1+K)} + \frac{CF_2}{(1+K)^2} + \cdots + \frac{CF_n + VR_n}{(1+K)^n} \tag{1}$$

式中 V 为净现金流量，CF_1为第 1 期产生的现金流；CF_2为第 2 期产生的现金流；CF_n为第 n 期产生的现金流；VR_n为第 n 年的残值；K 为与各期现金流风险的折现率。

2. 折现率的确定

折现率就是把未来收益转化为现值的比率，反映了净现金流风险所要求的回报率，主要有风险累加法、资本资产定价模型、加权平均资本成本模型、行业平均资产收益率法四种计算方式。针对天然气中游业务特点，选用加权平均资本成本模型确定折现率，计算公式如下：

$$R = \left(\frac{E}{D+E}\right) \times K_1 + \left(\frac{D}{D+E}\right) \times (1-T) \times K_2 \tag{2}$$

式中 $E/(D+E)$ 为权益资本占全部资本的比重，$D/(D+E)$ 为债务资本占全部资本的比重，K_1为权益资本要求的投资回报率，K_2为债务资本要求的投资回报率，T 为所得税税率。

（二）天然气中游业务价值评估模型

1. 基本思路

天然气中游业务价值评估的基本思路如下，首先，通过战略计划的输入，如销售量、投资计划、削减成本目标，分块计算出销售收入、业务成本、销售管理费用、折旧及投资资本；然后，编制三张基本输出表，即损益表、资产负债表和自由现金流量表；最后，计算出各项关键业绩指标，即净现值（*NPV*）、投资资本回报率（*ROIC*）、总资产报酬率（*ROA*）和净资产权益率（*ROE*）（见图 22）。

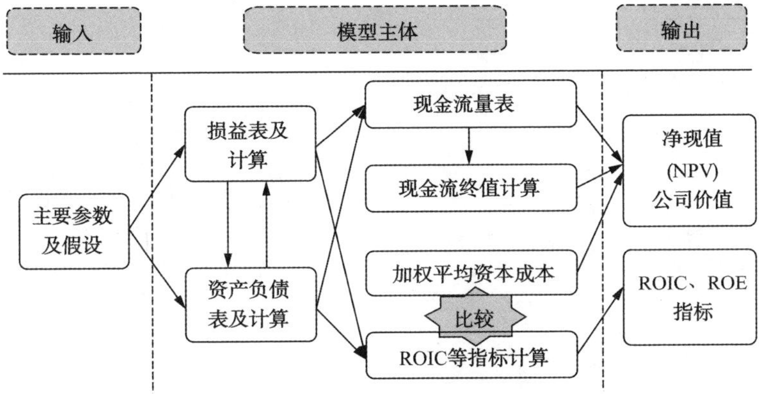

图 22　天然气中游业务价值评估基本思路

2. 模型构建

天然气中游业务价值评估模型主要分为输入部分、测算部门和输出部分。采用以自由现金流为基础的收益法，并依据天然气中游业务价值评估的基本思路，构建天然气中游业务价值评估模型（见图 23）。

（三）模型关键参数计算

天然气中游业务价值评估模型所涉及的主要参数有三类：销售输入、成本支出和税金，计算分别如下。

1. 销售输入

天然气中游业务营运收入表达式如下：

$$\text{年营运收入} = \text{年输气商品量} \times \text{输气收费标准} \tag{3}$$

式中年输气量应根据资源量、市场需求及与用户签订的供气协议需求量确定的输送规模计算，即市场销售＝购买量－燃料消耗－输气损耗；输气收费标准中，旧管道按国家规定的新型管道收费标准，新建管道按“新线新价”的原则考虑。其中，新建管道输气的收费标准有两种方法确定，一是按确定目标收益率和项目

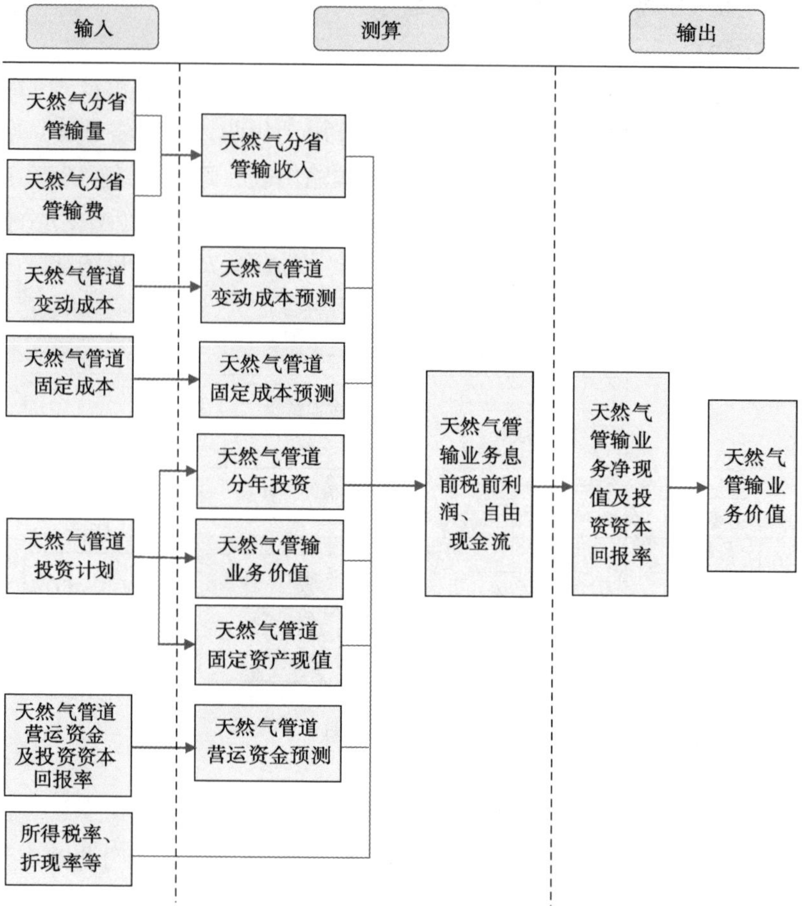

图 23　天然气中游业务价值评估模型

融资的一定条件测算管输收费标准，二是按“企业成本+利润”和“按期偿还贷款”原则确定经济评价的管输收费标准。

2. 成本支出

天然气中游业务成本主要包括管线材料费、压气站材料费、燃料费、动力费、工人工资及福利、维修费及其他营运费用，计算表达式如下：

$$\text{管输成本} = \text{管线材料费} + \text{压气站材料费} + \text{燃料费} + \text{动力费} + \text{工人工资及福利} + \text{维修费} \quad (4)$$

式中管线材料费=单位管线材料费×管线长度，压气站材料费=单位压气站材料费×压气站数，燃料费=单位价格×燃料消耗量，动力费=单位电价×电力消耗，工人工资及福利=每人年平均工资及福利×工人数量，维修费=公里维修费×

管线长度，管输损耗率按 0.5%的比例计取，其他营运费用按万元计取，储气库营运成本按万元计。

3. 税金

天然气中游业务税金主要包括销售税金及附加和所得税两部分，其中，销售税金及附加主要包括营业税、城市维护建设税、教育费附加，营业税计算表达式如下：

$$年应纳营业税额 = 年运营收入 \times 税率 \tag{5}$$

式中营业税率为 3%。

城市维护建设税计算表达式如下：

$$城市维护建设税 = 营业税额 \times 适用税率 \tag{6}$$

式中输气管道项目以营业税为计税基础。县镇以下为营业税的 1%，县镇为营业税的 5%，大中城市为营业税的 7%。

教育税附加表达式如下：

$$教育费附加 = 营业税额 \times 费率 \tag{7}$$

式中以营业税为基础计算，费率为 3%。

应纳所得税额表达式如下：

$$应纳所得税额 = 应纳税所得额 \times 所得税税率 \tag{8}$$

式中应纳税所得额=利润总额-准予扣除项目金额。

三、模型应用

某石油公司的 XEX 天然气管道项目主气源为中亚进口天然气，调剂气源为塔里木盆地和鄂尔多斯盆地的国产天然气，工程主要目标市场是华南地区，并通过支干线兼顾华北和华东市场。XEX 天然气管道项目折现率计算选用加权平均资本成本(WACC)，其值为 11.93%，管道项目折旧期为 14 年，具体基础参数数值如表 9 所示。

表 9　XEX 项目基础参数

基础参数	数值	基础参数	数值
基础年/年	2011	所得税率/%	25(西北地区为 15)
编制计划起始年份/年	2012	未来现金流增长率/%	3
计划期/年	5	增值税税率/%	13
预测期/年	10	营业税税率/%	3
折现年份/年	2012	城建税税率/%	7
折现月份/月	8	教育费附加税率/%	3

XEX 天然气管道主要覆盖华南地区，并通过支干线兼顾华北和华东市场。管道覆盖省内管输费水平如表 10 所示。

表 10　XEX 天然气管道分省管输费

元/m^3

湖北	湖南	河南	江苏	浙江	上海	江西	广东
0.77	0.80	0.66	1.05	1.01	1.19	0.90	0.94

(一) 价值评估结果

模型计算结果表明，XEX 天然气管道项目的净现值为 2180.25 亿元。图 24 为 XEX 天然气管道项目包括预算年、规划年和预测在内各年自由现金流和投资资本回报率变化趋势，可以看出，2012~2017 年 XEX 管道项目的自由现金流和投资资本回报率逐年上升，在规划年内有较好的增长，其中自由现金流自 2014 年起为正值。然而，XEX 管道项目的自由现金流和投资资本回报率在 2018 年出现一定幅度的下降，其主要原因是管输量的减少。

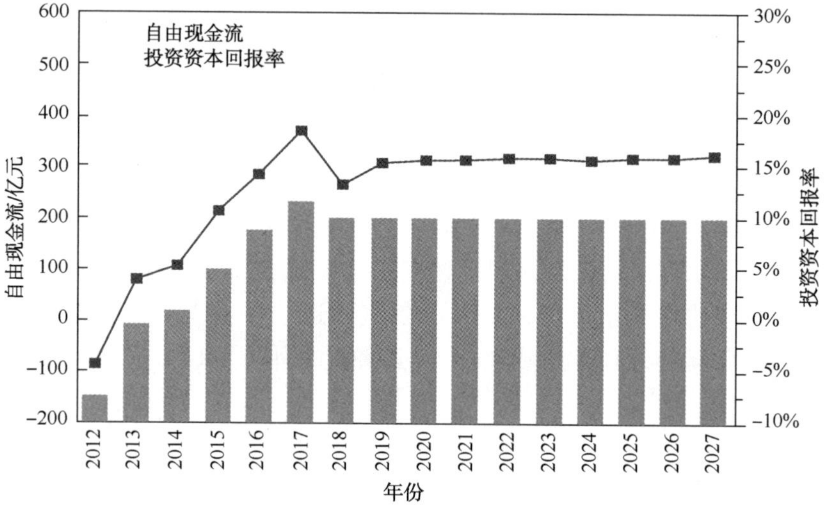

图 24　2012~2017 年 XEX 管道项目自由现金流及投资资本回报率走势

(二) 价值驱动因素及敏感性分析

对于天然气中游业务而言，主要的价值驱动因素包括管输成本、管输费和投资。因此，在上述实例分析的基础上，采用蒙特卡洛模拟进一步对 XEX 管道项目进行价值驱动因素分析，得出价值驱动因素影响力排序结果(见表 11)。在影响净现值变化的各种因素中，各省管输费的影响程度最大，其次是每天投资情况，再次是各省管输量的变化。

表 11　价值驱动因素影响力排序

排序	名称	回归系数	相关系数
1	广东管输费	0. 791	0. 776
2	江苏管输费	0. 382	0. 367
3	上海管输费	0. 322	0. 287
4	江西管输费	0. 199	0. 136
5	河南管输费	0. 165	0. 168
6	浙江管输费	0. 156	0. 149
7	湖南管输费	0. 128	0. 111
8	湖北管输费	0. 119	0. 083
9	2011 年投资	-0. 116	-0. 080
10	2012 年投资	-0. 091	-0. 082
11	2013 年投资	-0. 062	-0. 065
12	2014 年投资	-0. 042	-0. 059
13	2015 年投资	-0. 039	-0. 026
14	2017 年广东省管输量	0. 032	0. 028

实际的业务运营过程中，由于管输费受到国家政策控制力度大，尤其是实行标准管输费后，随市场变化的可能性较小。因此，选取管输收入、管输费和投资三个影响因素进行敏感性分析（见图 25）。相较于管输成本和投资，净现值对管输收入的变化更为敏感。因此，控制管输成本和投资虽能提高天然气中游业务价值，但关键仍在于提高管输收入。然而，管输收入由管输费和管输量两部分共同决定，由于管输费在实际运营过程中可变动性较小，因此提高天然气中游业务价

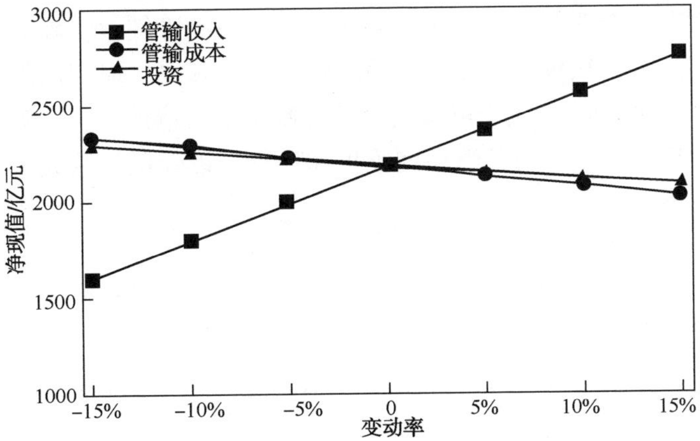

图 25　净现值影响因素敏感性分析

值的关键在于提高管输量。

四、结论与建议

本文系统阐述了天然气中游业务价值评估现状，结合天然气中游业务投资运营特点，选取以自由现金流为基础的收益法构建了天然气中下游业务价值评估模型，并以 XEX 管道项目为实例进行模型应用，以验证该模型的可行性，得到如下主要结论。

（1）充分考虑影响天然气中游业务价值的主要因素(销售输入、成本支出和税金等)，并结合天然气中游业务投资运营的特点，以自由现金流为基础的收益法更适合用于天然气中游业务的价值评估。

（2）以 XEX 天然气管道项目为实际应用证实了构建的天然气中游业务价值评估模型能够较好地评价天然气业务的价值，有效提高天然气中游业务价值评估的准确性。

（3）由价值驱动因素及敏感性分析可知，管输费水平是影响天然气中游业务价值的主要因素，其次为当年投资及管输量。此外，天然气中游业务价值与管输收入呈强正相关，与管输成本和投资呈弱负相关。

根据以上结论，针对中国天然气中游业务价值的评估、提升及决策过程提出以下建议。

宏观层面上，政府一方面继续推进“一带一路”能源战略，助推能源通道建设，加速天然气管网的快速发展；另一方面，应深化油气体制改革，促进天然气在各个领域方面的利用，扩大天然气的需求，以拉动天然气管输量的提高。

微观层面上，企业首先应强化市场营销，提高销售气量，确保关键客户百分比以及客户满意度，从根本上提高管道的负荷率；其次，应利用外资，引进技术(“互联网+”“四化”等)，减少资本支出，控制单位管输成本；最后，需加强天然气中游业务管理，注重管道运营期间维护和检查，以降低管输成本、事故率及劳动力成本支出等。

基于 K-means 聚类方法的炼油企业战略群组划分

中国炼油工业已形成较为完整的工业体系，为保证国内油品供应和促进国民经济发展发挥着重要作用。随着中国炼油企业规模和炼油能力不断提升，炼油企业的发展呈现出向长三角、珠三角和环渤海集聚的以东部为主、中西部为辅的梯形分布格局；炼油企业的规模化、基地化和一体化程度不断提高；同时行业竞争结构朝着市场化和多元化方向发展。但是，中国炼油企业发展过程中仍面临着诸多问题，如先进产能不足，炼厂开工率不足，产业集约化程度低，布局不合理，产品结构不合理，资源利用率低和创新能力不足等。

一、研究内容与方法

（一）战略群组

战略群组是指行业内专业化程度、品牌、产品质量、技术领先等战略维度上追求相似性的一组企业，是以战略移动壁垒为边界的一种行业结构模型。本文以国有炼油企业为研究对象，依据炼油行业特点选取市场、生产、资本、绩效四个战略变量，利用 K-means 聚类分析方法进行炼油企业战略群组划分，并分析不同战略群组的特征以及存在的问题，对炼油企业战略体系进行分析。

（二）K-means 聚类分析

K-means 聚类算法作为多元统计分析方法，是把基于相似数据特征的变量或个案组合在一起，广泛应用于企业战略、客户细分、农业工程、交通运输、计算机应用、控制和决策等领域。聚类分析将物理的或抽象的对象分为几个群体，在每个群体内部，对象之间具有较高的相似性，而在群体之间的相似性则比较低。

K-means 聚类法给定一个数据点集合和需要的聚类数目，算法根据特定的距离数据点函数通过迭代将数据点移入各聚类域中，实现步骤如下。

（1）给定像素大小为 n 的样本空间数据集，令迭代次数为 R，根据指定聚类数 k 随机选取 k 个像素作为初始聚类中心 $C_j(r)$，其中：$j=1$，2，3，…，k；$r=1$，2，3，…，R。

(2) 计算样本空间中每个数据对象与初始聚类中心的相似度距离 $D(X_i, C_j(r))$；其中，$i=1, 2, 3, \cdots, n$，形成簇 W_j，如果满足式(1)

$$\sum_{i=1}^{n} | D[X_{i+1}, C_j(r)] - D[X_i, C_j(r)] |^2 < \varepsilon \tag{1}$$

则 $X_i \in W_j$，X_i记为 w；其中 ε 为任意给定的整数。

(3) 计算 k 个新的聚类中心，计算公式如下：

$$C_j(r+1) = \frac{1}{n}\sum_{i=1}^{nj} X_i^{(j)} \tag{2}$$

聚类准则函数值的计算公式如下：

$$E(r+1) = \sum_{i=1}^{k} \sum_{w \in W_j} | w - C_j(r+1) |^2 \tag{3}$$

(4)判断聚类是否合理，判别公式如下：

$$| E(r+1) - E(r) | < \varepsilon$$

若合理则迭代终止；若不合理则返回(2)、(3)步继续迭代。

二、炼油企业战略群组划分

(一) 变量选取

不同战略变量的选取会影响最终的战略群组划分结果。战略变量的选取应充分考虑研究目的和行业特点，炼油行业上承原油资源，下接产品市场，位于石油产业链的中间环节，炼油工业是国内各产业集中度较高的行业，市场结构表现出一种典型的寡头垄断竞争结构，因此市场化程度决定着企业的生存能力和竞争优势。炼油工业属于典型的规模经济行业，生产能力直接决定着企业的行业地位。考虑炼油企业资本运营和绩效评价对战略的重要影响，本文将炼油企业战略群组变量划分为市场、生产、资本和绩效四个战略变量，每个主变量包含若干子战略变量。在市场变量中选取产品线长度、工业总产值、销售收入为子战略变量。在生产变量中选取炼油企业规模、工业增加值、原油加工量为子战略变量。在资本变量中选取资产总值、资本占有情况、资本集中度为子战略变量。在绩效变量中选取资产收益率、能源利用情况作为子战略变量。中国炼油企业战略变量选取结果如表 12 所示。

表 12　中国炼油企业战略变量选取

战略变量	测　度
市场	
产品线长度 X_1	炼油企业产品的种类数目
工业总产值 X_2	工业总产值(亿元)
销售收入 X_3	营业收入(亿元)
生产	
炼油企业规模 X_4	原油加工能力(万吨/年)
工业增加值 X_5	工业增加值(亿元)
原油加工量 X_6	原油加工量(万吨)
资本	
资产总值 X_7	年末资产总值(亿元)
资本占有情况 X_8	年末固定资产净值/年末职工总数
资本集中度 X_9	年末固定资产净值/产品销售收入×100%
绩效	
资产收益率(ROA) X_{10}	税后利润总额/年末资产总值×100%
能量利用情况 X_{11}	税后利润总额/年末职工总数

(二) 数据来源

作为中国最大的炼油商和供应商之一，中国石化炼油企业较多，在国有炼油企业中具有代表性。研究选取中国石化 23 个炼油企业为样本，采用《中国石油化工集团公司年鉴 2014》中提供的数据，部分数据来自中国石化集团公司官网，经过筛选与计算得到变量数据。其中产品线长度以炼油企业产品的种类测度，资本占有情况、资本集中度、资产收益率、能源利用情况根据《中国石油化工集团公司年鉴 2014》中数据计算所得，计算公式见表 12。

(三) 战略群组划分过程

首先使用 Clementine 软件 K-means 进行聚类分析，其次通过 Clementine 软件作聚类分析图，可确定重要变量为 X_2，X_3，X_4，X_5，X_6，X_7，X_9(重要性大于等于 1.00)。然后，计算得出 K-means 聚类分析结果，据此对样本中 23 个炼油企业进行战略群组划分。

根据上述战略群组划分过程得出炼油企业战略群组划分结果如表 13(其中字

母代表炼油企业）。

表 13　炼油企业战略群组划分结果

	战略变量										
	X_1	X_2	X_3	X_4	X_5	X_6	X_7	X_8	X_9	X_{10}	X_{11}
SG_1											
ZH	24	1269. 02	1358. 72	250. 51	2214. 94	2300	0. 0313	13. 68%	385. 4	17. 84%	0. 0116
MM	29	980. 38	974. 44	195. 41	1630. 14	2500	0. 0118	12. 31%	298. 63	4. 97%	0. 0015
JL	12	1073. 04	1082. 54	191. 97	1713. 25	1800	0. 0149	10. 73%	276. 16	10. 03%	0. 0035
SH	18	1057. 79	1155. 4	201. 39	1566. 78	1600	0. 0117	14. 51%	369. 16	6. 48%	0. 0017
TJ	18	835. 56	856. 69	110. 83	1294. 09	1550	0. 0123	12. 71%	286. 62	0. 34%	0. 0001
SG_2											
YZ	15	707. 37	649. 11	55. 19	884. 04	950	0. 0110	17. 13%	374. 42	-1. 85%	-0. 0007
GZ	11	656. 53	652. 52	122. 94	1171. 63	1320	0. 0144	11. 83%	194. 44	3. 75%	0. 0014
WH	30	432. 81	384. 9	58. 51	641. 48	800	0. 0629	53. 59%	280. 41	-0. 72%	-0. 0006
HN	15	466. 89	369. 23	23. 35	730. 9	1000	0. 1315	25. 26%	164. 93	4. 86%	0. 0113
QDLH	16	577. 82	571. 13	95. 05	1145. 01	1000	0. 1455	16. 84%	160. 72	4. 46%	0. 0108
BH	23	304. 89	305. 1	102. 43	508. 29	500	0. 0581	13. 14%	72. 28	5. 05%	0. 0053
SG_3											
YS	30	654. 98	709. 89	86	870. 03	1000	0. 0054	17. 64%	320. 59	-9. 80%	-0. 0014
QL	22	688. 06	709. 72	128. 66	1011. 93	1050	0. 0046	19. 85%	219. 31	-5. 86%	-0. 0004
BL	25	227. 63	233. 22	39. 1	180. 6	400	0. 0061	29. 03%	116. 29	-10. 06%	-0. 0010
CL	8	491. 4	482. 6	33. 6	769. 16	800	0. 0206	20. 95%	90. 38	3. 34%	0. 0006
LY	28	459. 2	549. 85	72. 58	784. 13	800	0. 0093	9. 11%	103. 46	-9. 46%	-0. 0018
AQ	12	277. 27	287. 64	30. 93	420. 43	800	0. 0089	17. 93%	124. 78	10. 75%	0. 0023
JM	8	305. 17	331. 94	59. 25	510. 72	600	0. 0064	9. 56%	58. 31	-3. 77%	-0. 0004
JJ	16	321. 53	327. 85	63. 76	519. 18	500	0. 0140	10. 64%	68. 67	0. 26%	0. 0001
JN	7	246. 08	243. 95	50. 82	414. 56	600	0. 0174	13. 57%	48. 49	0. 33%	0. 0001
QDSH	17	187. 71	188. 89	39. 46	329. 94	500	0. 0184	12. 08%	64. 81	-3. 47%	-0. 0018
XA	5	116. 38	117. 82	16. 75	213. 11	250	0. 0094	9. 17%	24. 36	-13. 10%	-0. 0028
TH	8	187. 88	187. 46	36. 54	410. 06	500	0. 0323	16. 56%	55. 68	5. 42%	0. 0031

三、结果分析

（一）骨干型战略群组

第一个战略群组（SG_1）的主要特征是骨干型炼油企业，综合实力较强，规模最大。产品线长度在三个群组中处于中间位置，企业规模和原油加工量在三个群组中居最高水平，使得工业总产值成为三个群组中最大的一组，其中炼油企业ZH原油加工能力达到2300万吨/年，原油加工量达到2214. 94万吨。该组资本收益情况处于上游水平，说明该组炼油企业生产技术水平、经营管理水平、综合表现良好。尽管单位规模和加工量较大，但是能源利用效率处于中等水平，资本占有情况相对较低，资本集中度较高，说明该组炼油企业在人员配备和装置利用率上有待改进，资本利用情况不太理想。

（二）潜质型战略群组

第二个战略群组（SG_2）的主要特征是潜质型炼油企业，整体实力处于中游水平。该组炼油企业产品线长度最长，工业总产值均值在500亿元以上，最高可达707.37亿元，原油加工量在508万~1171万吨之间，企业规模即原油加工能力在500万~1320万吨/年之间，在三个战略群组中处于中间水平。资本占有情况可以反映出炼油企业人员配备情况，该群组资本占有情况处于上游水平，说明人员配备合理。能源利用率较高，说明该组炼油职工技术熟练程度和劳动积极性综合表现良好。而资本集中度处于中间水平，说明资本利用情况不太理想。两个绩效指标中，资本收益率相对较低，反映出装置利用率和装置负荷率较低。

（三）待优化型战略群组

第三个战略群组（SG_3）的主要特征是待优化型炼油企业，除YS、QL、BL、LY外，该组其他炼油企业产品线长度较小，生产产品种类较少，工业总产值在116亿~688亿元之间，整体处于下游水平。原油加工量在180万~1011万吨之间，除了QL企业规模较高，达到1050吨/年外，其他同群组的原油加工能力均在250万~800万吨/年之间，在三个战略群组中水平相对最低。该群组虽然整体炼厂规模较小，但通过资本集中度可以看出，该组炼厂资产利用率相对较高，间接说明其装置利用率相对较高。资本占有情况在三个群组中处于中等水平，说明该群组在人员配备上有待改进；管理层缺乏具有现代炼油企业经营管理能力的高级核心管理人才。在实际操作和服务领域，缺乏能够发现并解决生产实际问题的高技能人员。而在员工队伍的整体水平上，缺乏复合型人才，人员普遍技术创新水平不足，文化层次不高。

四、炼油企业战略群组发展建议

（一）基于国家政策层面中国炼油企业发展建议

（1）完善炼油产业布局，促进区域经济协调发展

未来中国炼油工业发展和调整的重点应是适应资源供应格局和区域经济发展的要求，根据中国经济发展战略导向，完善炼油产业布局。通过加大政策调整力度，按照优化布局、集中发展的原则，加强炼油基地建设力度，大力优化产业布

局，以适应中国区域经济的发展特点。

根据中国不同的地理位置特点，有计划地促进炼油企业基地化发展进程。在西部大开发、振兴东北老工业基地后，中部经济区和环渤海地区成为发展重点，在东部沿海地区通过新建、改扩建炼厂，形成若干个沿海炼油经济圈，逐步建成环杭州湾、珠江三角洲、环渤海地区炼化工业区。在内陆地区，加强原油运输管道建设，以减少原油成本，满足区域市场需求，形成与区域经济协调发展和配套的基本格局。

在炼油能力相对过剩的地区，关停质量差、效率低的小炼油企业，鼓励并发展大型炼厂，使其达到世界先进水平。在油品供应不足的地区，对原有炼油企业进行改扩建。在炼油企业空白地区，逐步、适当的进行新布点，以适应当地油品需求。

（2）不断提高产品质量，制定产品升级战略

为满足不断升级的清洁燃料生产的要求，未来一段时间里，中国炼油工业应科学制定油品质量标准或油品升级规划。通过政策导向引导炼油企业质量升级，并利用税收政策的辅助作用，提高汽柴油品质量，满足汽车工业和环保法规的要求，真正达到产品质量符合世界级标准的目标。

以提高油品质量为主要目标调整炼油企业装置结构，提高深加工能力，完善炼油产品深加工产业链，降低生产环节中的浪费，适当增加高辛烷值汽油组分及柴油加氢精制装置的生产能力。在产品结构方面，引导炼油企业生产出符合环保要求的产品，提高高标号车用汽油、柴油和高档内燃机润滑油的比例，满足汽车工业的发展。

由于中国区域发展不平衡，主体污染源类别和地区污染容量差别很大，在制定产品升级战略时要充分考虑。产品升级政策应先以大城市为主，逐步向小型城市和农村蔓延。在升级步骤方面，由于汽油在大中城市的需求量大，应先以提高汽油质量标准为重点，柴油消费主要在城市之间、农村和矿业地区，质量升级政策较汽油而言可相对放缓。相关部门应尽快制定国标，促进产品升级战略的实施。

（3）针对不同类型炼油企业，根据其特点进行相关引导

结合中国未来的油品需求变化，对骨干型炼油企业进行改造或优化，使原油资源更集中，炼厂规模更大，单套装置处理能力更强，实现炼厂规模大型化，降低单位费用，提高规模经济效益。加快大型炼化基地建设，提高炼油化工产业的集中度，加快一体化进程。

对潜质型炼油企业进行改扩建，在改扩建的过程中，要权衡炼油工业布局、统筹区域间炼油能力增量平衡，通过改扩建使现有企业达到经济规模，并根据全国成品油平衡，区域油品需求增长和交通运输条件等情况，适当考虑新布点，逐步改善炼油工业布局。

对于待优化型炼油企业，则需要政府加强监督和管理，建立严格的资源利用、环境保护和产品质量法规体系，关停或合并整顿产品质量低下、效益值不高的、环境污染严重的小炼油企业，仅保留有战略地位的小型炼油企业。通过政府政策合理引导，对于有发展前景的小型炼油企业进行重组或转型。在同一地区的小型炼油企业，重组成1~2个大型炼油企业；对于炼油过剩的地区，将小型炼油企业转型为配合该地区骨干炼油企业的化工型企业，以提高能源效率和企业绩效。

（二）基于企业层面中国炼油企业发展建议

1. 骨干型——提高深加工能力与装置适应性，提高油品质量，缩小与国外先进炼油企业差距

面对油品规格要求日益严格的局面，深加工能力与装置适应能力成为该类型炼油企业发展的重中之重。引进并加强能进行深度转化的、将低值残渣燃料油改质成为轻质油品的炼油装置。调整炼油工艺装置，使其适应含硫原油加工和交通运输燃料发展的需求。以质量升级为契机，集中资金实施资源优化配置和提高油品质量，发展加氢工艺，进行清洁燃料生产。同时还要加强骨干炼油企业的绩效管理，适当考虑员工分流，提高工作效率，降低企业成本，营造良好的工作氛围，保证该群组的骨干地位，适应炼油产业国际化、集约化、升级换代的新导向，缩小与国外先进炼油企业的差距，提高国际竞争力。

2. 潜质型——对标骨干炼油企业，降低炼油能耗与成本，实施可持续发展战略

该群组属于潜质型炼油企业，应合理定位自身在整个行业中的位置，寻找对标企业，进行扩能改造，积极向骨干型炼厂转型。主要途径是通过加大科技投入和研发费用，增加大型炼油设备，改扩建原有炼厂。积极利用先进的科学技术，提高资源丰富的高含硫原油和重质原油的加工能力和加工比例；加工劣质原油，降低油品生产成本，生产洁净燃料；应用信息技术提高工艺技术和生产管理水平。通过改善耗能环节，对于技术落后导致能耗增加，费用上升的环节，可根据测算相应的替换或升级，改善落后工艺，提高生产效率、降低能源消耗，从而节省相关的费用。充分利用国家利好政策，弱化骨干型炼油企业群组的移动壁垒，

积极向骨干炼油企业转型，跻身于更高水平的群组之中，使潜质型炼油企业良性、可持续发展。

3. 待优化型——通过重组、联合或转型，保证炼油企业健康、持续发展

该战略群组中的炼油企业综合实力相对较弱，前两个群组在规模和资金方面产生的移动壁垒很难逾越，跻身于骨干型炼油企业群组的可能性不大。该群组的炼油企业应通过寻找和自身地理位置较近、形式较为相近的炼油企业形成优势互补的战略联盟并进行重组，从生产工艺、生产技术和产品调配上进行改进，努力跻身于前两个群组之中，生产出符合国家标准的油品，扩大市场份额，保证其健康、持续发展。同时也可根据地区特点和企业自身情况，将炼油企业装置向生产特色产品转型，进行绿色、特色生产，配合本地骨干型炼油企业生产化工产品，保证其战略地位。

基于投入产出的中国页岩气开发投资的经济和劳动效应分析

温室气体排放将会影响世界上每个国家的发展，过量的 CO_2 排放将会对世界各国的环境、经济和社会造成空前的破坏。中国已经成为世界最大的 CO_2 排放国，2015 年，中国所消耗的一次能源中煤炭比例仍高达 66%，而煤炭在所有的化石燃料中是 CO_2 排放最严重的能源。因此，现阶段的能源结构是导致中国 CO_2 大量排放的主要原因之一，引发一系列环境问题。为缓解由煤炭燃烧所带来的环境问题，中国政府一直在努力寻求清洁能源来取代煤炭消费。如何减少能源消耗所带来的环境污染问题，受到了越来越多的学者关注。根据 IEA 和中国土地与资源局提供的资料，中国拥有世界上最大的页岩天然气储量，技术可采资源估计在 25.5 万亿立方米（TCM）。因此，目前页岩气在中国被公认为是最有希望减少对煤炭依赖的替代能源，相信大规模的使用页岩气能够帮助中国转变成一个更加绿色和可持续发展的国家。此外，美国页岩气革命的成功显著地加速了美国经济复苏，创造了数以百万计的就业机会，进一步加强了中国投资页岩气开发的信心。

一、研究模型

投入产出表、投入产出模型是投入产出分析的基本工具。其中投入产出表是能够表示一个经济系统中各个部门间的投入和产出间存在的数量关系的横纵交叉的棋盘式表格。投入产出模型是根据投入产出表而建立的数学模型，其基本形式是分析产出表列和行这两个方向上所建立起的线性方程组。

一般的投入产出模型公式：

$$x_{i1} + x_{i2} + \cdots + x_{ij} + Y_i = X_i \tag{1}$$

其中，x_{ij}是投入产出表中 j 产业部门所消耗第 i 产业部门的产品参数；Y_i 为最终需求列向量；X_i 为第 i 产业部门总产出增量向量。

直接消耗系数 a_{ij}的计算公式为：

$$a_{ij} = \frac{x_{ij}}{X_j} \tag{2}$$

其中，X_j 是第 j 部门总产出增量。

公式(2)能够变形为：

$$x_{ij} = a_{ij} \times X_j \tag{3}$$

因此公式(1)能够表述为：

$$a_{i1}X_1 + a_{i2}X_2 + \cdots + a_{ij}X_j + Y_i = X_i \tag{4}$$

假设，我们使用 A 表示直接消耗系数矩阵，矩阵 X 为产出列向量，Y 为最终需求向量。

则，
$$A = \begin{pmatrix} a_{11} & \cdots & a_{1n} \\ \vdots & \ddots & \vdots \\ a_{n1} & \cdots & a_{nn} \end{pmatrix};\ X = \begin{bmatrix} X_1 \\ \vdots \\ X_n \end{bmatrix};\ Y = \begin{bmatrix} Y_1 \\ \vdots \\ Y_n \end{bmatrix} \tag{5}$$

因此，投入产出模型能表示为：

$$AX + Y = X \tag{6}$$

等式(6)能够进一步表示为：

$$X = (I - A)^{-1}Y \tag{7}$$

其中，I 是单位向量，$(I-A)^{-1}$ 为列昂惕夫逆矩阵。

本文核算包括两个方面，一方面估算在部门层面上页岩气投资所创造的经济效益，另一方面估算创造出的劳动人口。

定义 $M=(1-A)^{-1}$，可逆矩阵 M 能够反映直接和间接需求的累积效应。因此，产出乘数 S_j 用于表示对部门就的单位投资能够对整体经济产生的乘数。

$$S_j = \sum_i m_{ij} \tag{8}$$

其中，m_{ij}是 M 中元素。

收入乘数因子 ah_{ij}可以表示为：

$$ah_{ij} = (in_j/X_j) \times a_{ij} \tag{9}$$

其中，in_j 是部门 j 的劳动收入，X_j 为部门 j 的总产出。

因此，收入乘数的矩阵 AH 能够表达为：

$$AH = \begin{pmatrix} ah_{11} & \cdots & ah_{1n} \\ \vdots & \ddots & \vdots \\ ah_{n1} & \cdots & ah_{nn} \end{pmatrix} \tag{10}$$

因此，累积经济效应能够用使用修正的列昂惕夫逆矩阵 MH 表示：

$$MH = (1 - AH)^{-1} \tag{11}$$

部门 j 经济乘数 I_j 是 MH 的列向量和，

$$\mathrm{I}_j = \sum_i mh_{ij} \tag{12}$$

其中，mh_{ij}为 MH 的元素。

部门产出的单位就业效应，定义为：

$$\lambda = \frac{in_j}{X_j} \times a_{ij} \tag{13}$$

其中，in_j 投入产出表中 j 部门的劳动收入，X_j 为 j 部门的总产出。

因此，总体的劳动效应公式为：

$$L_{SG} = \lambda(1-A)^{-1} \times T_{SG} \tag{14}$$

其中，L_{SG}为页岩气投资所产生的劳动系数列向量，T_{SG}为页岩气投资的列向量。

二、相关结果

（一）中国页岩气投资所产生的产出乘数和收入乘数

中国的经济结构受不同区域的特点影响较大，因此，即使相同的投资在不同的区域也会产生不同的投资影响。本文选取中国 4 个省份，重庆、四川、内蒙古和贵州，这 4 个省份是中国页岩气可能实现大规模开发最主要的省份，并且在“十三五”规划中，这 4 个省份提出了明确的页岩气开发计划。同时，这 4 个省份各自具备不同特点：重庆的涪陵气田是中国最大的已探明气田，四川拥有中国最多的页岩气探明储量，内蒙古拥有相对完整的天然气管网，贵州拥有丰富的水资源，有利页岩气开发。通过构建的投入产出模型，估算出页岩气投资在 4 个不同区域的产出乘数和收入乘数。

通过投入产出模型计算出各个区域页岩气投资的产出乘数和收入乘数，并选取乘数数值为前 5 的部门展示如图 26 所示。从中我们发现，尽管在四川、重庆、内蒙古运输设备行业部门有最大的直接乘数，但不同区域之间的值明显不同。同时，贵州最大的直接乘数是天然气生产和供应燃气行业，主要原因是贵州在之前并没有任何的石油天然气开采活动。值得一提的电力设备、机械制造部门在所有 4 个区域均有较大的乘数，这表明页岩气具有较大的潜力推动该部门的发展。

相似的，对于收入乘数我们选取数值位于前 5 的部门，如图 27 所示。分析可知农林牧渔业与研究和发展部门在 4 个区域都拥有最大数值，其主要原因是页岩气开采需要大量的自然资源，如土地，而土地是影响农林牧渔业最为直接的因素。同时，页岩气开采需要较高的技术水平，因此，研究和发展工业将会极大提升。

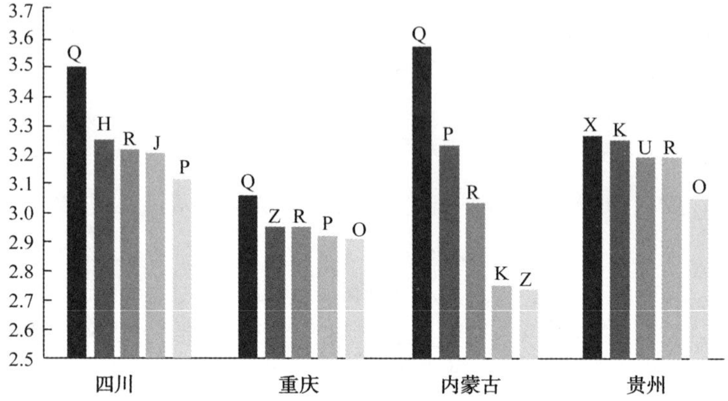

图 26　页岩气投资的产出乘数

H 纺织业；J 印刷业；K 石油开采业；P 一般和特殊装备制造业；Q 交通运输装备制造业；R 电力装备制造业；U 其他制造业；X 石油天然气供给业；Z 建筑业

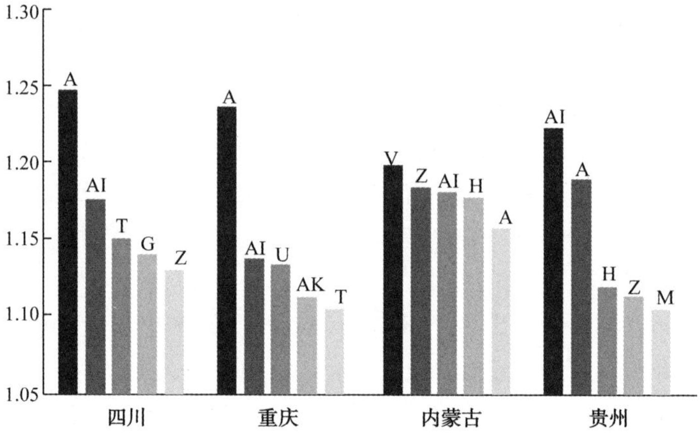

图 27　页岩气投资的收入乘数

A 农林牧渔产品和服务业；H 纺织业；M 非金属矿物制品业；T 通信设备、计算机和其他电子设备业；U 其他制造业；Z 建筑业；AI 租赁和商务服务业；AK 水利、环境和公共设施管理业

总的来说，尽管不同区域间有一些相似的收入乘数和产出乘数，但由于区域间的经济结构不同，所以主要部门的各类乘数不同。

（二）中国四个不同区域页岩气开发所带来的经济影响

图 28 为页岩气投资在中国 4 个不同区域总的经济效益。其中，四川页岩气开发的经济产出效应和收入效应分别为 5210 亿元和 3410 亿元。总的经济效应大

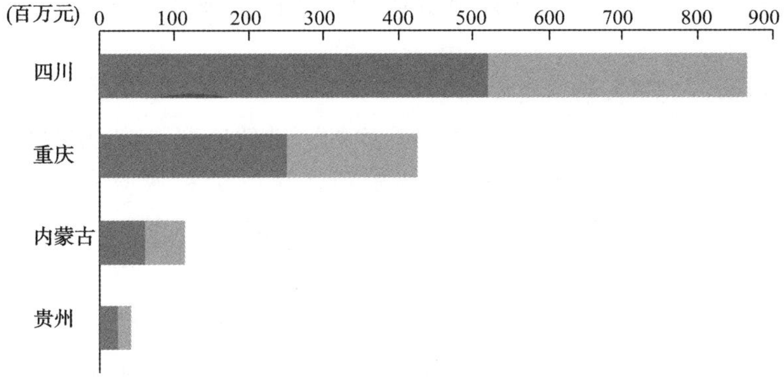

图 28　页岩气投资所产生的经济效益

约是初始投资的 2.68 倍。相似的在重庆、内蒙古和贵州总的经济效应分别为 2520 亿元、620 亿元和 24 亿元。

在部门层面上的经济效应如图 29 所示。在 4 个区域里专用设备部门的经济效应均为最大。主要原因是现阶段中国页岩气开发处于初始阶段，需要制造大量专业化的装备用于页岩气井的开发，从而该部门有较好的经济效益。

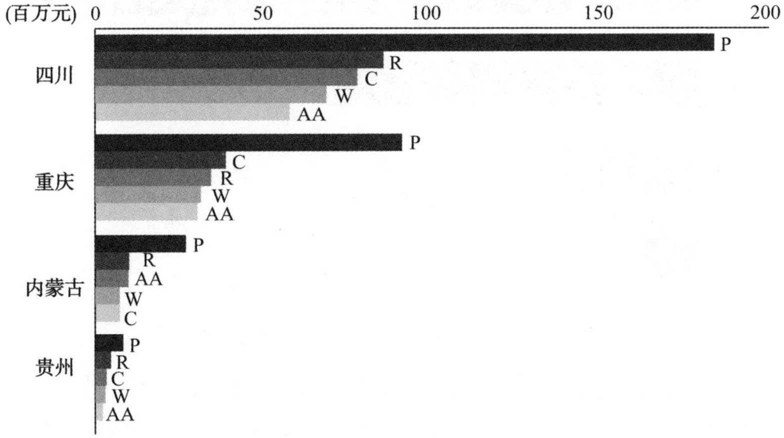

图 29　4 个区域页岩气投资对不同部门的经济效应

总的来说，页岩气的投资高达数百亿元，经过估算得到 4 个区域总的经济回报率是初始投资的 2.6 倍。从表 3 部门具体的投资额可以看出，有超过一半的页岩气开发投资用于“专业装备制造”、“石油天然气开发”以及“电力、热力生产和供应”，从而这些部门产生了较大的经济效应。但 4 个不同区域产生的经济效应并不完全相同，一方面，4 个区域的产出乘数和收入乘数相差显著；另一方面，不同区域间不同部门的投资存在显著区别，从而造成了最终经济效应结果的差别。

（三）中国页岩气投资的劳动效应

在任何经济系统中，页岩气开发所产生的劳动效应都是核心参数，因此本文通过投入产出模型估算具体的页岩气投资所产生的劳动效应。2012 年，四川、重庆、内蒙古和贵州的年平均工资分别为 61404 元、59940 元、56532 元和 55128 元。

尽管页岩气投资产生的劳动效应和经济效应有近似的趋势动态，但具体的劳动者数量还受区域平均工资和劳动力密度等因素的影响（创造出的工作岗位如图 30 所示）。依照计算，页岩气投资在四川、重庆、内蒙古和贵州分别创造出近 66 万个、37 万个、14 万个和 5 万个工作岗位。其中，贵州单位投资所创造出的工作岗位最多，造成该现象的主要原因是贵州从未开采过石油天然气类似的自然资源，从而创造出更多的工作岗位。

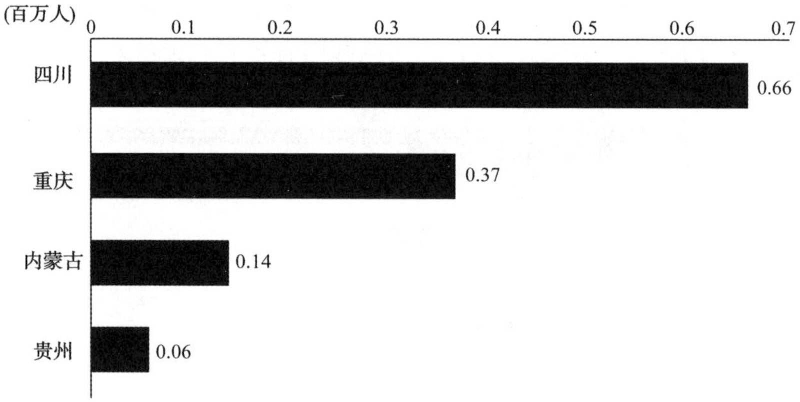

图 30　页岩气投资的劳动效应

总的来说，页岩气投资所产生总的经济效应为 14000 亿元，相当于 0.22%的中国 GDP（2015 年），同时页岩气投资共创造出 123.8 万个工作岗位。随着技术的进步，页岩气投资可能会随之降低，并且技术可采储量也会随着技术进步而提高，因此页岩气开发所创造的总体经济效益和劳动效应也会随之上升。从部门层面来看，页岩气投资在四川、重庆、内蒙古和贵州所产生的经济效应分别为 8680 亿元、4270 亿元、1150 亿元、420 亿元，并同时创造了 66 万个、37 万个、14 万个、5 万个工作岗位。在具体的城市层面上，这样的经济效益和劳动效应会更加显著。

三、结论与政策建议

页岩气产业的发展需要大量的资源投入，同时页岩气产业的发展能够带动其相关产业发展，进而推动中国整体经济的发展。本文首先通过整理相关文献得到页岩气单井的平均投资；再通过政府和企业的页岩气开发计划，估算页岩气开发所需要的投资。其次，利用投入产出模型计算了在中国 4 个区域(四川、重庆、内蒙古和贵州)页岩气投资所产生的经济效应和劳动效应，估算结果显示总体的经济效益为 1.45 万亿元，创造了 123 万个工作岗位。最后，分析不同区域所产生的经济效益和劳动效应不同的原因，讨论得出现阶段并不是中国进行页岩气大规模投资和开发的最好时机。

基于本文研究结果，我们提出了以下政策建议。

页岩气资源评估数据是准确预测页岩气产量和投资潜力的基础，因此建议中国官方能够提供更为完善和综合的官方数据。此外，由于中国政府和一部分学者现阶段更注重于页岩气技术可采量，现阶段官方仅公布了粗略的资源量数据和技术可采量数据。技术可采量固然重要，但同时应强调对经济可采量的研究，因为对于投资者来说，更加注重经济可采量的数据。因此页岩气资源的评估还应包括对经济可采资源量的评估数据。

现阶段对于煤层气的投资更有吸引力。因此我们建议在短期内优先进行煤层气投资，而不是大规模的进行页岩气投资。当然，考虑到页岩气才可能是中国未来天然气需要的主要供应源，现阶段对页岩气的投资应该更多集中在相关技术的研发上。

建议中国政府建立完善的页岩气市场机制，允许更多的社会资本进入页岩气开发市场，并且鼓励大型国企和国际石油巨头企业之间的技术合作，促进技术进步，从而降低现阶段页岩气过高的开采成本。中国政府希望页岩气资源的开发能够弥补未来中国天然气供应的缺口，而根据本文的研究，页岩气产业的开发将会遇到众多挑战，包括高成本、不够成熟的技术条件和严重的环境问题。因此，在短期内对于页岩气的投资并没有那么有吸引力，中国政府应该进一步鼓励相关企业加大对 R&D 部门的投入，降低成本，提高未来页岩气开发的经济性。

中国页岩气开发大气成本分析

近年来，页岩气作为21世纪全世界最有发展前景的非常规油气资源之一，在可开采储量、开采技术方面有了巨大突破。2016年中国大力推进页岩气开采项目，在《页岩气发展规划中（2016—2020年）》提出将大幅提高页岩气开采规模。页岩气由于其自身清洁能源的特性获得人们重视，然而，由于页岩气开采带来的大气污染，使得人们对页岩气能源的清洁型产生怀疑。本文具体阐述了页岩气开发产生的大气污染问题，提出了大气污染成本计量的具体方法，提出应对大气污染的对策。

一、页岩气开发带来的大气污染问题

（一）页岩气开发对大气的影响

页岩气的主要成分是甲烷，以100年为周期，甲烷的温室效应是二氧化碳的20倍，页岩气开采活动对大气的影响意义重大。根据页岩气的开采过程，考虑整个页岩气生产的生命周期，其开发对大气的影响主要分为以下四个方面。

1. 直接开采过程产生的大气污染

页岩气的直接开采过程之中会产生甲烷泄漏。泄漏的原因主要是由于页岩气开发采用水力压裂技术，在压裂液反排的过程中，页岩气会产生逸散量；在钻井初步完井阶段，页岩气会从井壁间泄漏，同时还伴随有挥发性有机物的泄漏。美国能源信息服务中心估计每年有超过2887.43亿立方英尺的天然气泄漏。在地质条件方面，由于中国页岩气储存深度较深，约为美国的2倍，致使页岩气钻井、完井的时间周期较长，页岩气井压力较大，使甲烷逸散量增加。

2. 配套设施产生的大气污染

页岩气开发的配套设施主要包括：水平井大型液压设备、储气设备、运输卡车及管道建设等。配套设施产生大量有毒气体，这主要是由于在页岩气的初级开发过程中，钻井设备和开发使用的卡车燃烧柴油所至。柴油燃烧将产生大量烟尘、硫化物、氮氧化物等有害气体，致使页岩气区块附近的空气质量下降。

3. 运输过程产生的大气污染

运输过程产生大气污染，主要因为页岩气运输采用管道运输方式，长距离的管道运输，在管道之间连接缝隙处，本身就会产生一部分甲烷逸散量。此外，由于潜在的人为因素、管道设施等不可控因素，会导致部分甲烷气体泄漏。

4. 页岩气燃烧带来的污染

燃烧页岩气必然会向空气中释放氮氧化合物，经过化学反应，导致地面臭氧烟雾污染。根据世界卫生组织发布的空气质量准则，臭氧平均浓度超过 70 微克/立方米日，死亡率将增加 0.3%~0.5%，可见其对人类身体健康将造成巨大危害。

在页岩气开采生命周期中，各个环节产生的废气都会对环境产生危害。页岩气开采对大气的影响主要体现在：直接开采、配套设施、运输过程、页岩气燃烧 4 个方面；而从产生大气污染的气体种类上，则主要有：温室气体、有毒气体及臭氧烟雾污染 3 个方面。

（二）大气污染产生的危害

根据页岩气开采过程中产生大气污染的种类，可以将页岩气开采对大气产生的危害分为对人体健康的危害、对生态环境的危害以及对社会造成的危害。

1. 对人体健康的危害

柴油燃烧排放的硫化物、氮氧化物及烟雾对人体呼吸道产生影响。此外，消耗大量的柴油可能使有些区块苯浓度超过急性毒性标准，苯含量超标可能致癌。温室气体的增加则可能导致传播性疾病、心脑血管疾病高发。

2. 对生态环境的危害

对生态环境的危害主要来源于温室气体的排放，温室气体过多导致地球温度上升、气候发生变化，从而使地球上 20%~30%的动植物灭绝，对地球的生态环境将造成难以估计的破坏。此外，频繁发生的热带风暴、高温、暴雨、火灾等极端天气将会对人类社会造成恶劣影响，赤道地区将会严重缺水，造成全世界政治格局的动荡。

3. 对社会的危害

对社会的危害主要分为两个方面，一方面，大气污染对人体健康的影响将导致产生相应的误工费用、医疗费用，加剧社会医疗的负担，影响社会产出效率；空气状况较差影响航空业发展，不利于航空安全。另一方面，大气污染需要治理，由此产生的各项治理费用，例如页岩气区块的植被恢复费用、大气净化等费用影响了页岩气的发展速度和产出效益。

二、页岩气开发大气成本计量

建立大气污染成本计量体系，需要根据页岩气开发产生的大气污染危害进行分类计量，根据污染产生的危害，在计量成本时，将成本分为人体健康损失成本、生态成本以及社会成本，其中考虑人体健康成本时，注重考虑死亡率和疾病率；通过考察区块内直接经济损失以及环境修复成本，来衡量生态成本；社会成本则是综合计算废气收集装置以及空气质量成本。通过建立有层次的计算体系，客观简明的计算页岩气开发产生的大气污染损失成本。大气污染成本评价体系如图31所示。

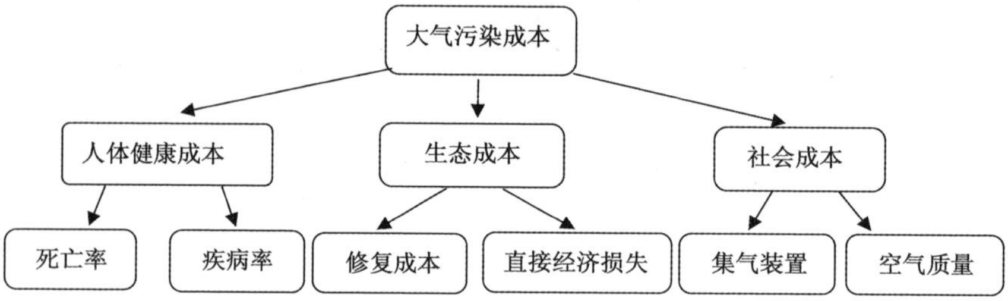

图31　大气污染成本评价体系

(一) 人体健康损失成本

页岩气开发产生的有毒气体、甲烷以及地面臭氧等会对人体健康造成损害，造成心脑血管疾病、呼吸道疾病等。因此在考虑页岩气大气污染成本时应考虑人体健康损失成本。人体健康损失成本主要从早逝成本、疾病成本两方面进行考量。本文主要选取了修正的人力资本法以及疾病资本法进行成本计算，以国内页岩气开发相对较成熟的区块为样本进行数据采集，如四川长宁—威远国家级页岩气产业示范区，四川盆地富顺—永川页岩气区块等。

修正的人力资本法通过采用当年GDP以及大气污染导致的早逝人数等指标，将生命价值用货币计量的方式表现。根据页岩气区块发展的年度，选取区块内因呼吸道疾病、心脑血管疾病早逝的人数，结合当地GDP发展指数，即可分别计算每一年度页岩气区块内，居民因页岩气开采早逝产生的成本。因死亡率上升造成的人体健康损失成本即可表示为当年页岩气区块内因开发导致的早逝人数(可用呼吸道疾病、心脑血管疾病早逝人数之和代替)与每个人因早逝损失的的生命价值乘积。

疾病率上升可能导致发生相应成本，成本的计算方法根据疾病的类型，选用疾病成本法进行计算，选取大气污染典型疾病来估计患病人数，即患呼吸道疾病和心脑血管疾病的人数。根据疾病成本法，页岩气开采导致的疾病成本有直接成本及间接成本。其中，直接成本包括门诊费用、药物费用、住院费用等直接医疗费用；间接成本则包括陪护人员成本、间接交通费等间接医疗成本以及病人的误工损失。

（二）生态成本

页岩气开发区块内必须要引进大型水力液压设备，开凿矿井，建设配套设施，因此一定会对地表原生态环境造成破坏，产生的大量废气、烟尘也会对矿区环境造成一定影响。因此，在计算页岩气开采大气污染成本时，应考虑生态成本。而生态成本包括对地表破坏造成的直接经济损失，以及产生污染后进行矿区环境恢复的成本。生态成本中由于对土地破坏产生烟尘等空气污染物的直接经济损失，可以用页岩区块面积与相应土地上经济价值相乘计算得出。恢复成本则主要通过计算为治理大气污染，付出的植被栽种价值来计算。

（三）社会成本

在计算出大气污染对人体产生的直接影响成本以及进行页岩气开发的生态成本之后，应考虑页岩气开采产生的大气污染对社会产生的影响，即社会成本。社会成本的计算则主要考察大气污染对页岩气开发企业产生的经济效益影响，主要包括为预防大气污染安全的环保设备以及排放废气所消耗的经济成本。

2016 年，国务院印发的《页岩气发展规划（2016—2020）》中，把对于加强页岩气环保设施的建设作为未来的发展重点；与此同时，工业标准化体系的建设过程中，研制油气长输管道建设及站场关键设备、大型天然气液化处理储运及设备也成为国家发展的重点。因此，在考虑页岩气开发的大气成本时，应将用于预防大气污染环保设备价值计算在内。环保设备主要包括页岩气开发过程中，对于页岩气逸散量进行收集的设备、以及对于燃烧柴油产生的废气进行“先清洁、后排放”所引进的设备。由于页岩气开发尚处于初步阶段，配套环保设施建设不完全，因此设备数量可按区块内井口数量进行成本计算。每台集气设备价格与每台洁气设备价格之和与当年页岩气区块内实际井口数量的乘积即可以表示环保设备总成本。

空气质量经济成本主要是指，企业为进行排污，向政府缴纳的排污费用。中国排污费制度始于 1979 年，根据排污当量计算排污费用；此外，根据 2016 年《环境保护税法草案》，企业还需缴纳排放污染物税金，大气污染物税额收费标准为每污染当量 1.2 元。因此，空气质量经济成本的计算主要包括计算排污费用以及排污税费，废气排污费则需要污染物污染当量数之和、当量收费标准、地区调整系数、环境功能区调整系数四项共同计算所得。计算当量之和时，选取页岩气区块排放的主要废气进行计算，即二氧化硫、氮氧化物、一氧化氮、烟尘、苯，其当量值见表 14；地方调整系数则是根据地区发达程度乘相应系数，见表 15；环境功能区收费调整系数则分为三类，见表 16。

表 14　废气每千克当量值

废气名称	当量值/千克	废气名称	当量值/千克
二氧化硫	0.95	烟尘	2.18
氮氧化物	0.95	苯	0.05
一氧化氮	16.7		

表 15　地方调整系数

地　　区	系　　数	地　　区	系　　数
不发达地区	0.8	发达地区	1.2
一般地区	1		

表 16　环境功能区调整系数

环境功能区类别	系数	环境功能区类别	系数
一类	1.1	三类	0.9
二类	1		

三、页岩气开发大气成本问题的对策与建议

页岩气产业在中国不断迅速发展，其可开采储量大、较为清洁，未来发展前景较好。而页岩气开发所产生的大气污染对页岩气的进一步发展产生阻碍，为了促进页岩气产业进一步发展，实现《页岩气发展规划（2016—2020）》，做好页岩气开采的大气污染防治工作，本文提出以下建议：

（一）完善页岩气信息披露制度

要对大气污染进行有效的防治，需要将大气污染产生的损失货币化、可计量化、可比较化。因此，不断完善页岩气信息披露机制，细化大气污染计量模型，可以使企业更加具体地了解由于本企业页岩气开采产生的大气污染成本，有利于衡量页岩气开采效益和成本，从而引导企业作出正确决策；完善页岩气信息披露制度也有利于政府依据量化信息对企业页岩气开采产生的环境成本进行衡量，并在此基础上建立监管机制；完善信息披露制度，使页岩气开采大气成本信息公开透明，有利于社会对页岩气开采环境污染进行监督，从而保障公众利益。

（二）加强环境污染监督调制

应对页岩气开采产生的环境问题，需要通过政府调节的方式减少页岩气开采产生的大气污染。政府可以通过税收调节的方式，对重视页岩气开采污染防治的企业进行税收奖励，对忽视环境污染问题的企业进行加税惩罚。同时政府应加大

力度监督页岩气开采企业合规开采，加强对页岩气开采企业污气排放的监管力度。政府应该引导企业结合中国页岩气分布情况，在开展开采活动前对所产生的环境问题进行估计并提出相应的解决措施，从而减免污染问题的产生。

（三）提高公众监督意识，培养社会环保氛围

社会公众应加强对页岩气开采环境问题的重视和监督意识，运用大众媒体的量，通过“政府监督+社会监督”相结合的方式，对企业的开采行为进行监督。相关领域专家学者应参与到对企业环保绩效的监督活动中，综合运用各领域技术和知识对页岩气开采过程中产生的大气污染进行计量、加强监督并提出解决方案。此外，企业自身应提升环保意识，将环保行为与企业收益结合，与员工行为相结合、与公司发展战略相结合。企业应将生态环境保护作为企业应履行的责任之一，在政府的领导下，加强对页岩气开采过程中产生的环境成本的控制。

中国油气管理体制和市场机制改革探讨

与美国、加拿大等发达国家相比，中国油气资源管理体制与法律法规尚不完善，根据现行的法律法规，只有获得国务院批准的石油企业才能取得石油天然气勘查许可证或采矿许可证，从事石油天然气的勘查开发。这种政策下衍生的油气勘查开发管理体系与发达的市场经济国家相比，制约了中国油气资源勘查开发的高效竞争、大规模投入和取得更大的勘探开发成果。

一、主要油气大国油气资源管理体制经验

目前，世界各国都非常重视建立完善的油气矿权管理体制和市场机制，以更加有效地保证国家安全和可靠的能源供应。美国、英国等世界主要油气国油气资源管理体制和市场机制的经验主要包括以下几方面。

1. 油气矿权管理各部门权责定位明确

各国国情不同、体制不同，中国可借鉴外国成功的油气矿权管理方法和经验。美国和加拿大的能源生产量和消费量都很高，且都实行“三权分立”的政治体制，因此其油气资源管理体制也实行“政监分离”的模式，对油气矿权管理的部门定位清晰，分别设立能源主管部门和监管部门，联邦和州政府权责明确。同时，市场机制健全，非常注重发挥市场的调节作用，鼓励公众和行业协会参与管理工作。从油气矿权管理制度的完备程度和运行效果来看，加拿大阿尔伯达省能源部和能源与公共事业委员会（EUB）的体制和机制是值得参考的。阿尔伯达省政府对于矿产资源开采活动采用了立法与执法、主管与监管相分离的政府监管模式。EUB是独立的执法机构，有职有权，监管到位。同时，加拿大阿尔伯达省对于矿产资源开采活动的管理，还涉及与开采活动相关的环境部、地表委员会、交通部、可持续发展部等相关部门，这些部门的职责清晰明确，与能源主管部门形成了高效配合的管理体制。

目前中国对于油气开采活动的监管存在矿权主管部门与投资主管部门职责交叉的问题。中国可以借鉴国外做法，进一步明确简政放权后国家、省、市（地）、县四级管理职责，充分调动各级职能部门的积极性；按照简政放权的要求，将权

利下放地方的同时也加强国家对矿产资源的宏观调控能力。同时，响应国家深化制度改革的号召，坚持深化中国矿业权管理制度，简化及下放审批权限，提高行政效率，更好地服务矿业权人，同时节省出大量时间进行调研与监督。

2. 矿权、区块招投标是油气矿权管理的核心内容

世界油气主产国都把油气资源矿权管理作为油气上游领域政府管理的重要内容，其中以矿业权取得和流转为核心，区块招投标为主要方式。以美国为例，在美国联邦所有的土地上进行探矿、采矿活动都需要进行申请和登记。美国内政部土地管理局矿业权登记处负责矿业权申请、转让、批准和确认等行政许可活动，并负责记录每年税费的收取、年度评估文件的归档、税费以及转让的裁定等工作。英国贸易和工业部油气司依据有关法律法规建立了相对完善的油气区块招投标制度，对全英陆上和海上所有油气区块实施招投标，允许国内外所有公司平等、公开、透明地参与油气矿业权竞标。

3. 矿权的取得普遍实行许可证制度

世界油气主产国对油气矿权的取得普遍实行许可证制度，通常由政府相关部门颁发许可证。实行许可证制度的目的是为了考察油气勘探开发企业的各种资质、资金、技术等是否可以达到法律规定的条件。比如俄罗斯，其矿产开采和使用许可证由俄罗斯联邦主体执行机关和国家资源管理联邦机关或其地方部门共同颁发。许可证的申请、受理及发放、管理工作均由俄自然资源部负责，发放的方式有竞标、拍卖和其他获得方式。

4. 油气矿权流转制度完善

世界油气主产国矿业权交易市场的高效运行归因于他们建立了一套完善的、符合市场运作规律的矿业权流转制度。通常，国外油气矿业权的市场化程度较高。矿业权流转包括国家对矿业权的出让和矿业权人之间对拥有矿业权的转让。许多国家法律规定国家享有对油气资源的所有权，明确油气矿业权作为一种财产权，可以流转、出租、抵押、继承等。大多数国家通过立法保障油气矿业权持有者有权在法律规定范围内对其利益进行安排、收费、抵押或转让(交易)。为鼓励油气矿业权人积极地从事高风险的油气勘查和开发活动，而不是国家投资勘查开发，国外通常对油气矿业权市场进行全面的配套建设，包括建立国家地质调查组织，提供公共服务，降低勘查风险，吸引油气投资。同时，许多国家都注重提高管理水平和服务质量，包括油气矿业权的审批登记管理的自动化和现代化。

中国在油气矿权二级市场可借鉴国外经验适当放宽矿业权转让限制，激活并规范二级市场，减少直至杜绝矿业权人私下转让现象。在油气矿权市场建设方

面，建立统一有形的矿业权交易机构、矿业权中间服务机构，确保矿业权交易公正、公开、透明。在环境保护方面，参考国外好的做法，在相关法律法规中明确矿业活动中环境保护标准，事先加强对油气矿权准入资格的确立审查，由事后处理转变为事先防范，加强企业环境保护意识，从而促进油气矿权市场健康、可持续发展。

5. 普遍实行油气资源有偿使用制度

世界油气主产国一般都实行油气资源有偿使用制度。主要方式为：政府代表国家与油气企业签署勘探开发合同，收取合同规定的资源使用费；政府代表国家组织矿业权拍卖并取得收入；政府规定各种税费；与外国企业合作开发进行产品分成等。例如挪威，其石油工业法律框架主要起到了三方面的作用，首先，确保国家从国有石油资源中获得高额政府收入。比如法令规定国家对石油资源的所有权、28%的基本税、50%的石油特别税等，目的都是保证国家获得高额石油收入，使石油资源转变的金融资本得到有效运用，最后回馈于全民。其次，确保环保和经济协调发展。自石油工业于20世纪70年代在挪威发展之初，坚持环保准则发展石油工业的基本方针就被确定下来，并且几十年中始终坚持着这一准则。因此挪威石油工业发展与其环保发展是紧密相关的，所有油气活动都需在环保的框架中进行，有着显著的环保特色。再次，通过许可制度确保油气产业管理的严谨、规范和科学。一方面，油气项目招标过程严谨、规范和公平，为油气开发活动的前期顺利进行提供了保障，同时也为下一步开发和经营奠定了良好基础。另一方面，在油气开采过程中，油气经营者合作关系明晰，权利义务明确，各受许可人之间，受许可人和主营商之间以及许可人和政府之间的权利、义务与责任等关系都被明确地规定在法律条文和许可条例中，这又为油气开采项目科学有效地进行提供了重要条件。

6. 油气资源勘探开发中产权制度明晰

出于市场和政府分工的制度要求，世界许多国家《矿业法》都是独立制定的。油气矿权的有效管理是建立在权责界定清晰的基础之上，大多数国家油气资源所有权与经营权明确区分，油气资源开发中的产权问题得到合理界定，油气勘探开发相关方均无异议，其核心是油气资源矿业权受到保护，使油气资源的资产化得到有效落实。中国可以借鉴国外经验对矿业权进行细分和明确划分，对于除探矿权、采矿权之外，企业从事油气资源开发过程中所涉及的相应权利给予明确规定；同时明晰国家与矿业权人之间的产权关系，强化矿业权人的责任意识，加强矿业投资者的投资信心，从而保障油气资源的合理配置，充分发挥市场配置资源的决定性作用。

7. 健全油气矿权管理体制和市场机制相关的法律体系

依据矿业法和矿产资源保护法，参照当前美国、加拿大等发达资本主义国家的先进经验，配套和完善一系列石油资源保护和勘探开发的法律法规。例如，在对不同级别油气矿权管理部门探矿权和采矿权审批权限的方面，均要做出明确的规定，对具体审批内容也要做出详细规定，分工有所侧重。监管部门工作重心在宏观调控与监督管理上，而不是从事日常性审批、换证等工作，这样通过法律条文进行明确规定，有利于调动基层管理部门的积极性，避免行政资源的浪费，同时也有利于避免油气矿权审批时间长、操作手续复杂等问题。降低交易成本，为油气矿权申请人减少不必要的经济损失。另外，对油气矿权转让的二级市场进行法律规范十分必要，以避免未经审批程序的私下交易、隐形转让等。改变油气矿权流转法制建设滞后的局面，才能真正实现中国油气矿权市场机制的建设。只有相关的法律法规体系更加健全，才能保证各种产权界定更加明晰，油气矿权管理体制和市场机制运行才能更加切实有效。例如，英国政府为了实现油气资源开采效益最大化和环境影响最小化，建立了较为完善的油气资源管理法律法规体系，出台了《大陆架法令》《石油法令》《天然气法令》《石油所得税法》《天然气征税法令》及《陆上、海上石油生产条例》等一系列法律法规，规定油气资源归国家所有，政府主要通过税收等方式获得油气开采收益。英国油气资源管理职能归属贸易和工业部(DTI)。该部负责英国油气资源管理，包括油气资源勘查/开采许可证管理、区块招投标管理、油气勘探开发活动管理等。

二、中国油气资源管理体制存在的主要问题

(一) 油气资源法律体系有待完善

根据现行的法律法规，只有获得国务院批准的石油企业才能取得石油天然气勘查许可证或采矿许可证，从事石油天然气的勘查开发工作。目前，只有中国石油、中国石化、中国海油等少数国有公司才有这种勘查开发权利。同时，《矿产资源法》及配套法规不完善，现有法律法规体系中许多过时的条款制约了油气资源管理效率的提高。具体体现在以下方面。

1. 未能实现区块的依法退出

按照中国相关法律法规，获得勘探、开发区块是有条件的，要求在规定年限内完成相应工作量，未能完成规定工作量者必须逐步缩小直至完全退出已占有的区块。换言之，区块不能“终生”占有，不能占有大面积区块而不去充分地勘探、

开发。但是这些规定并没有落实，占有区块者没有按时报告工作，区块管理部门也没有按期检查区块投入的工作量，没能使过期和(或)投入工作量不足的区块及时退出。退一步说，即使主管部门想管此事，也缺乏相应规章具体赋权，更没有相应的监管机构和专业人员，致使中国油气勘探开发区块长期不变地被“三桶半油”全覆盖式的占有，固化了上游的垄断。这也就导致上面提到的大量已探明储量长期被空置而不能投入开发、贡献产量。

2. 矿权管理不同法律规范存在冲突

例如，中国探矿权转让法律规制存在着冲突，部门规章对探矿权转让的规定超出了法律界限。《矿产资源法》第四十二条规定：“买卖、出租或者以其他形式转让矿产资源的，没收违法所得，予以罚款。违反本法第六条的规定将探矿权、采矿权倒卖牟利的，吊销勘查许可证、采矿许可证，没收违法所得，处以罚款。”但是，国土资源部制定的《转让管理办法》规定探矿权转让方式有出售、作价出资、合作、出租、抵押、赠予、继承、交换等。这些规定与《矿产资源法》存在冲突，而这些探矿权转让方式又基本上满足中国当前探矿权流转市场的需要，符合矿产资源市场的经济规律，能够促进探矿权转让市场走向成熟，是建立探矿权流转市场化的重要因素。笔者建议，应该废除《矿产资源法》中对禁止将探矿权倒卖牟利这一条具有强烈计划经济色彩的法律规定，这样既解决了不同法律部门之间的冲突，也能够凸显《矿产资源法》是一部适应市场经济的法律。

（二）政府和企业功能定位不够清晰、准确

美国、加拿大的政府管理机构高级别、高专门化，政府直接下设部级能源管理部门，部门职能的专门化程度高，分工明确，各司其职，政企分开，管理效率高。中国的政府管理机构的特点是高级别、低专门化，政府直接下设部级能源管理部门，但部门职能的专门化程度低，分工不明确，职能有重叠，政企不分，管理效率相对较低。中国涉及油气资源和相关管理职能的政府部门较多，不同部门的职能分工不清晰且过于分散。例如，从事油气资源勘查开采管理的部门除了国土资源部外，还有国家发展改革委等部门；涉及对外合作管理的部门包括商务部、国家发展改革委等部门。这种情况加大了部门之间协调的工作量，降低了管理效率。一方面是政出多门，另一方面在各有关部门中负责油气资源管理的专职人员却很少，力量配备不足，导致某些政府职能缺位。

（三）市场机制应更加强化

1. 矿权申请和流转机制有待完善

目前中国油气矿业权授予缺乏市场机制，市场主体竞争不足，未建立高

效、有序竞争的油气勘查开发市场。中国油气资源矿业权的出让形成了中国油气资源矿业权的一级市场，但这种市场具有太强的限制性，不是真正意义上的市场。中国的《探矿权采矿权转让管理办法》对两种矿业权的转让(二级市场)做出了具体规定："探矿权人有权在划定的勘查作业区内进行规定的勘查作业，有权优先取得勘查作业区内矿产资源的采矿权。探矿权人在完成规定的最低勘查投入后，经依法批准，可以将探矿权转让他人。"已取得采矿权的矿山企业，因企业合并、分立，与他人合资、合作经营，或者因企业资产出售以及其他变更企业资产产权的情形而需要变更采矿权主体的，经依法批准可以将采矿权转让他人采矿。"这种规定使矿业权流转的方向和使用受到了区域行政和部门行政等多种因素的制约，不能够到达出价最高者和经营最好者手里，影响了油气资源矿权的优化配置。

2. 过分强调采矿权的公权性质，忽视探矿权人的投资收益

矿产资源公权管理的滞后对私权的影响，主要体现在探矿权价款的确认与征收和采矿权价款的混淆。中国《矿产资源法》规定，勘查或开采国家出资形成的矿产地，应当向国家缴纳探矿权、采矿权价款。在目前探矿权管理中，出现了两个极端：一是无论申请勘查的区域地质工作程度高低，一律采用招、拍、挂的方式，对于地质工作程度很低的区域增加了申请人的投资；二是无论申请勘查的区域地质工作程度高低一律采用审批制，在赋予申请人探矿权时不评估，对该探矿权是否应该缴纳探矿权价款不予界定，申请人在得到该探矿权后经过勘查投入取得开发机遇时，要缴纳采矿权价款，在采矿权价款中扣除探矿权人的勘查投入。事实上，一个不具备开采条件的矿产地，经探矿权人的投资获取资源信息后才使得矿产资源被开发利用，该矿产资源才有了采矿权价款，因此，采矿权价款中的大部分应该是探矿权人的投资收益。前述做法忽视或侵吞了探矿权人的投资收益。这两种情况，均是在法律之外过分强调了矿产资源法的公权属性，是与矿产资源法的立法目的相悖的。

(四)油气管理体制与市场机制缺乏监管

1. 行政性垄断及自然垄断环节缺乏监管

政府对勘探开采退出执行过程中缺乏监督。石油资源矿业权退出机制是以最低勘探投入为约束的。《矿产资源勘查区块登记管理办法》规定，探矿权人取得探矿权许可证之后须在规定的时间内完成最低勘查投入。违反规定的，根据具体情形给予相应的行政处罚和经济处罚，情况特别严重的吊销勘查许可证。这一机制在实际执行过程中缺乏监督，形同虚设。

监管机构配置不合理主要表现在油气勘探、开发许可由国土资源部负责颁发，项目审批、核准、管道铺设由国家发展改革委及国家能源局负责，管网接入由中国石油、中国石化、中国海油批准。这种监管机构配置必然出现监管效率受监管者身份及人员编制规模的限制，很难及时对供需、价格等市场因素做出有效反馈。

2. 管理体制与市场机制不完善

油气行业准入制度不够完善。《矿产资源法》及相关条例规定，只有国务院授予油气勘探开发资质的企业，才能从事石油天然气勘探开发业务，目前国内仅有中国石油、中国石化、中国海油等少数国有石油公司具有该资质，其他资本进入油气领域存在法律障碍。虽然国家出台了鼓励和引导民间资本进入能源领域的相关意见，但目前放宽油气勘探开发准入的法律法规尚不健全，缺少对准入企业在资本额度、装备力量、技术实力、业绩经验等方面的标准要求，准入条件不明确。缺少国内企业开展油气勘探开发合作的管理条例，缺少有关合作模式、风险承担、准入要求等方面的法规条例。缺少关于储量资产使用和评估的相关规定、标准、规范，也缺乏权威的储量评估机构，不利于落实储量有偿使用要求，存在国有资产流失风险。

油气矿权市场化配置程度较低。在常规油气领域，尚未建立比较规范的矿权一级市场和二级市场，三大石油公司和延长石油集团通过申请登记、国家行政授予的方式取得油气探矿权和采矿权，其他资本难以直接进入，影响了油气矿权的优化配置。2010 年以来，国家陆续出台了《关于鼓励和引导民间资本进一步扩大能源领域投资的实施意见》《关于进一步鼓励和引导民间资本投资国土资源领域的意见》，各类资本可通过“招、拍、挂”进入煤层气、页岩气等非常规油气勘探开发领域，民间资本可通过合作方式进入常规油气勘探开发领域，但占采矿权比例较小。

三、中国油气管理体制和市场机制改革的政策建议

（一）完善油气资源开发环境保护相关的法律法规

要根据《环境保护法》等制定石油产业具体的环境保护和环境管理办法，尽快完善中国油气监管的法律法规体系。为了使生态补偿法律制度规定更加完整，环保法中应设置关于生态补偿的原则性条款，在环保法律体系中增加生态补偿的专门性法律《生态补偿法》。国务院正在起草的行政法规《生态补偿条例》效力低于《矿产资源法》等法律，不适合作为生态补偿的一般规定，而且由于 2007 年的

指导意见只是部门规章，效力较低，可以考虑尽早出台一些国家层面的生态补偿办法，对生态补偿的程序和监管机制等加以规定。

生态文明建设已同经济建设一样属于国家的“五位一体”建设，《矿产资源法》的规制范围也应有所发展，增加矿区环境治理和生态修复保护的规定，改革其中的税费制度，随着社会经济水平的发展，资源税率可以提高到8%。在地方的生态环境保护法制方面，中国很多省份早在20世纪末就开展了生态补偿的实践，积累了一些经验，制定了一些地方性法规，但仍有许多需要改善的地方。现阶段这些省份应积极完善油气资源开发的地方性补偿标准，在不违反国家法律规定的条件下制定区域生态补偿的规范性文件，逐步建立油气资源开发生态补偿的区域协调机制，从而有助于协调解决跨省污染转移问题。

此外，为了相关环境法律与能源法律的有效适用，可以将《生态补偿法》与《矿产资源法》作为油气资源开发生态补偿的一般性规定，将《石油天然气法》作为其特别规定，优先适用于《生态补偿法》等一般性法律。地方性法规的规定如果违反上述法律规定，应及时做出修改。油气资源生态补偿法律制度是生态补偿理论在环境法和能源法领域的综合运用，它们的合理衔接有利于实现生态补偿的法律效果和社会效果。

（二）加强市场监管建设，维护油气资源的勘探开发秩序

1. 明确监管内容，确定监管范围

中国油气资源的监管内容和范围应包括几个方面。①油气矿业权的监管，主要监管矿业权的招标、出让及退还机制等，维护油气矿业权市场秩序；②油气资源储量评审的监管，确保各级储量真实、科学；③资源税费的收取、管理，并制定有关监管服务费用的政策、规定等；④油气勘查、开发方案的详细审查，探矿权最低投入的监督，技术规范、标准的制定和监督实施；⑤制定并监督实施HSE的有关标准、法规；⑥提供信息咨询服务，实行信息共享和统计监督，监督检查地质资料汇交与管理；⑦对有关油气资源的纠纷、事故开展调查，并进行相应处置等。

2. 建立监管机构，加强监管力量

适时组建专业化、独立的油气监管机构，负责监督相关政策的实施。强化政府监管职能，建立健全符合市场经济要求的油气管理和监管体系。按照不同的监管职责和范围，逐步建立起全国范围内的油气资源监管体系，实行中央一级监管。同时要考虑设置油气矿业权监管、技术规范监管、调查和仲裁、信息咨询服务等职能，并根据实际需要，调整相应的监管职能。积极开展油气勘查开采方案的审查，确保油气勘查开发活动科学合理。加强对油气区块退还的监督检查，加强油气矿业秩序治理整顿，维护矿权人的合法权益。监督检查地质资料汇交与管理，确保政府出资获得的基础性地质资料真正公益化，服务社会。

(三) 推进市场准入制度改革

加快发展石油天然气工业，推进油气勘探开发主体多元化，不断推进市场准入制度改革，进一步实现上游市场主体多元化。要积极推进准入制度改革，在国家总体控制的基础上设置适当的准入门槛，让真正有实力、有勘探开发资质的企业进入油气上游勘探开发领域，建立科学、合理和严格的市场准入原则，对市场竞争主体实行国民待遇化管理，充分利用外国资本、技术和专门技能，制定勘探开发区块准入门槛，完善资金标准、产能标准、环保标准、技术标准、设备能力标准等行业规则，规范招投标管理过程，允许有实力的民营企业通过竞标方式从事油气勘探开发。适度鼓励各种有条件的社会资本有序进入油气上游领域，吸引国内外多种技术和资金，做到优势互补，实现油气勘探开发的多元化。制定科学合理的市场准入标准，加强监管和审查，同时也可以防止不符合条件的公司从事油气上游业务，避免造成勘探开发秩序混乱、破坏环境、浪费资源的情况。

(四) 建立公开透明的油气矿权交易市场

中国应建立公开透明的油气矿权交易市场。严格规范矿权转让和流转程序，制定公开透明的矿权转让市场标准和交易规则，明确投资额度、交易期限和交易流程，并加强市场监管，规范交易秩序，确保矿业权交易公正、公开、透明。增加采矿权转让的方式，简化采矿权取得手续，提高地质矿产行政主管机关的办事效率，从多方面促进采矿权流转市场的高效运转，使其更好地发挥资源配置功能。建立油气区块矿业权退还制度。按照最低勘查投入标准，加强对全国已登记油气区块投入情况的检查，对于未达到投入要求的区块，如实按比例退还相应区块面积，逐步建立有效的退还机制。

(五) 完善矿业权市场信息系统

当前，无论是油气矿业权投资主体，还是矿业权供给主体，都很难全面了解油气矿业权市场的情况，使得供求双方的信息不对称。因此，政府管理部门应当尽早建立油气矿业权市场信息系统，使矿业权交易更加合理，市场信息趋于对称。同时也有利于政府对矿业权市场的监管，使矿业权有序流转，准确获得油气矿业权市场信息，制定及时准确的矿业产业政策。加强油气资源的信息服务，建立国家油气资源基础地质调查、勘探开发、重大发现和重大事故等数据、信息的收集、整理、分析与更新机制，为经济社会发展提供有效的油气资源信息服务。同时要加强石油公司之间的勘探信息交流和共享，组织开展油气勘探开发重大发现和创新成果交流。加强基础性、公益性油气资源地质调查评价工作。一方面要总结全国油气资源战略选区工作的成功经验，扩大选区范围，继续优选有利地区，开展更大规模的油气资源战略调查评价工作；另一方面要积极开展全球重点国家和地区油气资源战略调查评价工作，促进国际油气合作，增强国家能源安全。

中国综合性油气技术服务公司研发管理优化研究

油气技术服务公司是指专门为石油公司提供工程服务和技术支持的石油企业。其主要工作包括：物探、钻井、井下、测井、录井、定向井、钻井液、固井、油建等企业。在经济全球化和企业国际化战略不断推进的背景下，国内外油气服务市场全面开放，行业竞争日趋激烈。同时，国内石化能源需求持续增长，油气勘探深度发展，油气技术服务企业也将面临更为复杂的作业条件。

技术是油气技术服务企业赖以生存的重要保障。然而，对中国的油气技术服务企业来说，其现有的技术实力并不足以应对愈发激烈的国内外市场竞争和更为复杂的地质条件。中国油气技术服务企业的现行研发模式、技术创新能力有待提高。尤其是对我国三大石油公司的油气技术服务单位而言，技术研发问题已成为制约其科技竞争力及国际化战略实施的重大阻碍。

一、中国综合性油气技术服务公司研发管理问题分析

（一）受油气行业管理体制限制，核心研发力量分散

以市场化运作为目标，我国三大石油公司实行多次重组，取得相当成效，但其改革并不彻底，油气行业的管理体制并未完全市场化。我国三大石油公司的油气工程技术服务单位虽历经多次变革，部分公司且已组建了独立的工程技术服务分公司，但独立经营权缺失，并未真正成为企业的“利润中心”。

在行业管理体制框架下，我国油气技术服务单位受原计划经济体制的影响，具有“大而全”“小而全”的特点。现行管理体制破坏了我国油气技术服务单位的资源凝聚力，各专业核心研发资源散布于数量众多的二级科研试验机构中。另外，由于核心研发资源的缺失，各油气技术服务企业也无法组建高水平的研发中心，造成集团油气技术服务公司总体专业程度低、队伍分散、总体竞争力弱化，其发展空间和进军国际市场的能力被进一步压缩和弱化。

受限于现行管理体制，我国油气技术服务单位的研发激励机制不够灵活、形式单一，科研人员研发动力不足。多数单位的研发成果激励制度均依集团公司的框架进行设计，且未考虑研发成果与科研人员的特殊性，割裂了研发成果带来的

经济效益增长与科研人员的联系。

(二) 研发管理模式传统，资源配置效率不高

随着国内外油气技术服务市场竞争的加剧，我国三大石油公司逐年增加油气工程技术研发投入强度。但在现行“集团公司研发课题宏观把控、下属企业着眼市场自主申报”的研发项目管理模式下，集团公司科技竞争力并未有效提升，研发管理过程依然存在研发项目布局分散、研发资源配置效率较低、研发组织模式传统的问题。

项目申报立项阶段，接近生产一线的研发项目申报单位确定研发课题的依据是市场需求，主要包括所在市场存在的技术难题和急需解决的工程技术问题。有限的研发资源被分配至布局分散的不同项目，研发资源集中度不高。同时，该类项目仅注重市场技术难题的解决和新产品的开发，并不具备为企业发展壮大提供支撑、储备行业领先技术的能力。且由于现行研发项目管理体系不健全，下属石油企业以研发经费为导向，争项目、争资金，研发资源配置效率较低。

另外，我国三大石油公司的研发项目组织模式以“课题制”为主导，实行项目长负责制，项目长多由上级单位委派。项目组织管理制度缺乏激励机制，加上“课题组”的临时性，导致研发项目实际运行效率相对较低，创新能力也难有实质提高。

(三) 注重生产应用研究，技术革新突破困难

随着技术同质化与融合度的增加，技术创新愈发困难，因此，创新型技术对于油气技术服务企业竞逐国际市场，更有决定性作用，也更有行业革新意义。

油气技术服务行业基础理论研究旨在引发技术突破，推动石油产业链不断向广度和深度延伸，促进石油资源的获得方式更加安全环保并使其得到更加充分、有效的利用。

我国综合性油气技术服务企业偏重于应用性研究，对于基础研究则涉足较少。现行油气技术服务行业使用的新方法、新理论，都是国外发明的，国内自有科技专利也多是实用新型专利，发明专利较少。国内油气技术服务企业应将研发方向优化纳入企业国际化战略，并在今后的实践中逐步完善。

(四) 内部业务市场化管理模式不规范，研发驱动力传导受限

在我国油气工程技术服务市场，国有工程技术服务企业占据主导地位，拥有约85%的市场份额。尽管各国有石油公司积极开放工程技术服务市场，但其内部市场的竞争者仍多为同一集团的下属企业。

石油企业油田分公司与内部工程技术服务企业之间的关联交易，为存续企业的生存和发展奠定了基础。然而，各国有石油企业内部市场机制并不完善，存在关联交易协议的运行、监督、协调和仲裁等配套规则与办法缺失，关联交易价格执行不到位等问题。关联交易的失控致使工程技术服务企业效益受损，研发资源被削弱。最终，因内部业务管理市场化不足，各企业普遍研发动力不足，市场竞争压力难以顺利传导至研发端。

二、综合性油气技术服务公司研发管理优化及建议

（一）油气技术服务业务发展重定位

面对世界经济全球化持续加速和国际竞争日趋白热化的严峻形势，我国国有石油公司需依托核心技术竞争力，建设综合性国际能源公司。

核心技术竞争力的形成有赖于分散在各油气技术服务企业的研发资源的优化配置与合理利用，因此，对各国有石油公司来讲，需重新定位油气技术服务业务的发展思路，改变其保障与服务的基础功能性定位，将油气技术服务业务的发展提升至集团战略层面。综合性国际能源公司需适配同量级的综合性国际油气技术服务企业。

我国各国有石油公司应从以下几个方面构思油气技术服务企业的发展道路：战略方面，应以建设综合性国际油气技术服务企业为目标；功能方面，应将其定位于集团的主营业务之一，视其为集团公司的利润中心；市场方面，应授予其独立经营的权利，使其能够以独立法人的身份参与市场竞争。

（二）油气技术服务公司研发管理优化建议

1. 优化技术服务单元组织结构、整合核心研发资源

油气技术服务板块组织结构优化需以市场化为总体思路，授予“工程技术服务分公司”经营实权，使其角色从“行政管理者”变为“经营管理者”，最终形成集团公司、工程技术服务分公司、专业公司和区域公司的三层组织架构。集团公司在宏观方向上对工程技术服务分公司的发展进行战略管控。工程技术服务分公司作为独立经营实体，下辖专业子公司、区域分公司。在横向上，各专业子公司以“业务实体”的形式存在于各区域子公司。在纵向上，同类专业的子公司归属各专业子公司管辖，形成专业子公司和区域分公司双重设置的矩阵式业务管理模式。

研发由集团公司组建统一的工程技术研究院，与工程技术服务分公司并列，但主要为其服务。通过集团技术服务研发资源的重新整合，调整研发定位，配套共享机制，以市场为导向，兼顾应用与创新，既能保障生产，又能产出自有知识

产权技术，最终实现集团内成果共享，提高技术转化率和技术贡献率。

经优化后的组织结构有助于区域分公司的“一体化”发展，增强其提供综合套装服务的能力。同时也有利于纵向上各专业公司集中专业力量，增强其核心业务竞争实力。

2. 以应用和创新为主导，调整研发方向

集团公司需以“基础研究求突破，应用研究顾市场”为总体战略，通过基础研究的突破与积聚实现企业“科技竞争力”的增长。同时，兼顾市场需求，通过开展应用研究，实现集团工程技术服务业务市场规模的持续扩大。

在基础研究领域，各石油公司应采取技术领先战略。分析勘探开发行业的发展趋势，结合集团公司自身实际，进行特色技术、前瞻技术的研发。陆域油气资源的高度开发使得陆上油气的长期发展能力受限，我国海域油气勘探开发处于起步阶段，无论是其资源储量还是其可持续发展潜力均相对可观，因此，各石油公司超前性研究应以深海油气勘探开发技术为主。

在应用研究领域，各石油公司应以市场需求为导向，针对油气勘探开发市场现状，集中有限资源在短时间内研发专用技术以及附加值高、市场份额大的技术。随着油气资源赋存条件的复杂化和能源开发的多元化发展，低渗透油气田、页岩气、致密油、致密气等非常规油气的开发对提高采收率技术的需求将更为迫切，因此，工程技术服务企业的应用研发应向水平井、多分支井、多段压裂、体积压裂等方向转变。

调整研发方向需要石油企业对勘探开发行业进行的现状与未来趋势进行总结与预判，其有助于工程技术服务企业提升“科技竞争力”与“市场服务能力”，以顺利参与国内外市场竞争。

3. 优化研发管理配套体制，保障成果产出

为确保工程技术研发的顺利进行，提高研发效率，保障研发产出，各石油企业在研发过程中需适配合理的项目管理模式和有效的研发激励制度。

第一，项目管理模式采用改进的“课题制”。对于一般性的小型技术研发项目，可采用“职能式”组织形式，由集团公司工程技术研究院下辖的专业分院具体落实，而重大科技研发项目，其管理应朝着改进的“课题制”方向发展。改进的“课题制”有别于传统的“项目长委任制”，其项目组负责人通过内部招标的方式产生，项目团队成员由项目长结合工程技术研究院确立的人员遴选指导性标准进行选择。另外，指导性遴选标准的设计以组建多功能研发团队为目标，以避免团队成员性质单一，提高研发管理效率。同时，应对项目长充分放权，以确保其

研发责任感和积极性。

第二，创新项目人员激励机制。以市场为导向的工程技术研发，其成果转化应用能为企业带来持续的效益增长。基于此，可借鉴大庆油田的“科技成果创效提成奖励”机制，从科技成果取得的新增直接经济效益中提取一定比例的奖酬金，一次性奖励在该成果研究(开发)和转化过程中做出贡献的油田公司员工。同时，项目人员激励机制的设计也应充分考虑研发人员工作特性，设计人性化的弹性工作制度，不对工作时间和工作场所做过多的规定与要求。另外，应设计“双轨晋职”机制，在企业内部建立管理系列和技术系列两条平等的晋升机制，以确保技术人才充分发挥其积极性。

4. 建立成果共享机制，提升总包服务能力

综合一体化服务是石油工程技术未来的发展趋势，也是企业生存发展的必要条件，一方面其有利于开拓市场，另一方面也能降低企业的经营风险。

科研成果共享需以“内部科技市场”为基础。集团公司在总部层面建立“科技成果”管理部门，负责科技成果的认定与专利申请，规范内部科技成果交易流程，进行内部交易定价。工程技术研究院则拥有内部交易价格协商权。同时，在相应的“科技成果创效提成奖励”之外，科研团队成员可获得集团公司相应的股份权利。

在科技成果的“内部买卖”关系之外，工程技术研究院与工程技术分公司应构建“互惠合作关系”。工程技术研究院需在科技成果的使用过程中为工程技术分公司无偿提供技术指导与培训，工程技术分公司也应在科研项目现场试验环节无偿为工程技术研究院提供现场咨询与实验支持。

在技术研发与生产应用分离的组织架构基础上设计的研发成果共享机制，有助于提升工程技术服务企业一体化总包服务能力，也能有效激发研发组织的积极性。

三、结论

在经济全球化的影响下，石油勘探开发工业的竞争地域已无国界限制，发展领域也已拓展至海洋、非常规等油气开发领域。面对市场需求和竞争压力，我国油气工程技术服务行业需开展研发管理，增强自身“科技竞争力”。

进行油气工程技术服务公司研发管理优化设计，需从集团整体层面入手，重新定位业务发展思路。集团公司负责研发投资与决策，设立工程技术分公司和工程技术研究院。工程技术研究院整合集团公司内外研发资源，着眼于行业现状与

未来趋势，分别开展应用型和创新型研究，以占据市场份额，提升自身竞争实力。

项目管理模式采用改进的“课题制”，项目长通过内部招标的方式竞争产生。同时，集团公司负责设计以构建多功能小组为目标的科研团队成员遴选指导标准。科研人员激励机制设计兼顾薪酬与职业发展，设立“科技成果创效提成奖励”和“双轨晋职”制度。科研成果共享机制以“内部市场化”为思路，建立兼顾“买卖关系”与“互惠关系”的内部市场。在内部市场，集团公司拥有科技成果的定价权，工程技术研究院拥有定价协商权。在技术研发阶段和使用，建立“互惠合作”机制。工程技术研究院为技术使用提供培训与指导，工程技术分公司为研发提供现场实验条件与咨询。

以内、外市场化为主要思路进行研发管理的上述优化将有助于我国综合性油气技术服务企业提升自身技术实力，确保国家能源安全，更好地参与国内外竞争。

中国天然气管网运营管理对策探讨

随着市场化改革的深入推进和日趋严格的环保政策的实施，天然气作为优质清洁能源进入了快速发展阶段。天然气供给和消费的增长也为连接上下游的天然气管网的发展改革提供了契机。中国目前已形成以西气东输系统、陕京系统、川气东送、西南管道系统为主体，跨国管道和地方性管道为补充的管网总布局，为连接供需两端搭建了坚实的桥梁。但在天然气管网运营管理过程中仍存在诸如相关法律法规不完善、缺乏独立的监管机构、尚未形成国家层面天然气管网建设规划和运营管理、天然气管输定价机制有待进一步实施完善、天然气管网尚未实现第三方公平开放以及国有石油公司垄断特征明显造成其他主体存在进入障碍等问题。因此，中国天然气管网未来发展需在借鉴国外经验的基础上，探索符合中国国情的运营管理模式，完善政府监管。

一、国外天然气管网运营管理经验启示

(一) 美国天然气管网运营与监管

1. 运营模式

美国天然气行业的管网运输业务与销售业务相分离，管道企业仅提供输送业务，本身不拥有天然气所有权，全国拥有众多专营天然气管输公司，具有独立法人地位。此外也存在部分管道公司是综合能源公司的专业子公司，但一般经营独立。整个管网行业在政府监管基础上实现市场化运作。

2. 监管机制

政府设立了专门独立的能源主管部门——美国能源部，主要负责能源发展和安全的大政方针及相关的政策研究和制定；能源监管机构——联邦能源监管委员会，主要负责具体的监管政策的制定和执行。各州也设立了相对独立的监管部门，形成了联邦与州两级层次鲜明、职责清晰的管理体制。

(二) 俄罗斯天然气管网运营与监管

1. 运营模式

俄罗斯天然气行业实行上中下游业务一体化运营模式。天然气管道系统全部

归俄罗斯天然气运输股份公司垄断经营，该公司隶属于综合性的国有垄断性公司——俄罗斯天然气工业股份公司。

2. 监管机制

俄罗斯天然气运输业务由政府部门——燃料动力部实施监管职责，燃料动力部代表国家控股天然气工业股份公司，负责制定天然气行业的发展战略规划，并与油气运输公司一起发布石油天然气行业规章。此外，由相对独立的监管机构——能源署进行调控。能源署负责调整天然气干线管道和地方管网的运费，协调解决运输公司与油气公司之间的纠纷等。

（三）欧洲天然气管网运营与监管

1. 运营模式

欧盟各国政治经济环境不同，历史文化各异，天然气发展水平参差不齐，因而欧盟各国天然气管网多种运营模式并存。德国的长输管网由多条私营管道组成，每条私营管道由一个公司垄断运营，市场化特征明显。而法国的天然气管网无论是干线还是配气管网，基本上由国有的法国燃气集团苏伊士集团垄断经营。荷兰采用混合运营模式，由国有资本和私人资本合营的管网公司共同经营天然气管输业务。英国的天然气管网发展较为成熟，阶段性特征明显。英国天然气管网经过以独家垄断为特征的发展初期，逐步成长过渡到现阶段以管网独立、公开准入为标志的相对成熟的发展阶段。在天然气管网发展初期，英国天然气公司（BG）享有独家建设经营全国天然气主干网和配售网的特权。成长期以 1982 年英国《石油天然气法》的颁布为节点，取消了 BG 采购和供应的特权，逐步向管网独立的成熟期过渡。从上游配套机制建设来看，英国在 20 世纪 80 年代已形成天然气上游领域的竞争局面，这为独立管网获得竞争性气源铺平了道路。

2. 监管机制

欧盟天然气管网监管机构包括欧盟委员会和各成员国政府监督机构。欧盟委员会主要负责制定政策法规和发展战略规划，监督法令执行，并将有关情况向欧洲议会和欧盟理事会汇报。各成员国政府监督机构主要负责争议处理，建立透明、有效的监管及控制机制，各环节业务分开，管道向第三方开放。

（四）天然气管网运营管理国际经验总结

美国、俄罗斯、欧盟天然气管网的运营管理和监管机制因各自国情和发展阶段的不同而呈现较大差异，但从整体来看，对中国天然气管网业的发展仍存在一些可借鉴之处。

1. 政府监管法律法规建设

天然气作为关系国家能源安全的战略资源，需要通过不断完善的法律法规建设以保证其稳定可靠供应和天然气行业的健康、可持续发展。从世界范围来看，天然气产业发展相对成熟的国家普遍制定了专门针对天然气的法律法规，用以规范和引导天然气上中下游整个产业链的有序良性发展。英国《天然气法》的出台，对天然气管网独立起到了重要推动作用。

2. 管网统一规划和互联互通

欧美各国在管网建设初期就以国家为主导进行主、干支线的整体规划，建立了合理的天然气供给格局。以欧洲为例，欧洲地区围绕主干网已形成10多个地区中心，各国或区域性管网系统既相互独立，又通过多条联络线互联互通。此外，英法德等国还建立了多个管网控制中心以保障天然气的灵活调度。

3. 建立健全天然气管输定价机制

天然气管输定价在一些发达国家已经有比较成熟严格的程序以及管理办法。如美国已经逐步放开对天然气管输的严格管制，引入竞争，同时政府也对其进行监督、调控。发达国家的定价原则遵循：管输价格=管输成本+合理利润。在天然气管输的定价方法上，根据天然气管输自身的特性，国外发达国家大多采用“两部制”的定价方法来制定天然气管输价格体系。目前许多发达国家将天然气管输费从原先的捆绑价中分离出来，用户与天然气管输公司只结算管输费，天然气商品费则由用户与天然气生产商(或其他天然气拥有者)直接结算。

4. 天然气管网向第三方公平开放

在天然气管网第三方准入方面，欧洲天然气管道改革共经历了三个阶段：第一阶段，鼓励管道开放，政府并不强制规定管道提供非歧视服务，而是对提供准入的石油企业给予一定奖励。目的在于测试可行性及发现潜在问题。进入第二阶段，政府则开始强制实施，完全解除天然气销售与管道运输的绑定关系。第三阶段，推进管道运输服务独立。将天然气管网业务从上中下游一体化经营的油气企业中分离出来，组建若干家油气管网公司，并建立对油气管网的政府监管制度。一个典型的例子是英国通过许可证制度保障天然气输送和供应领域的竞争，实现第三方公平准入。

5. 管道投资主体多元化

荷兰采用国有资本和私有资本合作管网建设的混合运营模式，俄罗斯鼓励国内外私营公司参与管道建设，连接美国和加拿大的油气管道就是通过合资建设、运营的。可见，在国际上，管道建设投资主体的多元化趋势明显。

二、中国天然气管网运营管理发展演变及存在的问题

（一）中国天然气管网发展历程

我国天然气管道建设于20世纪60年代。1963年，中国第一条天然气管道——巴渝输气管道投运，全长仅有55.6千米。1987年，四川建成北半环管道，并与此前的南半环管道相接，形成了中国第一个区域性天然气管网。1997年，陕京输气管道投产，成为中国天然气管道追赶世界先进水平的起点。进入新世纪以来，以西气东输一线管道建成为标志，中国天然气管道建设进入了快速发展期。中国目前已形成了以西气东输系统、陕京系统、川气东送、西南管道系统为骨架的管网系统，干线管网总输气能力约为2800亿立方米/年。在运营主体方面，中国天然气管网主要由中国石油、中国石化和中国海油三大石油公司各自独立运营。

（二）中国天然气管网的运营模式

在天然气管网微观企业运营方面，以中国石油对油气管道的管理为例。目前，80%以上长输天然气管道由中国石油建设与运营。中国石油对天然气管道实行区域化管理，现有区域性管道公司以管道分公司、西气东输管道分公司、西部管道分公司、西南管道分公司和北京天然气管道公司5个综合性运营公司为主，西南油气田公司为补充，也就是所谓“5+1”管道运营管理体系。此外，中国石油还成立了“北京油气调控中心”，实现管道统一指挥、统一调度，优化管道资源配置。

（三）中国天然气管网的监管机制

在天然气管网宏观管理方面，我国油气管道宏观管理涉及的部门达10多个，但主要有四个，分别是国家能源委员会、国家发展改革委、国家能源局和国有资产监督管理委员会。各部门针对油气管道的不同方面承担相应的监管职责。我国油气管道的监管体制是1998年国务院机构改革以后逐步形成的。但至今，我国仍然没有设立专门的管道监管机构。根据2008年国务院机构改革方案的规定，石油天然气行业监管职能已经划归能源局，但目前部分应该由能源局行使的监管职能分散在其他相关的国家机关。

（四）中国天然气管网运营管理存在的问题

1. 相关法律法规不完善

我国唯一一部由全国人大通过的涉及油气管道方面的法律是2010年的《石油天然气管道保护法》，其他有关油气管道甚至整个油气行业管理的法规层次都较

低，主要以规定、办法、条例出台。这对构建独立的油气行业监管机构、体制机制造成了一定的法律障碍。

2. 缺乏独立的监管机构

根据2008年国务院机构改革方案的规定，石油天然气行业监管职能已经归国家能源局，但国家能源局仍然具有许多宏观政策制定职能，还不是单独的监管机构。另外，目前还有应该由国家能源局行使的监管职能分散在其他相关的国家机关，因而存在多方负责、职责不清的问题。

3. 尚未形成国家层面天然气管网建设规划和运营管理

我国天然气管网规划是由各石油公司自行规划上报国家能源局汇总，不是真正意义上由国家主导的全面系统规划，容易导致重复建设，造成资源浪费。天然气管网由三大石油公司各自独立运营，互不连通，因此尚未实现真正意义上的全国性管网系统。从覆盖区域来看，全国性的天然气管网已经基本形成，并在长三角、西南、环渤海等地区建立了较为完善的区域性管网，但各大区域联通程度不足，阻碍了天然气资源在全国范围内的灵活调配，此外，调峰设施建设也有待进一步改善。

4. 天然气管输定价机制有待进一步实施完善

2016年，我国天然气管输定价制度建设取得实质性突破。2016年10月12日，国家发展改革委印发《天然气管道运输价格管理办法(试行)》和《天然气管道运输定价成本监审办法(试行)》(以下简称两个《办法》)，对天然气管道运输价格机制进行重大改革。两个《办法》构建起较为科学完善的天然气管道运输价格监管体系。但是，在实际执行过程中依然存在许多实际问题，需要不断检验和完善制度的合理性，进一步理顺天然气管输定价机制，推动天然气市场化改革进程，平衡管道所有者和上游供应商、下游消费者的利益。

5. 天然气管网尚未实现第三方公平开放

中国天然气管网由三大石油公司各自独立运营，互不连通，且不向第三方开放。剥离管网、管道独立是真正实现第三方准入的前提。我国目前天然气管网改革进程在持续推进之中，但仍未能实现管网独立，也为实现第三方公平准入造成障碍。

6. 国有石油公司垄断特征明显造成其他主体存在进入障碍

我国三大石油巨头对资源开采的渠道和原油进出口拥有垄断权，中国石油负责中国80%以上的管道运营，对广大民营企业和社会资本而言，可观的利润使投资建设天然气管网具有吸引力。但在市场中，它们难以掌控最关键的上游油气资源和下游 LNG 接收站等基础设施，从而毫无议价能力。此外，由于管道建设的投资周期长、资金要求高、风险大等特点，多元化投资主体发展趋势缓慢。

三、改进中国天然气管道运营管理的对策建议

中国现代天然气管道运营管理建设需要结合我国实际，在实践中不断发展完善。一方面，在国家层面上，需建立健全相关法律法规，组建独立的监管机构；成立国家层面的专门机构统筹管网规划和运营管理；进一步完善天然气管输定价机制建设；实现天然气管网第三方公平开放。改革涉及到部门之间的权力分配、利益调整，可谓牵一发而动全身。因此，要统筹兼顾，制定改革的时间表，分步实施。另一方面，企业运营层面，创新管网运营模式，实现管网独立运营以及投资主体多元化。

（一）建立健全相关法律法规

我国应建立健全天然气管网相关法律法规，建立多层次、严密细致的油气管道法律法规体系。尽快出台针对天然气运营监管方面的专门法律，最大限度地满足政府职能部门、运营商和用户的利益，保证法律法规的公正性和透明度。为我国天然气产业的健康可持续发展奠定坚实的制度保障。

（二）成立独立天然气监管机构

我国目前的天然气监管机构部门较多且职责不够清晰，存在多方负责、职责不清等问题。应成立独立的能源监管机构，简化审批程序，提高天然气市场效率。规范政府职能部门和运营商的权力和职责，完善执法体系，加强独立监管。

（三）成立国家层面的专门机构统筹管网规划和运营管理

天然气作为一种战略资源关系到国家能源安全，因而应成立国家级专门机构统筹规划全国天然气管网。一种思路是，分拆三大国有石油公司的天然气管网资产，组建独立的国家管网公司进行统一规划和运作。该公司在管网建设方面的职责应包括：扩大天然气主干管网在省、市、区等的覆盖范围；加强主线、支线、联络线等之间的互联互通；多气源管道建设统一规划，提高全国范围内天然气调配灵活度；出台优惠政策鼓励民间资本投资支线管网和调峰储气设施建设。

（四）进一步完善天然气管输定价机制建设

《天然气管道运输价格管理办法(试行)》和《天然气管道运输定价成本监审办法(试行)》的出台，率先实现了重要网络型自然垄断领域价格监管办法和成本监审办法的全覆盖，是价格工作职能创新的重大突破，体现了政府定价由价格水平制定向监管制度供给的重要转变。以两个《办法》为样板，省级天然气管网甚至

城市配气管网也要建立起相应制度，实现全国天然气管网新规全覆盖。在具体实施过程中，结合实际情况，制定详细的实施细则，提高政策的落地率及可操作性。此外可结合天然气市场发展，开展"两部制"价格、热值计价等实践探索。

（五）实现天然气管网第三方公平开放

实现天然气管网第三方准入的前提是管网独立运营。实现管网独立除了剥离管网资产成立一家或多家独立的管网公司外，还有一些其他的途径。如通过业务独立、财务独立、独立法人等途径实现。管网独立运营渐趋成熟之后，可借鉴国外经验，通过配套制度建设和政策鼓励，逐步推进天然气管网向第三方公平开放。

（六）形成多元化投资主体和多种参股方的混合所有制模式

一方面，继续发挥国有石油公司在油气管网建设和运营中的主导作用。另一方面，加大政府对管道投资、管输定价及土地征用方面的政策支持力度，鼓励多元投资主体参与，扩大管道投资资金的来源，形成管理运营共同体。此外，综合我国目前情况，采取主干网由央企运营，局域网由其他资本运营的混合所有制模式，是逐步缓解垄断并向市场化过渡的有效方式。

油气舆情话题识别与分析

油气已经成为推动社会经济发展，影响政治关系乃至国家地区稳定的重要因素和热点话题。通过提高油气舆情的监测、分析和研判能力，及时准确的掌握舆情的发展动态，积极引导国内外舆情，及时反映油气舆情动态，深入分析油气舆情走势，科学预测未来发展，提出有效的对策，为油气行业的决策者提供决策依据，对于了解国内外油气市场发展形势，制定油气发展战略、积极应对国际油气市场变化、做出科学的海外投资决策等具有重要意义。

一、话题关键词

基于中国能源信息网 2016 年 1~11 月有关油气舆情的文本，分别统计进行预处理后的文本词语词频，人工干预剔除与油气无关的高频词，由此得到候选关键词表，然后进行组合词筛选，综合得到关键词表。对于关键词和关键词的词频统计，运用词云分析软件进行可视化(此处采用在线词频分析工具——图悦)，字体的大小代表词语的重要程度(也即词频的高低)，可以直观地发现关注度较高的词语和话题中的关键词，通过关键词云图可以初步看出话题中的关键点。

图 32 是中国能源信息网的关键词云图，从图中可以看出，中国能源信息网在“能源类油气”话题下，“光伏”“储能”“风电”“管道”“电网”等词语的权重(重要性程度)较高，即在中国能源信息网上，较为关注的是光伏、储能、风电等话题。

图 32　中国能源信息网关键词云图

二、关键词分布

基于关键词数据，运用四分图法进行描述分析，将各个关键词分布到四个象限中，发现关键词的分布情况，进而发现哪些属于舆论的热点，哪些属于舆论的焦点、沉默点、潜在点。具体如下：选择词频、报道的文章数、文章的浏览量(或文章点击量)这三项进行标准化(以数值最大的为标准，将其他的关键词与数值最大的相比)，绘制关键词气泡分布图。其中横坐标代表报道的文章数，纵坐标代表词频，气泡的大小代表文章的浏览量(或文章点击量)，绘制出图33，结论如下。

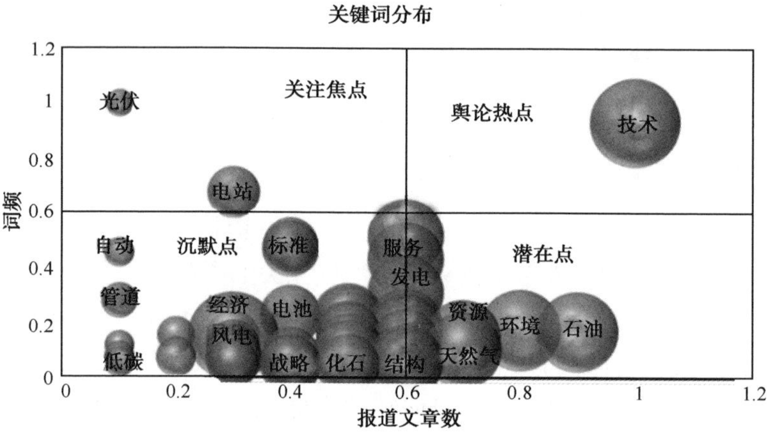

图33　中国能源信息网关键词分布

(1) 舆论热点区域(高词频高报道量)：含有关键词“技术”的报道文章数和点击量都非常高。当前油价走势低迷，油气行业各公司不得不引进新技术以保证市场竞争力，油价疲软更加有利于新技术的应用。技术开发的重点是缩减支出、提升效益。随着市场需求量的下降，油气技术将降低公司的成本以抵消原油价格低带来的副作用。

除此之外，油气行业对大数据持续地探索，将大数据、云计算等相关技术运用于油气行业，以行业多年来产生的海量数据为基础，从海量的数据中获取更大的价值。其中数字油田就是大数据出现的首要领域，目前这一趋势已经蔓延至油气行业的各个领域。

(2) 关注焦点区域(高词频低报道量)：关键词“光伏”“电站”处于舆论焦点区，在这个区域词频高，但是报道的文章数比较少，说明这类问题是有待解决的，并且有较大发展和改进的空间。当前油气行业不景气，化石油气的消耗出现了各种各样的问题，例如“雾霾”天气、温室效应、环境污染等，寻求新油气成为经济持续发展的新出路。光伏发电是利用半导体界面的光生伏特效应而将光能直接转变为太阳能的一种技术。光伏发电具有无枯竭危险、安全可靠、无噪声、无污染排放、油气质量高等特点，具有化石油气所不具备的优势。近几年，为了减少环境污染，国家积极倡导新油气的开发，对光伏发电也采取一系列的补贴措施。

（3）舆论沉默区域(低词频低报道量)：“风电”“管道”“战略”“化石”“经济”等关键词落在舆论沉默区。在该区域词频低，文章的报道量也较少，目前是舆论沉默区。但是从气泡的大小(气泡的大小代表文章的点击量，从一个角度讲点击量的大小也说明了受众的大小)上来看，含有“化石”“经济”等关键词的文章点击数还是很大，即受众宽泛。虽然目前这些关键词处于沉默区，但由于其受众宽泛，在自媒体时代，人人都是发言者，受众可以通过各种途径传播消息，消息同样可以在短时间内成为热议的主题。因此，目前处在沉默区的舆论也是不可忽视的。

（4）舆论潜在区域(低词频高报道量)：关键词“石油”“天然气”“资源”“环境”处在潜在区。虽然光伏发电是清洁的油气，并且具有化石油气所不具备的优势，但是也有其自身的不足，例如发电成本高、易受外界环境的影响等。而化石油气正好可以补充光伏这一新油气资源的劣势，因此，“石油”“天然气”等话题就可能成为未来的热点话题。

三、关键词时序图

关键词时序图代表了一段时间以来该关键词的热度，同时也可以表示一段时间内该话题的热议程度。图 34、图 35 分别是中国能源信息网关键词时序图，数据来源分别是百度指数和微指数近半年的数据。

从图 34 可看出，关键词“光伏”“储能”“风电”“管道”“电网”变化周期趋于一致，波动周期在一周左右。这些关键词的波动趋势趋于一致部分原因可能是这些都是相互联系的产业，网民在搜索某些特定关键词会连带搜索与这一特定关键词相关的关键词。我们可以从这一稳定的趋势中得到启示，舆情监测的过程中，在没有发生突发事件的时候，该类话题的舆情可以一个月或者几个月再监测一次，减少舆情监测的工作量。但是在发生突发事件，例如发生光伏发电负面事件，或者因为石油、天然气油气危机产生的光伏发电概念炒作等事件，并且在短时间内成为热议话题时，需要实时监测舆情。

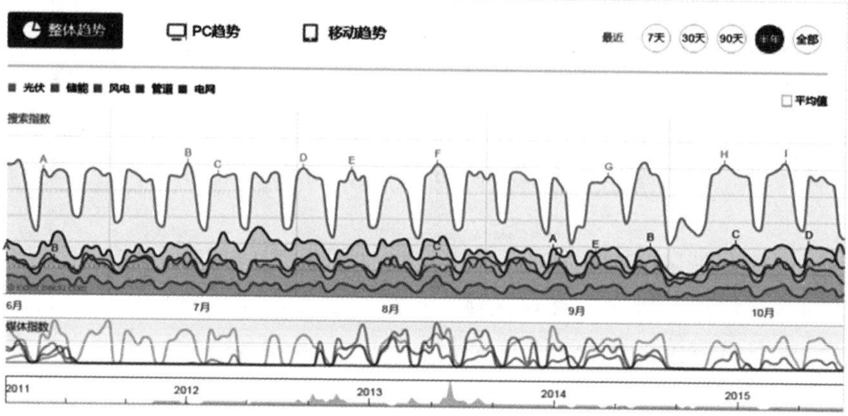

图 34　中国能源信息网关键词时序图

数据来源：百度指数

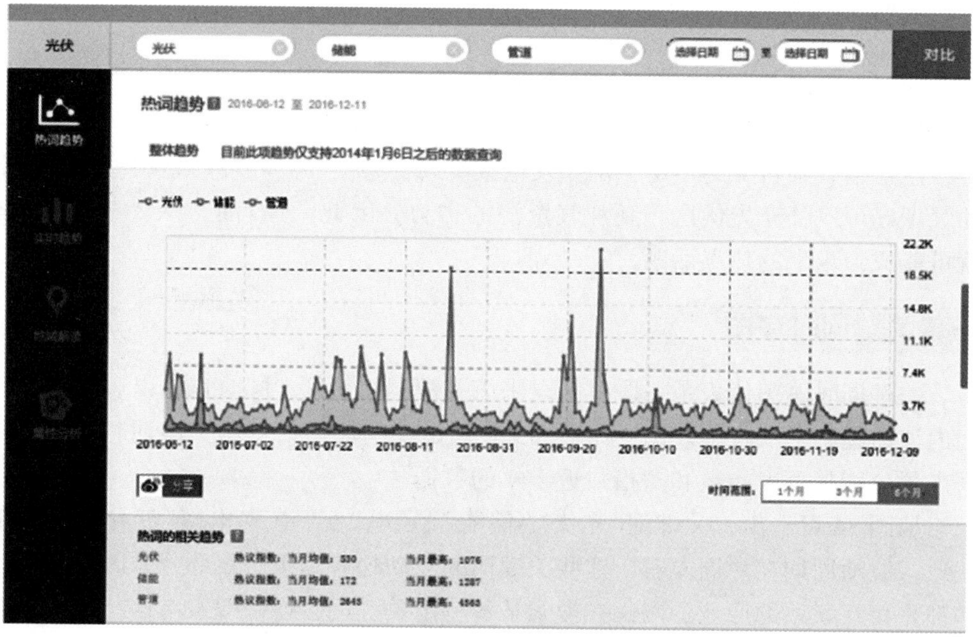

图 35　中国能源信息网关键词时序图

数据来源：微指数

从图 35 可以看出，关键词“管道”“光伏”的搜索指数波动最大，关键词“储能”波动不太明显，但这些关键词搜索指数都有一个特点，在较短的时间内达到极值，也就说明这些词的热议度变化较为激烈，这可能与微博消息更迭速度快有关。由于微博中热议程度变化较快，微博用户数和活跃用户非常大，根据微博2016年9月的微博用户活跃度报告，微博月活跃用户达3.9亿，微博日活跃用户增至1.05亿。因此，微博应该作为油气舆情监测的主要平台，通过监测用户在微博中的行为来预测用户的现实行动。

四、展望

油气关乎社会经济发展、国家间政治关系、地区稳定，对油气舆情进行监测、分析、引导对地区、国家以及油气行业的持续稳定发展具有重要意义。在今后的油气舆情监测中，微博将是重点监测的平台，主要监测与油价、产油国、新油气相关的话题。对舆情趋势进行分析，形成预警机制，制定舆情应对方案。通过实施舆情监测系统，在舆情监测系统监测过程中，进行适当的人工干预，形成贴切实际的油气舆情报告，为国家和油气行业提供决策依据。

中国民营资本海外油气投资的战略思考

自加入WTO后，中国已建立领域开放、内外联动、互利共赢、安全高效的开放经济体系，始终坚持对外开放基本国策，坚持“走出去”战略。2014年，中国对外投资占全球的7.8%，对外直接投资共1231.2亿美元，同比增长14.2%，成为仅次于美国和日本的第三大对外投资国。中国外直接投资累计净额(存量)达6604.8亿美元，较上年排名前进两位，位居全球第11位。截至2014年底，境内投资者在国(境)外设立近3万家对外直接投资企业，直接雇佣外方员工83.3万人，海外净资产累计达2.5万亿美元。

油气市场上，中国油气企业积极利用国内外两个油气产品市场、两种油气资源，使得境外投资迅速发展。值得注意的是，民营资本不仅积极参与国内石油市场的上、中、下游领域合作，与国有企业竞争，还成功“走出去”进行海外油气上游投资。海外投资的迅猛发展，需要高度预防投资风险等诸多不确定性因素。

一、中国民营资本参与油气投资发展现状

改革开放初期，基本上都是国有企业在海外进行矿业和能源产业投资，近几年，国有资本和民营资本都积极参与海外油气投资，并且民营资本投资发展更快，民营资本在海外投资领域在不断扩大。

(一)民营资本参与海外油气投资历程

国有石油公司进行海外油气投资是缓解国内石油市场供需矛盾的必然选择，也是保障国家能源安全、政治稳定的重要举措。而民营资本进行海外油气投资，主要是从公司发展需要出发，以经济效益的回报为目的而实施的正确发展路线。海外油气项目稳健性的经济利益回报，加上国家政策的支持和引导都吸引民营资本积极参与其中。

民营资本首先在国内范围参与油气投资，1992年以后，国内开放石油市场，石油市场的利润促使政府积极促进民营资本的发展。1994年国家放松成品油批发市场准入限制，石油市场呈现有限竞争状态，民营石油企业急剧增加，这是民营资本的快速发展时期。1998年以后的10余年时间，很多民营成品油批发企业

和零售加油站倒闭，勉强维持经营的也出现巨额亏损，民营石油企业艰难发展。2005 年国家出台《关于鼓励支持和引导个体私营等非公有制经济发展的若干意见》，逐渐重视民营资本在石油行业中的能力，同时逐步放开对民营资本的限制。

2000 年后中国民营资本开始参与海外油气投资，2001 年万向集团获得美国得州 6 个区块的开采权，截至 2004 年万向集团总投资 1000 万美元，在得州钻探了 100 口油井。2005 年 6 月 17 日，黑龙江龙都石油销售公司声称已与俄罗斯油都石油公司签署了一份总投资为 10 亿元人民币的意向性协议，计划在俄罗斯秋明油田建一座炼油厂，加工后的成品油中的 1/3 即 200 万吨销往中国。自 2008 年以来国内民营资本参与海外油气资产收购的案例逐渐增加。2010 年，国家发布的"新 36 条"支持民间资本参股建设原油、天然气、成品油的储运和管道输送设施及网络，已经有多家民营上市公司公告拟收购海外油气资产。"新 36 条"发布后，国内参与海外油气投资的企业从中国石油、中国石化、中国海油等三大国有石油公司和中化集团、中信资源有限公司等其他国有石油企业扩展到洲际油气股份有限公司(以下简称洲际油气)、烟台新潮实业等民营资本等。在 2009 年和 2012 年全球经济衰退期间，中国国有石油公司的大规模海外并购投资进退维谷，中国民营石油企业虽然相对灵活，也同样在低油价周期中陷入两难境地，若继续投资就不可避免油价持续下跌的风险，但撤出投资就等同于放弃当时通过激烈竞争得到的优质油田。2013 年以来，不少主营业务为非油气行业的企业转型进行海外油气投资，由于持续的调控使得房产企业的利润走低，所以房地产公司转型能源公司居多。

(二) 民营资本"走出去"近期现状

民营资本是石油行业的重要组成部分，参与油气市场的竞争，并打破国有企业对石油行业垄断。民营资本成为市场上重要的组成部分，市场逐渐形成了以国有石油公司为主、民营资本为补充的格局。

2013 年中国企业实施的海外油气资产并购交易共 17 宗，其中由民营资本为主体实施的并购交易达 7 宗，国内上市公司是实施海外并购的主体。从 2013 年开始民营资本参与海外油气资源开发的进程继续加快，继 2013 年完成近 10 亿美元的收购后，2014 年有海南正和实业集团股份有限公司(正和股份)、常熟风范电力股份有限公司(风范股份)、金叶珠宝股份有限公司(金叶珠宝)、潍坊亚星化学股份有限公司(亚星化学)、广汇能源股份有限公司(广汇能源)、兰州海默科技股份有限公司(海默科技)等 9 家民企上市公司宣布开始涉足海外油气业务，并购额达 22 亿美元。投资标的主要在政治经济环境比较稳定的地区，如复星国际有限公司以3.6亿美元收购洛克石油在澳大利亚的油气资产，中油燃气集团有限公司以2亿美元收购了加拿大的油气资产。上述的企业中除了广汇能源和中油燃气集团外，其他公司的主营业务均为非油气行业。

主营业务为非油气行业的企业转型进行海外油气投资的案例越来越多，例如美都控股股份有限公司（前身为海南宝华房地产综合开发经营公司）是房地产和商业贸易的中国民营500强企业，公司通过海外收购转型油气开发进行战略转型，2013年7月美都控股公司公告拟收购美国油田公司Woodbine Acquisition LLC 100%股权，并将对该油田进行整体开发。2014年8月7日，中国民企洲际油气成功收购哈萨克斯坦马腾石油公司95%股份，这是中国独立石油企业对哈萨克斯坦油气领域投资规模最大的项目，实现主营业务由房地产向油气行业的转型。洲际油气公布的2014年年报显示，报告期内洲际油气实现营业收入13.87亿元，其中油气业务收入9.12亿元，占洲际油气公司全部总收益近七成，而油气业务的收益很大部分则是来源于洲际油气海外业务。另外这个项目正值中国兴建“新丝绸之路经济带”全面启动阶段，为中哈两国开展非国有层次石油天然气等能源领域合作拉开序幕。2015年10月23日，山东地产行业公司烟台新潮实业以83亿元收购了西得克萨斯的油田资产，涉足美国能源业，成功从房地产行业转型。

总体来看，中国石油企业海外直接投资数额累计大约在1800亿美元左右，过去20多年的海外石油和天然气投资，使中国企业海外的油气作业量和权益有了巨大增长，2014年中国石油企业的海外油气权益量超过了1.3亿吨，是2009年的2倍。2014年，中国企业共实施对外投资并购项目595起，实际交易总额569亿美元，对外直接投资涵盖了国民经济的18个行业大类，地方企业投资占比首次过半，超过中央企业和单位对外直接投资规模。2015年中国企业海外并购交易数量和交易金额均创历史新高，2015年上半年涉及中国企业的并购交易总额达3053亿美元，较去年同期增长61.6%。

民营资本海外油气投资近几年发展迅速，2013年，中国民营企业在海外油气投资便达到了10亿美元，2014年全年，包括洲际油气、江苏熔盛重工有限公司等民营企业海外投资油气规模超过22亿美元。2014年发生的68宗中资能源矿产行业海外并购中，有43宗的并购方为民营企业，占总宗数的63.24%，涉及金额92.95亿美元，占总金额的41.61%。但2014年国有企业能源矿产行业海外并购的金额明显高出民企海外并购的金额，能源矿产行业24宗并购方为国有企业的海外并购的交易金额达到130.43亿美元，占2014年该行业海外并购总金额的58.39%。2015年中国民营企业表现突出，前三季度，海外并购交易数量已超国有企业的近3倍，也超过了2014年全年水平，虽然民营企业和财务投资者参与的海外并购交易单笔相对金额较小，但仍保持规模级水平，约167家，国有企业和财务投资者分别为59和31家。表17是2013~2014年民营资本海外油气投资概况。

表17 2013~2014年民营资本海外油气投资概况

时间	投资规模	主要企业	主要投资区域	主要合作方式	投资现状
2013年	10亿美元	广汇能源、正和股份、风范股份等10多家民营企业	主要投资中亚、北美等地区	与资源国政府进行合作，签订矿税制合同、产量分成合同和服务合同三种类型	民营企业原有主营业务受宏观、市场因素影响较大，2013年由于持续的调控使得房产企业的利润走低，迫使一批中小房地产企业走上向能源行业转型之路
2014年	22亿美元	新增了金叶珠宝、海默科技、亚星化学、美都控股等9家民营企业	主要投资澳大利亚、加拿大等政治经济环境比较稳定的地区	传统的矿税制合同和产量分成合同越来越少，资源国政府越来越青睐于使用服务合同	国际油价大幅下跌，世界油气行业进入不景气周期，民营资本海外油气投资在低油价周期中陷入两难境地

（三）民营资本机构发展

2004年，国内100多家民营石油化工企业为整合民间石油资源成立“全国工商联石油业商会”（以下简称“商会”）。该机构是非盈利性的民间组织，商会会员分布于国内26个省市，领域涵盖石油行业的上、中、下游各个环节。商会的成立标志着民营资本能够有更大生存空间，能够更好地维护其合法权益。商会组织国内民营石油业精英，访问国外著名石油企业，学习国外同行经验、了解国际石油市场动态，并积极促进国内民营石油业与国际石油大公司合作。2014年石油业商会组织一批民营油企前往巴西、哥伦比亚等产油国考察，与当地相关的产业协会和企业进行初步接触，并在加油设备方面达成合作意向。商会呼吁民营企业在新的一年里响应国家的号召“走出去”，商会将继续组织相关企业出国考察，探讨在油源、设备、炼化等方面的合作模式，石油相关设备的出口以及投资设厂将是主要的引导方向。2014年6月，商会和中国石油经济技术研究院共同主办召开了民营石油企业“走出去”政策研讨会，为民营石油企业在新常态下互利共赢开放战略和“一带一路”战略下如何更好“走出去”提出宝贵意见。2014年9月，商会一行拜访美国驻华大使馆，与使馆能源和环境处进行友好会谈，希望搭建中美两国企业沟通、合作的平台，促进中美两国民营石油企业的经贸往来。

2006 年，中国成立了“中国商业联合会石油流通委员会”（以下简称“中商石油委”），中商石油委是目前中国唯一一家经民政部正式批准的以民营、国有、外资共同参与的全国性行业组织，这标志着民营、国有和外企从此可在一个商务平台上加快交流与合作，共同加快中国石油建设。中商石油委为民营、国有、外资搭建了一个商务平台，但主要还是为民营油企服务，积极争取民营石油流通企业在市场准入、生产、加工、批发、零售、仓储、运输、税收等方面，与外资、国有企业享受同等的国民待遇。中商石油委提出在上游勘探开发领域，民营油企没有优势，希望国家能够在流通领域进一步向民营企业开放。垄断是造成中国成品油市场秩序混乱、油价高企、油荒频现的最主要原因，一些民营企业能够在国际市场上找到油，也具备必要的码头等储运设施，但由于不允许进口，不仅丧失大量商业机会，也无法为国内抑制通货膨胀做出贡献。因此，解决目前中国成品油市场存在的主要问题，最根本的在于打破垄断局面，放开部分进口成品油市场，给民营企业一个真正公平、公正的待遇。可见“全国工商联石油业商会”和“中国商业联合会石油流通委员会”这两个民营资本机构为民营资本的发展提供了强有力的支撑。

（四）民营资本参与海外油气投资前景

过去很多优质海外油气项目几乎都在国有企业手中，民营企业很难获得这种机会。但在中国能源改革的大背景下，在整个油气产业链逐步有序放开、引入竞争和市场主体多元化的大趋势下，国家政策进行支持和引导，使民营企业在这个行业的机会明显增多了。中国石油、中国石化、中国海油三大石油公司的海外业务发展战略正在转型，对自身的海外战略布局、整体资产组合进行调整，从注重规模扩张转向更重质量和效益，因此其海外收购的速度明显放缓。而民营企业迎合油气改革利好政策积极“走出去”收购海外油气资产，希望有效增加盈利能力。十八届三中全会《全面深化改革若干重大问题的决定》提出鼓励企业及个人发挥自身优势到境外开展投资，国家对于“一带一路”战略的推动也为民营企业带来更多政策方面的投资便利，国家对企业海外投资并购审批程序由审批制改为备案制等政策的出台，也吸引越来越多的民营资本参与到海外油气投资中来。国家新组建的亚洲基础设施投资银行、丝路基金为中国企业参与“一带一路”投资提供了又一资金来源，这意味着像洲际油气这样海外扩张的油气公司有机会获得丝路基金的支持。

从海外油气投资区域看，北美是全球油气市场并购交易最为活跃的地区，亚太、欧洲和拉美三个地区次之，俄罗斯、中亚和非洲地区油气资源并购市场有所萎缩，中东仍是全球油气资源并购交易发生最少的地区。欧美地区油气资源储备的桶油开采成本高达 20 美元，而中亚则低很多，中东最低，可能仅仅只有几美元，但从距离看，中亚距离中国最近。以洲际油气收购马腾石油公司为例，该公司三大油田均处于滨里海盆地的油田主产区域，且周边输运官网四通八达，对接起来非常便利。中国民营资本海外油气投资未来的趋势是中亚地区以及政治经济环境比较稳定的地区，如加拿大和澳大利亚等地区。

2014 年以来油价持续低迷，这时期往往是并购最活跃的时期，因为这意味着有意扩张的公司可以用更便宜的价格收购到更好的资产。油价是影响国际油气并购市场的最主要因素，对民营企业来说，短期内，油价大幅度波动使得买方更加冷静，特别是一些非石油资本的民营企业对石油市场的投资兴趣会大幅降低，而后随着石油价格逐步稳定，低油价环境将推动整个油气行业开展新一轮重组整合。如果是在国际油价处于高位，民营资本海外油气收购会更让人担心，因为需要付出代价极高的油气储备成本，但现在国际油价持续暴跌，针对一些像洲际油气公司等迅速成为国内真正的独立能源公司的民营资本，如果在低油价下选择合适时机收购海外油气资源，这也将是不错的选择。选对并购时机只是将收购成本降至最低，但能否盈利还取决于低油价持续多久以及何时开采，若油价维持低位很长一段时间，企业将因不开采或开采亏本而承受较大财务风险。

二、中国民营资本海外油气投资问题分析

在近年多起民营资本海外油气投资案例中，民营资本既暴露出自身海外融资担保困难，又显示出技术落后和经验不足等缺陷。民营资本进行海外油气投资，取得一定成绩，但仍然面临着多方面的考验。

（一）海外投资融资困难

民营资本进行海外油气投资需要大量的资金，而中国民营资本在融资方面存在诸多困难。第一，民营资本直接融资的渠道很少，国内缺少一个多层次的、能够为民营资本进行融资服务的资本市场，中小民营资本很难通过债权和股权等直接融资渠道获得资金。第二，国营资本有国开行及进出口银行等政策性金融机构的支持，民营企业则缺少这种支持，很难得到银行的贷款，即使国内商业银行愿意向民营资本发放固定资产贷款，但由于投资项目审批制度不健全，加上银行担心长期贷款带来的风险，不愿意向中小民营资本开放项目贷款，因而民营资本很

难获得长期的资金贷款。

（二）找寻担保公司困难

油气项目投资的风险性大，担保是油气投资必不可少的一项业务。通常，投资业务的担保都需要中国唯一一家官方的、承办政策性出口信用保险的金融机构——中国出口信用保险公司（简称“中信保”）提供海外投资保险。民营资本要想“走出去”开展海外工程承包、出口贸易、对外投资及租赁等项目，有效规避政治风险并获得融资便利，同样需要中信保的担保。但是中国目前的信用担保限额有限，超过2000万美金需要获得财政部的批准，企业进行担保就要排队。民营资本比国有资本获得担保更加困难。

（三）核心竞争力相对较弱

民营企业在海外油气投资中，核心技术、经济实力、人才水平都不及三大国有石油公司，缺乏整合财务与法律资源的能力，在海外竞争中存在明显的劣势。油气行业属于资金密集型、技术密集型行业，需要投入大量专业技术。地质和生产运作方面的能力仅是收购的基础，如何把价格谈下来，把合同风险降至最小，如何搭建优化融资架构，把融资成本降低，对项目的成败至关重要。而民营企业参与海外油气市场竞争，因自身能力的不足，人才短缺，产业链和供应链不完善，并购经验、技术等方面不足，资本核心竞争力较弱。同时，中国石油企业很难规避油价和气价的剧烈波动对投资收益造成的影响，国际石油公司常利用金融衍生品工具对生产出的能源产品进行套期保值，以实现产品的价格锁定和规避经营风险，而中国石油公司在海外油气投资过程中对金融工具的使用尚缺乏经验，民营企业更是难以与国际石油公司进行竞争。

（四）项目选择与地缘政治风险挑战

民营资本进行海外油气投资会面临地缘政治风险。投资国、投资区位的资源环境、政治环境、经济环境、法律环境、文化环境、运输环境、自然环境都是不确定因素，一旦发生变化都将影响民营资本海外油气投资进程，甚至有可能导致民营资本破产。思维决策的差异、文化差异也会增加民营资本海外投资难度。2011年利比亚的政权更迭和2012年南北苏丹的领土纠纷导致油气勘探开发全面停止，油田基础设施破坏严重以及石油管线停滞运行等严重后果，中国当地的石油投资项目受到了严重冲击和大量损失，这在很大程度上是中国石油企业对风险的防控和保护措施不够完善造成的。

投资国因为政治原因使资源出口受阻也是限制中国民营资本在海外投资的重要原因。例如众多中国民营油企均在加拿大拥有80%的石油资源的阿尔伯塔省内投资了项目，阿尔伯塔省唯一可行的资源出口只有向南由陆路输往美国，如走其他路线，周边的州会收取高额费用，土著居民也不允许修管线，但是加拿大寄望于向美国出口原油的 Keystone XL 输油管线工程则被美国总统奥巴马再一次否决，称该工程“不符合美国国家利益”，给中国民营油企带来很大困难。

三、中国民营资本海外油气投资战略建议

民营资本海外油气投资是全面深化改革的重要举措，也是民营资本发展的关键一步。海外发展既是民营资本发展的机遇，也存在诸多难题。民营资本海外投资需在国家产业引导下，进行产业整合，形成联合体共担风险，合理定位市场和业务，共同开拓海外油气市场。

（一）国家进行产业引导，在金融领域为民营资本创造条件

1. 进行产业引导，优化融资环境，完善担保体系

国家应进行产业引导，完善激励机制。通过政策性奖励等方式鼓励银行及金融机构为民营资本海外油气投资提供贷款，在制度、融资渠道征信系统等方面做出相应规定，促进民营融资环境的优化，增强商业银行对民营资本贷款的积极性，完善信用担保体系和征信系统，拓宽融资渠道，解决民营资本海外投资融资问题。此外，针对中国的政策性担保一直是主体的现状，应运用多种方式提高融资担保机构的融资担保能力，如鼓励民间资本对民营资本海外油气投资进行支持，充分利用民间投资为民营资本的发展服务。

2. 发展中小金融机构，提高大中型银行的小企业信贷比重

与四大国有商业银行相比，中小银行具有较少的分支机构和不充足的资本量，因此比较难吸引到大型优质客户，同时中小金融机构在组织结构和信息上更加贴近民营资本，因此发展中小金融机构，能使民营资本较容易地从中小金融机构中获得海外油气投资的资金支持，中小金融机构的发展可在一定程度上缓解当前金融资源分布不均的现状。在发展小企业贷款担保机构的同时，制定相关政策，提高大中型银行的小企业信贷比重，让更多的民营资本在大中型银行中获得贷款进行海外油气投资，拓宽民营资本的融资渠道。

（二）产业链整合，形成联合体共担风险，增强实力与竞争力

1. 民营企业联合体共担风险，形成资金密集、技术密集、高收益的产业链

石油行业是资金密集型、技术密集型、具有规模效应的行业。对于规模小而分散的民营资本而言，资金、技术和规模都很难与三大石油公司抗衡。民营资本进行海外油气投资上，一方面是各民营企业联合起来，共同完成海外油气资源投

资项目，这样会增强企业的竞争能力和承担风险的能力。另一方面要注重纵向一体化的结构优化，拓展油气投资等业务，提高企业的综合抗风险能力和对市场的控制能力，提高技术、人才、管理等全方位综合能力，形成资金密集、技术密集、高收益的产业链，这可以让企业的抗风险能力、资本运作能力都得到相应的提升。

2. 加强对人才、专业技术资源的投入，增强国际竞争力

海外油气投资等跨国经营比国内企业管理更复杂，管理人员不仅要具备国内企业管理经验，还要熟悉所在国的要求和惯例。目前民营资本的从业人员的技术水平偏低，法律商务知识欠缺，缺乏风险意识，而且由于体制等客观条件，民营资本不能吸引一些优秀人才的进入。而民营资本要想有效进行海外油气投资，就需要大量技术水准高、管理水平高、经验丰富且精通海外业务的人才。因此民营资本应当加大对人力资源和技术资源的投入，广泛引进高素质人才，建设高素质的人才队伍，增强实力与竞争力。

（三）进行合理市场定位与业务定位，制定合理区域选择策略

1. 合理选择海外油气投资区域，准确市场定位

很多油气资源的区域不适合灵活性较差的大型国有石油企业进行投资，民营企业可以在这样的业务区寻找适合发展的市场空间，进行准确市场细分和市场定位。通过对各大区石油投资环境进行分析，得出政治形势最好的大区首选北美大区，石油法律法规与相关政策最好的大区是欧洲大区。民营资本在进行海外油气投资时也要先进行市场定位，企业相关专家要进行区块筛选，需综合考虑投资环境、项目风险和收益等不确定因素，对风险进行识别与控制，形成投资决策。根据企业自身情况和国际形势选择恰当的投资区域，如可不考虑在传统的北非、中东、中亚和南美等政治风险较大的地区投资，而是扩展到政治稳定、商务环境更为成熟的北美及澳洲等地区。东南亚可视为中国民营资本走向国际石油业的重点地区，因为这里项目资源丰富，东南亚国家如印尼、泰国、菲律宾等普遍与中国关系良好，石油政治风险小，另外，因为香港与新加坡这两个亚洲最富活力、国际化程度最高的金融市场均在这一地区，所以融资相对容易。

2. 选择恰当的海外油气投资合作模式，选准进入时机

海外油气开发合作主要有三种模式：贸易式进入模式、契约式进入模式和投资式进入模式。民营资本可以选择与大型国有石油企业联合经营，共同开发新的资源区，扩大规模。联合经营可分为合资经营和联合作业，合资经营是双方均参股，按比例分享利润，共同组建一个负责石油勘探、开发、生产、运输和销售等

经营活动的新公司。联合作业是双方不需组建独立经营的公司，而是借助合同协议，共同出资、共同作业、共同分享权益，双方各自核算开支和收入，单独纳税。民营资本在进行海外油气投资时需要选择恰当的投资合作模式和联合经营方式，选准进入时机，在海外油气供不应求的区域加大投资力度，减少投资风险。

（四）携手国内外油企，合作发展，互利共赢

1. 与国有石油公司合作进行海外油气投资，互利共赢

民营资本与三大国有石油公司或地方政府合作，承包那些采收率比较低的边际油田，通过这种方式，国有石油企业降低了成本，民营资本也获得盈利。在“走出去”的过程中，民营资本与国有石油企业在海外市场中相互配合，国有石油企业有雄厚的人才技术和资金优势，而民营资本自身更加重视市场资源配置的有效性，且受政治因素影响比较小，可以很大程度打消资源所在国的担忧，更容易“走出去”。民营资本通过与国有石油公司合作，发挥各自的比较优势，互利共赢，提高整个石油行业的竞争力，更好合作完成海外油气投资项目。

2. 与国际石油公司合作进行海外油气投资，合作发展

中国的国有石油公司不断加强与国际石油公司的合作，与其他公司竞争商业机会。中国民营资本在企业规模、经济效益上，都与国外跨国石油公司存在明显的差距，通过与国际石油公司合作进行海外油气投资，能学习先进的经营模式和管理经验，在海外油气投资业务上逐步趋于国际化。中国和印度曾在中东、中亚—里海、俄罗斯及世界其他地区展开石油竞争，最终导致双方的利益缺失，所以中印企业应联手参与国际石油合作，中国与国际的石油公司应该合作，实现由竞争对手向合作伙伴的身份转变。

附　　件

附件1　2016年中国油气产业发展大事记

2016年1月

2016年1月6日，国家发展改革委网站发布《国家重点节能低碳技术推广目录(2015年本，节能部分)》(公告2015年第35号)，旨在加快节能技术进步和推广，缓解资源环境压力。

2016年1月6日，中国石油宣布，其部署在中国北部湾海域的“涠四井”当日顺利完成两层含油层测试，试获高产油气流，日产油气超过千吨，是近10年来中国罕见的高产测试探井。

2016年1月13日，为进一步完善成品油价格机制，进一步推进价格市场化，国家发展改革委网站发布《国家发展改革委关于进一步完善成品油价格形成机制有关问题的通知》(发改价格〔2016〕64号)。

2016年1月13日，国家海关总署发布数据显示，2015年12月中国原油进口量达3319万吨，刷新了2015年7月创出的历史高点(3071万吨)。

2016年1月15日，国家环保部和工信部共同发布了《关于实施第五阶段机动车排放标准的公告》(公告2016年第4号)。指出，根据油品升级进程，分区域实施机动车国五标准。

2016年1月19日，中国国家主席习近平访问沙特阿拉伯期间，中国石化和沙特阿美在两国元首见证下签署战略合作框架协议。根据协议，双方将共同提升沙特阿美向中国石化供应原油的实力，并积极探索在油气服务、炼油、化工、原油供应、成品油销售、石油服务、石化服务、科技研发、新能源等其他领域世界范围内的合作。

2016年1月26日，国家首批高端智库建设试点单位中国石油集团经济技术研究院在京发布《2015年国内外油气行业发展报告》。

2016年1月29日，中国石油发布业绩预告，按照中国企业会计准则，预计2015年年度实现归属于上市公司股东的净利润与上年同期1071.73亿元相比，将减少60%~70%。

2016年2月

2016年2月1日，国家交通运输部与国家发展改革委联合印发《国家重大海上溢油应急能力建设规划(2015—2020年)》。

2016年2月21日，中国森田能源集团旗下的内蒙古铎维能源有限公司顺利完成了对蒙古国多处天然气资源的勘探开发工作，并获得蒙古国历史上颁发的首张天然气开采许可证，标志着中国企业在蒙古国的天然气勘探开发迈出实质性步伐。

2016年2月23日，国土资源部透露，中国初步建立油气资源核心数据库，油气资源信息化建设工作得到加强。

2016年2月25日，国家发展改革委等11个部委联合发出《关于进一步推进成品油质量升级及加强市场管理的通知》(发改能源〔2016〕349号)，要求严格按照时限停售低标准油品，规范成品油流通管理，加强炼厂质量升级和生产监管。

2016年2月25日，据中国石化涪陵页岩气公司消息，经自主创新，涪陵页岩气田已成功实现对油基岩屑的无害化处理和循环利用。

2016年2月29日，国家发展改革委、国家能源局、工业和信息化部三部委发布《关于推进"互联网+"智慧能源发展的指导意见》(发改能源〔2016〕392号)，旨在推进能源互联网发展。

2016年2月29日，中国独立炼厂石油采购联盟在济南宣布成立。该联盟由山东省炼油化工协会和山东东明石化集团有限公司倡议成立，在首批包括16家联盟成员单位。

2016年3月

2016年3月1日，中国石油天然气股份有限公司与重庆燃气集团合资组建重庆天然气管道有限公司，这是中国石油在国内首个与地方燃气公司合资成立的天然气管道公司。

2016年3月1日，财政部发布《关于"十三五"期间煤层气(瓦斯)开发利用补贴标准的通知》(财建〔2016〕31号)，旨在进一步鼓励煤层气开发利用。

2016年3月1日，国家发展改革委、科技部、财政部、商务部、环保部等十部门联合制定了《关于促进绿色消费的指导意见》(发改环资〔2016〕353号)。

2016年3月3日，国家能源局发布《国家能源局关于建立可再生能源开发利用目标引导制度的指导意见》(国能新能〔2016〕54号)。

2016年3月5日，中国海关总署公布的数据显示，作为全球第二大石油进口国的中国，2月原油进口量环比增加19%至3180万吨，相当于每日804万桶左右，创下日均数量的最高纪录。

2016年3月10日，中国石油对外发布消息称，其与阿里巴巴集团及其关联企业蚂蚁金服集团在北京签署战略合作框架协议。

2016年3月14日，“十三五”期间，交通运输部将继续把优先发展公共交通作为一项国家战略，并进一步优先发展新能源公交车。

2016年3月23日，中国石油天然气股份有限公司发布2015年年报。按照国际财务报告准则，中国石油实现归属于母公司股东净利润355.17亿元，比上年的1071.7亿元大幅下降67%；实现每股基本盈利0.19元。2015年中国石油实现营业额17254亿元，比上年下降24.4%。

2016年3月24日，中国海洋石油有限公司公布2015年年度业绩。2015年公司实现净利润202.5亿元，比上年下降66.4%。

2016年3月29日，中国石化发布的2015年年报显示，公司2015年实现营业额2.02万亿元，比上年下降28.6%；实现归属于母公司股东的净利润为322.07亿元，比上年下降32%。

2016年3月30日，以“全球能源互联网——以清洁和绿色方式满足全球电力需求”为主题的2016全球能源互联网大会在北京举行。这次大会由中国国家电网公司、联合国关注气候变化行动、国际能源署、爱迪生电气协会联合主办。大会开幕式上，全球能源互联网发展合作组织揭牌成立。

2016年3月31日，中国石油与BP签署四川盆地内江-大足区块页岩气勘探、开发和生产的产品分成合同。该合同是BP在中国签署的第一个页岩气产品分成合同，区块总面积约1500平方千米。

2016年4月

2016年4月1日，国家能源局网站发布《国家能源局关于印发2016年能源工作指导意见的通知》(国能规划〔2016〕89号)。

2016年4月5日，财政部、能源局发布的《关于做好成品油质量升级项目贷款贴息资金申报工作的通知》(财建〔2016〕56号)表示，中央财政将从节能减排补助资金专项中安排资金，对符合条件的成品油质量升级项目贷款给予贴息补助。

2016年4月6日，国土资源部召开2015年我国主要矿产新增储量和节约与综合利用新闻发布会并透露，2015年全国勘查新增探明石油地质储量11.18亿吨，是第13个也是连续第9个超过10亿吨的年份。新增探明技术可采储量2.17亿吨。截至2015年底，全国石油剩余技术可采储量34.96亿吨。

2016年4月11日，中国地质调查局广州海洋地质调查局发布消息称，由该局承担的“南海天然气水合物资源钻探”项目取得突破性成果。

2016年4月12日，国土资源部网站发布《国土资源“十三五”规划纲要》(国土资发〔2016〕38号)。规划明确国土资源科技创新工程专项包括深地探测、天然气水合物资源勘查与试采、页岩气调查评价和勘查示范基地建设、地热调查评价等四个方面。

2016年4月12日，由中国石油辽河油田承担的国家重大科技专项“渤海湾盆地辽河坳陷中深层稠油开发技术示范工程”顺利通过中国石油验收。

2016年4月12日，在2016年石化行业发展大会上，中国石油和化学工业联合会发布《石油和化学工业“十三五”发展指南》。

2016年4月13日，国家能源局网站发布《关于在能源领域积极推广政府和社会资本合作模式的通知》(国能法改〔2016〕96号)，明确在能源领域积极推广政府和社会资本合作模式(PPP)，鼓励和引导社会资本投资能源领域，有效提高能源领域的公共服务水平。

2016年4月15日，中国海油宣布，由我国自主设计建造的国内最大LNG运输船——“泛亚”号当日在沪东中华船厂出坞下水。

2016年4月22日，《巴黎协定》高级别签署仪式开幕式在纽约联合国总部举行，超过165个国家的领导人或代表签署了这一应对气候变化里程碑式的协定。中国国务院副总理张高丽作为习近平主席特使出席了签署仪式，并代表中国签署了《巴黎协定》。

2016年4月26日，中国石油披露，《中国石油集团“十三五”发展规划》正式发布。

2016年4月28日，中国石油天然气股份有限公司、中国石油化工股份有限公司和中国海洋石油有限公司，均公布了2016年一季度业绩。中国石化保持强劲的盈利，中国石油和中国海油业绩均下滑。

2016年5月

2016年5月2日，中国石油吐哈油田三塘湖采油厂单井日报显示，实施注水+重复压裂先导试验后的马56-7H井当日产量11.4吨，措施累计增油554吨，标志着中国石油重大科技专项——致密油、火山岩油藏水平井重复压裂技术攻关取得重大进展。

2016年5月3日，中国海油宣布，位于福建莆田秀屿港的福建LNG接收站，2座新增的16万立方米的LNG储罐正式开工建设，标志着我国大型LNG全容储罐技术已实现完全自主化。

2016年5月5日，迪拜商品交易所宣布，中国山东京博石化在该所启动阿曼油期货交易，这是中国首家独立炼厂登陆迪拜商品交易所。

2016年5月6日，据新华社报道，协鑫智慧能源与中国科学院共同研发的金鸡湖分布式能源站在苏州正式投运，标志着国内首台自主研发的兆瓦级燃机实现了商业化应用。

2016年5月7日，中国石化茂名石化采购的第一船4.2万吨美国墨西哥湾高硫混合原油抵达湛江港，于5月30日开始加工处理。这是美国解除长达40年的原油出口禁令后首次出口原油至中国。

2016年5月16日，委内瑞拉与中国达成新的协议，就“石油换贷款”协议达成更优惠的条件——包括贷款时间框架、投资数额以及非金融方面的条件。

2016年5月18日，中国石油与莫桑比克国家石油公司共同签署了《中国石油天然气集团公司与莫桑比克国家石油公司合作框架协议》。

2016年5月23日，国家发展改革委副主任、国家能源局局长努尔?白克力与苏丹财长巴德尔丁在苏丹首都喀土穆共同主持召开中苏政府间能源合作委员会首次会议。

2016年5月23日，国家发展改革委等8个部门联合印发了《关于推进电能替代的指导意见》(发改能源〔2016〕1054号)，明确指出将在北方居民采暖、生产制造、交通运输、电力供应与消费4个重点领域推进电能替代。

2016年5月30日，中国国务院副总理张高丽与俄罗斯副总理德沃尔科维奇在索契共同主持中俄能源合作委员会第十三次会议，并出席第二届中俄中小企业实业论坛开幕式。

2016年5月31日，国家能源局在官网公布了《国家石油储备条例(征求意见稿)》，其中明确提出，从事原油加工、成品油批发和原油进出口的企业，应当承担企业义务储备。

2016年6月

2016年6月1日，国家发展改革委、国家能源局正式印发《能源技术革命创新行动计划(2016—2030年)》(发改能源〔2016〕513号)，要求相关单位充分发挥能源技术创新在建设清洁低碳、安全高效现代能源体系中的引领和支撑作用。

2016年6月1日，中国石油召开“绿色发展”新闻发布会，发布《中国石油2015年环境保护公报》，以及“十二五”期间中国石油天然气业务发展、油品质量升级和环保技术相关报告。

2016年6月2日，国家发展改革委、财政部、国土资源部、环保部、水利部、农业部、林业局、能源局、海洋局9部门联合发布《关于加强资源环境生态红线管控的指导意见》(发改环资〔2016〕1162号)。

2016年6月16日，中国和伊朗计划在位于波斯湾南部的格什姆岛上共同建造一个耗资5.5亿美元的新石油终端。

2016年6月20日，国家发展改革委、工信部、国家能源局印发《中国制造2025——能源装备实施方案》(发改能源〔2016〕1274号)，围绕确保能源安全供应、推动清洁能源发展和化石能源清洁高效利用三个方面，确定了煤炭绿色智能采掘洗选装备、油气储运和输送装备等15个领域的发展任务，并明确资金支持、税收优惠、鼓励国际合作等五大保障措施。

2016年6月23日，国家能源局对外发布第六阶段车用汽油和车用柴油两项国家强制性标准的征求意见稿。标准中提出的国Ⅵ阶段车用汽柴油在主要技术指标上已经达到了欧洲现阶段车用汽柴油的质量要求，在个别技术要求上已优于现行欧盟标准。

2016年6月25日，俄罗斯总统普京访华期间，中俄签署一系列能源协议，旨在加强两国经济联系。

2016年6月30日，为期两天的2016年二十国集团(G20)能源部长会议在北京雁栖湖落下帷幕。会议形成四项成果，主文件是《2016年G20能源部长会议北京公报》，三个附属文件分别是《加强亚太地区能源可及性：关键挑战与G20自愿合作行动计划》《G20可再生能源自愿行动计划》和《G20能效引领计划》。

2016年7月

2016年7月1日，资源税改革全面推开，铁矿、金矿、铜矿、铝土矿、铅锌矿等21个列举名称的资源品目以及未列举名称的其他金属矿纳入从价计征范围，并确定了1%~15%的税率幅度。

2016年7月2日，十二届全国人大常委会第二十一次会议表决通过了关于修改《中华人民共和国节约能源法》的决定。本次修改将《中华人民共和国节约能源法》第十五条修改为："国家实行固定资产投资项目节能评估和审查制度。不符合强制性节能标准的项目，建设单位不得开工建设；已经建成的，不得投入生产、使用。"

2016年7月3日，中国海油宣布，总投资130亿元的大榭石化馏分油综合利用项目，在浙江宁波正式投产。

2016年7月4日，国家发展改革委、国家能源局发布的《关于推进多能互补集成优化示范工程建设的实施意见》（发改能源〔2016〕1430号）明确，2016年，将在已有相关项目基础上，推动项目升级改造和系统整合，启动第一批示范工程建设。

2016年7月7日，2016版《BP世界能源统计年鉴》（中文版）（以下简称《年鉴》）在京发布，这是BP自1952年以来连续第65年发布《年鉴》。《年鉴》内容显示，2015年，全球一次能源消费量仅增长1%，与2014年的增幅（1.1%）接近，但远低于1.9%的10年期平均增幅。

2016年7月7日，中国地质调查局发布消息称，位于贵州遵义的安页1井取得页岩气、油气重大突破性成果，估算新发现的天然气资源量达千亿立方米。

2016年7月12日，中国石油经济技术研究院首次在北京发布《2050年世界与中国能源展望》。

2016年7月14日，沙特阿拉伯阿美石油公司发来授标函，中国石油管道局成功中标沙特阿拉伯拉斯坦努拉管道项目，合同额3.3亿美元。

2016年7月20日，中国石油测井有限公司发布消息称，新一代智能化自动连续测控注水系统——"井下注水调配机器人"研制成功。

2016年7月26日，由武船集团建造、总重达7000吨的3个核心模块装船从武船青岛基地出发，驶往俄罗斯亚马尔半岛。

2016年8月

2016年8月3日，国务院办公厅对外发布《关于石化产业调结构促转型增效益的指导意见》（国办发〔2016〕57号），部署石化产业结构调整和转型升级工作。

2016年8月8日，国家海关总署发布的最新数据显示，2016年上半年中国大陆进口LNG量787万吨，比上年同期增长58%，远超日韩印三国，成为亚洲LNG市场名符其实的“领跑者”。

2016年8月8日，国家发展改革委对外公布了上半年煤电油气业生产运行情况。上半年，煤电油气业主动适应供需形势变化，加快推进去产能、去库存、降成本等各项供给侧结构性改革工作，行业运行出现了积极变化。

2016年8月9日，中国海油旗下中海油田服务股份有限公司最先进的12缆物探船“海洋石油720”历时100天，圆满填补了中国对北极海域实施三维地震勘探的空白，这是中国首次尝试在超高纬度和极寒海域进行三维地震勘探采集作业。

2016年8月16日，国家发展改革委官网发布了关于向社会公开征求对《天然气管道运输价格管理办法（试行）》和《天然气管道运输定价成本监审办法（试行）》意见的公告。新定价方法按照“准许成本加合理收益”的原则，在核定准许成本的基础上，通过监管管道运输企业的准许收益，确定年度准许总收入，进而核定管道运输价格。

2016年8月16日，中国石油宣布，国家重点工程——中俄原油管道二线工程近日在黑龙江省加格达奇地区开工建设。

2016年8月17日，深圳中仁资本投资集团与俄罗斯能源部下属的俄罗斯联邦外贸委员会工业物资进口国营企业签订了价值50亿美元的原油供应协议。

2016年8月30日，国家发展改革委对外发布《关于切实做好传统基础设施领域政府和社会资本合作有关工作的通知》（发改投资〔2016〕1744号）。

2016年8月31日，国家发展改革委在官网发布《关于加强地方天然气输配价格监管降低企业用气成本的通知》（发改价格〔2016〕1859号）。

2016年9月

2016年9月1日，BP宣布与中国石油签署了第二个页岩气勘探、开发和生产的产品分成合同(PSC)。该合同签署于 7 月 27 日，区块位于四川盆地荣昌北，区块总面积约为 1000 平方千米。

2016 年 9 月 1 日，拥有全国最大规模配电网资产的售电公司——大庆油田售电有限责任公司成立，标志着大庆油田电力集团从完全的客从地位向市场竞争主体地位的转变。

2016 年 9 月 2 日，国家能源局网站公布了《关于做好油气管网设施开放相关信息公开工作的通知》(国能综监管〔2016〕540 号)，明确要求中国石油、中国石化、中国海油及各省(自治区、直辖市)内运营承担运输功能油气管网设施的地方企业做好管网信息公开工作。

2016 年 9 月 2 日，国家统计局发布《国家石油储备建设取得重要进展》，截至 2016 年年初，中国建成舟山、镇海、大连、黄岛、独山子、兰州、天津及黄岛国家石油储备洞库共 8 个国家石油储备基地，利用上述储备库及部分社会企业库容，储备原油 3197 万吨。据测算，这一数据为国家规划的一期、二期战略储备库总库容的 83.7%。

2016 年 9 月 4 日，全球首座超深水双钻塔半潜式钻井平台从山东烟台建造基地起航，开始为期 25 天的试航。

2016 年 9 月 5 日，中国石油西南油气田公司安岳气田磨溪区块龙王庙组气藏累计安全产气 150.71 亿立方米。

2016 年 9 月 5 日，国务院法制办就《中华人民共和国海洋石油勘探开发环境保护条例(修订草案征求意见稿)》公开征求意见。

2016 年 9 月 7 日，美国独立油气勘探生产商阿帕奇公司宣布，其在得克萨斯州西部发现了一处储量至少 20 亿桶的新油田，这可能成为过去十年最重大的石油发现之一。

2016 年 9 月 14 日，国际能源署在其发表的首份分析世界能源投资状况的《全球能源投资报告 2016》(World Energy Investment 2016)中强调，在美国连续三年位列第一之后，2015 年中国超越美国，成为能源投资最多的国家。

2016 年 9 月 14 日，科技部、国家发展改革委、外交部、商务部联合发布关于印发《推进"一带一路"建设科技创新合作专项规划》的通知，能源合作被列入"一带一路"科技创新合作的重点领域。

2016 年 9 月 18 日，2016 年第四批成品油批发/仓储资质名单发布，决定准予四川百川通液化石油气有限公司、齐齐哈尔市龙庆石化有限公司讷河油库、东营万兴石化仓储有限公司等公司原油仓储经营许可。

2016 年 9 月 21 日，中国船舶重工集团公司 703 所联合有关单位研制的 30 兆瓦级燃气轮机驱动压缩机组，在我国西气东输三线烟墩压气站完成 220 小时运行试验。

2016 年 9 月 27 日，在北京燃气集团（BGG）发起以确保北京冬季天然气需求供应的招标后，法国能源巨头 ENGIE 公司中标以提供 9 亿立方米液化天然气，满足北京燃气集团的下游需求。

2016 年 9 月 29 日，国家发展改革委印发《关于培育环境治理和生态保护市场主体的意见》，计划到 2020 年，环保产业产值实现 2.8 万亿元，培育 50 家以上产值过百亿元的环保企业。

2016 年 9 月 30 日，国家能源局公布《页岩气发展规划（2016—2020 年）》，指出在政策支持到位和市场开拓顺利的情况下，我国力争 2020 年页岩气产量实现 300 亿立方米。

2016 年 10 月

2016 年 10 月 6 日，中国科学院上海高等研究院和上海科技大学联合科研团队在合成气直接制烯烃方面取得重大进展，并在《自然》（Nature）杂志发表了相关成果。

2016 年 10 月 9 日，美国能源勘探公司 Caelus Energy 于当地时间 4 日公布报告称，该公司在美国阿拉斯加州发现了储量高达 60 亿桶的大油田，该油田位于北极圈北部约 300 英里处。

2016 年 10 月 9 日，中国石油与上海汽车集团股份有限公司在北京签署战略合作协议。

2016 年 10 月 11 日，中国惠生海洋工程有限公司（惠生海工）周二宣布，该公司为 EXMAR 建造的世界首个天然气浮式液化装置（FLNG）日前在其位于中国南通的造船厂内成功完成了一次性能测试。

2016 年 10 月 12 日，国家发展改革委关于印发《天然气管道运输价格管理办法（试行）》和《天然气管道运输定价成本监审办法（试行）》的通知（发改价格规〔2016〕2142 号），将对天然气管道运输价格机制进行改革，遵循“准许成本加合理收益”的原则，制定和调整天然气管道运输价格。

2016 年 10 月 12 日，国家发展改革委印发《促进民间投资健康发展若干政策措施》。提出，研究制订“地方政府偿还欠款计划”。对于依法依规应由地方政府偿还的拖欠企业的工程款、物资采购款、保证金等，督促地方政府制定分期还款计划。

2016 年 10 月 12 日，科技周活动首日，中国石油经济技术研究院在京举办以油气技术迈入数字化、智能化新时代为主题的“国内外石油科技发展与展望”发布会。

2016 年 10 月 12 日消，国土资源部专家组对中国石化涪陵页岩气田焦石坝区块探明储量进行评审认定，确定其新增探明储量 2738.48 亿立方米，探明储量增至 3805.98 亿立方米，含气面积扩大到 383.54 平方千米，成为全球除北美之外最大的页岩气田。

2016 年 10 月 13 日，总部位于伦敦的 Energy Aspects 公司称，2017 年中国战略石油储备可能仍将逐步增加，新增战略石油储备可能高达 1.2 亿桶。

2016 年 10 月 14 日，由中国石油煤层气有限责任公司承担制订的世界首个煤层气国际标准——《煤层气含量测定方法》发布实施。

2016 年 10 月 16 日，亚太低碳技术峰会在长沙召开，世界各地的专家、学者、政府以及国际组织和国际机构的代表共同探讨促进亚太地区低碳技术进步的方法和途径，共同推进亚太地区低碳文明建设。

2016 年 10 月 18 日，国家工业和信息化部发布《石化和化学工业发展规划(2016-2020 年)》(工信部规〔2016〕318 号)，提出实施创新驱动战略、促进传统行业转型升级、发展化工新材料、促进两化深度融合、强化危化品安全管理、规范化工园区建设、推进重大项目建设、扩大国际合作等八项主要任务。

2016 年 10 月 19 日，国家发展改革委印发《关于明确储气设施相关价格政策的通知》(发改价格规〔2016〕2176 号)明确，储气设施天然气购销价格由市场竞争形成，储气设施经营企业可统筹考虑天然气购进成本和储气服务成本，根据市场供求情况自主确定对外销售价格。

2016 年 10 月 19 日，中国石油企业协会(以下简称石油企协)行业部级 2016 年度全国石油石化企业管理现代化创新优秀成果、优秀论文、优秀著作奖评审(以下简称“三评”)工作结束，现正式发布。

2016 年 10 月 20 日，全国机动车污染防治年会暨清洁油品研讨会在北京召开。

2016 年 10 月 20 日，新疆石油天然气勘查区块招标出让项目招标会在北京举行。

2016 年 10 月 21 日，中国石油与 BP 签署战略合作框架协议，协议内容涵盖潜在的四川盆地页岩气勘探和开发项目、拟推进的中国油品销售合资合作项目，以及其他国际合作项目。BP 还与中国最大的气电供应商中国华电集团签署了一份 LNG 购销协议。

2016 年 10 月 25 日，从三亚市有关部门获悉，三亚将携手法国电力集团，在海棠湾构建智慧区域能源系统，建设区域能源中心。

2016 年 10 月 25 日，中国科学院天津工业生物技术研究所和中国科学院成都文献情报中心在天津联合发布《中国生物工业投资分析报告 2016》，报告指出，中国生物柴油产业发展处于成长期，生物柴油总产能为 300 万~350 万吨/年。

2016 年 10 月 27 日，由北京能源协会主办的 2016 北京能源论坛在京举行。

2016 年 11 月

2016 年 11 月 1 日，由彭博新能源财经主办，全球能源互联网发展合作组织参与举办的 2016 年未来能源亚太峰会在上海隆重开幕。

2016 年 11 月 2 日，中国海洋石油总公司与荷兰皇家壳牌公司联合发布消息称，由双方各持股 50%组成的合资企业中海壳牌石油化工有限公司(中海壳牌)已获得所有必要的政府审批，增资重组并自 2016 年 11 月 1 日起从中国海油正式接收在建的乙烯裂解装置和其他衍生品生产装置等化工资产。

2016 年 11 月 4 日，国务院印发《“十三五”控制温室气体排放工作方案，对“十三五”时期应对气候变化、推进低碳发展工作做出全面部署。

2016 年 11 月 7 日，环境保护部公布《“十三五”环境监测质量管理工作方案》，到 2020 年，我国要全面建成环境空气、地表水和土壤等环境监测质量控制体系。

2016 年 11 月 8 日，江苏重大产业援疆工程——苏新能源和丰有限公司年产 40 亿标准立方米煤制天然气示范项目近日获国家发展改革委核准，这是“十三五”以来国家核准批复的第一个煤制天然气项目。

2016 年 11 月 9 日，从新疆维吾尔自治区发展改革委获悉，国家能源局近日批复，新疆成为我国首个开展能源综合改革试点的省区。

2016 年 11 月 10 日，为支持煤层气的勘探开发和煤矿瓦斯治理，经国务院批准，“十三五”期间煤层气勘探开发项目进口物资免征进口税收。

2016 年 11 月 10 日，国家发展改革委宣布，全面放开化肥用气价格，由供需双方协商确定。

2016年11月10日，按照国家能源局要求，中国石油公布了油气管网设施开放的相关信息，包括原油、成品油、天然气管道以及LNG接收站等相关设施的详尽信息。

2016年11月11日，从中国海油气电集团“晒出”天然气管网家底，这意味着中国海油迈出天然气基础设施全面公平开放第一步。

2016年11月14日，福建能源集团控股的福建石油化工集团和福州市政府签署战略合作框架协议，将福能(江阴)化工园区与福州江阴工业集中区化工新材料专区“合二为一”，共同规划建设新的福能(江阴)化学园。

2016年11月14日，国家发展改革委表示，决定在福建省开展天然气门站价格市场化改革试点。

2016年11月14日，环保部印发《国家环境保护“十三五”科技发展规划纲要》。

2016年11月15日，中国石油首船203万桶伊朗权益油，在海上奔波22天后顺利抵达大连港。在此前一天，第二船从伊朗发运的100万桶权益油也已抵达法国拉瓦莱炼厂。

2016年11月17日，中共中央政治局常委、国务院总理、国家能源委员会主任李克强主持召开国家能源委员会会议，审议通过根据国民经济和社会发展第十三个五年规划纲要制定的《能源发展“十三五”规划》，部署推进相关工作。

2016年11月21日，从2017年2月15日起，北京市将对本市及外埠的国Ⅰ国Ⅱ排放标准轻型汽油车，实施五环路(不含)以内道路工作日限行。

2016年11月21日，从国务院办公厅印发《控制污染物排放许可制实施方案》，对完善控制污染物排放许可制度，实施企事业单位排污许可证管理做出部署。

2016年11月23日，沈阳石油产品交易中心在沈阳近海石化物流园正式揭牌。目前，一期油品仓储库将于年底投入使用，预计首年交易额可达200亿元。

2016年11月23日，山东省发改委、经信委、交通厅联合出台全省油气输送设施规划建设方案，提出将在青岛、日照、烟台、潍坊、东营、滨州等港口规划新建13座原油码头、38座油品和液体化工品码头以及3座LNG码头。

2016年11月24日，2016中国海洋经济博览会(以下简称“中国海博会”)在湛江开幕，来自53个国家和地区的2300多家企业、机构齐聚一堂，共同开启本次海洋经济盛会大幕。

2016年11月24日，国家海洋信息中心首次发布《中国海洋经济发展指数》，

2015 年中国海洋经济发展指数达到 119.9，比上年增长 2.8%。“十二五”期间年均增速 3.7%，海洋经济总体发展态势良好。

2016 年 11 月 25 日，大庆石化乙烯产量再次跨越 100 万吨关口，实现年产乙烯 100.17 万吨，百万吨产量周期由 350 天缩短至 329 天。

2016 年 11 月 26 日，国家级油气现货交易平台——上海石油天然气交易中心正式投入运行，能源市场化改革再进一步。

2016 年 11 月 27 日，北京理工大学能源与环境政策研究中心与科学出版社在北京联合主办 2016 年度《中国能源报告》系列报告出版 10 周年研讨会暨《中国能源报告(2016)：能源市场研究》发布会。

2016 年 11 月 29 日，陕京四线宝坻—香河—西集天然气管道联络线建设完成，保证了北京冬季供气。

2016 年 11 月 29 日，国土资源部消息称，《全国矿产资源规划(2016—2020 年)》正式批复实施。

2016 年 11 月 29 日，国家能源局印发了《风电发展“十三五”规划》。《规划》明确，“十三五”期间，风电发展的目标和建设布局，并提出到 2020 年底，风电将新增装机容量 8000 万千瓦以上，总投资将达到 7000 亿元以上。

2016 年 12 月

2016 年 12 月 1 日，国土资源部下发了《关于发布〈石油天然气工程项目用地控制指标〉的通知》(国土资规〔2016〕14 号)，自 2017 年 1 月 1 日起实施，有效期 5 年。

2016 年 12 月 2 日，以“统一碳市场：机遇与挑战”为主题的 2016 中国碳市场高峰论坛在北京举办。

2016 年 12 月 2 日，中国石油和化学工业联合会科学技术奖授奖大会在浙江杭州举行。

2016 年 12 月 2 日，国家能源局对外发布的《煤层气(煤矿瓦斯)开发利用“十三五”规划》，“十三五”期间，我国拟新增煤层气探明地质储量 4200 亿立方米，建成 2 个至 3 个煤层气产业化基地。

2016 年 12 月 5 日，国家能源局发布的《生物质能发展“十三五”规划》，到 2020 年，生物质能基本实现商业化和规模化利用，生物质能年利用量约 5800 万吨标准煤。

2016年12月7日，河南开祥化工有限公司对外宣布，该公司攻克了纺丝级PBT(聚对苯二甲酸丁二醇酯)技术，成为华中地区首家能生产纺丝级PBT的企业，这标志着企业研制"以煤制衣"取得重大突破。

2016年12月7日，国家发展改革委公布了《外商投资产业指导目录》修订稿。根据目录内容，公路客运、新能源汽车电池等领域取消准入限制。

2016年12月8日，内蒙古自治区鄂尔多斯市政府宣布，伊泰煤制油有限责任公司200万吨煤制油项目获国家发展改革委核准。

2016年12月8日，由中国石油经济技术研究院与IHS公司联合主办的2017年国际油气发展研讨会在京召开。

2016年12月10日，在奥地利维也纳，俄罗斯能源部部长诺瓦克(左)与沙特阿拉伯能源大臣Khalid al-Falih出席新闻发布会。OPEC与非OPEC石油生产国达成减产协议，共同削减石油产量。

2016年12月10日，国家发展改革委印发了《可再生能源发展"十三五"规划》提出，到2020年，全部可再生能源年利用量将达7.3亿吨标准煤。其中，商品化可再生能源利用量5.8亿吨标准煤。

2016年12月10日，国家能源局石油天然气司、国务院发展研究中心资源与环境政策研究所、国土资源部油气资源战略研究中心联合发布《中国天然气发展报告(2016)》白皮书。

2016年12月12日，由中核集团西南物理研究院自主研发制造的国际热核聚变核心部件——超热负荷第一壁原型件率先通过国际权威机构认证，这是我国对国际热核聚变项目的重大贡献。

2016年12月14日，中国石化发布《关于中石化川气东送天然气管道有限公司增资引进投资者的公告》，由中国人寿及国投交通以现金共计228亿元认购管道有限公司50%的股权。

2016年12月14日，中央经济工作会议在北京举行。此次会议提出，混合所有制改革是国企改革的重要突破口，按照完善治理、强化激励、突出主业、提高效率的要求，在电力、石油、天然气、铁路、民航、电信、军工等领域迈出实质性步伐。

2016年12月15日，中国华信与哈萨克斯坦国家石油天然气公司(KMG)在罗马尼亚首都布加勒斯特举行哈石油国际(KMGI)股权转让交接签字仪式。

2016年12月16日，中国海油所属我国最先进深水物探船"海洋石油720"与姊妹船"海洋石油721"共同实施西非赤道海域面积超过10000平方千米的三维地震勘探采集作业，是我国首次实施的深水大型装备联合地震采集作业，也是我国海洋石油物探史上获得的单一项目作业量最大的海外合同，填补了我国在赤道海域实施三维地震勘探的空白。

2016 年 12 月 17 日，国家发展改革委、公安部、环境保护部、商务部、国务院国资委、国家工商总局、国家质检总局、国家能源局等近日联合发布公告，从 2017 年 1 月 1 日起，全国全面供应符合第 5 阶段国家标准车用汽油(含 E10 乙醇汽油)、车用柴油(含 B5 生物柴油)，同时停止国内销售低于国 5 标准车用汽油(含 E10 乙醇汽油)、车用柴油(含 B5 生物柴油)。

2016 年 12 月 19 日，国资委在官方网站上披露，我国将在深圳市建立国内第一个深海石油泄漏反应中心。

2016 年 12 月 19 日，国务院印发《"十三五"国家战略性新兴产业发展规划》，提出要加快培育和发展高端制造、绿色低碳、生物等 5 个年产值达 10 万亿元的支柱产业。

2016 年 12 月 20 日，为加快推进煤层气支柱产业建设，山西省出台了《关于加大用地政策支持力度促进煤层气产业发展的通知》、《关于煤层气矿业权审批和监管的实施意见》《关于完善煤层气试采审批管理工作的通知》等 4 项相关政策。

2016 年 12 月 20 日，中国石化最大在建项目——中科合资广东炼化一体化项目主体工程开工建设。

2016 年 12 月 20 日，中国石化西北油田分公司累计生产天然气突破 200 亿立方米大关。

2016 年 12 月 27 日，国家能源局组织召开了全国能源工作会议。根据国家能源局 2017 年能源工作指导意见，2017 年全国能源消费总量控制在 44 亿吨标煤左右，天然气消费将提高到 6.8%。

2016 年 12 月 28 日，神华宁煤集团 400 万吨/年煤炭间接液化示范项目举行首批产品装车发运仪式，这标志着我国建设全球单套装置最大的煤制油项目取得阶段性成果。

2016 年 12 月 30 日，山东恒源石油化工股份有限公司在马来西亚吉隆坡举行股权交割仪式，正式完成对荷兰皇家壳牌集团所持 Shell Refining Company(Federation Of Malaya)Berhad(壳牌马油)51%股权的收购，是中国地炼行业第一起海外并购成功。

附件 2　2016 年国内外油气产业相关数据

附表 1　2016 年中国全年石油石化主要产品产量

单位：万吨、亿立方米

名称＼月份	1	2	3	4	5	6	7	8	9	10	11	12	合计	同比/%
原油	1769	1641.8	1737.3	1658.7	1687.1	1657.9	1672.3	1644.9	1597.5	1605.1	1609.0	1677.2	21458.6	-6.9
天然气	131.0	119.7	122.7	105.8	108.3	101.6	103.1	107.8	101.5	108.3	123.5	133.1	1339.5	2.2
煤层气	5.0	6.4	6.3	5.7	6.1	6.1	6.3	6.4	6.0	5.9	6.5	6.7	69.4	7.8
液化天然气	57.9	16.6	47.9	49.4	55.4	62.6	49.1	57.9	67.0	66.1	66.0	73.6	535.1	29.9
原油加工量	3866	4841.7	4490.6	4475.0	4422.9	4507.5	4531.9	4427.6	4379.9	4705.0	4577.4	4782.2	52634.8	2.8
成品油	2441	3111.7	2903.3	2869.5	2839.7	2890.1	2871.8	2841.3	2778.1	3026.4	2933.8	3047.1	33967.6	2.5
汽油	1090.2	987.3	1096.1	1090.1	1056.6	1100.5	1054.2	1053.3	1011.8	1119.3	1060.5	1123.4	12157.0	6.4
煤油	309.1	305.6	332.7	318.0	330.9	332.3	344.1	345.2	327.9	352.4	346.5	339.1	3658.6	8.9
柴油	1605.0	1255.2	1474.5	1461.4	1452.2	1457.3	1473.5	1442.8	1438.4	1554.7	1526.8	1584.6	18152.0	-1.3
燃料油	211.4	157.9	231.3	198.0	229.0	246.5	201.6	217.1	195.7	221.8	200.5	251.4	2506.2	3.2
石脑油	212.4	294.2	267.3	264.4	266.9	266.8	283.2	256.7	255.7	282.0	277.1	285.2	2916.3	12.6
液化石油气	203.6	308.6	289.2	290.0	288.2	290.7	285.2	278.2	281.2	310.2	314.7	350.5	2916.8	20.1
石油焦	177.0	215.0	211.8	206.5	208.6	214.5	224.1	206.2	195.6	227.8	223.8	242.6	2498.2	3.7
石油沥青	206.6	305.6	287.7	268.0	252.5	254.6	257.8	275.1	255.7	280.2	267.7	261.4	3120.4	4.6

数据来源：中国石油与化学工业联合会。

附表 2　2016 年中国全年石油石化主要产品表现消费量

单位：万吨、亿立方米

名称＼月份	1	2	3	4	5	6	7	8	9	10	11	12	合计	同比/%
原油	4427.7	4813.8	5377.8	4890.3	4889.5	4706.4	4754.5	4908.3	4860.3	4454.5	4825.4	5280.9	59268.3	8.3
天然气	635.3	589.4	556.4	557.5	454.2	492.2	460.6	417.1	647.3	470.7	558.8	713.8	6507.5	250.8
成品油	2260.1	2912.6	2651.5	2627.4	2558	2617	2546.8	2593.8	2468.5	2714.6	2591.6	2656.5	30611.8	-3.2
汽油	1039.3	938.6	1029.7	1019.6	978.8	990.4	957.5	986.1	927.7	1032.2	966.7	1027.7	11208.1	-2.8
煤油	237.3	231.0	253.9	270.8	270.6	260.0	269.1	264.4	249.7	263.1	244.0	212.0	2700.7	-2.5
柴油	1546.7	1179.3	1368	1337.1	1308.6	1366.6	1320.2	1343.4	1291.1	1419.2	1380.9	1416.8	16703.1	-3.6
燃料油	274.7	198.7	247.7	197.8	320.3	211.5	197.5	224.6	192.7	240.7	173.3	273.4	2697.1	-4.2
石脑油	258.9	380.6	330.7	346.2	327.9	330.1	326.9	295.8	300	314.1	324.9	336.3	3578.7	2.3
液化石油气	289.5	409.1	446.3	425.3	422.6	428.0	403.0	414.2	414	432.7	471.3	480.3	4462.9	11.6
石油焦	176.8	234.4	233.9	223.3	255.2	230.7	251.8	213.5	206.1	232.9	236.7	231.6	2671.4	-6.2
石油沥青	276.6	362.3	384.0	356.8	341.8	355.9	333.6	351.2	332.3	316.4	318.7	285.7	3963.0	-20.7

数据来源：中国石油与化学工业联合会。

附表 3　2016 年中国全年石油石化主要产品进口量

单位：万吨、亿立方米

名称＼月份	1	2	3	4	5	6	7	8	9	10	11	12	合计	同比/%	依存度/%
原油	2669. 1	3180. 0	3703. 9	3257. 7	3223. 9	3062. 4	3106. 9	3285. 2	3306. 1	2878. 7	3235	3638. 1	38103. 8	13. 6	64. 3
天然气	522. 7	477. 7	442. 7	468. 5	345. 9	428. 5	370. 0	333. 6	573. 3	381. 7	461. 9	606. 6	5412. 9	22. 0	83. 2
天然沥青、页岩及砂	1. 1	1. 1	0. 6	0. 3	6. 4	0. 3	0. 3	3. 3	1. 1	0. 5	0. 9	3. 9	19. 8	122. 4	1. 5
成品油	45. 4	37. 8	42. 9	41. 7	38. 5	44. 2	34. 4	39. 0	43. 0	30. 2	27. 3	40. 3	464. 4	13. 8	0. 2
汽油	8. 4	11. 4	0. 6	0. 3	0. 0	0. 0	0. 0	0. 0	0. 0	0. 0	0. 0	0. 0	20. 8	22. 1	13. 0
煤油	22. 4	23. 0	23. 8	41. 5	34. 4	25. 2	34. 4	31. 8	30. 0	30. 1	25. 9	29. 7	352. 2	1. 1	0. 5
柴油	14. 5	3. 3	18. 5	0. 0	4. 1	19. 0	0. 0	7. 2	13. 0	0. 0	1. 4	10. 6	91. 6	114. 1	43. 6
润滑油、脂及基础油	23. 6	27. 5	31. 1	30. 5	31. 3	29. 8	29. 3	21. 8	22. 2	21. 2	25. 8	27. 4	321. 6	10. 0	18. 7
燃料油	134. 6	102. 2	95. 2	82. 7	151. 7	67. 6	90. 5	90. 8	73. 6	81. 0	86. 0	120. 8	1176. 8	-24. 4	37. 6
石脑油	49	86. 4	63. 4	81. 8	61. 0	63. 3	43. 7	39. 1	44. 3	33. 9	49. 7	54. 3	669. 9	0. 8	16. 2
石油气	97. 1	111. 9	168. 3	151. 0	143. 5	148. 2	126. 1	146. 2	140. 2	136. 3	166. 6	143. 3	1678. 7	34. 8	21. 8
石蜡	3. 4	1. 3	4. 0	2. 2	3. 2	2. 8	3. 1	3. 0	2. 9	3. 5	3. 1	3. 8	36. 3	21. 3	64. 3
石油焦	18. 4	34. 5	38. 2	36. 2	62. 7	48. 7	46. 4	25. 2	40. 1	17. 7	33. 5	30. 0	431. 6	-26. 7	83. 2
石油沥青	71. 2	58. 8	97. 2	89. 5	90. 0	101. 6	77. 2	81. 1	77. 9	36. 7	53. 6	28. 9	863. 7	-52. 3	1. 5

数据来源：中国石油与化学工业联合会。

附表 4　2016 年中国全年石油石化主要产品出口量

单位：万吨、亿立方米

名称＼月份	1	2	3	4	5	6	7	8	9	10	11	12	合计	同比/%
原油	10. 4	8. 0	63. 4	26. 1	21. 5	13. 9	24. 7	21. 8	43. 3	29. 3	18. 6	34. 4	294. 1	2. 6
天然气	18. 4	8. 0	9. 0	16. 8	0. 0	37. 9	12. 5	24. 3	27. 5	19. 3	26. 6	25. 9	244. 9	4. 1
天然沥青、页岩及砂	3. 6	12. 9	5. 2	3. 5	18. 5	2. 0	3. 0	6. 6	5. 3	6. 1	4. 9	3. 5	59. 5	10. 1
成品油	226. 3	236. 9	294. 7	283. 8	320. 2	317. 3	359. 4	286. 5	352. 6	342. 0	369. 5	430. 9	3820. 2	50. 2
汽油	59. 3	60. 1	67. 0	70. 8	77. 8	110. 1	96. 7	67. 2	84. 1	87. 1	93. 8	95. 7	969. 7	64. 4
煤油	94. 2	97. 6	102. 6	88. 7	94. 7	97. 5	109. 4	112. 6	108. 2	119. 4	128. 4	156. 8	1310. 1	5. 9
柴油	72. 8	79. 2	125. 0	124. 3	147. 7	109. 7	153. 3	106. 6	160. 3	135. 5	147. 3	178. 4	1540. 5	115. 0
润滑油、脂及基础油	0. 9	0. 8	1. 1	1. 0	1. 0	1. 0	2. 5	1. 2	1. 1	0. 8	1. 9	2. 1	15. 6	6. 8
燃料油	71. 3	61. 4	78. 8	82. 9	60. 4	102. 6	94. 6	83. 3	76. 6	62. 1	113. 2	98. 8	985. 9	-6. 4
石脑油	2. 5	0. 0	0. 0	0. 0	0. 0	0. 0	0. 0	0. 0	0. 0	1. 8	1. 9	3. 2	7. 5	—
石油气	11. 2	11. 4	11. 2	15. 7	9. 1	10. 9	8. 3	10. 2	7. 4	13. 8	10. 0	13. 5	132. 6	-8. 1
石蜡	4. 3	5. 7	7. 2	5. 7	6. 8	4. 2	6. 0	5. 6	5. 2	3. 9	4. 8	5. 3	64. 9	3. 6
石油焦	18. 6	15. 1	16. 1	19. 4	16. 1	32. 5	18. 7	17. 9	29. 6	12. 6	20. 6	41. 0	258. 4	6. 8
石油沥青	1. 2	2. 1	0. 9	0. 7	0. 7	0. 3	1. 4	5. 0	1. 3	0. 5	2. 6	4. 6	21. 1	-28. 0

数据来源：中国石油与化学工业联合会。

附表5 2016年中国全年石油石化行业主要经济指标完成情况一

单位：亿元、个

行业名称	企业数	资产总计	主营业务收入	利润总额	亏损企业亏损额
石油天然气开采业	293	22619.8	7854.8	-543.0	1233.9
精炼石油产品制造业	1397	17947.4	28764.0	1703.6	119.8
化学工业	26409	80407.4	92124.5	5073.2	1035.6
专业设备制造业	1525	4419.8	4109.6	211.9	46.8
石油和化学工业合计	29624	125394.3	132853.1	6444.4	2436.2

数据来源：中国石油与化学工业联合会。

附表6 2016年中国全年石油石化行业主要经济指标完成情况二　单位:%

行业名称	销售利润率	成本费用利润率	资产负债率	销售费用投入产出比
石油天然气开采业	-6.92	-6.93	46.57	185.63
精炼石油产品制造业	5.92	7.48	58.71	133.18
化学工业	5.51	5.86	55.57	42.46
专业设备制造业	5.14	5.44	51.23	45.76
石油和化学工业合计	4.8	5.32	54.24	52.76

数据来源：中国石油与化学工业联合会。

附表7 2016年中国全年石油石化行业固定资产投资完成情况表

单位：亿元、个

行业名称	计划投资	实际完成	施工项目	竣工项目
石油天然气开采业	4413.9	2330.9	809	609
石油产品制造业	8123.9	2125.2	1492	931
化学工业	37042.3	16148.4	19422	13765
专业设备制造业	1727.5	917.5	1188	866
石油和化学工业合计	51307.7	21522.2	22911	16171

数据来源：中国石油与化学工业联合会。

附表8 2016年中国全年石油石化行业进出口总额及贸易差情况表

单位：万美元、%

行业名称	进出口贸易总额	同比增减	贸易顺(逆)差	同比增减
石油天然气开采业	13401314	-14.0	-12972402	-13.4
原油加工和石油制品	4103458	-15.9	120966	-119.5
化工产品	29292667	-6.2	-1034746	27.7
专业设备	984841	3.1	278012	49.7
石油和化学工业合计	47782280	-9.2	-13608171	-16.1

数据来源：中国石油与化学工业联合会。

附表9　2016年全国主要石油石化产品进口平均价格 单位：美元/吨

日期	原油	液化天然气	航空煤油	5~7号燃料油	润滑油	石油沥青
2016年1月	282	382.4	388.2	185.5	2371.1	246.4
2016年2月	231.9	365.4	355.2	163.9	2401.7	206.2
2016年3月	236.5	346.0	324.1	176.6	2286.2	192.1
2016年4月	267.2	343.6	384.0	184.6	2342.1	189.6
2016年5月	291.6	327.5	412.0	207.1	2205.5	198.5
2016年6月	321.2	321.3	457.2	231.1	2325.4	208.9
2016年7月	341.6	282.5	476.2	250.7	2335.3	216.9
2016年8月	326.1	313.8	441.9	240.5	2323.3	223.5
2016年9月	318.0	320.0	439.4	250.8	2340.9	218.1
2016年10月	326.6	351.0	458.1	283.6	2259.1	215.0
2016年11月	346.7	357.4	497.1	287.1	2284.6	224.5
2016年12月	338.0	368.6	477.5	297.6	2253.8	235.2
年均价	302.6	343.1	427.9	227.5	2490.5	382.9
比上年增减/%	-24.3	-24.2	-23.4	-29.3	-7.4	-44.8

数据来源：中国石油与化学工业联合会。

附表10　2016年国内主要汽柴油月平均价格 单位：元/吨

日期	90#无铅汽油	93#无铅汽油	97#无铅汽油	0#柴油	-10#柴油	燃料油	液化石油气
2016年1月	6909	7361	7785	5883	6282	2460	3160
2016年2月	6864	7311	7733	5837	6243	2410	2910
2016年3月	6864	7312	7735	5838	6250	2360	3000
2016年4月	6864	7312	7735	5832	6250	2350	2970
2016年5月	7105	7566	8002	6067	6490	2380	3060
2016年6月	7420	7904	8361	6380	6824	2400	2990
2016年7月	7412	7892	8344	6372	6812	2380	2880
2016年8月	7160	7621	8058	6124	6451	2350	2830
2016年9月	7425	7904	8357	6381	6793	2400	3180
2016年10月	7434	7915	8371	6389	6793	2480	3430
2016年11月	7582	8052	8516	6535	7004	2560	3600
2016年12月	7816	8285	8755	6755	7285	2840	3850
年均价	7238	7703	8146	6199	6630	2448	3155
比上年增减/%	-4.1	-4.2	-4.2	-4.5	-3.3	-21.0	-19.3

数据来源：中国石油与化学工业联合会。

附表 11　2016 年国际原油现货市场月平均价格　单位：美元/桶

日期	西得克萨斯中质油	布伦特	迪拜	辛塔	大庆	胜利
2016 年 1 月	30.24	31.11	27.20	25.50	24.02	23.50
2016 年 2 月	30.46	32.48	29.30	27.36	25.77	24.59
2016 年 3 月	37.82	38.49	35.14	32.60	30.72	26.99
2016 年 4 月	40.94	41.44	38.98	35.59	33.66	29.68
2016 年 5 月	44.60	44.64	44.27	40.20	42.77	34.66
2016 年 6 月	48.73	48.34	46.26	42.51	41.91	37.52
2016 年 7 月	42.56	45.10	40.44	37.25	35.63	35.62
2016 年 8 月	44.75	45.77	43.70	40.12	38.78	38.01
2016 年 9 月	45.05	46.60	43.24	40.89	39.64	38.70
2016 年 10 月	49.89	49.67	48.98	44.92	43.81	43.38
2016 年 11 月	45.61	45.13	43.86	41.38	41.01	40.94
2016 年 12 月	51.91	50.95	51.73	49.88	49.32	50.29
年均价	42.71	43.31	41.09	38.18	37.25	35.32
比上年增减/%	-10.93	-16.03	-17.72	-19.42	-17.95	-22.36

数据来源：中国石油与化学工业联合会。

附表 12　2016 年国际市场主要油品月平均现货价格

普氏现货报价，单位：美元/桶

日期	95#无铅汽油	柴油	航空煤油	石脑油	燃料油(180)*	燃料油(380)*
2016 年 1 月	50.42	36.15	37.91	36.60	150.34	146.89
2016 年 2 月	44.51	38.46	41.01	33.88	153.84	150.08
2016 年 3 月	52.77	45.52	47.37	39.00	176.79	174.70
2016 年 4 月	54.52	48.05	49.51	42.31	191.74	187.96
2016 年 5 月	59.16	54.85	55.17	44.04	223.50	219.45
2016 年 6 月	59.07	58.13	58.28	45.33	240.81	236.97
2016 年 7 月	49.47	51.70	51.80	39.66	230.53	224.00
2016 年 8 月	54.16	53.38	53.43	39.83	241.91	235.57
2016 年 9 月	58.18	54.62	55.03	42.66	257.33	250.22
2016 年 10 月	63.06	61.25	61.02	47.55	285.55	277.69
2016 年 11 月	58.89	56.8	56.86	46.75	280.64	272.83
2016 年 12 月	66.77	62.97	64.19	51.31	327.11	319.59
年均价	55.89	51.81	52.59	42.37	229.60	224.27
比上年增减/%	-18.54	-18.99	-18.06	-18.73	-21.20	-20.07

注：* 单位为美元/吨。

数据来源：中国石油与化学工业联合会。

附表 13　2016 年北美市场天然气 NGI 现货月平均价格

单位：美元/百万英热单位

日期	纽约	路易斯安那州亨利	芝加哥	液化天然气
2016 年 1 月	3. 67	2. 27	2. 32	2. 4
2016 年 2 月	2. 68	1. 97	1. 99	1. 93
2016 年 3 月	1. 31	1. 71	1. 80	1. 69
2016 年 4 月	1. 63	1. 89	1. 89	1. 83
2016 年 5 月	1. 63	1. 91	1. 90	1. 87
2016 年 6 月	1. 85	2. 53	2. 48	2. 51
2016 年 7 月	2. 33	2. 78	2. 74	2. 79
2016 年 8 月	2. 07	2. 77	2. 72	2. 88
2016 年 9 月	1. 44	2. 97	2. 90	2. 99
2016 年 10 月	1. 24	2. 95	2. 91	2. 93
2016 年 11 月	2. 15	2. 56	2. 49	2. 58
2016 年 12 月	3. 61	3. 60	3. 65	3. 64
年均价	2. 13	2. 49	2. 48	2. 50

数据来源：中国石油与化学工业联合会。

附表 14　2005~2015 年全球主要国家和地区的石油探明储量

单位：10 亿桶

年份 地区	2005	2006	2007	2008	2009	2010	2011	2012	2013	2014	2015
委内瑞拉	80. 0	87. 3	99. 4	172. 3	211. 2	296. 5	296. 5	297. 6	298. 3	298. 3	300. 9
沙特阿拉伯王国	264. 2	264. 3	264. 2	264. 1	264. 6	264. 5	265. 4	265. 9	265. 9	267. 0	266. 6
伊朗	137. 5	138. 4	138. 2	137. 6	137. 0	151. 2	151. 2	157. 0	157. 0	157. 8	157. 8
伊拉克	115. 0	115. 0	115. 0	115. 0	115. 0	115. 0	143. 1	150. 0	150. 0	150. 0	143. 1
俄罗斯	104. 4	104. 0	106. 4	106. 4	105. 6	105. 8	105. 7	105. 5	105. 0	103. 2	102. 38
科威特	101. 5	101. 5	101. 5	101. 5	101. 5	101. 5	101. 5	101. 5	101. 5	101. 5	101. 5
阿拉伯联合酋长国	97. 8	97. 8	97. 8	97. 8	97. 8	97. 8	97. 8	97. 8	97. 8	97. 8	97. 8
利比亚	41. 5	41. 5	43. 7	44. 3	46. 4	47. 1	47. 1	48. 0	48. 5	48. 4	48. 4
尼日利亚	36. 2	37. 2	37. 2	37. 2	37. 2	37. 2	37. 2	37. 2	37. 1	37. 1	37. 1
哈萨克斯坦	9. 0	9. 0	30. 0	30. 0	30. 0	30. 0	30. 0	30. 0	30. 0	30. 0	30. 0
中国	15. 6	15. 6	15. 5	14. 8	14. 8	14. 8	14. 7	17. 3	18. 1	18. 5	18. 5
经济合作组织(OECD)	244. 7	241. 0	239. 8	234. 4	236. 0	235. 0	234. 7	238. 3	248. 8	248. 6	255. 3
OPEC	927. 8	936. 1	954. 0	1028. 8	1068. 6	1167. 3	1196. 3	1169. 9	1214. 2	1216. 5	1221. 6
欧盟	7. 3	6. 9	6. 7	6. 1	6. 4	6. 8	6. 7	6. 8	6. 8	5. 8	5. 6
全球总计	1357. 0	1364. 5	1404. 5	1475. 4	1518. 16	1622. 06	1652. 61	1668. 9	1687. 9	1700. 1	1697. 6

数据来源：2016 年 BP 能源统计年鉴。

附表 15 2005~2015 年全球主要国家和地区的石油产量

单位：百万吨/年

地区＼年份	2005	2006	2007	2008	2009	2010	2011	2012	2013	2014	2015
沙特阿拉伯王国	524.9	512.4	492.4	513.5	462.7	466.6	525.8	547.0	542.3	543.4	568.5
俄罗斯	470.0	480.5	491.3	488.5	494.2	505.1	511.4	526.2	531.4	534.1	540.72
美国	313.3	310.2	309.8	304.9	328.6	339.9	352.3	394.9	446.2	519.9	567.2
中国	181.4	184.8	186.3	190.4	189.5	203.0	203.6	207.5	208.1	211.4	214.6
加拿大	144.9	153.4	158.6	155.9	156.1	164.4	172.6	182.6	193.0	209.8	215.5
伊朗	205.1	207.9	209.6	213.0	204.0	207.1	205.8	174.9	166.1	169.2	182.6
阿拉伯联合酋长国	137.3	145.5	140.7	142.9	126.3	130.8	150.1	154.1	165.7	167.3	175.5
伊拉克	90.0	98.1	105.2	119.5	120.0	121.4	136.9	152.4	153.2	160.3	197.0
科威特	130.4	133.8	129.9	135.8	121.0	122.7	140.0	152.5	151.3	150.8	149.1
委内瑞拉	154.5	151.2	152.1	154.1	149.9	142.5	139.6	139.7	135.1	139.5	135.2
墨西哥	187.3	183.3	172.9	157.6	147.4	146.3	145.1	143.9	141.8	137.1	127.6
经济合作组织（OECD）	933.4	912.9	898.0	863.7	864.0	868.1	866.7	903.0	951.0	1039.7	1087.9
OPEC	1679.8	1689.3	1679.4	1736.6	1613.6	1645.9	1695.9	1778.4	1740.1	1729.6	1806.6
非石油输出国组织（NON-OPEC）	1659.5	1639.2	1625.3	1601.3	1611.1	1641.3	1640.1	1669.6	1711.6	1814.0	2555.3
欧盟	125.7	114.6	113.1	105.4	99.0	92.7	80.9	73.0	68.4	67.0	71.7
全球总计	3916.4	3929.2	3928.8	3965.0	3869.3	3945.4	3995.6	4118.9	4132.9	4220.6	4361.9

数据来源：2016 年 BP 能源统计年鉴。

附表 16 2005~2015 年全球主要国家和地区的石油消费量

单位：百万吨/年

地区＼年份	2005	2006	2007	2008	2009	2010	2011	2012	2013	2014	2015
美国	939.8	930.7	928.8	875.8	833.2	849.9	833.6	819.9	831.0	836.1	851.6
中国	327.8	351.2	369.3	376.0	388.2	437.7	461.8	483.7	507.4	520.3	559.7
日本	244.4	237.1	228.7	220.9	198.3	200.3	201.4	218.2	208.9	196.8	189.6
印度	119.6	120.4	133.4	144.1	153.7	156.2	162.3	171.6	175.2	180.7	195.5
俄罗斯	123.2	130.8	123.6	129.8	124.8	128.9	136.0	147.5	153.1	148.1	143.0
巴西	93.8	95.0	100.7	107.9	108.0	118.0	120.7	125.6	132.7	142.5	137.3
沙特阿拉伯王国	87.5	91.7	97.4	106.1	115.4	123.2	127.8	129.7	135.0	142.0	168.1
德国	122.4	123.6	112.5	118.9	113.9	115.4	111.5	111.5	112.1	111.5	110.2
韩国	104.6	104.7	107.6	103.1	103.7	106.0	106.0	108.8	108.4	108.0	113.7
加拿大	100.3	100.5	103.8	102.5	97.1	102.7	103.1	104.3	103.5	103.0	100.3
经济合作组织（OECD）	2301.5	2290.6	2277.5	2208.9	2097.8	2118.0	2092.0	2072.8	2059.9	2032.3	2056.4
非经济合作组织（NON-OECD）	1600.1	1653.6	1727.5	1778.3	1811.1	1913.9	1967.0	2057.7	2125.1	2178.9	2274.9
欧盟	720.1	722.2	706.5	705.6	667.7	662.8	645.9	611.3	605.2	592.5	600.2
全球总计	3901.7	3944.2	4005.0	3987.3	3908.9	4031.9	4059.1	4130.5	4185.1	4211.1	4331.3

数据来源：2016 年 BP 能源统计年鉴。

附表 17　2005~2015 年全球主要国家和地区的炼油能力

单位：千桶/日

地区＼年份	2005	2006	2007	2008	2009	2010	2011	2012	2013	2014	2015
美国	17339	17443	17594	17672	17688	17594	17730	17388	17818	17791	18315
中国	7165	7865	8399	8722	9479	10302	10834	11547	12598	14098	14262
俄罗斯	5392	5471	5484	5405	5382	5491	5663	5754	6027	6338	6428
印度	2558	2872	2983	2992	3574	3703	3804	4099	4319	4319	4307
日本	4531	4588	4650	4650	4630	4291	4274	4254	4123	3749	3721
韩国	2598	2633	2671	2712	2712	2712	2783	2887	2887	2887	3110
沙特阿拉伯王国	2100	2100	2100	2100	2100	2100	2110	2122	2122	2822	2899
巴西	1916	1916	1935	2045	2093	2093	2116	2000	2093	2235	2278
德国	2322	2390	2390	2366	2362	2091	2077	2097	2522	2060	2032
意大利	2515	2526	2497	2396	2396	2396	2331	2200	2062	1984	1915
经济合作组织（OECD）	45204	45469	45688	45789	45752	44989	45426	44686	44704	43583	44120
非经济合作组织（NON-OECD）	40823	41879	42807	43535	45193	46627	47578	47845	50225	52931	53107
欧盟	15811	15857	15784	15658	15553	15229	15234	14797	14736	14218	14124
全球总计	86027	87347	88495	89324	90946	91616	93004	92531	94929	96514	97227

数据来源：2016 年 BP 能源统计年鉴。

附表 18　2005~2015 年全球主要国家和地区的天然气探明储量

单位：万亿立方米

地区＼年份	2005	2006	2007	2008	2009	2010	2011	2012	2013	2014	2015
伊朗	27.6	26.9	28.1	29.6	29.6	33.1	33.1	33.6	33.8	34.0	34.0
俄罗斯	30.3	30.3	30.4	30.4	31.1	31.1	32.9	32.9	31.3	32.6	32.3
卡塔尔	25.6	25.5	25.5	25.4	25.3	25.0	25.0	25.1	24.7	24.5	24.5
土库曼斯坦	2.6	2.6	2.6	8.1	8.0	13.4	24.3	17.5	17.5	17.5	17.5
美国	5.8	6.0	6.7	6.9	7.7	8.2	8.5	8.5	9.3	9.8	10.4
沙特阿拉伯王国	6.8	7.1	7.3	7.6	7.9	8.0	8.2	8.2	8.2	8.2	8.3
阿拉伯联合酋长国	6.1	6.4	6.4	6.1	6.1	6.1	6.1	6.1	6.1	6.1	6.1
委内瑞拉	4.3	4.7	4.8	5.0	5.1	5.5	5.5	5.6	5.6	5.6	5.6
尼日利亚	5.2	5.2	5.3	5.3	5.3	5.1	5.1	5.2	5.1	5.1	5.1
阿尔及利亚	4.5	4.5	4.5	4.5	4.5	4.5	4.5	4.5	4.5	4.5	4.5
中国	1.5	1.7	2.3	2.5	2.8	2.9	3.1	3.1	3.3	3.5	3.8
经济合作组织（OECD）	15.1	15.1	15.5	16.9	17.4	18.1	18.7	18.6	19.2	19.5	19.6
非经济合作组织（NON-OECD）	157.2	158.2	161.0	168.2	169.9	178.0	189.7	168.6	166.5	167.6	167.3
欧盟	3.0	2.8	2.6	2.5	2.5	2.3	1.8	1.7	1.6	1.5	1.3
全球总计	172.3	173.2	176.5	185.1	187.3	196.1	208.4	187.3	185.7	187.1	186.9

数据来源：2015 年 BP 能源统计年鉴。

附表 19　2005~2015 年全球主要国家和地区的天然气产量

单位：10 亿立方米/年

地区＼年份	2005	2006	2007	2008	2009	2010	2011	2012	2013	2014	2015
美国	511.1	524.0	545.6	570.8	584.0	604.1	651.3	681.4	687.6	728.3	767.3
俄罗斯	580.1	595.2	592.0	601.7	527.7	588.9	607.0	592.3	604.8	578.7	573.3
卡塔尔	45.8	50.7	63.2	77.0	89.3	116.7	146.8	157.0	158.5	177.2	106.4
伊朗	103.5	108.6	111.9	116.3	131.2	146.2	151.8	160.5	166.6	172.6	192.5
加拿大	187.1	188.4	182.7	176.6	164.0	159.9	160.5	156.5	154.8	162.0	163.5
中国	49.3	58.6	69.2	80.3	85.3	94.8	102.5	107.2	117.1	134.5	138.0
挪威	85.0	87.6	89.7	99.3	103.7	106.4	101.4	114.9	108.7	108.8	117.2
沙特阿拉伯王国	71.2	73.5	74.4	80.4	78.5	87.7	99.2	102.8	103.0	108.2	106.4
阿尔及利亚	88.2	84.5	84.8	85.8	79.6	80.4	78.0	81.5	78.6	83.3	83.0
印度尼西亚	71.2	70.3	67.6	69.7	71.9	82.0	75.6	71.1	70.4	73.4	50.1
经济合作组织(OECD)	1078.6	1091.5	1100.9	1130.9	1121.9	1148.2	1168.1	1211.5	1200.0	1248.2	1293.2
非经济合作组织(NON-OECD)	1691.8	1777.9	1838.4	1916.4	1834.0	2030.0	2108.1	2152.5	2169.8	2212.4	2245.5
欧盟	212.0	201.3	187.5	189.4	171.5	174.9	155.0	149.6	146.8	132.3	120.1
全球总计	2770.4	2869.4	2939.3	3047.2	2955.9	3178.2	3276.2	3363.9	3369.9	3460.6	3538.6

数据来源：2016 年 BP 能源统计年鉴。

附表 20　2005~2015 年全球主要国家和地区的天然气消费量

单位：10 亿立方米/年

地区＼年份	2005	2006	2007	2008	2009	2010	2011	2012	2013	2014	2015
美国	623.4	614.4	654.2	659.1	648.7	673.2	690.1	722.1	737.2	759.4	778.0
俄罗斯	400.3	408.5	422.1	416.0	389.6	414.1	424.6	416.2	413.5	409.2	391.5
中国	46.8	56.1	70.5	81.3	89.5	107.6	130.7	143.8	161.6	185.5	197.3
伊朗	105.0	108.7	113.0	119.3	131.4	144.6	153.3	156.1	162.2	170.2	191.2
日本	78.6	83.7	90.2	93.7	87.4	94.5	105.5	116.7	116.9	112.5	113.4
沙特阿拉伯王国	71.2	73.5	74.4	80.4	78.5	87.7	99.2	102.8	103.0	108.2	106.4
加拿大	97.8	96.9	96.2	96.1	94.9	95.0	104.8	100.7	103.5	104.2	102.5
墨西哥	56.1	60.9	63.2	66.1	66.2	67.9	68.9	83.7	82.7	85.8	83.2
德国	86.2	87.2	82.9	81.2	78.0	83.3	72.5	75.2	83.6	70.9	74.6
英国	95.0	90.1	91.1	93.9	86.7	94.0	80.2	78.3	73.1	66.7	68.3
意大利	79.1	77.4	77.8	77.8	71.5	76.1	71.3	68.7	64.2	56.8	61.4
经济合作组织(OECD)	1425.6	1425.7	1477.3	1499.2	1451.4	1536.2	1534.6	1588.3	1596.5	1578.6	1606.1
非经济合作组织(NON-OECD)	1341.1	1398.6	1453.1	1505.9	1479.2	1616.9	1688.4	1726.1	1751.1	1814.3	1862.6
欧盟	494.8	487.8	482.0	491.3	460.1	496.9	447.9	443.9	438.1	437.9	402.1
全球总计	2766.7	2824.3	2930.4	3005.1	2930.6	3153.1	3222.9	3314.4	3347.6	3393.0	3468.6

数据来源：2016 年 BP 能源统计年鉴。

参 考 文 献

[1] 彭元正、董秀成．中国油气产业发展分析与展望报告蓝皮书(2015—2016)[M]．北京：中国商业出版社，2015.

[2] 徐小杰，吴康．2014 至 2015 年国际油价趋势分析[N]．中国石油报，2014-11-25：002.

[3] 王丽忱，甄鉴．全球海洋油气勘探开发投资趋势[J]．国际石油经济，2014(9)：34-37.

[4] 德勤有限公司．北美能源变革的主要影响[J]．国际石油经济，2014(10)：76-79.

[5] 胡颖，王蒙．页岩气勘探开发现状及发展趋势[J]．广东化工，2014，22(41)：69-70.

[6] 王琳，毛小平，何娜等．页岩气开采技术[J]．石油与天然气化工，2011，40(5)：400-502.

[7] 姜福杰，庞雄奇，欧阳学成等．世界页岩气研究概况及中国页岩气资源潜力分布[J]．地学前缘，2012，19(2)：198-201.

[8] 赵先良，潘继平．中俄油气合作重大进展及其潜在风险与对策[J]．国际石油经济，2014，10(10)：29-32.

[9] 姜睿．大油气需要大数据[J]．中国石油石化，2012(12)：24-29.

[10] 蒋隅琼．油价跌出中国企业并购良机[N]．上海证券报，2014-11-19：F02.

[11] 刘锴．中国石油企业跨国并购定价风险成因与控制策略[J]．财会月刊，2012(5)：41-43.

[12] 董秀成．完善国内石油资源保障战略的思考[J]．中国石油和化工经济分析，2014，(8)：19-21.

[13] 武盈盈．中国自然垄断产业组织模式演进问题研究[D]．山东大学，2009.

[14] 刘超．矿业权行使中的权利冲突与应对——以页岩气探矿权实现为中心[J]．中国地质大学学报(社会科学版)，2015，02：23-36.

[15] 张福良，崔笛，靳松，阎国馥．典型国家矿业权管理经验对中国矿政管理的启示[J]．中国矿业，2015，03：21-27.

[16] 胡光辉．国际石油价格波动对中国经济的影响：理论、机制与对策[D]．河北大学，2013

[17] 郝赢赢，贾建华．谈中国石油进口定价权缺失及对策建议[J]．经济研究导刊，2012，16：152-155.

[18] 罗磊．关于中国石油安全的进口贸易战略研究[D]．东北财经大学，2011.

[19] 安蓓．成品油质量升级提速引发四大关切[J]．化工管理，2015，16：46-47.

[20] 王华荣，孙梅，冯连勇，陈龙．世界物探行业突破合同制加快多用户模式发展[J]．中国石油和化工，2007(1)：48-49.

[21] 周志斌，周怡沛．中国天然气产业链协调发展的基础、前景与策略[J]．天然气工业，2009，29(2)：1-5.

[22] 胡奥林，董清．中国天然气价格改革刍议[J]．天然气工业，2015，04：99-106.
[23] 殷建平．论中国天然气价格改革的深入与完善[J]．价格理论与实践，2014，03：13-16.
[24] 刘力昌，李宏亮．国内天然气定价机制改革研究及建议[J]．经济问题探索，2015，06：31-38.
[25] 罗惠霞．完善中国天然气价格形成机制研究[J]．价格理论与实践，2013，09：52-53.
[26] 蒋耘莛．对深化天然气价格改革的思考——从产业链角度分析[J]．价格理论与实践，2011，03：27-28.
[27] 刘小丽．中国天然气市场发展现状与特点[J]．天然气工业，2010，30(7)：1-6.
[28] 李伟，陈燕，粟科华，寇忠．“十三五”期间中国天然气行业发展环境分析[J]．国际石油经济，2015，23(3)：5-10.
[29] 孙宁．全球天然气市场格局及定价机制演变趋势[C]．2015 年油气市场形势研讨会文集，2014.
[30] 刘勇，赵忠德，李广，王占黎，杨义，张高杰．中国城市燃气行业天然气利用现状与展望[J]．国际石油经济，2014，30(9)：79-85.
[31] 胡奥林．新版《天然气利用政策》解读[J]．天然气工业，2013，33(2)：110-114.
[32] 李伟，杨义，刘晓娟．中国天然气消费利用现状和发展趋势[J]．中外能源，2010，15(5)：8-12.
[33] 孙仁金，邱坤，马杰．中国城市燃气市场的竞争格局与对策[J]．天然气工业，2009，29(7)：116-118.
[34] 贾承造，张永峰，赵霞．中国天然气工业发展前景与挑战[J]．天然气工业，2014，34(2)：1-11.
[35] 李君臣，董秀成，高建．中国天然气消费的系统动力学预测与分析[J]．天然气工业，2010，30(4)：127-129.
[36] 陆家亮，赵素平．中国能源消费结构调整与天然气产业发展前景[J]．天然气工业，2013，33(11)：9-15.
[37] 蔡流．中国天然气供需格局演变及影响因素分析[J]．地域研究与开发，2014，33(2)：41-45.
[38] 刘慧芳，安海忠，梅洁．美国页岩气开发状况及影响分析[J]．资源与产业，2012，14(6)：81-87.
[39] 卢景美，高文磊，刘学考．页岩气开发的环境影响和环保策略[J]．天然气与石油，2014，32(3)：76-80.
[40] 赵学明，王轶君，徐博．国外天然气管道管理体制演进及对中国的启示[J]．中国能源，2014，36(5)：15-21.
[41] 赵林．浅谈中国石油化工行业的环保现状及治理技术[J]．化工管理，2014，03：218.
[42] BP. Statistical Review of World Energy; 2016; BP: London, UK, 2016.

[43] 吕建中，司云波，杨虹，郝宏娜．美俄欧天然气管网运营管理模式比较及启示[J]．国际石油经济，2015，04：28-33+110.
[44] 赵学明，王轶君，徐博．国外天然气管道管理体制演进及对中国的启示[J]．中国能源，2014，05：15-21+14.
[45] 刘文超，孙仁金．对中国油气管道建设运营的战略思考[J]．油气储运，2015，02：139 -144.
[46] 何晓明，李晓东．试论中国天然气管网运营的政府监管体系和法律法规建设[J]．国际石油经济，2009，06：8-13+21+94.
[47] 李伟．欧洲天然气管网发展对我国天然气管网规划的启示[J]．国际石油经济，2009，(06)：45-48+61+96.
[48] 戚爱华，宋泓明．加快我国天然气管网建设的对策[J]．综合运输，2012，(08)：13-15.
[49] 王军．石油金融化与我国石油金融战略体系的构建[J]．宏观经济研究，2009(10)：35 -39.
[50] 李智，路思远．从石油金融化进程看我国石油价格与国际接轨——基于原油、成品油市场国际比较视角[J]．价格理论与实践，2009(7)：43-44.
[51] 于沛连．石油金融化及我国石油经济安全的对策研究[J]．北京石油管理干部学院学报，2016，23(4)：37-41.
[52] 林建，王安建，于汶加，邹愉．石油期货市场机制及对中国石油安全的影响[J]．地球学报，2010，31(5)：693-698.
[53] 姜卯生．“互联网+”环境下推进供给侧改革策略研究[J]．科学家，2016(10)：15-17.
[54] 张传兆．供给侧改革给炼化企业带来的挑战与机遇[J]．中外能源，2016(7)：7-11.
[55] 武明毅．供给侧结构性改革背景下的石油企业提质增效策略[J]．企业改革与管理，2016：(14)：189.
[56] 林卫斌．油气供给侧改革该从何处入手[J]．中国石油和化工，2016(4)：4-5.
[57] 曾鸣，张晓春，王丽华．以能源互联网思维推动能源供给侧改革[J]．电力建设，2016(4)：10-14.
[58]牟雪江．供给侧改革助力提质增效——透过“两会”能源提案议题看石油石化行业转型升级[J]．中国石油企业，2016(3)：28-33.
[59] 立方石油．互联网+能给石油行业带来什么．[EB/OL]．http：//www.cubeoil.com/article-4923-1.html，2016-3-14.
[60] 赛迪网盟．“互联网+”——引发的一场石油石化行业变革[EB/OL]．http：//www.ccidnet.com/2016/0504/10128301.shtml，2016-5-4.
[61] 钱兴坤，姜学峰．2015 年国内外油气行业发展概述及 2016 年展望[J]．国际石油经济，2016，26：33-35.
[62] 钟飞、王小强．2015 年中国成品油出口情况及趋势[J]．国家石油经济，2016，55-57.

[63] 吕清龙、刑定峰．中国成品油市场现状及未来形势分析[J]．中外能源，2016，11-12.
[64] 柯晓明．“十三五”时期中国炼油工业发展环境和发展思路探讨[J]．国家石油经济，2015，7-10.
[65] 张祺．中国石油进出口依存度问题研究[D]．武汉大学，2013.
[66] 孙会东．中国炼油能力过剩研究[J]．石油规划设计，2015，5：7-8.
[67] 刘亮，海凤，刘小娣．打造国际能源舆情研究高地[J]．国外测井技术．2012(2)：6-7.
[68] 唐涛．网络舆情治理研究(信息社会研究丛书)[M]．上海社会科学院出版社．2014(9)：72-75.
[69] 黄鲁成，蒋林杉，苗红，吴菲菲．基于网络问答社区的话题识别与分析——以知乎“老年人”话题为例[J]．图书情报工作．2016(3)：93-100.
[70] 曾胜泉．突发事件舆情应对指南(第三版)[M]．南方日报出版社．2012(4)：171-185.
[71] 赵晓斌，赵超．文本挖掘在网络舆情信息分析中的应用[J]．情报科学．2009(1)：94 -99.
[72] 靳戈．网络舆情分析方法研究[C]．北京大学，2013(6)：25-45.
[73] 黄敏，胡学钢．网络舆情分析技术及系统构建[J]．山东理工大学学报(自然科学版)．2013(1)：25-29.
[74] 厉小军．文本倾向性分析综述[J]．浙江大学学报(工学版)．2011(7)：1167-1174.
[75] 汝艳红．微博信息传播信息的特点及发展趋势[J]．新媒体．2012(7)：82-83.